21世纪高等院校旅游管理专业系列教材

# 旅游客户关系管理

孙厚琴　编著

立信会计出版社

**图书在版编目(CIP)数据**

旅游客户关系管理 / 孙厚琴编著. —上海：立信会计出版社，2008.10(2024.7 重印)

(21 世纪高等院校旅游管理专业系列教材)

ISBN 978-7-5429-2013-3

Ⅰ. 旅… Ⅱ. 孙… Ⅲ. 旅游业-企业管理:供销管理-高等学校-教材 Ⅳ. F590.65

中国版本图书馆 CIP 数据核字(2008)第 157993 号

责任编辑　王斯龙

封面设计　周崇文

**旅游客户关系管理**

| | | | |
|---|---|---|---|
| 出版发行 | 立信会计出版社 | | |
| 地　　址 | 上海市中山西路 2230 号 | 邮政编码 | 200235 |
| 电　　话 | (021)64411389 | 传　　真 | (021)64411325 |
| 网　　址 | www.lixinaph.com | 电子邮箱 | lixinaph2019@126.com |
| 网上书店 | http://lixin.jd.com | | http://lxkjcbs.tmall.com |
| 经　　销 | 各地新华书店 | | |

| | |
|---|---|
| 印　　刷 | 江苏凤凰数码印务有限公司 |
| 开　　本 | 890 毫米×1240 毫米　1/32 |
| 印　　张 | 13.75 |
| 字　　数 | 359 千字 |
| 版　　次 | 2008 年 10 月第 1 版 |
| 印　　次 | 2024 年 7 月第 4 次 |
| 书　　号 | ISBN 978 - 7 - 5429 - 2013 - 3/F |
| 定　　价 | 30.00 元 |

# 21世纪高等院校旅游管理专业系列教材

## 编辑委员会

# 前　言

在全球经济一体化的今天，科学技术获得突飞猛进的发展，国际国内市场中一些重大政治、经济因素的变化，使得企业所面临的生存环境和竞争形势呈现出明显的动态性，经营环境的不确定使得企业之间市场竞争态势和演进路径也发生了新的变化，企业之间的竞争已经不再是基于产品的竞争，而是基于客户资源的竞争，是包括客户基础、客户关系和客户知识等相关因素在内的客户资源的整体竞争。整个竞争状态表现为基于客户关系领先战略的客户导向的竞争。正如学者们提出的那样，"客户经济"时代已经到来。

实践证明，在这一新的竞争状态下，企业与其往来客户之间的关系受到前所未有的重视，位于企业内外关键点的客户资产和客户关系的质量和数量变得越来越重要，成为企业获取持久竞争优势的源泉所在，一场强调识别有价值的客户并通过定制化的产品服务来赢得客户忠诚和降低客户服务成本的客户关系管理的风潮正方兴未艾。

当今的客户已经不是单纯的消费者，他们已经逐渐成为企业参与竞争的关键群体，同时扮演着产品的共同开发、经营和竞争以及价值的共同创造的多重角色。所以，获取新客户、加强现有客户的盈利性和重视客户关系已经成为企业增加利润的三种基本途径。

客户关系管理战略正逐步渗透到旅游业的各个方面。如何实现旅游企业的价值，如何让游客感受到最佳的服务，带着这些思索，我编写了本书。

旅游客户关系管理是以旅游客户为核心，满足旅游客户的个性化要求，对有价值的客户采取一对一的营销策略，让有限的旅游企业的资源产生最大的价值，进而实现客户和企业的双赢。本书运用了关系营销、客户关系管理以及体验经济等方面的知识和方法，全面地阐述了旅游客户关系管理的必要性。

本书的内容包括：旅游客户关系管理绪论，旅游客户关系管理的概念、划分和发展，旅游客户系统，客户满意分析，体验经济、关系营销和旅游客户之间的关系，旅游客户关系管理的策略——价值链、价值店以及价值网的管理和运用，旅游客户关系管理的容量管理和实施流程等。

客户关系管理涉及管理学科知识，理论上一般把它归为营销管理范畴。一些有关旅游客户关系管理的书籍往往是从营销管理的角度来说明它，也有的是从旅游服务关系角度来介绍它，但我认为，客户关系管理的精髓是通过为单个客户提供价值，有计划地获取企业所需要的价值，其核心应该是企业与客户之间的价值共创。基于此，本书的特点主要有以下方面：

(1) 从结构上看，全书分为两大部分。第一部分是旅游客户关系的基本原理，分别从不同的角度介绍旅游客户关系管理的理论框架；第二部分是从旅游客户关系管理的价值构造方式角度分析了旅游企业在实际管理运营中价值创造的要素。

(2) 从逻辑上看，全书的理论思路紧紧围绕旅游客户关系管理展开分析。客户关系管理是在现代企业管理进程中发展而形成的，它汲取了众多学科的科学要素。本书基本理论框架部分，不是照搬所有涉及的相关学科的理论，而是从两个角度加以把握：一个是客户关系管理理论的基本部分，如客户的系统理论、关系营销理论、客户满意和客户忠诚理论；另一个是紧密结合旅游特点的理论部分，如体验经济和体验营销、旅游风险理论等。本书在实际管理运营部分，紧扣旅游业关联性强的特征，对四种不同的价值构造方式作了具体阐述。

(3) 从内容上看，全书是围绕旅游客户关系管理的核心观点而展开的。客户关系管理强调保留老客户，尤其关注价值客户，一对一的营销策略可以满足每个单个客户的价值实现。企业只有在满足客户的基础上才能获取价值，客户满意和客户忠诚之间的关系对企业利润的影响至关重要的。本书除了从理论上指出客企双方价值的实现途径外，还安排了具体生动的案例来说明相应的理论。

本书由孙厚琴设立基本框架，并确定全书的论点和基本内容。参加执笔的人员还有皮骏、徐喆、迟静媛、李振华、欧阳卉和赵振举。由孙厚琴担任全书统稿。在编写过程中得到了华东师范大学旅游系的老师和同学们的帮助，尤其令人难忘的是本书的责任编辑徐小霞女士为本书的出版付出了大量的心血，在此对他们表示诚挚的感谢。

由于时间仓促，水平有限，错误与疏漏在所难免，恳请读者批评指正。

孙厚琴

2008年10月

# 目　录

# 第一章 绪论

## 第一节 旅游客户关系管理概述

旅游业是一个与国际接轨较为紧密的国际性产业。随着对外开放的深入,中国的旅游业进入了一个较好的发展时期,国内外旅游蓬勃兴起,旅游市场也不断发生着变化。这种变化一方面表明中国旅游市场随着旅游业的发展呈现出极大的活力,另一方面表明随着市场扩大和深化,旅游企业间的竞争也日益激烈,这主要表现在对旅游客户的争夺上。对旅游企业来说,只有长期实施以客户为中心的旅游客户关系管理的营销战略,方可在竞争中赢得客户,并最终赢得市场。

随着旅游业的不断发展,旅游客户关系管理也不断受到越来越多的旅游企业的关注,它不仅仅是一种以客户为中心的理论战略策划,同时也是旅游企业的一种管理活动。

### 一、旅游客户关系管理的基本概念

**(一) 管理**

简单地说,管理就是社会组织为了实现预期目标,以人为中心进行的协调活动。为此,我们可作如下理解:

(1) 管理是有目的的,不是为了管理而管理。

(2) 管理的中心是人,人既是协调者,又是协调的对象。

(3) 管理的本质是协调。

显然,旅游客户关系管理中的管理指的是对旅游客户关系的生命周期要积极地介入和控制,使这种关系能最大限度地帮助旅游企业实现它所确定的经营目标。一个无法帮助旅游企业实现经营目标的旅游客户关系管理是"无用"的管理。

总的来说,旅游客户关系管理中"管理"这个词,一方面指企业要积极地协调这种关系,尽可能地培养和发展这种关系,使客户和企业双方向良好的互利关系转变,并使关系持续化;另一方面指企业要实现预期目标,就需要利用最大资源去发展和维持最重要的客户关系,即要区别对待具有不同"投资回报率"的客户关系。

**(二) 客户**

客户有狭义和广义两方面的理解。狭义上的客户是指企业产品或服务的最终接受者,即通常意义上所称的消费者。广义上的客户是指与企业发生某种交易关系的群体,包括供应商、中间商、合作者等,还包括企业产品的共同开发者、经营的合作者和竞争者、价值的共同创造者。

客户是企业重要的资源,也是客户关系管理的基本对象。一方面,按照与企业的关系,客户可以划分为内部客户与外部客户;另一方面,按照价值产生的时间点,客户可以划分为现时客户与潜在客户。

客户与顾客是两个相近的概念,有的时候可以通指,互相替代,但是,它们也有一些细微的区别:客户比较具体,有具体的企业对应;而顾客概念比较宽泛,针对性要弱一些。

**(三) 客户关系管理**

客户关系理论是当前营销理论研究的新方向。客户关系管理目前还没有统一的定义。

客户关系管理(customer relationship management,简称 CRM),最初是由 Gartner Group(嘉得纳集团公司)于 1977 年提出的。作为全球比较权威的研究组织,它对 CRM 的定义是:客户关系管理是为了提高盈利、销售收入和客户满意度而设计的企业范围内的商业战略。

在 Gartner Group 的定义中，强调 CRM 是一种商业战略，它涉及企业的各个组成部分，它的战略目的是提高盈利、销售收入和提高客户满意度；它是企业通过与客户建立关系、维持关系和增进关系，以提高客户的满意度，并增强客户利润贡献度的营销管理思想；它由企业的市场、销售、客户服务、技术支持等与客户相关的工作部门实施。

在本书中，我们主要从思想内涵、运作策略、技术操作这三个层面对客户关系管理进行定义。

第一，客户关系管理是一种管理理念。其核心思想是将企业的客户（包括最终客户、分销商和合作伙伴）作为最重要的企业资源，通过完善的客户服务和深入的客户分析来满足客户的需要，在向客户不断提供最大价值的同时，实现企业的价值。

客户关系管理吸取了"数据库营销"、"关系营销"、"一对一营销"等最新管理思想的精华。通过满足客户的特殊需求，特别是满足最有价值客户的特殊需求，通过提供快速、周到、优质的服务来吸引、建立和保持更多长期稳定的客户，客户同企业之间的每一次交易都使得这种关系更加稳固，从而使企业在同客户的长期交往中获得更多的利润。

第二，客户关系管理是一种管理策略或管理机制。它实施于企业的市场营销、销售、客户服务和技术支持等与客户相关联的领域，旨在改善和提高企业与客户之间关系的管理机制，建立双方互利、双赢的关系。一方面通过向客户提供个性化的、"一对一"关系的服务，使企业提高客户满意度、吸引和保持更多的客户，增加营业额；另一方面在提高服务质量的同时，通过信息共享和优化商业流程来有效地降低企业经营成本。

第三，客户关系管理是一种技术手段。借助于信息技术，设计开发管理客户的软件系统。它既是帮助企业组织管理客户关系的方法和手段，又是一系列实现销售、营销、客户服务流程自动化的软件乃至硬件系统。

作为解决方案的CRM，整合了当今最新的信息技术，包括Internet和电子商务技术、多媒体技术、数据仓库和数据挖掘、专家系统和人工智能、呼叫中心/客户服务中心等，为企业的销售、客户服务和决策支持等领域提供一个业务自动化的解决方案，使得收集、整理、加工和利用客户信息的质量大大地提高了。

简而言之，客户关系管理就是一种管理战略，使企业各个部分、各个环节、各个层面都以客户为中心，协调和统一企业与客户之间的交往，以便获取、发展、留住有价值的客户，挖掘潜在客户，提高客户满意度，培育客户的忠诚，实现企业盈利能力的最大化。

**（四）旅游客户关系管理**

随着旅游市场竞争的不断加剧，旅游客户的需求呈现出多样化、个性化发展，旅游企业要在激烈的市场竞争中立足，必须很好地协调旅游企业资源，以满足旅游客户不断变化的需求，不断提高旅游客户满意度和忠诚度，使旅游企业有限的资源产生尽可能大的效用，而旅游客户关系管理就为旅游企业提供了这样一个平台。

旅游客户关系管理是一种以旅游客户为中心的商业战略，它通过互联网及IT技术将旅游企业内部资源进行有效整合，使得旅游企业以更低成本和更高效率的方式满足旅游客户需求，提高旅游客户满意度及忠诚度，发掘并把握能够给旅游企业带来价值的旅游客户，并与之建立起动态化的"一对一"的营销模式，以实现旅游企业与旅游客户共赢的目的。

由此，我们可以看出旅游客户关系管理的几点内涵：

- 旅游客户关系管理要以旅游客户为中心，要能够满足旅游客户的多元化、个性化要求。
- 互联网及IT技术是旅游客户关系管理实现所凭借的手段。
- 旅游客户关系管理将促使旅游企业各个部门密切配合。
- 旅游客户关系管理就是要使旅游企业内部有限的资源产生尽可能大的价值。

● 旅游客户关系管理的目的是提高旅游客户的满意度和忠诚度，挖掘及把握有价值的客户，并对这些旅游客户展开一对一的营销。

● 旅游客户关系管理的最终目标是实现旅游企业和旅游客户的双赢。

旅游客户关系不同于一般的客户关系，它有其自身的一些特性，主要表现在以下几个方面：

第一，旅游业是一个涉及行、游、住、食、娱、购六大要素的行业，具有很强的综合性，这就决定了旅游客户系统的构成部分要比一般客户系统构成部分多。

第二，旅游的基础供给部分短时间内弹性很小。由于旅游的基础供给能力，比如旅游交通、饭店客房数、景区容量等方面在短期内不会随旅游者人数的激增而发生明显的变化，因而弹性较小。

第三，旅游客户的需求比一般客户需求复杂。旅游者外出旅游，其旅游动机是复杂多样的，往往是以一种动机为主，兼有其他动机，因而旅游客户的需求也呈现复杂化。

第四，旅游者需求的满足更偏向精神的满足。尽管在旅游过程中旅游者有物质享受的需要，但从根本上说，它是一种高层次的精神文化享受。

第五，旅游消费具有特殊性。旅游消费具有消费的个体差异性、生产消费同时性、旅游者消费与服务人员间的互动性等。

## 二、旅游客户关系管理的划分

1. 按照旅游客户类型来分

按此划分，旅游客户关系管理可分为旅游内部客户关系管理和旅游外部客户关系管理。

（1）旅游内部客户关系管理指的是对旅游企业内部员工进行的管理。旅游业是一个服务性行业，旅游企业提供的产品主要为无形的服务，服务质量的好坏直接影响到旅游客户的满意度及忠诚，而服务的直接提供者便是旅游企业的内部员工,尤其是基层员工,他们的服务态度直接影响到旅游服务质量的高低。因而,旅游企业内部高层管理人员必须树立以服务基层员工为中心的管理思想,尽可能提升基层员工对旅游企业的满意度及忠诚度,以更好地为旅游客户提供优质化、个性化的服务。

(2) 旅游外部客户关系管理指的是对旅游企业的相关利益者即旅游者、供应商、代理商及竞争对手的管理。旅游者是旅游企业最重要的客户资源,是旅游企业收益的主要来源。供应商及代理商是旅游企业经营过程中所涉及的市场合作伙伴。竞争对手是与旅游企业共同存在于市场的竞争体。目前,旅游外部客户关系管理主要是针对旅游者,而对供应商、代理商及竞争对手的管理仍处于空白阶段。

2. 按照旅游内部行业来分

按此划分,旅游客户关系管理可分为饭店业客户关系管理、旅行社客户关系管理、旅游景区客户关系管理、旅游交通客户关系管理等。由于中国的饭店业与世界接轨较早,因而,旅游客户关系管理在饭店业运用也相对较好,普及率较高。旅游交通方面的客户关系管理主要运用于航空业,在旅游景区运用较少,以后需要不断加强。

3. 按照旅游管理的价值构造方式来分

按此划分,旅游客户关系管理可划分为旅游客户关系的价值链管理,旅游客户关系的价值店管理,旅游客户关系的价值网管理和旅游客户关系的价值池管理。

## 三、旅游客户关系管理的内容

### (一) 理论部分的相关内容

1. 市场营销

市场营销的英文词是 marketing,美国著名营销大师菲利普·科特勒认为:营销是一种社会和管理的过程,在这个过程中,个人和集体通过创造、提供以及与他人交换产品和价值,获得其所需要的和能满足其欲望的东西。传统的市场营销理论是"以产品为中心"的模式,其营销理论的核心是 4Ps 理论,即产品(product)、价格(price)、渠道(place)、促销(promotion),后来逐渐发展演变为"以客户为中心"的模式,其营销理论的核心是 4Cs 理论,即消费者(consumer)、消费者愿意支付的成本(cost)、购买商品的便利性(convenience)、沟通(communication),实现了真正意义上的以消费者为中心。一切从消费者的利益出发,目的就是为了维持顾客的忠诚。因为只有长期忠诚的顾客才是企业创造利润的源泉,所以企业关注的焦点应从内部运作转移到客户关系上来。

客户关系围绕客户满意度展开,市场营销的核心是提高客户满意度,培育客户忠诚。

客户关系管理能帮助企业逐步学会判断最有价值的客户,发现这些客户的需要并满足他们的需要,从而提高客户服务水平,达到留住客户的目的,以实现企业的经营目标。

2. 决策管理

决策管理学派的主要代表人物赫伯特·西蒙(美国管理学家)认为:管理就是决策的过程,管理就是决策。随着现代企业和现代技术的发展,组织的特征已经发生了根本性变革,决策管理提供基于 Web,集查询、报表、OLAP(on-line analytical processing)分析及数据挖掘为一体的决策支持解决方案,面向企业决策人员,分析、监控企业的产值、资金、人力、采购、库存、项目各个业务的经营状况,通过挖掘数据、分析信息,帮助决策者作出科学的决策。

客户关系管理使企业的生产经营活动由以生产为中心变为以客户为中心。而在利用现代通信技术将客户的信息传递给企业后,重要的不仅是对这些信息、数据进行日常处理,而且更在于分析这些数据,作出生产经营以及企业战略决策,这样的客户关系管理才能真正实现以市场、以客户为中心的转变。

客户满意度管理是指一种以客户满意为核心、以信息技术为基础、以客户满意指标和客户满意度为主要工具而进行的一种营销管理。只有抓住客户的需求使客户满意，才能构成企业产品的市场，也就拥有了企业生存与发展的空间。对于服务企业来说，没有客户满意，就没有客户忠诚，就不会有企业长久的竞争力，也就不会有企业长远利益。客户忠诚指消费者通过信息沟通及与其产品的直接接触、使用经验、识别、接受并信任某企业及其产品的承诺，表现为这一承诺转化为消费者最终购买及重复购买行为的程度。通俗地讲，客户忠诚的基础是一种忠诚感，客户的忠诚感就是客户长期锁定你公司产品和服务，并且在下一次购买类似产品时还会产生选择你公司产品和服务的强烈愿望。

3. 关系营销

20 世纪 80 年代中期，美国著名学者巴巴拉·本德·杰克逊提出了关系营销（relationship marketing）的理论。如何留住客户，并与客户建立长期稳定的关系，是关系营销的实质。在关系营销管理中，客户服务是企业获得高市场份额的关键，也是企业获得竞争优势的重要途径。关系营销策略使营销目标从达成交易转化到与客户建立良好关系，在营销过程中始终以消费者为中心。通过关系营销，可以为企业赢得宝贵的资产——稳定的顾客群，与相关利益者建立稳定关系，大大扩大企业的可支配资源，增强企业对市场的反应能力。

随着企业组织结构向网络化转变、战略营销联盟等企业合作形式的推广以及计算机信息技术迅速普及，关系营销在 20 世纪 90 年代吸引了众多营销学者的研究兴趣，并不断发展形成了一对一营销。一对一营销汲取了关系营销理论中客户关系的价值，进一步根据特定消费者当前的个性需要，为其提供商品或服务。

旅游客户关系管理延续了关系营销的核心思想，它更强调对现有客户关系的保持与提升，从而达到长期的客户满意，甚至客户忠诚。旅游客户关系管理真正强调和实现了信息技术与营销、销售与服务活动的集成，极大地提高了决策的科学性和准确性。

4. 体验经济

1999 年 4 月,美国战略地平线 LLP 公司的共同创始人约瑟夫·派恩和詹姆斯·吉尔摩撰写的《体验经济》一书,在社会上引起了强烈的反响。《哈佛商业评论》曾为《体验经济》这本书作了这样的高调评述:"继产品经济和服务经济后,体验经济的时代已经到来。"这告诉人们,新经济体系中的又一个重要内涵就是"体验经济"。体验经济的出现是服务经济的一种延续,是服务经济走向更大市场空间的必然结果。

所谓体验经济,是指企业以服务为重心,以商品为素材,为消费者创造出值得回忆的一种经济形态。在体验经济中,企业提供的不再仅仅是商品或服务,它提供最终体验,并充满了感情的力量,给顾客留下了难以忘却的愉悦记忆;消费者的消费是一种感觉,一种情绪上、体力上、智力上甚至精神上的体验。美国的拉斯维加斯是典型的"体验之都",在这里从设在机场的老虎机到脱衣舞场相邻的赌场,从主题公园到歌舞、马戏表演娱乐场所,从温馨舒适的购物商场到令人刺激的赛马场以及各种狂欢游戏活动,都是一种精心设计的体验项目。

在体验经济时代,客户关系管理为满足个性化、复杂化、多层次的消费者需求提供了可能,完备的旅游客户关系管理为旅游者享受美妙的体验服务提供了条件。

**(二) 旅游客户关系管理的价值构造**

旅游企业为旅游客户创造价值有四种不同的基本方式:价值链、价值店、价值网和价值池,统称为"价值构造"。

1. 价值链管理

价值链的概念是由美国哈佛商学院的迈克尔·波特于 1985 年在其所著的《竞争优势》一书中首先提出的。他认为:"每一个企业都是进行设计、生产、营销、交货等及对产品起辅助作用的各种相互分离的活动的集合。"由此可以看出,价值链的重点是产品。旅游企业的价值链管理就是对旅游产品的管理。

旅游企业的价值链管理主要涉及旅游产品的生产和销售两个方

面。在旅游产品的生产过程中，要区分旅游产品层次，明确核心产品、配置性产品、支持性产品和扩展性产品，以便更好地为旅游客户创造价值。在旅游产品的销售过程中，要明确“旅游市场里谁会买我的产品”这一思想，有针对性地收集并获得旅游客户资料，并通过亲和营销、伙伴营销及社区营销等一系列的营销活动将旅游产品的价值转移给旅游客户，为旅游客户创造价值。

2. 价值店管理

价值链管理是以产品为中心的管理，而价值店管理则是通过不断了解客户需求为客户提供个性化的解决方案，为客户创造价值。它着重强调的是“在我的市场里的客户需要什么”。因而，价值店管理要求企业能够及时发现客户需求，并利用企业的专长来更好地、更有效率地满足客户的需求。

随着旅游者阶层的扩大，旅游经验的增长，人们的旅游需求也呈现出多元化、个性化、复杂化的发展趋势。针对旅游客户需求的日益变化，旅游市场的细分化程度越来越高，旅游企业开发出越来越多的功能不同的旅游产品，以满足旅游客户的需求。同时，旅游企业在注重满足企业现实客户需求的基础上，也加大了对企业潜在旅游客户需求的研究，并注重旅游服务补救，以便更好地实现企业的价值店管理。

3. 价值网管理

有些服务企业并不是通过销售有形产品或者解决独特问题创造价值。它们提供了一个基础设施网络，供客户与其他人直接或间接地连接。该网络在这些客户之间充当媒介作用。

旅游企业的价值网管理主要表现在数据库营销上。数据库营销可以准确地找到目标消费者群，开展有针对性的一对一营销，改善企业与客户的关系，提高旅游客户的满意度，培育客户忠诚。旅游客户关系管理的价值网管理与价值店管理也是不同的，价值网管理中的客户需求是连接服务，价值店管理中客户需求的是解决问题服务。价值网管理下的旅游客户消耗网络的资源，同时他们也要为获得的信息而付费。

目前，价值网在我国应用也较广，如地图导航、酒店预订等网络业务发展迅速。

4. 价值池管理

有些企业像航空公司、饭店、公交公司及电影院等，它们并不是通过充当客户间的媒介，而是通过充当资源间的媒介创造价值。它们建立和维护一个基础设施，像价值链一样通过提供产品创造价值，但产品仅供客户租赁一定时间，我们把这一价值构造称为价值池。价值池管理固定数量的资源，股东价值通过这些数量单位的利用率和尽可能高的价格获得。因而，价值池管理又称容量管理，其最终表现为企业的收益管理。

旅游企业的收益管理主要通过航空公司、饭店和旅游景区三个方面来体现。收益管理最早起源于民航业，航空公司收益管理是将机票差异价格管理与航班座位盘存管理相结合，实现航空公司收益最大化。饭店收益管理是促使饭店在最佳的时机以最好的价格将客房卖给最合适的客人的方法，以创造最大的收益。旅游景区，尤其是人造景区，其一般都有固定成本高、变动成本低的特点，其收益管理受到许多因素的影响，作为景区经营者必须考虑实施收益管理策略。

## 第二节 旅游客户关系管理的发展

### 一、客户关系管理的产生

#### （一）客户关系管理产生的宏观背景

1. 全球经济一体化

全球经济一体化意味着世界各国之间在经济上越来越多地相互依存。目前，商品、服务、资本和技术越过边界的流量越来越大，出现了国内竞争国际化、国际竞争国内化的倾向。企业面临与日俱增的生存与竞争压力。企业间的竞争不断升级，产品生命周期日益缩短，更新换代更加频繁。尤其是在社会已经由卖方市场逐渐转变为买方市场的情况下,企业要在日益激烈的竞争中求生存,就必须改变过去"以产品为核心"的营销理念,不断探索新的营销途径以满足顾客需要,从而提高企业的竞争力,更好地参与市场竞争,达到企业经营目标。因此,以客户为中心的客户关系管理逐渐为企业所接受。

2. 法律制度的完善

中国经济改革 30 年来,社会主义市场经济体制已经初步建成,相应的经济法律制度也得到逐步的完善。目前,《公司法》、《合同法》、《反不正当竞争法》、《消费者权益保护法》、《价格法》、《土地法》、《税法》、《审计法》、《会计法》等均已实施,建立起了反映市场经济的法律制度,很好地规约了企业的经营活动,保证了企业间的公平竞争,保护了消费者的合法权益。同时,立法的范围也逐渐宽泛,涉及了广告法、商标法、专利法、反不正当竞争法、消费者权益保护法、反倾销法,还有大量有关税法、财务方面的经济法律法规等。这些法律法规都很好地为企业的经营活动营造了一个良好的、公平的大环境,促使企业间竞争更加倾向于与客户建立良好的关系。

3. 科技水平发展速度的加快

科学技术是第一生产力。企业要想在市场上占有一席之地,必须有适应用户需求的产品或服务。随着科学技术的不断进步和经济社会的发展,促使人们的消费观念不断变化,在品种、性能、质量方面对产品或者服务的要求越来越高。这就要求企业要将先进的管理手段、营销方法和高质量的服务结合起来,不断创新,不断健全销售一代、研制一代、构思一代的链条式的科技创新机制。因而,企业必须提高自身的信息技术条件,以便更有效地为满足顾客需求,提供更多的服务。而客户关系管理就是以现代信息技术(如 Internet 和电子商务等)作为支撑,整合优化市场营销、销售管理、客户服务和技术支持等面向客户的业务领域,全方面、多角度地管理客户,以建立、维护和发展同优质客户的长期互利关系,最终实现企业和客户的双赢。

### (二) 客户关系管理产生的微观条件

1. 需求的拉动

首先,自 20 世纪 80 年代以来,企业资源管理、供应链管理等的建立和应用,帮助企业理顺了内部的管理流程,削减了成本,实现了事务处理的自动化,为企业全面电子化运营打好了基础。但是企业的销售、营销和服务等部门的信息化却没有得到相应的重视,很多企业感到这些方面越来越不能适应业务发展的需要。为了解决现实和需求之间的矛盾,越来越多的企业提出了对销售、营销和服务等部门日常业务自动化和信息化的需求。其次,竞争激烈的市场要求企业尤其是拥有庞大而接触频繁的客户群的企业,必须积极实施客户关系管理。人们在不断的探索和实践中逐渐认识到,建立和维护客户关系,已成为获取独特竞争优势的唯一的也是最有效的途径。“以客户为中心”的管理理念的确立,使各企业将实施客户关系管理提上了议事日程。再次,因市场的变化,企业在目前的制度体制和业务流程中出现了种种难以解决的问题,如业务人员无法跟踪众多复杂的旅游客户;在处理大量复杂的工作中常常出现人为的错误;因人员或职能分工的阻碍导致客户的交流信息不畅,或与客户的沟通口径不统一;由于业务人员的离职而丢失重要的客户和销售信息等。因而,企业必须考虑并回答以下问题:如何准确地了解和把握客户的个性化需求?如何才能留住老客户、赢得新客户?如何实现对旅游客户信息和资源统一管理,让企业各职能部门和员工都能快捷、方便地共享信息?如何减少因大量重复性的工作而造成的人为错误?这一系列问题,通过实施客户关系管理都可以得到圆满的解答。

2. 管理理念的转变

随着互联网的不断普及、全球化市场的形成及技术变革的加速,旅游企业的市场竞争也日益激烈,传统的“以产品为中心”的经营理念已不能满足旅游客户日益增长的多样化需求。旅游业必须改进服务、提高质量、降低成本等竞争压力,要求旅游企业开发出满足旅游客户多样化需求的旅游产品，以取得市场上的竞争优势。因而，企业的经营理念也由"以产品为中心"转向"以客户为中心"，企业也从过去关注内部管理转向更多地关注企业与客户之间的互动关系管理。

3. 信息技术的推动

在当今的信息化时代，作为企业管理实现的手段和工具的IT技术在软硬件两方面都有了长足的进步。

在软件方面：近年来，大型关系数据库技术、网络技术、分布式处理技术、商业职能等技术不断发展成熟，为开发企业级的客户管理信息系统提供了可能。

在硬件方面：个人电脑的普及，互联网和电子商务技术的迅速推广应用，为客户关系管理提供了网上平台。

IT技术的不断发展与应用，使得企业收集、整理加工和利用客户信息的能力大大提高。企业能够对客户进行全面的、动态的管理，并将客户信息进行有效整合，以便企业能更好地区别客户价值，有针对性地进行一对一营销，实现企业的价值。正是由于信息技术的飞速发展，才使客户关系管理从实践上成为可能，并成为近年来企业关注的一个焦点。

4. 营销理念的更新

传统的"以产品为中心"的经营理念，强调的是"4Ps"营销理论，这会造成市场上旅游产品同质化日益明显。市场上大量同质化的旅游产品无法满足旅游客户多样化的购买欲望，造成以产品为中心的营销理论不合时宜。而以客户为中心的"4Cs"营销理论，充分体现了市场和客户的变化，强调了满足客户需求的重要性。

被人们称之为第三代营销模式的是美国学者Don E. Schultz提出的"4R"：关联（relativity）、反应（reaction）、关系（relationship）、回报（retribution）营销新理论，其阐述了一个全新的营销四要素：与顾客建立关联、提高市场反应速度、关系营销的重要性、回报是营销的源泉。4R根据市场不断成熟和竞争日趋激烈的形势，着眼于企业与顾客互动与双赢，不仅积极地适应顾客的需求，而且主动地创造需求，运用优化和系统的思想去整合营销，通过关联、关系、反应等形式与客户形成独特的关系，把企业与客户联系在一起，形成竞争优势。而在强调持续竞争导向的基础上，相应地产生了第四代营销模式，即“4V”营销组合。所谓“4V”，是指差异化（variation）、功能化（versatility）、附加价值（value）和共鸣（vibration）。其中：差异化指在个性化时代，客户的差异更加显著；功能化指企业应根据消费者消费要求的不同，提供能增能减的弹性功能产品；附加价值指现在企业之间的产品竞争优势明显地保持在产品的第三个层次——附加产品上；共鸣则是强调将企业的创新能力与消费者所珍视的价值联系起来，通过为消费者提供价值创新，使其获得最大限度的满足。可以说，“4V”是新经济时代营销理论的创新与发展，必将对营销实践产生积极而重要的影响。

## 二、旅游客户关系管理的发展阶段

### （一）初始萌芽阶段

客户关系管理（CRM）起源于 20 世纪 80 年代初企业在实际管理中提出的“接触管理”策略，即专门收集整理客户联系的所有信息。而在旅游业，客户关系管理的经营理念的产生可以追溯到这一时期，主要应用于饭店业。当时，由于国际饭店管理集团进入我国，在饭店的经营和管理中就引入了“客户第一”、“客人永远是对的”和“客户满意理论”等一系列客户导向的经营理念和思想，并在饭店计算机管理系统中建立了客户资料管理功能，使饭店业成为我国企业界率先树立“客户导向”的行业。

客户满意（customer satisfaction，简称 CS）是 20 世纪 80 年代中期出现的一种经营思想。其基本内容是：企业的整个经营活动要以顾客满意为指针，要从顾客的角度、用顾客的观点而不是企业自身的利益和观点来分析考虑顾客的需求，尽可能全面尊重和维护顾客的利益。CS 战略的内容包括：

● 站在顾客的立场上研究和设计产品。

● 不断完善服务系统。

● 十分重视顾客的意见。

● 千方百计留住老顾客。

● 建立与顾客为中心的相应的企业组织；要求对顾客的需求和意见具有快速的反应机制；营造鼓励创新的组织氛围；组织内部保持上下顺畅的沟通。

● 让执行工作的人员没有充分的处理决定权的分级授权。

从理论上讲，旅游企业尤其是饭店业如果真能做到令“客户满意”，那么就一定会达到吸引客户和维系未来客户的目的。客户关系管理的目的也就是发现和培育并且保留住“真正的客户”。所谓真正的客户，是指和企业建立长期、稳定的关系，愿意为企业所提供的产品和服务承担合适价格的客户。把“双赢”作为关系存在和发展的基础，“供”的一方提供优良的服务、优质的产品，“需”的一方回报以合适的价格；供需双方发展的是长期稳定互惠互利的关系，显然这样的结果是“大家都满意”，毕竟“双赢”才是客户关系管理所追求的目标。

**（二）逐步显现阶段**

1985 年，美国学者巴巴拉·本德·杰克逊提出了关系营销的理论。西方关系营销是指建立维系和发展顾客关系的营销过程，目标是致力于建立顾客的忠诚。它有别于传统的交易营销，能为顾客增加经济的、社会的和技术的附加值。关系营销更能把握住营销概念的精神实质。公司不仅要达到顾客购买的目的，而且要建立各种关系。关系营销强调的是营销活动中人的关系，即营销的人文性，这从根本上说比较靠近中国文化，因为中国文化重视从各种“关系”中去把握世界。而旅游关系营销是指旅游企业和游客之间持续进行的加强关系、共创价值的系列策略性活动。

20 世纪 80 年代后期，随着企业注重对每位顾客的研究，出现了数据库营销。企业创立了先进的顾客数据库，以便更好地了解顾客，为顾客提供其所需要的产品设计和劳务，加强同顾客的忠诚关系，把顾客当作一项资产来管理和开发，以创新的手段展开软件支持的全面顾客关系管理(CRM)。这一点更可能成为公司进行产品开发调研、沟通、交易和售后服务的主要工具，开发与管理数据库的能力成为企业未来市场竞争的关键因素。而一对一营销是基于信息技术的发展而提出的新的营销理念，即将市场细分到消费者个体，根据其消费习惯和需求特点提供个性化服务。

20 世纪 90 年代初，客户关系管理体现为包括电话服务、网络支撑、数据库支持等资料分析的“客户服务”。1996 年，客户服务发展为集销售、服务于一体化的呼叫中心(call center)。呼叫中心，又称为客户服务中心，它是一种基于 CTI 技术、充分利用通信网和计算机网的多项功能集成，并与企业连为一体的一个完整的综合信息服务系统，利用现有的各种先进的通信手段，有效地为客户提供高质量、高效率、全方位的服务。初看起来，呼叫中心好像是企业在最外层加上一个服务层，实际上它不仅仅为外部用户，也为整个企业内部的管理、服务、调度、增值起到非常重要的统一协调作用。呼叫中心通过客户服务中心将企业内分属的各职能部门为客户提供的服务，集中在一个统一的对外联系“窗口”，最终实现一个电话解决客户所有问题的目标。

在我国，旅游呼叫中心是在 1999 年前后发展起来的。当时中国旅游呼叫中心业务的未来发展前景颇不乐观，除了部分大企业愿意在此进行投资外，绝大多数中型企业根本没有任何迹象会购买此类设备。而“非典”改变了这种状态，作为国内呼叫中心供应商中名气最大的华为集团，已经将中小旅游企业呼叫中心市场列为一个开发项目。

根据 CTI 论坛年度研究报告，截至 2004 年年底，旅游行业呼叫中心市场规模为 0.9 亿元，总坐席数量为 2 500 多个。CTI 论坛预测以后旅游业呼叫中心及客户关系管理系统市场的发展将会非常迅猛，呼叫中心及客户关系管理系统将在旅行社客户服务、酒店票务预订、景区景点服务、政府职能部门监督管理等方面发挥了重要作用。

### (三)发展形成阶段

20世纪末,随着体验经济的不断发展,顾客的需求层次发生了巨大的转变,从重视功能与质量转变为重视顾客的感性需求,给传统的营销方式带来了新的挑战。随着电子商务的兴起,结合信息系统的应用,营销管理理论有了更大的应用与发展空间,促使了客户关系管理的发展与形成,而客户体验是客户关系管理的重要组成部分。客户关系管理既立足于传统的营销理论,又有所突破。

关系营销坚持企业与客户之间的长期关系是关系营销的核心思想,首次强调了客户关系在企业战略和营销中的地位与作用,而不是单从交易利润的层次上考虑。CRM作为新的管理思想,延续了关系营销的核心思想,但CRM更强调对现有客户关系的保持与提升,从而达到长期的客户满意,甚至客户忠诚。CRM不但考虑如何产生营销策略,而且还考虑如何让营销策略通过卓有成效的方式作用于客户。在操作层面上,CRM真正强调和实现了信息技术与营销、销售与服务活动的集成。数据库技术、数据挖掘技术等成熟的信息技术在CRM系统中起到了技术支撑平台的作用,CRM在这些技术的作用下,摈弃了市场营销领域靠经验决策的做法,极大地提高了决策的科学性和准确性。

经过近20年的不断发展,CRM最终形成一套基于客户价值管理的完整的理论体系。它既是一种"以客户为中心"的企业经营服务的理念,也是一整套优化市场资源、整合营销渠道、提升服务价值等面向客户的业务流程。它是增强企业内部门间协同工作的能力、加快客户服务和支持的相应速度、提高客户满意度和忠诚度的解决方案。

客户关系管理是在2000年之后发展起来的,并逐渐运用到旅游业之中,受到我国旅游企业的重视,尤其是中等规模的旅游企业将在CRM方面的投资大大增加。据调查显示,2002年,旅游企业在CRM上的投资已经比2000年增加1倍,因为中等规模的公司正面临着与大型旅游公司争夺客户的竞争。世界旅游组织商务理事会的一份报告指出，今后几年，世界主要旅游客源地约 1/4 的旅游产品订购将通过互联网进行，而另一项调查显示，现在通过网站了解外出旅游信息的游客已经上升到调查人数的 1/3，因此旅游业开展旅游客户关系管理具有巨大的发展空间。

## 三、旅游客户关系管理的发展现状

CRM 在中国旅游业中的运用相对较早，目前旅游客户关系管理的应用主要集中于旅游饭店业、航空业及旅行社业，而在旅游景区等方面的应用还仅仅是在少数个别景区，因此，景区客户关系管理还有待于加强。

旅游饭店业尽管较早地应用了旅游客户关系管理，但有效的系统管理仍然需要深化，从事饭店咨询服务的 Arthur Anderson（安达信咨询公司）曾经对全球 300 家饭店进行调查后发表了一篇题为《2000 年酒店业：科技》的报告，发现许多大型连锁饭店开始意识到 CRM 系统，但是运用情况并不理想。报告指出，仅有 13％的调查对象已经把资产管理系统和订房中央系统合二为一组成顾客信息集成系统（CIS）；另外，有 11％的调查对象打算在近几年建立 CIS 系统。认识偏差还表现在其他方面。比如，虽然 90％的调查对象拥有自己的网站，但仅有 39％的饭店开展了网上适时订房业务。国内饭店在 Internet 应用上，技术改造、经济压力成为束缚酒店决策层开展酒店电子商务、建立饭店 CRM 系统的瓶颈。

在国外饭店行业，CRM 作为一种新型的管理机制和系统解决方案正吸引着众多的国内外学术界和企业界人士对其进行不断的探索和研究。一些知名跨国饭店集团早已成为实施客户关系管理的领先者，并在实施过程中投入巨大，从而加强了自身获取和保留客户的能力，大大提升了自身的核心竞争力。美国忠实客户群项目领先解决方案提供商 HMC 公司（Hospitality Marketing Concepts）推出了全球饭店业客户关系管理的最新产品——Club Central CRM 4.0，Club Central

CRM,专门应用于饭店业,可为饭店经营者带来营销优势。在CRM应用热潮的推动下,我国饭店业也进行了许多有益的尝试,并取得了一定的成效。但与国外相比,我国饭店业不管是在理论研究领域还是在行业应用领域均还显得比较稚嫩,主要表现在理论体系欠缺、软件功能不全、成功应用案例不足等方面。

在旅行社业方面,长期以来我国的旅行社业普遍存在规模小、经营散、竞争弱、效益差的问题,停留在关注短期利润、聚焦数量销售的混乱时期。2005年,我国16 846家各类旅行社,共实现旅游收入1 117亿元,而美国运通公司年收入额为1 944亿元,这16 846家旅行社还不及运通公司年收入的2/3。目前,我国旅行社的客户关系管理多为粗放式管理。首先,虽然旅行社认识到应以客户为中心,但在实际工作中仍然只顾眼前利益,不讲信誉,宰客现象时有发生,旅行社“以客户为中心”只是停留在口头上,我国旅行社在游客中的整体形象普遍较差。其次,我国旅行社的信息化水平普遍较差,缺乏实现客户关系管理的技术支持,不能很好地了解顾客的需要。尽管现在不少旅行社建立了自己的网站,但由于技术、资金等资源不足,网站仅停留在功能单一的信息发布上,基本上没有客户关系管理功能,不能了解顾客的需要。最后,我国旅行社大多资金困难,90%以上为中小企业,根本不可能承受引进一套国外成熟的大型CRM软件的费用;即使引进了CRM,由于旅行社内部管理跟不上,CRM的功能也不能得到有效发挥。

在旅游交通方面,客户关系管理主要应用于航空业,最早于1995年美国航空公司中应用。美国航空公司实行A级会员制,为A级会员特别开设了网络订票系统,使他们可以直接上网查询特价班次与订机位。此后,又不断增加了电子邮件、电子机票等服务,并改善了公司网上浏览界面。美国航空公司在短短的四五年时间里,牢牢占据着航空业界电子商务领先者的位置。美国航空公司的成功,得益于其敏锐地利用了高速发展的网络与计算机技术这一工具。在客户关系管理上，该公司注意掌握乘客的背景资料，为他们提供"量身定做"的服务；特别是公司向A级会员提供诸多方便，不但保留住了大批老客户，还吸引了大量的新乘客加入会员行列。可以认为，美国航空公司成功的关键在于锁定了正确的目标乘客群，让乘客拥有愉快的消费经验与体验；敢于让乘客自助，同时协助乘客完成他们的各种交易操作。此后，美国其他大型航空公司都相继模仿，并引进了客户关系管理的理念与技术。近几年，在我国部分航空公司也引进了客户关系管理。中国国际航空公司推出了知音卡会员制，通过针对不同的客户群提供不同的服务并满足不同的需求，以此来加深乘客的体验，提升了乘客的满意度。但是，我国服务理念跟国外相比仍有较大差距，还有很长的路要走。

在旅游景区方面，旅游景区的CRM系统目前已经在九寨沟、黄龙、大理等国家级风景名胜区和凉山州螺髻山景区成功应用，也会相继在乐山大佛、阿坝州四姑娘山和峨嵋山等景区推广。旅游景区的客户关系管理系统在提供丰富服务的同时对客户行为和价值取向进行深入分析，为挖掘新的市场机会，并对未来旅游业发展方向提供科学、量化的指导依据，使旅游资源在快速变化的市场环境中保持永续发展的能力。

## 第三节 旅游客户关系管理的前景

### 一、旅游客户关系管理的必要性

旅游客户关系管理将旅游客户看成是旅游企业的一个关键点，客户是千差万别的。有些客户需要企业花费很大成本才能吸引过来，还必须提供多项服务；而另一些客户则无需企业提供过多的服务，并且似乎渴望对企业有所了解。不同的客户代表着企业不同的利润水平。根据帕累托80/20法则，企业80%的利润来自最重要的

20%的客户，也就是说，企业大多数收益是由企业所有客户中的一部分客户创造的，而这部分“最好的客户”仅仅占企业客户的1/5，其他4/5的客户对企业来说，贡献都微乎其微，几乎不创造企业的收益，甚至有一些客户还会带给企业负效益。因此，成功的旅游企业都在努力为“最好的客户”下一个定义，以便能更好预估这类客户的终生价值，并相应调整营销策略。最好的客户指的是一个行业所有客户中，提供盈利空间最大、耗费企业成本最小以及愿意为组织传播正面信息的那一部分客户。旅游客户关系管理就为旅游企业提供了这样的一个平台，它能够最大限度地整合旅游客户信息，并根据客户的购买等信息来区分最好的客户，以便企业能够更好地维护并发展与他们之间的关系，实现旅游企业与旅游客户的共赢。相反，那些对企业的贡献微乎其微的旅游客户，旅游企业可以制定相应的营销策略，选择维护或者中止与他们的客户关系。

旅游客户关系管理的主要目标是维护和建立旅游客户的忠诚。美国哈佛商业研究报告表明：多次光临的顾客比初次登门者可为企业带来更多的利润。对强烈依赖客户消费的旅游业而言，稳定而忠诚的游客群无疑是旅游业宝贵的财富。相对于老客户来说，获取新客户的成本可能很高。据统计，获取一个新客户要花费的成本是留存一个老客户成本的6倍。对于现有的老客户来说，再次购买同样的旅游产品或从信赖的企业购买类似的旅游产品或服务，是不存在获取成本的。更高的客户支持率会极大地增加了企业的收入，并且一般情况下会降低企业的成本。客户维护意味着旅游企业通过为旅游客户提供多样化的旅游产品或服务，使旅游客户回到企业的市场中，重复地作出购买决策。

## 二、旅游客户关系管理的作用

### (一) 改善服务，提高忠诚度

旅游客户关系管理向旅游客户提供主动的客户关怀，根据销售和服务历史提供个性化的服务，并在知识库的支持下向旅游客户提供更加专业细微的服务。旅游企业实施严密的旅游客户投诉跟踪,能够及时发现旅游企业存在的问题,并根据旅游客户的意见加以改进,以更好地为客户服务,从而不断提高旅游客户的满意度,培养忠诚客户。例如餐厅为VIP客户提供的个性化的生日菜单,会让客户备受感动,从而提高其对旅游企业忠诚度。

**(二) 提高员工工作效率**

由于旅游客户关系管理建立了旅游客户与旅游企业打交道的统一平台,因而企业员工的办事效率可以得到很大提高。另外,旅游企业内部许多重复性的工作都可以由计算机系统来完成。例如旅行社查询客户资料信息,可以利用计算机来辅助查询,减少了员工的工作量,提高了工作效率。

**(三) 降低旅游企业成本**

旅游客户关系管理的运用,促使旅游客户满意度及忠诚度有了较大提高,使得旅游企业营销成功的几率大大提高,服务质量的提高使得服务时间和工作量大大降低,这些都在客观上降低了旅游企业的营销成本、销售成本和服务成本;同时,员工工作效率的提高,也促使了旅游企业人力资源成本的降低。

**(四) 扩大旅游产品销售**

客户满意度及忠诚度的提高,会促使旅游企业市场声誉的不断提高,从而吸引大量旅游客户,使得旅游产品的销售增长成为必然。对旅游产品销售线索跟进能力的不断提升、对相关旅游合作伙伴的管理策略的更加透明、对客户关怀更加及时,这些都将有利于旅游企业的经营与发展,扩大旅游产品的销售。

## 三、旅游客户关系管理的发展趋势

我们看到,近几年客户关系管理在中国正迅速发展。CRM强调“以客户为中心”的管理方法,将客户而非产品放在提高企业竞争力的中心位置,这一思想非常适合正在急于寻找不同于价格战、广告战的竞争策略的中国企业。实施客户关系管理，不仅提高了企业自身的核心竞争力，而且还将保证企业核心竞争力的持续增强。那么，今后客户关系管理会如何发展呢？

首先，Aberdeen（阿伯丁）咨询公司预计在未来的几年内将会出现一种全新的客户关系管理 CRM 类别——客户声音管理（customer voice management，简称 CVM）。它能够帮助旅游企业真正理解他们的客户正在与他们交流什么，特别是客户们的想法是什么，获得一种需求的暗示；旅游企业应该真正融入产品或服务开发的流程中去。其次，旅游 CRM 的发展更加深入。旅游客户关系管理所涉及的对象不仅仅是旅游者，还包括旅游企业内部员工、旅游供应商、旅游代理商及竞争对手等旅游企业经营过程中的各种利益关系。最后，旅游 CRM 将面向更多的中小型旅游企业。

**【应用案例】**

## GL 旅行社客户关系管理

### 一、GL 旅行社概况

GL 旅行社为重庆市 5 家最大的国际旅行社之一，其总社也是国内最大的旅行社之一，是国内工业企业 500 强中唯一的旅游企业。其注册商标为国内旅游行业唯一的驰名商标。GL 旅行社传统上以承接总社组织的入境游客为主。

由于长期承接入境游业务，企业拥有一大批行业内的高素质人才，同时其网络布局、硬件设施也相当完善，因此无论从设备硬件或服务质量上均处于重庆市旅行社行业的领先地位。但 GL 旅行社由于长期从总社承接入境游业务，对本地市场开发不足，对重

（续上）

庆本地的顾客资源掌握不够充分。过去由于重庆具有组织出境游资格的国际旅行社少，竞争还不激烈。随着国家新批准具有组织出境游资格国际旅行社的增加，一大批新获组织出境游资格的旅行社加紧了出境游市场的争夺，市场竞争骤然加剧。面对这一新的局面，GL旅行社迫切希望能找到一条有效的途径，既能充分发挥企业自身优势，又能迅速弥补自身在市场营销工作中的不足，在短时间内吸引并牢固掌握一大批忠实客户，使企业在激烈的市场竞争中立于不败之地。

从GL旅行社的内部资源分析，员工普遍素质较高，特别是具备各个语种的外语人才，加之长期的行业积累，企业具有丰富的行业经验和规范的管理水平。同时GL旅行社背靠总社，并与全国各兄弟社有密切的业务联系，形成了完整的行业网络，而具有完善的网络对于旅游业这样一种空间跨度大的服务行业来说其优势是十分明显的。就组织出境游而言，GL旅行社所具有的以上优势是其他新建旅行社在短期内很难超越的。但GL社的市场营销工作与其行业地位并不相称，企业虽然拥有在行业内较先进的计算机应用技术，配备有总社自主开发的顾客信息数据库软件，但其长期处于闲置状态，更多地用于一些常规的总量数据的统计分析工作，而几乎没有存储任何单个的客户信息资料，当然更谈不上对个体客户的分析管理工作。正是由于营销工作力度不足，GL旅行社在日益激烈的市场竞争中已经明显感到了压力。一段时间，旅行社的出境旅游市场增长明显低于重庆市的出境旅游市场总体增长，虽然这一现象很大程度上是受到出境游旅行社扩容的影响，但GL旅行社营销手段相对落后却是不容忽视的问题。

(续上)

**二、旅行社实施客户关系管理战略的基本设想——会员制**

GL旅行社的顾客群构成中,国内游和出境游的顾客从大范围而言可归入同一顾客群——重庆市民。在正常情况下,消费出境游的顾客同时也会消费国内游,并且就其消费能力来划分,显然属于国内游的高端客户。而入境游业务则面对另一个顾客群——境外游客,并且这部分顾客资源更多地为总社所掌握。鉴于入境游业务所服务的顾客很大程度上并不由GL旅行社直接掌握,因此GL旅行社制定的客户关系管理战略重点针对出境游和国内游客户两个细分市场。基于出境游顾客是国内游顾客群中的高端客户这一基本判断,并结合企业自身的优势,GL旅行社进一步将客户关系的战略重点确定在对出境游这一顾客资源的争夺上,更确切地说是将业务重点放在了市场高端客户的争夺上。

GL旅行社的经营战略应调整为"力争高端客户,提供优质服务"。根据GL旅行社的内部资源来看,提供优质服务是完全能够实现的。因此实现这一战略的关键就是力争高端客户。GL旅行社实施这一战略的指导思想就是客户关系管理,并确立了实施"会员制"的具体的客户关系管理的实现形式。

在具体实施会员制时先设定一个客户价值判断标准,区分出高端顾客和普通顾客。首先针对市场中的这部分高端顾客实施会员制,然后建立起关系。通过对会员信息的收集和分析,从中再细分出处于客户金字塔最上层的顶尖顾客,将其发展为VIP会员,并通过客户经理制的形式牢固掌握住这部分VIP会员;对于普通顾客,则实施一般的大众化营销模式。各种类型顾客在总人数中的比例及其对应的营销手段如图1-1所示。

（续上）

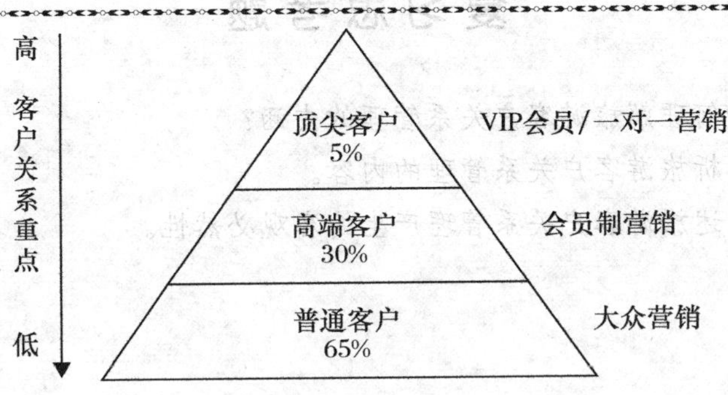


图 1-1 GL 旅行社的客户金字塔

通过运用客户关系管理，GL 旅行社取得了快速的发展。据资料显示，2001 年，重庆旅游者平均年消费金额约为 800 元。考虑到会员定位于中高端顾客的情况，预计每名普通会员每年消费 3 000元，VIP 会员消费 10 000 元，则仅会员的旅游收入就可达到 1 700 万元；同时，考虑会员的边际贡献较高和会员折扣的双重影响，平均利润率按 10%计算，则仅个人会员每年就可为 GL 旅行社实现稳定的利润约 170 万元。如果 5 000 名会员中 1/2 为购卡会员，则可额外为 GL 旅行社增加约 50 万元的现金流，加之用客户关系管理的思想指导一般顾客和团体客户营销工作创造的利润，保守的估计，GL 旅行社实施客户关系管理可产生直接经济效益约 300 万元。就目前掌握的资料来看，对 GL 旅行社进行客户关系管理改造的直接经济投入不会超过 100 万元。因此实施客户关系管理对于 GL 旅行社的效益是十分明显的。如果考虑到提高顾客忠诚度，实现公司经营业绩持续稳定增长所带来的好处，则实施客户关系管理的效益就更加明显。

（**资料来源** 摘自中国知网：邓军《客户关系管理在旅游企业的应用》，2002 年 9 月）

# 复习思考题

1. 如何理解旅游客户关系管理的内涵?
2. 简析旅游客户关系管理的内容。
3. 简述旅游客户关系管理产生的客观必然性。

# 客户关系管理的基础理论

## 第一节　客户关系管理的产生和发展

随着市场环境的变化，企业之间的竞争方式和方法都发生了翻天覆地的变化，客户关系在企业的发展过程中显得越来越重要，以客户为中心的客户关系管理的产生与发展为企业的成功创造了条件。客户关系管理为企业发展开辟了一条全新的途径，是市场营销中的一个管理理念的创新。

### 一、客户关系管理的产生

#### (一) 客户关系管理产生的必要性

1. 外部市场环境的多变性决定了客户关系管理产生的迫切性

中国加入世界贸易组织(WTO)后，政府对国内企业的各种贸易保护主义政策将不复存在，几十年来形成的贸易壁垒也将全部拆除，许多领域和行业都将对外开放……这一切，对于中国的企业来说，既是机遇又是挑战，特别对于众多的中小企业来说，更多的是挑战和竞争，面临国外先进管理经验和先进管理技术的冲击。

就企业而言，面对外部的激烈竞争，企业的经营如何进一步打破地域的阻隔？如何在全球贸易体系中占有一席之地？如何赢得更大的市场份额和更广阔的市场前景？如何开发和保持相对稳定的客户资源？

这些已成为影响企业生存和发展的关键问题。

(1) 应对价格竞争激烈的需要。以往,企业凭借传统的管理模式,以产品竞争为基础,关注企业内部的运作效率和质量的提高,并通过产品价格优势,就可以在市场竞争大潮中稳步前进。但是现在,企业面临着残酷的价格战,短缺时代的暴利已经不复存在。销售价格的下降极大地缩减了企业的利润空间;同时,激烈的市场竞争又使企业对产品的营销投入并没有得到应有的回报,企业可谓举步维艰。如此窘迫的困境,迫使企业必须寻求更为有效的营销策略来控制成本,提高企业的效益。

(2) 企业发展的需要。在迈入竞争日趋激烈的新世纪,资源获取的有限性导致了成本已很难有下降的空间,企业要想赢得更多的利润,提高核心竞争力,就更应该在经营客户关系方面一展身手,只有这样才能拓展企业的生存空间,扩大企业的经营范围,及时把握市场动态,占领更多的市场份额,从众多的竞争者队列中脱颖而出。

2. 消费者意识的成熟化决定了客户关系管理产生的必要性

随着人类社会进入新经济时代,世界经济正以势不可挡的趋势朝着全球经济一体化方向发展,企业也面临着更激烈的市场竞争。在由卖方市场转化为买方市场和信息开放的今天,客户的品牌忠诚度越来越低,客户的眼光越来越挑剔,要求也越来越高,谁能够与客户全面沟通,提高他们的满意度和忠诚度,谁就能站在获取市场份额和利润的制高点上。当然,客户的需求也不是一成不变的,随着科技进步和社会发展,客户的需求在不断变化之中,因此,满足客户不断变化的需求,是企业创新的动力和发展的方向。

**(二) 客户关系管理产生的可能性**

1. 信息技术应用的广泛性决定了客户关系管理产生的可能性

在当今人类社会信息化浪潮的推动下,信息网络技术的高速发展使人们的社会交往发生了巨大的变迁,网络信息已影响到社会生活的每个角落,使用网络信息,已成为我们生活的重要内容,并深刻地改变着人们的社会生活方式。

(1) 信息技术为实现市场营销目标提供新的方法和途径。据嘉得纳集团公司估计,如果通过电话与客户进行联系的话,平均每个客户的成本是5美元,但是如果通过Web联系的话,成本将降至0.25～3.5美元,而只要再多留住5%的客户,公司的利润就能提高100%。但是互联网便捷的优势也会带来负面的影响。英国电信公司(Telecom)研究得出,在传统的市场环境下,一个不满意的客户会告诉8～10个其他人,而在电子化的市场环境下,一个不满意的客户会告诉约85个其他人。

Internet等信息技术为实现市场营销目标提供了新的方法和途径,为CRM的蓬勃发展发挥了积极的作用。信息技术是CRM的助推器。Internet的普及与推广使经济运行模式发生极大的突破:直接交易,避免流通的无序和过多的中介层次,降低交易费用,提高经济活动效率;市场时空无限延展,不受时间和空间的局限,实现了"全天候"、"全球化"的服务;依赖于互联网的经济活动其运行速度呈现几何级的增长。

(2) 信息技术对现代企业市场营销管理的深远影响。信息技术的广泛运用,有利于企业实现市场网络建设的低成本扩张,使企业产品的开发与设计水平迈上了一个新的台阶,改变了传统的营销理念,为广告创造了新的发展空间。信息技术的广泛运用,必然导致企业营销管理组织模式的变革,有效提高了企业市场营销信息处理速度和增强企业的决策能力。

近年来,信息技术和数据库技术的发展和应用突飞猛进,数据仓库(data warehouse)和数据挖掘(data mining,简称DM)、商业智能(business intelligence,简称BI)、知识发现(knowledge discovery in databases,简称KDD)、工作流(workflow)等技术的发展,使收集、整理、加工和利用客户信息的质量大大提高,信息技术和Internet成为日渐成熟的商业手段和工具,越来越广泛地应用于金融、证券、电信、电力、商业机构等各个行业领域的信息系统构建，应用种类也从传统的办公事务处理发展到在线分析、决策支持、Internet 内容管理、应用开发等。足够的先进技术使得 CRM 的实现成为可能。

2．企业经营目标决定了客户关系管理的基础性

这一趋势推动着市场竞争向着“以客户为中心”的方向发展，给企业的经营理念和管理方法带来了深刻的影响。事实上，中国消费者在经历了量的消费年代和质的消费时代后，带有感情色彩的个性消费理念将逐步占上风。如今一些具有高收入、高学历的消费者不再把消费视为一种对商品或劳务的纯消费活动，也不再安于被动地接受厂家、商家的诱导，而是要求作为参与者，与厂家一起按照消费者的个性需求，开发出个性化的商品。从定制冰箱、移动电话乃至汽车过程中，我们能强烈地感受到一个显露个性的时代已经到来。

所以，企业需要实施客户关系管理，以便充分利用顾客资源。通过客户交流、建立客户档案和与客户合作等，可以从中获得大量针对性强、内容具体、有价值的市场信息，包括有关产品特性和性能、销售渠道、需求变动、潜在用户等，可以将其作为企业各种经营决策的重要依据。

## 二、客户关系管理的发展

客户关系管理的思想最早产生于 20 世纪 80 年代初，由于市场竞争的加剧和以开发新客户为主的销售成本的增加，企业开始注意到长期客户关系对于企业的重要性，在此阶段，服务营销、关系营销等成为营销理论和实践的发展重心。进入 21 世纪，在以“客户管理”、“客户关系管理”、“服务管理”、“关系管理”、“大客户管理”、“数据库管理”等相关概念、营销思想、理论及方法和手段不断推广和应用的背景下，随着电子商务时代的到来，借助 IT 技术的发展，客户关系管理无论在理论发展和实践方面，还是在技术方法和手段工具等方面都得到迅速的提高和改善。特别是借助现代计算机信息技术和方法，各种各样的 CRM

软件应运而生，并得到广泛运用和推广。在国外，CRM已经在银行、电信、航空、证券、保险、电子等行业得到广泛应用。自20世纪90年代初以来，客户关系管理这一新的概念、思想、方法和技术迅速地在我国得到广泛的传播和应用，国内许多企业纷纷开始导入和实施CRM计划，CRM在我国的发展呈现出发展快、影响广、潜力巨大的特点。

## 第二节　客户关系管理理论的发展

客户关系管理的思想萌芽产生于20世纪80年代初的美国。客户关系管理理论是市场营销中的一个创新的管理理念和管理模式，为企业发展开辟了一个全新的途径。客户关系管理体现了两个管理趋势的转变：一是企业从以产品为中心的模式逐渐向以客户为中心的模式转化，二是客户关系管理表明了企业管理视角从“内视型”向“外视型”的转移。

### 一、客户关系管理理论的追溯

客户关系管理这个名词最先由全球著名的信息技术咨询顾问公司——嘉得纳集团公司于1977年提出的。从目前来看，对于“客户关系管理”的定义很多，以下几种定义从不同角度揭示了客户关系管理的内涵。

嘉得纳集团公司认为，所谓客户关系管理，就是为企业提供全方位的管理视角，赋予企业更完善的客户交流能力，使客户的收益率最大化。同为研究机构的胡尔维茨集团公司（Hurwitz Group）认为，CRM的焦点是自动化，并改善与销售、市场营销、客户服务和支持等领域的客户关系有关的商务流程。厂商IBM则把客户关系管理分为三类：关系管理、流程管理和接入管理，涉及企业识别、挑选、获取、保持和发展客户的整个商业过程。CRMGuru. com（为300 000名商业领袖服务的全球第一的客户管理网站）选用的定义认为，客户关系管理是选择和管理客户的业务策略，以使客户长期价值达到最优化，它是需要"以客户为中心"的理念和文化来支持有效的营销、销售和服务过程。CRM学界的一位早期的先锋、美国分配和销售渠道的客户营销工程师方美琳认为，客户关系管理把销售的概念从单一销售人员所发生的分散性行为扩展为与企业内每个人相关的连续性流程，它是一种收集和使用客户信息来建立客户忠诚度和增加客户价值的技术和科学。伴随着当前信息技术的发展和迫切的客户服务需求，单纯地考虑这些流程问题而不引入技术实际上是不可能的。

提出上述定义的，有的是IT厂商，有的是管理咨询师，有的是学者，虽然所从事的领域不同，侧重点也不同，但总的说来是一致的，即他们都认为"客户关系"是公司与客户之间建立的一种相互有益的关系，并由此把客户关系管理上升到企业战略的高度，认为技术在客户关系管理中起到很重要的驱动作用。

## 二、客户关系管理理论的形成

### （一）客户关系管理与电子商务技术的关系

有人看到实施CRM的企业建立了网络系统，利用网络进行客户信息资源的整合，就误认为客户关系管理就是电子商务。实际上，电子商务不仅包括网页设计、网上商城的建立，而且还包括数字化信息的储存与交换、无线通信、信息家电、互联网业务等商业行为。电子商务的范围很广，而客户关系管理的网络仅仅只是电子商务中的一小部分。

CRM不仅是技术，它更是一种以现代技术为基础的新管理思想和新管理方式。它以客户为中心，通过了解和迎合客户需求来实现组织收益最优化，增加股东价值。CRM的直接来源也不是电子技术，而是营销管理演变的结果。实现CRM的关键是人和组织，一家原本由政府所经营的欧洲铁路公司，花了18个月的时间成功地改变了所有员工及管理阶层的观念，而成为一个真正以客户为中心的企业；相比之下，科技层面的改造只花了3个月的工夫。所以说，如果没有投放足够的资源于人员培训，不改造固有的业务流程，有再好的CRM软件技术支持也是枉然。

CRM瞄准的是改善企业、面向客户的业务流程，而技术只是达成这一最终目的的手段而已。企业应该真正站在客户的角度，在通过现代技术来提高服务效率和水平时，为客户设想他们所需要的服务和可能要碰到的各种问题，给客户以人性关怀，和客户建立超越经济关系之上的情感关系。特别在我国，由于受到以儒家学说为主的几千年传统文化的影响，客户的购买行为及消费心理的产生、发展过程带有明显的"中庸"、"仁礼"的特征。在这种文化的熏陶下，客户的追求更主要的是情感上的需要。因此，CRM要注重客户情感关系上的管理，满足他们情感上的需要，注重营销活动中的细节，而这一系列营销活动中对客户情感上的关注和满足，不是单靠电子商务能解决得了的，需要企业和营销人员的衷心付出和以诚相待。

### (二) 客户关系管理与一对一营销的关系

一对一营销(one to one marketing)首先由贝培思(Peppers)和马莎·罗杰斯(Martha Rogers)提出，它包含四个要素：

(1) 确定企业的目标客户群。

(2) 根据客户需要和他们对企业的价值细分客户群。

(3) 与消费者建立一种相互学习的互动关系。

(4) 将产品、服务和信息个性化、客户化。

总的来说，一对一营销所倡导的是一次与一个客户建造关系、关注客户份额而非市场份额，个性化定制产品和服务等理念。而CRM的关键在于它不仅要对企业的客户进行细分，而且要识别出企业的核心客户和客户价值，建立企业客户的金字塔，对处于不同级别的客户群采用不同的营销策略，并认为有相当比例的客户是不会给企业带来利润的，所以"客户并非都是上帝"；企业应重点关注那些能够为企业带来利润的客户群体，对于那些不能给企业带来利润的客户群体则不是企业关注的重点，甚至根本不予关注。显然，一对一营销实际上是CRM的一种方式，是CRM的内容之一，而CRM具有更宽广的范围和更深刻的意义。

CRM有助于企业实现一对一营销，但是CRM并不是一定要企业实现一对一营销。事实上，有些企业适合开展一对一营销，而有些企业则不一定适合开展一对一营销。一对一营销是一种营销方式，那么什么情况下企业适合一对一营销呢？实行何种营销方式完全取决于企业的商业模式。客户关系管理所起的作用是实现前端互动营销与客户服务、客户支持、客户追踪、客户挖掘和客户自助，在吸引并留住客户的同时与商业伙伴和供应商保持良好的关系，以便在电子商务生态系统中最大限度地挖掘和协调利用企业资源，包括信息资源、客户资源、生产资源和人力资源，拓展企业的生存空间，提升企业的核心竞争力。而一对一营销主要强调在企业的营销活动中对客户个性化的满足，通过个性化的满足来提高客户的满意度。CRM能够优化企业内部运营机制方面的内容，在一对一营销中反映不出来。CRM的核心精神是市场细分和细分定位，而一对一营销是建立在独立客户信息基础上的，不可能制定任何营销战略，不可能进行市场细分和运作市场细分。

**（三）客户关系管理与扩大销售的关系**

许多人认为，CRM是以客户为核心的营销管理理念的创新，是只涉及营销部门是否能够销售更多的产品或服务。CRM是在市场竞争日益激烈、消费者需求日益个性化的情形下应运而生的。

从CRM实施的范畴来看，不仅包括营销部门或客户服务部门，而且企业上下全体员工都要对CRM负责，在CRM的决策阶段要自上而下地推动。首先需要企业的最高领导者给予高度关注，缺乏他们的支持，CRM项目注定要失败。其次需要全体员工达成共识、齐心协力。因为CRM系统实施于市场营销、销售、客户服务和技术支持等与客户相关联的领域，所以在具体实施阶段则更需要全员参与。

我们知道，销售只注重客户的交易额，而客户关系管理关注的是“顾客份额”而非“市场份额”。所谓“顾客份额”，是指不同顾客的钱袋份额，即不同顾客在同类消费中所占的份额大小。客户关系管理的核心是客户价值的实现，而实现的过程要求企业必须把行销计划细分到足以针对每位顾客的程度，也就是说，要对每位顾客都进行个别沟通，提供不同的商品和服务，必要时采取不同的行动，以满足顾客的特殊需要。

## 三、客户关系管理理论的发展

进入21世纪，随着全球经济一体化，市场的竞争更加激烈，竞争手段更趋多元化，客户成为企业争夺市场的焦点，客户关系管理也就成为了企业市场营销管理的热点。“客户经济”时代的到来使我们企业的发展目光从“内视型”转变成“外视型”，经营策略从原先重视企业内部的产品演变为以客户为中心，这不是说产品在企业发展中不再重要了，而只是说客户已成为企业在所有内外部资源中首先要考虑的因素。有人说，谁能抢占“客户关系管理”这座桥头堡，谁就能掌握竞争优势，提升企业核心竞争力。

如今，客户关系管理理论和实践得到进一步的发展，越来越多的企业经历了从单纯追求销售额到发展客户关系，从追求利润到重视客户利益，从关注大众需求到关注客户个性化需求的转变。总而言之，企业从客户视角出发，把与客户关系提升到了经营战略的高度。而且由于开发新客户而带来的销售成本的增加，让企业开始注意到长期客户关系对企业的重要性，通过与他们良性互动，提高客户满意度，赢取客户终生价值，获得长期稳定的收益回报。

现在普遍认为客户关系管理基本上涵盖三个方面的业务：市场营销、销售以及客户服务。CRM系统应该有三个层面，客户关系管理理论也应围绕这三个层面深度发展。

第一，操作层面(operational)客户关系管理，主要针对企业的销售、营销与客户有关的部门，提高企业业务处理流程的自动化程度和效率，提高企业和客户的交流能力。

在发达国家的市场竞争中，企业经营者发现，营销体系中各种功能的交叉组合，其重点在于赢得客户。这样，营销管理的重点从"客户需求"进一步转移到"客户保持"，并确保企业把合适的时间、资金和管理资源直接集中在这两个关键任务上。企业应把 CRM 看作将注意力从"生产"转移到"客户服务"上来的一次机会，这需要企业站在优化客户关系的立场上对业务流程进行一次评价检查，优化改造，即重视人员的配合和训练——不是使用软件系统的训练，而是改变传统的"以产品为中心"的思想，树立"以客户为中心"的理念，同时改造企业内部的业务流程——改变"以产品为中心"的传统流程导向，塑造"以客户为中心"的新型导向。

第二，分析层面(analytical)客户关系管理，即要了解客户的需求，比如客户群在哪里、如何吸引他们、有没有价值、哪些客户值得保留等等，这些都是分析层面客户关系管理所要提供的支持。

在当今的竞争环境下，企业要发展，要获得最大的收益，就必须学会更多地了解客户的需求，并且积极与客户进行交流，对客户的需求及时作出反应。企业必须将客户视为其重要的资产，要不断地采取多种方式对客户实施关怀，以提高客户对本企业的满意度和忠诚度。客户关系管理正是能满足企业这些需要的管理理论和信息技术。

随着人类社会进入新经济时代，世界经济正以势不可挡的趋势朝着全球经济一体化、企业生存数字化、商业竞争国际化、竞争对手扩大化等方向发展，互联网、知识经济、高新技术特征明显，企业的经营进一步打破了地域的阻隔，如何在全球贸易体系中占有一席之地，如何赢得更大的市场份额和更广阔的市场前景，如何开发和保持相对稳定的客户资源，已成为影响企业生存和发展的关键问题。在这样的背景下，新型营销理念层出不穷，如关系营销(relationship marketing，简称 RM)、一对一营销、直接营销、互动营销、对话营销,以及基于网络技术的数据库营销(data base marketing,简称 DBM)、网络营销、电子商务(electronic commerce)等技术驱动的营销等。总的来看,这些营销新理念和新方法非常强调企业与消费者、供应商、分销商、竞争者、政府机构和其他公众保持良好关系,尤其是与顾客保持良好互动状态,并基于现代信息技术、数据技术和网络技术,实现企业传统业务再造,降低营销成本,缩短响应周期,提高营销效率,满足客户定制化个性需要,增强客户服务能力等。

第三,协作层面(collaborative)客户关系管理,如整合各种渠道、协调各个部门之间的联系等都属于协作型客户关系管理范畴。

客户关系管理的运用直接关系到一个企业的销售业绩,它可以重新整合企业的客户资源,使原本"各自为战"的销售人员、市场推广人员、电话服务人员、售后维修人员等开始真正的协调合作,成为围绕"满足客户需求"这一中心要旨的强大团队。客户关系管理的实施成果经得起销售额、客户满意度、客户忠诚度、市场份额等"硬指标"的检测,它为企业新增的价值是看得见、摸得着的。

在 CRM 的三个层面的应用中,操作和协作层面的应用主要解决内部工作效率和交易数据有效采集的问题,其投资回报具有短期性和有限性,只有分析层面的 CRM 应用最具前景,也是 CRM 能否使企业长期受益的关键。

## 第三节 客户关系管理内涵分析

"客户是上帝"自 20 世纪年代以来一直被奉为圣旨。客户关系管理的基本思想和方法是"客户是上帝"思想在当今信息技术时代的具体化。随着网络经济、知识经济的迅猛发展和全球市场竞争的日益激烈,人们在大量研究和实践的基础上对网络经济时代的 CRM 又赋予了新的内涵。

## 一、客户关系管理定义

前面提到,从内涵的层面上看,可以认为客户关系管理是一种管理理念;从运作的层面上看,可以认为客户关系管理是一种管理策略或管理机制;而从操作的层面上看,可以认为客户关系管理是一种技术手段。我们可以看出运作、操作层面的定义,特别是微观层面的定义是从企业实现客户关系管理的技术和管理途径的方面予以界定的,强调的是实施手段和方案,所以将它们结合起来理解客户关系管理概念的同时,更应该从内涵的也就是战略的角度来理解它。

因此,在这里我们从战略的角度,给客户关系管理下的定义是:客户关系管理是一种管理战略,是企业各个部分、各个环节、各个层面都以客户为中心,协调和统一企业与客户之间的交往,以便获取、发展、留住有价值的客户,挖掘潜在客户,提高客户满意度,培育客户的忠诚,实现企业盈利能力的最大化。

## 二、客户关系管理的核心概念

### (一)"以客户为中心"的内涵

客户关系管理的思想就是以客户为核心,要求企业从传统的"以产品为中心"(product-centric/product-driven)的经营理念中解放出来,确立"以客户为中心"(customer-centric/customer-driven)的企业运作模式。"以客户为中心"也就是"客户第一"、"客户为本",它相对于"以产品为中心"的营销思想,是现代许多企业全新的经营理念。

早些年,由于市场营销的观念深入人心,很多企业知道客户对企业的重要性,纷纷打出"客户至上"的旗号,客户一夜之间被追捧为"皇帝"。但从企业的表现来看,好像只是喊喊口号,没有更多具体的实施细则。而作为解决方案的客户关系管理系统,它把"以客户为中心"的理念固化到了企业业务流程中,把市场营销等科学管理理念通过信息技术手段应用到企业中,这样才能保证"客户就是上帝"的经营理念深入到企业经营的全过程。

客户关系管理的宗旨就是改善企业与客户之间的关系,使客户时时能够感觉到企业的存在,企业随时可以了解到客户的变化。客户中心论希望通过不断认识、发现、开发和满足客户的需要,与客户建立一种互动关系,从而实现企业的经营目标。这些观念和思想,要求企业将竞争的焦点从传统资源(如供应商、资金、技术、人才等)转移到客户和客户价值上。因此,客户关系管理的核心内容包括以下几个方面。

1. 客户资源

客户是企业最宝贵的资源之一,是企业的生存和发展的基础,因为只有客户才能保证企业产品价值的最终实现。因此,保持和拥有更多的客户资源被看作是企业竞争长期制胜的法宝。

客户资源是客户关系管理的基本对象。客户关系管理概念中所涉及的"客户"是指与企业经营活动有关的社会环境,广义上包括最终消费者、中间商(分销商、零售商)及其合作伙伴在内的企业外部客户;狭义"客户"一般指销售或服务对象,即顾客,也称最终客户或最终消费者。

管理大师德鲁克曾说:企业管理的本质就是创造客户。正因如此,才有彩电行业的价格大战,PC 行业的渠道大战,联通投资 240 亿元兴建 CDMA 网络,一切为了争取客户。据 PIMS 的研究表明,市场份额与投资收益率成正相关,市场份额的大小决定了企业在市场中的地位。拥有庞大的客户群至少可以给企业带来以下优势:

第一,规模经济性。显然,如果企业拥有大量客户,将会构成规模的经济性,带来成本降低,形成相对成本优势。尤其是在价格竞争中,相对低成本优势是赢得竞争优势的关键因素。

第二,品牌优势。较大的市场份额本身就是一种品牌形象,它反映了市场对企业整体服务质量的认同。同时,客户的舆论也为企业带来了良好的口碑。

第三,领导者地位。拥有较高的市场份额,能使企业获得高额利润，成为行业的领导者。

第四，构建防御战略。如果企业在市场中占据较大的份额，那么就会为潜在竞争对手的进入带来障碍，同时也会增加行业内其他竞争对手发展新客户的成本，从而构建了企业的防御战略。

当今世界，市场竞争的焦点已经从产品的竞争转向品牌的竞争、服务的竞争和客户的竞争，特别是谁能掌握客户资源，赢得客户信任，分析客户需求，与客户建立和保持一种长期、良好的合作关系，谁就能制定出科学的企业经营发展战略和市场营销策略，生产出适销对路的产品，提供满意的客户服务，谁就能迅速提高市场占有率，获得最大利润。客户信息是企业开发客户的基础，所以企业前端建立呼叫中心，后端完善客户档案与数据库、深入分析客户资料就成为企业客户关系管理的主要工作内容。

客户关系管理的核心就是通过对客户关系信息的管理，以反映客户价值和模型价值，只有了解不同价值客户的状态，才能满足客户的个性化需求，从而提高客户忠诚度和保持率，实现客户价值的持续贡献，全面提升企业盈利能力。

2. 客户价值

客户价值，特别是客户终生价值是 CRM 策略制定的出发点，对它们的评价和量化是企业全部生命周期客户管理决策的重要依据。

第一，CRM 的核心是客户价值。在对客户的识别、保留和发展的整个生命周期里，对客户价值的评判始终是贯穿其中的核心问题。这种价值评判包括两个方面：一是企业为客户提供价值（customer perceived value）的评价，二是客户对企业的价值贡献（enterprise perceived value）的评价。客户关系管理的实施过程是一个使客户关系增值的管理过程。企业只有为客户提供优异于竞争对手的价值，才能获得客户的货币投票；客户只有能够为企业带来利润，企业才会为其提供与之相称的产品和服务。

第二，对客户终生价值的关注是 CRM 的重要特点。客户关系管理强调的是企业与客户长期的价值互动关系，最大化长期互动关系的效用，实现客户与企业的双赢。就企业而言，客户终生价值的重要性表现在：客户关系持续时间越长，客户价值就越高；客户保持率增长5%可以带来企业利润的成倍增长；客户关系持续时间越长，客户的转移成本越大，这能进一步增大客户后期的保持率，带来企业收益的增长。对于客户而言，客户关系持续的时间越长，企业对客户了解的程度越高，更易于提供具有价值的问题解决方案。

第三，CRM是集中于价值客户的认识、保留和发展的动态管理。由于客户关系管理关注的是终生价值关系，因此，对于客户的选择，显得尤为关键。客户关系管理并不是对所有客户不加区别地对待，而是不断为价值客户提供优厚的价值服务，并从价值客户那里得到卓越回报的一种有选择性的价值交换战略。

第四，CRM实质上是对企业客户资产的增值管理。客户要成为企业的无形资产，有两个必备的条件：企业与客户之间有事实关系存在，以及企业有数据和文件记录来保证双方之间的相互沟通。显然，客户关系管理的实质就是对企业客户资产的增值管理。

第五，CRM强调对客户的全部生命周期管理。CRM所倡导的关系型营销较之以产品为中心的交易型营销的重要特点就在于其更加关注客户长期价值，而不仅仅是短期利益。客户全部生命周期管理的目的就是实现其终生价值最优。管理的核心就是全部生命周期客户价值管理。

3. 核心客户管理

并非所有客户都是企业的上帝，不同的客户对企业的贡献是不同的，所以对不同客户进行价值评估以确定不同类型客户的发展和维持策略，对企业留住价值客户、保持市场份额至关重要。

企业应用CRM的最大难度在于如何收集、分析客户资料，如何开展客户定位和细分。在这方面可采取的措施有：

(1) 准确识别谁是你的客户。

(2) 区分客户群中的不同客户。

(3) 与将对企业提供长远利益和值得发展一对一关系的客户进行高质量的互动。

(4) 提供个性化服务、产品或满足客户的特殊服务,提高客户购买力,加强客户关系。

(5) 对客户流失进行分析,查找原因,提出解决方案。

**(二) "以客户为中心"的实现途径**

1. 以客户为中心,对企业与客户的关系进行全面的管理

客户关系管理的核心是企业与客户的关系。企业与客户之间的关系不仅包括单纯的销售过程所发生的业务关系,如合同签订、订单处理、发货、收款等,而且包括在企业营销及售后服务过程中所发生的各种关系。

(1) 积极完善客户沟通渠道。接触点是客户——企业信息交流的平台,所以接触点建设与管理对企业来说显得尤为重要。传统的接触平台主要是呼叫中心,通过电话受理客户咨询和投诉,而对于在互联网时代的客户管理,企业更要重视运用现代信息技术手段,比如开设自己的网站为客户提供产品和服务的信息,与客户建立数字的、实时的、互动的交流方式。在各个与客户互动的企业前沿,不仅要提供便捷、友好的服务,更要注重客户需求的变化和意见反馈,客户动态的信息是企业最具价值的资产,有时比客户购买信息更重要,可以作为挖掘客户潜力、产生客户重复性购买行为的基础。

(2) 全面进行客户知识管理。客户知识管理是通过一组解决问题方案的集合,寻找和识别与问题有关的关键性信息,并将这些信息进行提取,形成对某一问题的专门知识,用知识指导决策并付诸行动,再将该行动转化为利润。CRM 的根本要求就是要建立与客户关系之间的"学习关系"。CRM 是一个不断学习的过程,需要企业积极主动地与现有的客户和潜在的客户进行不断交流,积累有关客户的信息,并对这些信息进行组织和分析,建成有关客户的知识,目的是辅助企业生产和

经营决策。企业将客户信息转化为客户知识的步骤如下：

(a) 采集信息。

(b) 分析整合。

(c) 获取知识。

(d) 运用知识。

(3) 积极推进客户关怀项目。客户关怀(customer care)是客户关系管理的关键。客户关怀活动包括在客户从购买前、购买期间到购买后的客户体验的全过程中。购买前的客户关怀为公司与客户之间关系的建立打开了一扇大门，为鼓励和促进客户购买产品或服务打下了基础。购买期间的客户关怀则与公司提供的产品或服务紧紧地联系在一起，包括订单的处理以及各种有关的细节，都要与客户的期望相吻合，满足客户的需求。购买后的客户关怀活动则集中于售后服务和圆满地完成产品的维护和维修的相关步骤。对企业与客户的关系进行全面管理时，要体现客户关怀的思想，营造友好、激励、高效的氛围。对客户关怀意义最大的四个实际营销变量是：产品和服务(这是客户关怀的核心)、沟通方式、销售激励和公共关系。CRM 软件的客户关怀模式充分地将有关的营销变量纳入其中，使得客户关怀这个非常抽象的问题能够通过一系列相关的指标来进行监测，便于企业及时调整对客户关怀的策略，使得客户对企业产生更高的忠诚度。

(4) 全面提升客户满意效果。有人说，“客户满意就是企业效益的源泉”。企业要想获得长远而稳固的客户资源，就必须致力于客户满意感的建立和维持，唯有这样企业才能拥有不断的利润源泉。客户的满意感是由所获价值大小决定的，而客户所获价值的大小取决于商品是否能满足其自身需要，也就是客户满意是建立在客户需求满意基础上的，所以要准确、快速地把握客户需求，还必须在与客户接触过程中关注客户体验。企业要满足形形色色的客户需求，就必须通过与客户互动、沟通来获取全面、可靠的客户信息。通过了解客户信息，为客户提供个性化服务，全方位提高客户满意度。

2. 以客户为中心，努力营造企业文化氛围

实践表明，制定和实施 CRM 项目会遇到许多意想不到的困难，其中最艰难的不是技术，而是管理控制企业内部的阻力，这些阻力来自企业的方方面面，不同的部门、人员，包括部分领导都可能成为这种阻力，因此必须通过改良企业文化来消除这些阻力。在 CRM 的实施过程中，企业通过一系列的努力，使得客户关系管理的经营理念获得员工的广泛认同，让"以客户为中心"的思想深入人心，孕育出以客户服务为中心的文化。首先要得到高层管理人员的认可和支持。对新管理理念，总是会有一个逐步认识和适应过程，因此要让员工正确认识客户关系管理和 CRM 软件，要让他们了解到客户关系管理是先进的营销思想。CRM 是实现客户关系管理的重要手段和工具，导入 CRM 系统会提高企业营销管理水平和增强企业核心竞争力。

3. 以客户为中心，全面优化企业内部流程

在企业中，各个部门长期以来形成的是"各自为战"的局面，沟通存在一定障碍，而且传统的企业组织是以产品或品牌为导向，这样的组织结构很难协调一致地应对个性化客户，客户的需求就难以得到最优的满足，客户价值最大化也就很难实现。所以，理顺企业业务流程，适当进行组织结构调整，是客户关系管理实践的中心环节。目前，企业可以通过相关管理系统如企业流程再造（business process reengineering，简称 BPR）来帮助实现业务流程自动化，完成企业经营从"以产品为中心"到"以客户为中心"的转变。具体就是要改变传统的业务流程，建立以客户需求为基本驱动因素的全新业务流程，对企业的前端管理的业务流程进行重新规划和调整，使企业在市场营销、销售、客户服务与支持等方面形成彼此协调的关系实体，实现从"宏营销"到"微营销"的转变，将企业信息流、服务流、资金流等各要素进行科学的配置，使资源得到可靠的保存和有效的利用。总之，从企业一方来看，优化企业内部流程，能为企业的决策提供依据，促进企业管理水平的提高，获得长久竞争优势；而从客户一方来看，不仅与企业沟通流程简化了，而且沟通的

效率也大大提高了。

4. 以客户为中心,坚持树立企业外部品牌

品牌的功能在于,可以由此将本企业的产品和服务同竞争对手的产品和服务区分开来;企业可以通过向购买者承诺长期提供的一组特定的利益和服务,并因此而获得一定的收益。但是除此之外,品牌还有另外一种重要的功能,就是传递一种信息,让顾客对产品的品质拥有信心。顾客价值是企业关注的焦点,只有牢牢围绕顾客实施品牌策略,才能保证企业获得源源不断的利润。品牌是产品或企业核心价值的体现,优秀的企业都是通过自己的品牌来树立良好形象的。

## 第四节 客户关系管理的应用状况

综观国内外对 CRM 的研究状况,无论是对 CRM 理论领域的研究,还是对 CRM 应用领域的研究,都取得了一定的进展,特别是在应用领域其成绩更为明显一些。

### 一、客户关系管理在发达国家的应用

自 20 世纪 80 年代开始,发达国家市场的逐渐成熟导致需求的增长趋于平稳,同时全球化趋势又使市场竞争更加激烈,这样的环境使企业认识到识别、挑选、获得、发展和维持客户的重要性。企业在经营理念层面上越来越关注客户价值、客户满意和客户忠诚,力图通过在正确的时间使用正确的方式为客户提供正确的服务,来创造和传递客户价值,提升客户满意水平,从而维护客户关系。

1990 年前后,为了满足市场需要,许多美国企业开始开发销售自动化系统(sales force automation,简称 SFA),销售自动化系统旨在提供销售人员记录和跟踪潜在客户信息的工具的销售对象管理,销售人员希望记录下他们与潜在客户交流的要点,以便进一步沟通。通过这些信息和他们的个人日志,使他们能更有效地管理自己的时间并安排

与客户的交流。后来有些企业开始考虑如何把这样的信息应用于整个销售组织，利用销售人员输入到 SFA 的信息来辅助销售预测，以便更好地控制整个业务。

随后又开始着力客户服务系统（customer service and support，简称 CSS）的开发和推广。到了 1996 年，一些公司开始把 SFA 和 CSS 两个系统合并起来，再加上现代市场营销（marketing）和现场服务（field service），在这个基础上再结合计算机电话集成（computer telephone integration，简称 CTI）技术，形成集销售和服务于一体的呼叫中心，这就形成了今天的 CRM 系统的雏形。

1996 年以后，随着电子商务的兴起，CRM 又开始和电子商务结合在一起，向智能化 CRM（iCRM）和电子 CRM（eCRM）方向发展。iCRM 能使公司通过跟踪客户以前的行为来反映和响应潜在的需求；当客户需要的时候以及在客户了解自己的需求之前，为客户提供服务。利用具有呼叫中心的 iCRM 系统，企业可以建立与客户之间的“学习关系”，即从与客户的接触中了解到他们的姓名、地址、个人喜好和购买习惯等，并在此基础上进行“一对一”的个性化服务。iCRM 不仅被用于传递相关的信息，而且也允许公司在客户需要接触的时候与他们取得联系，直接向客户的无线设备传递个性化服务。eCRM 是一种具备嵌入式 Internet 或电子商务技术的 CRM 解决方案，可通过网络完成对客户资源的管理及与客户的互动交流。eCRM 一出现就迅速发展并不是偶然的，互联网应用扩大后，特别是电子商务的兴起，更多的交易通过网络进行。但由于时空的缩小在很大程度上淡化了个人的个性，因此如何针对不同个性的客户作出有效的反应，并让客户认为自己受到了最大程度的尊重，这是企业需要研究的问题。eCRM 理念正是基于这种对客户的尊重，要求企业完整地认识整个客户生命周期，提供与客户沟通的统一平台，提高员工与客户接触的效率和客户反馈率。

总之，20 世纪 90 年代 IT 技术的迅猛发展以及在企业管理领域的广泛应用，使得 CRM 从企业的一种经营理念和思想转变为企业的一种经营工具和手段。插上IT技术翅膀的CRM迅速在全世界传播，并被越来越多的企业——不仅包括大企业，还包括大量的中小企业——作为一种有效的管理工具来采用。许多企业在应用CRM管理时，专注于有关CRM的系统开发和软件开发，包括客户数据收集和集成、数据仓库建立、数据挖掘、电子信息网络建设、呼叫中心以及ERP、SFA等软件开发和集成。然而，有些企业采用CRM时过于注重IT技术的先进性和CRM系统的完整性，反而忽视了客户的真正需求和客户间需求的差异，即忽视了CRM的主要目的。CRM的目的就是要求企业全面地认识客户，最大限度地发展与客户的关系，实现客户价值的最大化，创造企业与客户之间的双赢。因此，如何正确有效地实施CRM，成为许多企业所面对的重大问题。

经过20多年的不断发展，客户关系管理不断地演变成熟，现已形成一套完整的管理理论体系。从应用上来说，近几年来，欧美国家的很多企业都已经使用了CRM系统或准CRM系统，并取得了重大成功，如CISCO、DELL、HP、EMC、ORACLE和亚马逊等国际知名公司。据国外统计数据表明，CRM正成为一个新兴的客户服务市场。以美国为例，其CRM市场开发利用率尚不到25%，但它正以44%的年增长率迅猛发展。据著名管理咨询顾问公司——阿伯丁集团公司(Aberdeen Group)日前公布的一份调查报告称，在发达国家中，93%的公司的首席执行官都认为，客户关系管理是企业成功和更具有竞争力的最重要因素。

## 二、客户关系管理在我国的应用

1. 应用状况

客户关系管理理论及应用软件于20世纪90年代初引入我国。

就目前来看，我国企业刚从CRM启蒙期迈入实践阶段。据权威机构发布的数据表明：2003～2007年，中国CRM市场年增长率达到44%，广阔的行业前景吸引了众多著名的国外软件公司(如Oracle、

Siebel、SAP、IBM 等)，大规模抢滩中国市场，在本土成长起来的厂商(如创智、金蝶、用友、东软等)也分享这块诱人的“蛋糕”。他们通过研讨会和产品发布会等各种形式来对市场进行教育和引导，同时积极开发客户，最终推动整个市场的快速发展。国内公司依靠本土化优势，可以为企业定制与其实际情况相匹配的产品，而国外公司的产品一般为标准管理软件，则很难适应国内企业，且费用动辄上千万元，所以国内软件厂商在 CRM 国内市场份额中占有一定的优势。

越来越多的国内企业在市场需求的推动和各方面因素的作用下也正越来越关注 CRM，并向 CRM 靠拢。一些学者分析认为，总数在 600 万～800 万家的国内中小企业群体将成为 CRM 市场的亮点。我们看到许多从最初建立呼叫中心小打小闹开始，到上 CRM 项目初尝甜头的公司，也看到整个市场还相当不成熟，这与 CRM 在中国推广时间短有一定的关系，因为国内市场是从 2001 年才开始启动的，还有组织文化的阻力与缺乏专业人才的原因，但是更重要的是我们的企业营销观念滞后，对 CRM 尚停留在粗浅的认识阶段。比如呼叫中心就等于 CRM 这样的片面认识，还有当前普遍存在的观点：CRM 是一种软件，认为安装了软件就开展了客户关系管理，实际上软件同呼叫中心类似，都是为企业进行客户关系管理提供一种手段，并不一定能解决营销活动中所有的客户关系问题。CRM 也不是“灵丹妙药”，不能包治百病，盲目地购买软件匆匆上项目不但浪费投资，还会导致企业长期战略规划不能实现。

一般上 CRM 项目，企业应该视目前的管理水平选择合适的软件及实施公司。软件公司不但提供企业要求定制的产品，而且还会有一些后续服务，如版本升级、模块扩充等，而实施公司则会涉及实施周期等问题。从时间上来看，实施 CRM 路漫漫，但在动荡的市场中，对于大多数企业而言，导入成本低、周期短、见效快的信息系统，能迅速促进企业的销售业绩是他们的着眼点，这一现象对于一个处于培育阶段的市场是必然出现的。但由于 CRM 的实施，需要一个以客户为中心的企业经营运作模式，往往需要企业内部各部门改变原有的运作方式，而现实的部门设置和庞杂业务难以实现再造，这使得CRM优势的发挥显得艰难而时间漫长，这一点在我国表现得特别明显。

就我国来看，应用CRM较多的在客户服务领域，其典型代表就是呼叫中心。目前呼叫中心和客户服务在一些行业已发展得较为成熟，不过只局限于几个行业，即与客户交流频繁、对客户支持要求高的行业，如保险、航空、银行、证券、房地产、运输、邮政、电信、电力、旅游和医疗保险等行业，还有客户个性化需求要求高的行业，如汽车、服装等行业，但是像包装食品等一类的快速消费品领域应用机会比较少。改善与客户的沟通关系是否必须实施CRM，这要视企业规模、性质及发展战略而定，如小型超市就可以采取会员制、折价券等方式培养自己的忠诚客户。

2. 存在问题分析

(1) 企业原有的经营管理理念不能适应CRM的需要。客户关系管理作为一种管理理念，它是营销管理演变的自然结果。

目前，我国同世界经济强国相比，市场发育程度不高，企业营销观念仍处于相对滞后的状态。从总体上看，我国大多数企业市场营销观念还处在由传统的生产销售观念向市场观念转变和过渡的时期。很多国内企业没有很好地意识到市场结构的多元化变化，没有很好地跟踪和研究客户需求的变化，表现为企业"为产品找客户"，而不是"为客户找产品"。因此，客户关系管理作为"以客户满意度为中心"、"以客户资源为导向"时代出现的一种现代新理念、新方法和新手段，对于我国仍处于培育阶段的市场必然会出现某些不适应。

(2) 现有的组织结构和营销体系不能适应CRM的需要。我国企业现有的组织结构往往是一种"以产品为中心"的内部导向型组织，无法体现"以客户为中心"的经营理念。要真正地以客户为中心，企业必须采用一个以了解客户、服务客户为目标的组织形态；否则，CRM难以取得成功。西方企业在长期的科学化管理发展过程中，自身已形成科学、规范的管理体系，有比较完善的买方市场下的营销体系，有关人士对客户行为和购买模式也进行了深入研究，为企业提供指导，企业在长期的市场分析和客户需求分析中也建立了相对稳定的客户关系，所以建设 CRM 系统既有实践基础又有理论指导，在重组组织体系和业务流程过程中，导致现有生产体系混乱的情况比较少。而我国存在不科学的管理方式，存在卖方市场下的营销体系，这些都是实施 CRM 的巨大障碍。在构筑 CRM 的每个模块的时候，往往不是重新组合组织结构和业务流程，而是原有的组织结构、营销体系和生产过程的完全重新构造。对于企业来说，多年以来以产品为中心的内部导向组织向以客户为中心的转变，让原本可以维持运转的企业变得无所适从。而且，这些问题是长期积累形成的，不可能在短时间内解决。因此，这些因素大大增加了 CRM 导入失败的可能性。

（3）缺乏明确的可测量目标机制来保障 CRM 的实施。一个企业如果没有明确的战略目标，很难想像它如何去评价 CRM 实施效果。企业需要切实了解它在满足特定的客户需求时，应当具备哪些能力，CRM 要达到的具体目标有哪些以及怎样定义 CRM 的实施成功。只有建立了明确的标准，企业才能客观地评价 CRM。如果对 CRM 期望值过高，实施效果评价必然不佳。对于 CRM 项目的实施如果没有客观、有效的标准，或企业期望值设定过高，则一方面会使对 CRM 的评价过于主观，另一方面也必然会导致实施效果评价偏低，从而夸大了 CRM 的失败率。在我国 CRM 实施过程中，由于企业对 CRM 认识不足，企业自身管理基础差，人员素质不高等原因，再加之因 CRM 软件厂商过度宣传而导致企业运用效果不佳，最终使企业的期望落空，项目评价不良。这些问题的存在客观上加深了“CRM 失败率高”的印象和说法，进而影响了人们对 CRM 作用与实施结果的正确评估。

另外，CRM 的选择和实施是一项复杂的系统工程，它涉及企业评价、整体策划、优化创新、技术集成、内容管理、绩效考核等多个方面的工作，需要多部门的组织、协调。只有建立一套完善的实施方案，才能使 CRM 的应用取得成功。我国企业较缺乏这么一套具体的战略安排和统筹方案来保障它的实施。

(4) 企业信息化建设薄弱。从 CRM 的发展历史来看，CRM 系统是伴随着新经济和新技术的成长，在信息技术和互联网基础上建立起来的。我国大多数企业的信息化建设非常薄弱。以信息处理技术为例，与发达国家相比我国对信息资源只能作较低层次的处理，信息资源得不到充分利用。而在计算机技术、通信技术、存储技术等方面我国企业与发达国家的差距也很大。互联网络设施不完善，国内各大网络自成体系互不沟通，安全性得不到保证，信息的传递缺乏畅通的渠道。具体来看，销售自动化系统在中国没有普及，很多企业仍然沿用传统的销售方式；在客户服务支持这一块上，传统的服务机制不够健全，真正运用 CTI 的更加寥寥无几。对于中国的大多数企业来说，信息化的道路才刚刚开始。因此，建立一个融先进理念和先进技术为一体的 CRM 系统，还有很多"课"要补。

另外，CRM 需要与前台的办公系统和后台的运用软件(如 SCM 和 ERP)等集成，组成一个无缝对接的系统，才能发挥其优势。但据保守估计，全球有超过 600 家的企业涉足 CRM 产品领域，产品、接口、标准各不相同，阻碍了 CRM 的普及。一些已建成的 CRM 系统大多采取了游离于企业的签约、交易、合同履行及服务支持等业务环节之外的独立应用系统模式，无法实现与企业内部原有应用系统的有机集成。企业为此投入大量资金，却得不到相应的收益，甚至造成生产上的混乱。

3. 对策

从以上分析中，可以看到我国企业同西方国家之间的差距，这说明我国的企业还需要很长一段时间的观念、体制转变和基础技术设施建设。现阶段我们应当通过积极有效的手段来推进这个进程。

(1) 转换经营理念，形成适合 CRM 实施的企业文化体系。以客户为中心以及由此而衍生的重视客户利益、关注客户个性需求、面向感情消费的经营思路等企业文化特征，是经改造后以适应新经济时代的新型企业文化的重要特征。

企业文化是企业的指导思想、经营理念和工作作风的体现，虽然不同于企业制度对员工具有很强的约束力，但作为企业全体成员共同遵循的思维和行为习惯，对企业的影响力却非常大。成功地实施与应用CRM系统，必须要有与之相适应的企业文化作支撑。企业文化的建立是不可能在短期内完成的，它是根植于企业员工头脑中的东西，要想转变企业文化，企业可从以下几个方面入手：

(a) 定义企业经营理念时，要从客户利益出发。定义企业经营理念必须紧密结合市场需求，当市场需求发生变化时，企业经营理念应随之变革。随着"以客户为中心"的商业模式来临，对许多公司而言渐进式的改革已不能适应市场需要，而需要的是对企业经营理念进行革命式再造，根本改变企业体制，构造一个"从客户利益出发"的企业文化体系。

(b) 建立客户导向的经营组织。要不断加强员工培训以建立"从客户利益出发"的企业理念和"客户导向"的经营组织。只有让每一位员工都理解和主动贯彻了企业新的理念，才能使经营组织产生最大效益。而培训是让企业员工避免理念冲突，迅速在新经营组织中产生效益的有效途径。培训工作应主要集中在：理念讲解、新组织的运作方式、客户沟通技巧等方面。经过文化改造后的企业，将为实施CRM系统铺平道路，使CRM的实施与应用水到渠成。同时CRM作为支持新型企业文化的有力工具，将为企业文化的贯彻与执行提供保障。

(2) 建立科学的组织结构和营销体系，注重业务流程重组与组织架构调整。对企业自身来说，在市场竞争的压力下应勇于变革原有的不合理的体制，按照市场经济的规则建立起一个科学的、规范的组织结构和真正买方市场下的营销体系，有意识地培养、整合客户关系，为CRM系统的建立打好基础。CRM的价值链要求企业组织结构必须以客户为重，改变过去以产品或品牌为导向的组织形态，形成一个以了解客户、服务客户为目标的组织形态，以便使组织更接近客户。为此，企业组织结构必须体现从以产品为中心的内部导向型组织向以客户为中心的市场驱动型组织的转变。

CRM系统是一个管理项目，而非仅仅是一个IT项目。要想成为一个"以客户为中心"的组织,还必须重新定义它们的业务方法,这需要更多的员工授权、灵活的产品/服务价格模型以及扩充的产品特征/利益等。项目实施不可避免地会使业务流程发生变化,同时也会影响到人员岗位和职责的变化,甚至引起部分组织结构的调整。在CRM的实施过程中,必须注重这些相关业务流程重组与组织架构调整。

(3) 把实施CRM作为企业的战略工作来抓,建立配套的系统工程。CRM作为一个企业战略,必须要有明确的近期实现目标和远景规划。应分析研究如何将CRM的实施与企业的中长期战略结合起来,设计适合于企业持续发展所需的CRM信息系统框架和适应于公司发展的CRM业务流程和组织机构,确定较为详细的实施计划。通过合理的规划,为进一步选择适合企业情况的方案及软件供应商提供客观的资料和必要的技术储备,以保证CRM项目的成功实施。

在实施CRM的过程中,要以科学的态度确定合理的期望目标,要制定出切实可行的CRM实施规划,并且要从系统论的观点出发,进行全面的战略管理;从各个部门协同作业的角度出发,科学地组织、实施CRM。

(4) 加快企业内部的信息化建设,灵活地选择合适的方案及软件供应商。

(a) 构建一个富有逻辑的客户关系数据库。

(b) 引进先进信息技术,建立局域网,在企业内部实现信息交换和数据处理的自动化系统,逐步实现销售自动化系统和集销售和服务于一体的呼叫中心,同时建立与因特网的标准接口,为系统的扩展和兼容做好技术上的准备。

(c) 在运用CRM技术时,灵活地选择合适的方案及软件供应商。应该根据企业本身业务流程中存在的问题来选择合适的技术,而不是一味调整流程来适应技术要求。商品化的CRM软件功能模块多、适用范围广,这就要求企业从自身情况出发,在考虑系统开放性和各种预留接口的同时,选择不同的功能模块来满足当前和今后的发展需求。

同时，在技术力量许可的情况下，企业应考虑开发适合自己的应用集成方案，将营销自动化、销售跟踪、客户服务、ERP、SCM以及其他的系统紧密地集成起来。

【应用案例】

## 呼叫中心：酒店CRM的外风景线

呼叫中心，是英文call center的直译，业内也译为电话服务中心或客服中心，是服务供应商为提高对客服务水平，通过电话、传真、电子邮件、互联网站以及视像会议等电信科技向顾客提供服务的综合性服务系统。

### 核心运营能力

呼叫中心核心运营能力从运营的角度看，通常包括以下部分：

(1) 联系通道：呼叫中心为顾客提供服务的手段，包括电话、传真、IP语音、互联网在线交谈、电子邮件、视像会议、手机短信息等，随着通信技术的发展，新的联系渠道将越来越多。

(2) 数据库存取：呼叫中心每日处理数量庞大、种类繁多的顾客事务，为对这些记录进行跟踪和重用，需要通过数据库存储；同时，酒店预订系统、CRM系统、会员积分系统等各种商务系统也要求呼叫中心具有访问中心数据库的能力。大规模的呼叫中心通常采用Oracle、Sybase、Informix等专业数据库系统。

(3) 商务系统：无论顾客是从何种联系通道进入呼叫中心，话务员在处理事务时，均应遵循统一的专业而规范的服务作业流程，这就需要针对呼叫中心的特性，度身定做一系列的商务系统。这

（续上）

些商务系统是以顾客为核心的，并集成各种功能在画面上，能随时翻看顾客的历史通话记录，并具有明确的指引，以告诉话务员如何应对各种问题。

(4) 话务坐席：话务坐席是呼叫中心话务员（又称坐席代表）的工作区，也是呼叫中心的核心营运部门，每个呼入由排队机通过预先制定的算法分配到话务坐席，话务员通过与顾客一对一的交流，通过电脑系统完成各种事务。现代的呼叫中心不止是处理呼入，同时也可通过主动呼出与顾客联络，电脑会自动找出较空闲的话务员，调出相关资料，由话务员控制电话系统接通指定的顾客与其进行沟通。

(5) 班长坐席：班长的主要作用是执行现场管理，这对于呼叫中心的服务质量是非常关键的。班长坐席通常同时有几个控制台，实时监控话务量，适时调配话务员的工作，抽样监听即时通话以及历史录音记录，评估服务质量。

(6) 专家坐席：呼叫中心通常设有专家坐席以平衡话务流量。当顾客要求长时间对答以及了解相关知识时，话务坐席可以把来电转接到专家坐席。

一个完备的呼叫中心除了上述核心运营能力外，还配备专业的技术部门负责运行维护及开发，市场部门负责营销策划和推广等。

## 认准呼叫中心的本质

中档酒店经营者存在一个误区，就是混淆了订房公司与呼叫中心两个概念。一谈到呼叫中心，想到的就是市面上林林总总打着某某订房中心旗号的订房中介机构。经常出差的人，步出机场或车站时，立刻会收到一些资料和名片，上面印着某某订房中心的

（续上）

热线电话以及所代理的各大酒店的优惠房价。这些订房公司，通常就是一张桌子，几台电话，一部传真机。接听电话的小姐对于酒店的认识仅限于房价、联系人和传真号，对于顾客的资料一无所知，对于顾客的满意度漠不关心。不幸的是，很多国内中档酒店都把这种最原始的形式作为一种营销渠道。

我们可以列出订房公司与连锁酒店呼叫中心的本质区别，如表 2-1 所示。

表 2-1

**订房公司与连锁酒店呼叫中心的区别**

| | 订　房　公　司 | 呼　叫　中　心 |
|---|---|---|
| 经营目标 | 通过房间差价牟取利润 | 为在旅途的酒店顾客提供全方位服务 |
| 技术含量 | 低，几条中继线或小总机 | 高，专业平台、CTI 技术和大型数据库 |
| 人员素质 | 缺乏管理和培训 | 量化质量指标、严格培训考核、分级管理 |
| 功能 | 单一的订房业务 | 市场拓展、客房销售、客户服务、客户保持等 |
| 效果 | 盘剥酒店利润、客源不稳定 | 为酒店带来盈利和稳定忠诚的客户 |

呼叫中心高效实现酒店 CRM

呼叫中心经常被称为 CRM 的门面，是因为呼叫中心一旦建立起来，就会成为企业与顾客之间的主要接触点，原来分散在各个部门中的客服工作会统一归口到呼叫中心完成。酒店行业与一般的企业不同，对顾客的服务主要是在酒店物业范围里面由酒店员工进行，是面对面的服务。而呼叫中心所扮演的角色是在入住以前和离店以后为顾客提供服务，同样体现品牌服务的素质，所以我

（续上）

们不妨称之为连锁酒店CRM的外风景线。

连锁酒店呼叫中心是一专多能的，其灵魂就是客户关系管理。它由总部实施全程控制，独立于每个加盟酒店，而又服务于所有加盟酒店，能够起到对客户和酒店实施交叉管理的作用，利用中央CRM数据库，找到客户也就找到了相关的酒店，入住日期和投诉记录一目了然，这是人工操作所无法比拟的。通过800免费电话和呼叫中心的结合，呼叫中心可以为酒店顾客和潜在顾客提供入住前的信息咨询、酒店推介、预订、订单确认和取消、顾客特别需要、行程安排等服务以及入住后的服务质量跟踪、满意度评估、投诉处理、失物追寻、改进建议、会员促销奖励等服务。这些服务如果不通过呼叫中心，而是分散到各个职能部门，效率将大打折扣；如果由各个加盟酒店执行，则难以保证其一致性。因为呼叫中心具有单一号码、24小时不间断运作、标准化服务流程、对客沟通能力的专门培训、定质定量控制、高强度作业等的特性，使得它在连锁酒店实施客户关系管理中具有不可取代的地位。

### 互联网技术助呼叫中心一臂之力

互联网从暴热到暴冷，里面不乏资本市场泡沫的因素，但不能否认它对于现代商业经营模式变革的合理性和推动力。但互联网并不能替代呼叫中心的作用。虽然，从效率或者成本的角度来讲，完全网络化自助式实现的交易是最迅速、也是最便宜的，但是，当通盘考虑到客户信任度、消费习惯、运输、付款、售后服务等因素后，网上交易仍有许多问题需要考虑，比如身份识别、网上信用、安全性、隐私权、责任人等，因而无论国内还是国外，互联网技术还没有完全纳入商业规范之内。

(续上)

同时从服务水平的角度来看,顾客通常希望一次接触可以解决问题而不是被踢皮球式的层层传递和漫长的等待,希望服务是热情的、互动的和人性化的而不是千人一面的机械反应。通过与呼叫中心话务员的电话交谈,顾客可以立刻确认服务信息的有效性,感到自己是受重视的,感到对方是可信赖的,每一次消费和接触都会不断加深这种信赖,而最终成为忠诚顾客。

虽然说互联网技术不能替代呼叫中心的作用,但互联网技术却大大改进了呼叫中心的业务,通过引入IP技术,增加了呼叫中心的联系渠道和服务,降低了运营成本。由于互联网的全球可达性,使得很多跨国机构可以把呼叫中心转移到低成本的地区。

呼叫中心起源于20世纪70年代的民航业,随着资讯科技的发展和以顾客为中心的商业理念的广泛认同,它从简单的热线电话演变到现在集电脑和电讯技术之大成,从成本中心变成创造利润的工具。毋庸置疑,构建以及管理好一个为连锁酒店客人提供服务的呼叫中心,需要投入大量的人、财、物,需要一整套融合了酒店服务经验的面向顾客的作业流程,具有呼叫中心的专业管理技术和技能。

呼叫中心涉及的专业技术包括:

(1) 自动呼叫分配(automatic call distributor,简称ACD),俗称排队机,是现代呼叫中心有别于一般的热线电话和自动应答系统的重要标志。ACD支持把呼入请求按照用户的来源、业务类型以预先设定的策略进行多队列排队,通过智能路由分配到适当的话务员,如可寻找上次为此客户提供服务的话务员是否空闲,如果空闲则接入,如果其处于繁忙状态,可查找精通该业务的所有服务员是否处于空闲状态,或哪一个话务员空闲时间最长等。ACD还

（续上）

可以提供长途优先、延迟通知等客户友好服务以及提供坐席管理所需的数据和报表。

(2) 交互语音应答(interactive voice response，简称 IVR)，又称自动坐席，是呼叫中心降低成本提供一致性服务的有效手段。IVR 可把标准化的语音信息预先录制存储到数据库中，通过精心设计的导航选单提示顾客用电话按键输入编号，完成程式化的事务，获得相关的信息或服务，如酒店信息查询、自助式订房、银行预付订金、自动传真回复确认函等。

(3) 电脑电话集成(computer telephony integration，简称 CTI)，是呼叫中心实现客户关系管理的关键技术之一。CTI 可以通过多种手段识别顾客身份和业务类型，自动弹出商务系统中处理相关业务的屏幕，自动完成顾客个人资料和业务记录的查询，同步实现用户电话和交易信息的显示和转移，实现多方会议电话等。CTI 把通讯技术和客户关系管理系统相融合，减少人工查询，提高服务水平，给顾客以惊喜。

（**资料来源** CTI 论坛. www. ctifourum. com www. armitage. com. cn）

## 复习思考题

1. 分析电子信息技术与客户关系管理的关系。
2. 简析客户关系管理的核心概念。
3. 现实中哪些问题的存在促使了客户关系管理的产生？

第三章

# 旅游客户关系管理

## 第一节　旅游客户关系管理的概念与内涵

### 一、旅游客户关系管理的概念

客户与企业的关系恰如水与舟的关系：水能载舟，亦能覆舟，这说明了客户对于企业生存的重要程度。因此，相对于其他行业，旅游企业更需要在其内部树立以客户为中心的理念，实施客户关系管理以提高自身的竞争力。

**（一）旅游客户关系管理的渊源：旅游关系营销**

旅游客户关系管理应该是持续不断的关系营销。旅游关系营销将建立、发展同相关个人和组织的关系作为旅游企业市场营销的关键变量，把握住了现代市场竞争的特点。

1. 关系营销

关系营销是指企业与顾客、分销商、经销商、供应商等确立、建立、维持和加强（必要时终止）彼此之间的关系，通过交换及共同履行诺言，使有关各方实现各自的营销目的、营销行为的总称。菲利普·科特勒称之为“双方之间创造更亲密的工作关系与相互依赖关系的艺术”。关系营销理念即企业以关系营销的理论来指导自己的行动所形成的指导思想及经营哲学，被西方理论界誉为“对传统营销理念的一次革命”。

2. 旅游关系营销

(1) 旅游关系营销的定义。旅游关系营销是以旅游企业和游客的相互关系为核心的营销活动，主要是指旅游企业和游客之间持续进行的加强关系、共创价值的系列活动。

在旅游企业的市场营销活动中，也存在着各种各样的复杂关系，如表 3-1 所示。

表 3-1

旅游企业营销活动中的关系简析

| 分类角度 | 关　系　类　型 |
|---|---|
| 按主体分类 | 旅游企业与游客的关系、旅游企业与相关供应商的关系、旅游企业与相关销售商的关系 |
| 按客体分类 | 人与人的关系、人与物的关系、人与财的关系、物与物的关系、财与财的关系 |
| 按要素分类 | 时间关系、空间关系、信息关系、产品关系、财务关系、管理关系 |

在这些纷繁复杂的关系中，作为通过为游客提供旅游产品及相关服务而创造利润的经济实体，旅游企业应当把自己与游客的关系作为其中的核心。

(2) 旅游关系营销含义的要点。根据旅游关系营销概念，旅游企业应与游客和其他合作者建立、保持并加强关系(通常指长期关系)，通过互惠互利的交换以及共同履行交换诺言，使有关各方实现各自的目的。旅游企业所使用的各种资源，包括人员、技术和服务或产品体系，应能保持并增强游客对本旅游企业的忠诚感和信任感。

根据美国著名营销学家贝里(Leonard L. Berry，2002)的说法，关系营销的条件包括：① 顾客对服务或产品有长期的间隔性需求。② 顾客可自由选择企业。③ 市场上有许多企业可供顾客选择。④ 顾客的忠诚度不高，可随时改换企业。⑤ 顾客的“口碑”是特别重要的一种信息传递形式。对旅游而言,游客也具备这五个条件。因此,在旅游营销中推广关系营销概念是适当的。

根据关系营销概念,游客是旅游企业最宝贵的资产。在激烈的市场竞争中,任何一个旅游企业都应通过各种营销活动与游客建立、维持并发展长期互惠关系,使游客成为本旅游企业的忠诚者,只有这样企业才能取得持久的竞争优势。因此,关系营销概念对景区景点、宾馆酒店、旅行社、旅游交通、餐饮饭店等各类旅游企业都是合适的。

3. 基于关系营销理论的旅游企业营销战略要点

(1) 概念性营销战略设计要点。对旅游企业而言,其概念性关系营销战略是一种框架性、概要性的营销战略。与全局性、详细性的营销战略相比较,概念性营销战略设计主要对营销战略的框架"蓝图"进行整体性设计,对营销战略的具体内容进行提要性归纳。概念性营销战略的设计要点如表 3-2 所示。

表 3-2

**概念性关系营销战略设计要点**

| 阶　段 | 战略内容 | 设　计　要　点 |
|---|---|---|
| 战略的制定 | 战略思想 | 确定总体战略思想 |
| | 战略目标 | 确定总体战略目标 |
| | 战略重点 | 确定市场发展重点和市场竞争重点<br>确定产品发展重点和重点游客关系 |
| | 战略对策 | 确定战略对策体系的基本框架和总方向 |
| 战略的实施 | 实施保障和步骤 | 确定实施人员、组织和资金安排纲要 |
| 战略的优化 | 优化时机和内容 | 确定战略调整和转换的条件和时机 |

(2) 始于游客,终于游客,确立"游客至上"的旅游企业营销战略目标。关系营销理论在旅游企业中的应用以扩大的营销组合模式为基础,以游客服务为中心。因此,把全过程服务贯穿于营销战略的始终,也就是围绕营销战略,使旅游产品(线路)的生产经营活动整体过程、游

客旅游过程、游客购买过程和游客服务过程四个过程统一起来，如表3-3所示。

表 3-3

目的地关系营销桥梁战略模式下四个过程的统一

| 产品(旅游线路)生产经营活动整体过程 | 研究 | 设计/组织 | 销售/组织 | 售　后 |
|---|---|---|---|---|
| 游客旅游过程 | 旅游前 | | 旅游中 | 旅游后 |
| 游客购买过程 | 购前 | | 购买 | 购后 |
| 游客服务过程 | 售前服务 | | 售中服务 | 售后服务 |

具体来说，关系营销观念下的游客至上营销战略目标以“始于游客”和“终于游客”为两极。

“始于游客”是指营销战略的制定、实施和优化应当从游客提供最优的产品和服务出发，以游客服务为营销战略的核心，在产品的研究、设计/组织、销售/组织和售后各个阶段及其相关环节落实游客至上的目标，带动营销战略的整体塑造与落实。

“终于游客”是指营销战略的制定、实施和优化应当围绕游客体验的最优化为最终目的，通过游客体验的最优化来获得市场，提高市场占有率，从而实现旅游企业自身利润的最大化。

(3) 动态定位，整体定位，确立动态适应的营销战略对策体系。定位是营销战略的重要内容之一，定位准确与否关系到战略思想、战略目标和战略对策的具体内容能否符合实际，也关系到旅游企业在市场发展和发展竞争两个方面能否顺利进行。

应用关系营销概念进行定位是采用动态定位和整体定位方法来认识和提炼旅游企业战略环境条件及其对旅游企业定位的制约作用，围绕游客服务这个关系营销的中心，从产品定位、市场定位和整体定位三个环节进行定位。

动态定位的客观依据在于：在动态变化的市场环境条件下，传统的营销观念和组合策略不能为旅游企业的生存发展奠定能够经受市场风云变幻考验的牢固而稳健的基础；在关系营销观念下，扩大的营销组合模式则以扩大的市场视野观察市场变化和发展趋势，在综合的市场竞争力量和匹配过程为导向下，与包括相关旅游企业、游客以及所有可能与自身业务发展相关的个人和团体在内的外部主体建立长期而忠诚的关系，从而使旅游企业在频繁变化的市场环境下建立与维持牢固的生存发展基础。由于外部力量的相关主体时刻处于动态变化之中，因此，关系营销观念下的营销战略定位应当采取动态定位的方法，“以变应变、以动制动”。与动态定位相对应，关系营销导向下的营销战略对策应当是动态适应的体系，如表 3-4 所示。

表 3-4

**动态定位下的动态适应战略对策体系要点**

| 定位环节 | 定位的主要内容 | 对应的战略对策要点 |
| --- | --- | --- |
| 旅游产品定位 | 产品竞争方式<br>产品形象<br>细分市场 | 通过产品实体塑造形象<br>通过科学技术和产品质量赢得游客 |
| 市场定位 | 市场地位<br>游客关系 | 通过与早期游客、零售网络、分销商、市场中介乃至传媒等行业及其关键人物合作赢得市场地位 |
| 整体定位 | 旅游企业整体形象 | 通过财务业绩树立实力形象<br>通过旅游企业文化巩固整体形象 |

（4）以游客为核心的全过程服务。旅游企业在旅游产品的整体生产经营活动中，无论是产品设计阶段，或者产品组合阶段，还是产品销售和售后阶段，都应当贯彻游客服务工作。从关系营销角度来看，以游客为核心的“全过程服务”是基本的旅游企业关系营销概念。

所谓“全过程服务”，是指贯穿旅游企业旅游产品（线路）生产经营活动整个过程中各个阶段的服务之总称。以产品（线路）的销售为中间点，“全过程服务”可以分为售前服务、售中服务和售后服务三种类型，如表 3-5 所示。

表 3-5

全过程服务的类型和比较

| 服务类型 | 售前服务 | 售中服务 | 售后服务 |
| --- | --- | --- | --- |
| 实施阶段 | 产品的设计、生产阶段 | 产品的销售阶段 | 产品销售之后 |
| 基本原则 | “量体裁衣”式的定制化服务 | “对症下药”式的专业导购服务 | “未雨绸缪”式的预备服务或“亡羊补牢”式的事后服务 |
| 服务的核心 | 为特殊游客提供特殊服务或产品 | 推动并实现游客的购买行为 | 保证游客正常使用或继续购买产品的服务 |
| 主要内容 | 按游客要求提供特种设计生产、购买信贷服务、免费使用、技术咨询 | 产品销售现场介绍、演示、咨询，在销售现场为游客提供购物休息的环境和条件 | 传统的“三包”、“三保”服务、免费送货上门、安装、维护、调试、跟踪服务 |

与全过程服务相对应，建立、保持并加强旅游企业与游客之间的关系，旅游企业的营销战略过程应包括以下几个关键环节：

第一，创建阶段的吸引战略。与潜在游客初次接触，建立关系，即旅游企业向潜在游客作出各种许诺。

第二，确立阶段的挽留战略。保持现有的关系，使游客愿意继续购买本旅游企业的产品和服务。其前提是旅游企业履行诺言。

第三，发展阶段的延伸战略。发展持久关系使游客愿意扩展双方之间的关系，参加本旅游企业的旅游活动，或参加本旅游企业新推出的旅游线路。其核心是旅游企业履行从前的诺言之后，向游客作出一系列新的许诺。

**(二) 旅游业引入客户关系管理**

1. 旅游客户关系管理的特殊性

第一，在科技高速发展的今天，旅游需求和供给遍布全世界，旅游者的选择性强，旅游活动范围大，旅游经营者面临的是一个竞争十分激烈的市场环境，尤其是在经济日益全球化，贸易壁垒保护政策渐渐失去作用的今天，竞争的激烈程度远胜于昔。在同样情况下，市场竞争的激烈程度与旅游者在市场中的地位是成正比的，买方市场的形成，客观上确立了旅游者的中心地位，也显示了客户关系在旅游业中的重要地位。而且由于旅游产品具有无形性的特点，其中的旅游服务无法像其他产品一样用一定的规格、指标来衡量，服务质量最有效的"监视器"就是是否"符合旅游者需要，使得旅游者满意"。因此，谁以最低的成本实现最优的客户关系管理，最大化地实现客户价值、保持客户的满意度、提升客户的忠诚度，谁就将是最后的胜利者。

第二，旅游产品的不可转移性和不可存储性决定了旅游业是一个以信息作为主要经营手段之一的行业，要求各类旅游企业、旅游供应商、旅游分销商、旅游消费者之间实现清晰的信息互动，并且要求其信息传递方式必须具有异地、全面、快速、方便、受众广的特点。CRM 为客户信息管理提供了强大的技术支持，使企业的管理全面走向信息化，通过业务流程的重组和客户信息的共享，实现有效管理和低客户成本的双重目标。

2. 旅游业导入客户关系管理

第一，旅游客户关系管理是一个系统化的管理过程。它要求企业内部的全体员工改变以往的生产经营理念，从客户角度出发，为客户创造新价值。其基本思想是企业应重点关注客户，将客户要求与企业运作同步化，并针对每一个不同的客户实施新的运作模式，来达到和满足客户真实的需求。

第二，旅游客户关系管理强调客户的个体性及选择的个体性。它强调更加注重客户的个体性，针对客户的个体差异，区别对待，从而采用积极的方法，使客户在选择时青睐你的产品。

第三，旅游客户关系管理是组织策略的优化。积极顺应市场由大众化向个性化转换，不断满足消费者与日俱增的期望与需求，继续加强供需双方的互惠合作，组织方式上多与顾客沟通；公司应与客户建立动态的、积极主动的密切联系，以适应这个全新的充满竞争的社会；公司不再只是就客户提出的问题作出解答，而是超前地寻求一些顾客们未曾想到的项目供其选择。

第四，旅游客户关系管理是企业为提高核心竞争力，达到竞争制胜、快速成长的目的，树立以客户为中心的发展战略，并在此基础上开展包括判断、选择、发展客户等内容的全新商业活动，是企业以客户关系为重点，开展系统化的客户研究，优化企业组织体系和业务流程，提高客户满意度和忠诚度，提高企业效率和利润水平的工作实践，是企业在最终实现电子化、自动化运营目标的过程中所创造并使用的先进的信息技术的总和。

## 二、旅游客户关系管理的内涵

### （一）充分了解旅游客户需求

旅游企业以满足客户需求为核心原则，以最佳方式进行资源配置和运用，并通过互动、学习、沟通来获取客户知识，把握客户需求，掌握市场机遇。企业如不注重客户的需求变化和意见反馈，将会遭到市场的无情抛弃。现实中有些客户格外重视交易价格或资讯信息，有些客户则很重视企业同他们的关系或服务等，因此企业必须有区别地关注客户的需求，提供定制化的产品或服务，并且通过客户的反馈来改善服务。

### （二）精确估算旅游客户价值

从客户资料来看，一些客户较其他客户对企业来说有更大的盈利空间，经销商必须“看人下菜”，根据每一客户的潜能提供的服务，而不是为所有的客户提供普遍的服务。客户可以分成两种类型——交易客户（只关心产品的价格，他们没有忠诚度可言）和关系客户（希望能够选择到自己感到信赖的厂商，希望这家公司能够认识他，记住他，帮助他，与他建立一种关系）。

### (三) 稳妥实现旅游企业价值

从旅游企业的角度,研究企业如何通过吸引、开发、保留客户来管理客户资产。近年来,大家都认识到客户作为企业资产的重要性,认为客户关系是公司最有价值的资产。只有把客户关系管理落到实处,实现客户的价值,才能最终实现旅游企业价值。

## 三、旅游客户关系管理的实施流程

### (一) 认识你的客户

客户具有多元性,从行政机关、经济组织和社会团体,直到居民个人都是企业的客户。客户需求也具有多元性,从团体到个人,从城市到农村,从"金领"、"白领"到低收入家庭,对企业的服务有各种不同的要求。

客户分析主要包括:客户的年龄、收入、地区、性别、婚姻、种族、职业、职称和文化水平等的分析和占比例最大和最小的客户群的分析。

### (二) 寻找你的客户

有些客户订货量大,有些订货量小;有些需要你耗费时间提供支持,有些则可以自助;有些坚决果断,有些犹豫不决;有些忠诚,有些随处购买。其中,既有最佳客户,也有不理想的客户。潜在客户也有类似的情况。

挑选未来最佳客户要找到其特点,这就要求熟悉分类技巧。消费者的特点是划分市场和挑选客户的一个有效途径。例如,负责尼亚加拉瀑布的包价旅游承办商为两个有明显差别的团队提供的娱乐、设施和住宿是截然不同的。一个团队把北美作为度蜜月的目的地,包价旅游承办商把这些新婚夫妇作为第二大独特的团队。最大的团队是那些带着一生的梦想渴望在有生之年来看瀑布的人,他们中的很多人已接近暮年——被称为"已近夕阳者"(见表3-1)。

表 3-1

尼亚加拉瀑布旅游团分类

| 团　队　1 | 团　队　2 |
|---|---|
| 新婚夫妇 | 已近夕阳者 |
| 午夜晚餐、鲜花、蜡烛、浪漫纪念品 | 清早电话提醒、第一层房间、明亮的灯光 |

所有这些都不失为有价值的方法，但我们需要进一步确定最有价值的个体客户类型。市场营销理论要求我们从客户需求出发。不同的客户有着不同的关系需求，有些客户对一致性的需求比对多样性的需求更高，而其他客户正好相反。这样立刻为我们提供了两种客户类型，通常被称为“北极鹅”和“蝴蝶”。具有寻求多样性行为的客户——即蝴蝶——经常在互联网上拉网似地搜索最近的交易，最佳客户是不太可能在这群蝴蝶中找到的。根据卡迪夫商学院（Cardiff Business School）教授奈杰尔·皮尔西（Nigel F. Piercy）的观点，不是每一个客户都在寻求与他们的供应商建立关系。他提出把客户分为四种类型。前两种类型的客户表现出忠诚，但他们对关系的期望有所不同：① 寻求关系的客户：想要与供应商建立密切的长期关系。② 忠诚的买主：会给予长期的忠诚，但并不想建立密切的关系。后两种类型不表现忠诚：① 利用关系的客户：接受每一个免费服务或提供的东西，但他们如果愿意，会改变商业行为。② 交易中保持距离的买主：避免密切关系，根据技术指标、价格或创新来改变商业行为。

通过客户需求是了解“最佳客户”特性的关键。有四个主要动机驱使着客户的行为，其行为方式把我们导向最佳客户（见表 3-2）。在每一个市场，你都会发现有些个人或机构被一种执意要获得最佳交易的想法所驱使。在这种竞争方式下，买卖以一种冲突的形式进行，而最终只有一位获胜者。内在的自我评估或机构奖励制度都是建立在他们是否取得了最低价格上。切斯特·L. 卡拉斯（Chester L. Karrass）作了一次贸易谈判调查，对这些个人或机构重要生意成交的主要因素作了分析。对于这些客户，关系并没有什么价值，他们的购买量可能很大，但他们提供的利润很低，几乎不能提供任何计划保障。比起大批客户，猎奇者类型的客户往往是少数几个。他们的驱动力就是固执的好奇心，坚信山那边的草长得更绿。他们情不自禁地追求多样化，新奇比保障更能吸引他们。事实上，他们很乐于冒险。对于这样一个群体，公司没有什么机会与他们建立长期关系。对于第三类人，归属感是一种强大的情感牵引力——他们需要感受到与公司有密切联系。这个群体珍视对他们的认可，希望公司能够认识到他们的重要性，因为作为客户，他们对公司很了解，也有一定影响。他们紧跟最近的新产品或公司公告，只要有机会，他们很愿意提建议或给予指导。一些关键客户就属于这一类，他们给公司真正的机会建立关系。最后一类人在客户当中占得很大比例，他们的动机是讨厌冒险。他们不要猎奇，只要保险，这样他们的部分生活就有了保障。他们需要感受到随时有人为他们持续地提供货源，当不再有可能提供货源时，期望对方能提前很长时间通知他们。这个群体并不去积极寻求与供应商建立关系，但如果他们的价值没有得到认可，他们就会作出消极的反应。

表 3-2

**基于需求的分类**

| 四种需求类型 | 主要动机 | 给公司的价值 |
|---|---|---|
| 最佳交易 | 最低价 | 销售量 |
| 猎奇者 | 新东西 | 调查和实验 |
| 参与 | 归属 | 推荐 |
| 确定 | 不出意外 | 固定模式 |

### （三）如何留住你的客户

1. 从第一印象开始

每一种关系都是从第一印象开始的。未来客户同企业的第一次接触就设定了期望值。例如，对新加坡洲际酒店（Inter-Continental

Hotel)的第一印象，是在客人驾车或乘出租车到达酒店，行李搬运工过来迎接客人时形成的。当提起客人的箱子时，行李搬运工会向他们问好并问起他们过去是否来过此店。当把行李放到服务台旁，搬运工捕捉到登记员的目光，然后发出示意信号；如果他们是新客人，搬运工会触摸他的右耳，随即接待员就会说："既然这是您第一次到我们酒店，让我给您介绍一下酒店布局图，给您提供所需要的所有信息，希望您在我们酒店过得愉快。"接下来，重要的是公司能够通过对新客户进行客观的调查和研究，定期评估公司给第一次来的客户留下的实际感受。

第一印象来自各种不同的信息来源。媒体评论和用户口头传播都可以成为新用户的第一手资料。例如，南非旅游公司(South African Tourism)的推销团队有一口头传播营销战略。公司着重向新闻记者、商务考察人员和野生动物园参观者讲述在南非度假的情况，讲述一些令人难忘的奇闻以便让他们转述给他人。为了向未来客户传达正确的信息和有利条件，要把注意力放在现有客户上，给他们简要介绍公司信息，这是基本要求。

最强烈的第一印象往往是在首次跟员工的接触中留下的，不管是面对面还是通过电话。例如，他们穿着整洁、装备齐全吗？他们表现出欢迎、厌烦、不愉快还是热情？最初的30秒钟会在记忆中留下深刻印象。

2. 熟悉客户

熟悉客户可以设定可能的期望值，保持记录，并且从不断的观察中更新记录，记住客户的偏爱，可能时使用个性化方法，保持联系等。真正的关系从全面介绍开始。比如主人通常会介绍名字、相关情况以及共同的兴趣爱好，以便他们能够交谈。在不太正式的场合以及商业环境，全面介绍仍然可获得优势。

良好的关系依赖于良好的信息，其结果使买卖双方都能受益。卖主需要提供有关商务凭证、货物、服务、联系要点、限度和机会。买主必须强调其对卖主的潜在价值、信誉度以及特别的要求，以免他们被不相关的信息和主动推荐搞得不知所措。买卖双方都需要确认对接受到的信息有正确的理解，并且表明已经作了记录，以便在将来的交往中加以考虑。

3. 与客户保持联系

与客户保持联系，要经常更新有关资料。由于一些领域的数据保存限期很短，所以每年需要检查一次客户的个人详细情况。例如，欧洲和美国20多岁的客户，他们大多数的地址一般36个月后就作废。这就是说，任何一位与客户联系的员工，都应该把变更的资料输入数据库。

4. 设置障碍以防客户流失

留住关键客户是良好人际关系的特征之一，有助于与重要的客户建立牢固的有建设性的关系。不过，关系也可能时好时坏。除了提供奖励，让客户与自己共渡难关；而设置一定障碍，防止客户离去，也是很重要的手段。

防止客户退出的障碍分为两类：一类为实际经济处罚，可以采取直接方式，比如收费，或间接方式，采取额外费用的形式，让客户在退出时承担这笔费用。第二类为心理障碍，让决策者对未来供应商的前景具有担忧、不确定或怀疑的心态。这两类措施都可以有效地防止客户流失。

5. 不能忽视细节方面

(1) 有效的沟通。就像饮食行业的卫生条件一样，在大多数时候不会引起注意，只有在没有达标、问题出现时才会引起重视。关键客户期望能够很容易找到供应商，随时得到所需信息作为他们惠顾的回报。然而，要客户保持消息灵通，还需要公司员工从每日所见的大量广告、信件、电话和电子邮件中脱身出来。如何确保客户能够注意到良好的通讯方式？很明显，公司提供多项通讯方式供客户选择是十分重要的，因为不同的人喜欢不同的媒体，而速度常常是关键。创新有助于公司发展，但公司与客户的互动是关键，互动让人觉得供应商在倾听，而且立刻作出反应，客户联络他们很容易。

(2) 客户时间管理。按照常规，对于关键客户来说，利用这种服务的好处之一就是能更加有效地利用时间。对于忙碌的工作者而言，金钱比时间更多。对于这些客户，时间是他们最重要的资源，也是最有价值的资源。有一些方法专门用于对待这些客户。而有些关键客户有很多的时间，所以针对这一情况要采取不同的服务方式。

(3) 让客户随时了解最新信息。变化的速度对大家都是一个显而易见的商业挑战。然而，关键客户却有其优势，这是其他人所看不见的。他们的供应商洞悉未来，对现有的设想提出质疑。因此，供应商提供的价值超越了他们提供的产品及服务价值。实际上，关键客户享有外部创新给他们带来的好处，保护他们抵御未来的不确定因素。领先的企业采用各种技术预测未来，它们采集新问题和提供可能的答案，然后与最重要的客户分享这些成果，让客户随时了解最新信息。

(4) 奖励忠诚。重要的是要让关键客户感受到公司对他们的感激。要做到这一点，有必要设立识别系统，由该系统确定出最佳客户，给予他们优惠待遇。对他们实行优待政策会巩固他们的忠诚。在额外的特殊待遇、优先服务和特别认可上关键客户期望看到而且应当看到他们的重要性。

(5) 随时了解同关键客户的关系十分重要。首先，把信息传达给雇员、经销商和其他人，让他们都知道对于企业来说这种关系很重要。其次，确定合作以及提供关系管理的可能性。在关系跟踪方面，有一些最佳实践，包括确定哪些是需要衡量的最重要的因素，将业绩同指标进行比较。

## 第二节 旅游客户关系管理的划分

### 一、价值链管理

#### (一) 价值链的原理

在波特最初基于制造业的观点中，价值链被看作是由原材料转化为最终产品的一系列过程。按照波特的观点，每一个企业都在一条价值链上占有一个位置，加工企业再向这些原材料添加价值，然后由它向下游传递到下一个参与者。这一参与者可能是另一个加工企业,可能是分销者,也可能是最终消费者。价值链传递的过程也就是产品被不断增值的过程。最初的价值链理论是一种对企业竞争优势进行强有力的战略分析的框架,多年来不断发展,并已扩展到财务分析、成本管理、市场营销等专门或更为宏观的领域。

从企业经济活动的角度分析,可以这样来定义价值链:价值链是企业为客户、股东、企业职员等利益集团创造价值所进行的一系列经济活动的总称。在价值链中,价值的概念可以从内外两个视角来理解,对外针对企业客户,指产品的使用价值;对内针对时间、特定地点顾客支付的产品价款。企业创造价值的过程一般可以分解为产品开发、设计、生产、营销以及对产品起辅助作用的一系列互不相同但又互相关联的经济活动(如产品的售后服务等),或称之为"增值作业",其总和即构成企业的价值链。如图 3-3 所示。

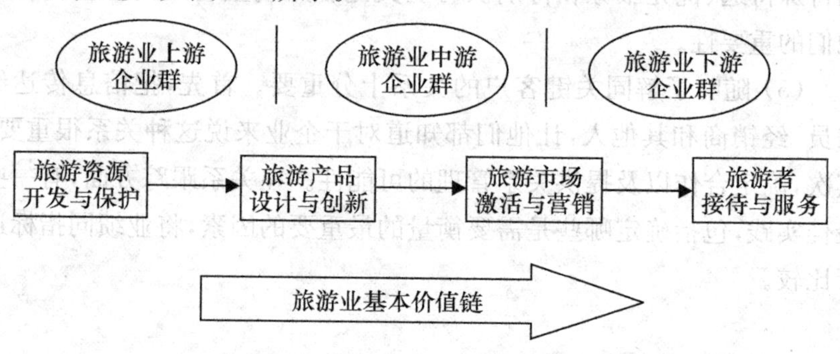


图 3-3　旅游业价值链的网络关系

企业与企业之间的价值流动便形成了整个产业链上的价值,构成了价值链上的纵向联系,可以称之为行业价值链。行业价值链是指从最初原材料到最终产品到达消费者手中,直到消费者消费活动结束的整个链环;对于某一企业来说,它则可能处于行业价值链的某一环或某几环,也有跨越整个行业链环的。旅游价值链是指从旅游资源到旅游产品最终为旅游者提供接待服务的全过程。这个过程一般分为上游、中游、下游三个环节,处于某一环节的旅游企业,根据价值链原理组成一个企业集群。图 3-4 反映了它们之间的相互关系。

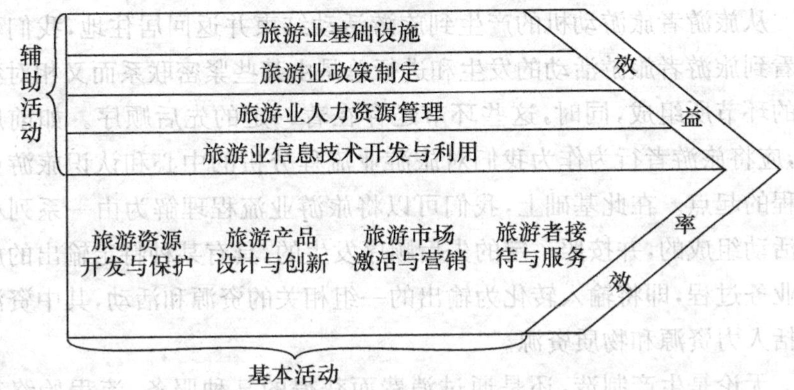


图 3-4 旅游业基本价值链

旅游业的价值链活动，一方面创造旅游者认为有价值的产品或服务，另一方面也需要负担各项价值链活动所产生的成本。其中，旅游企业的主要目标，在于尽量增加旅游者对旅游产品或服务的价格支付与价值链活动所耗成本间的差距（即利润）。因此，从价值链的角度，我们需仔细分析旅游行业的价值链构成。

旅游业构成价值链的过程，具有明显的复杂性和综合性，从不同的分析角度出发便会架构出不同的体系。我们认为，旅游者作为旅游经历的体验者、旅游产品的消费者和接待服务的享受者，在旅游业价值链的分析中应该将旅游者的旅游活动作为分析的主线索。因此，从为旅游者的旅游活动提供保障的角度出发，这里将旅游业的价值链活动分为基本活动和辅助活动两大类。如图 3-4 所示。其中，基本活动是涉及旅游产品或服务流程的各种活动；辅助活动则是指辅助基本活动并通过提供基础设施、政策环境、人力、技术以及产业范围内的各种功能以相互支持的各种活动。基本活动和辅助活动都指向效益和效率的获得。但这里需要引起注意的是，不同于单个企业的价值链，旅游业基本价值链中的效益是一个严格综合的概念，即必须求得生态效益、社会效益和经济效益的统一。

### (二) 价值链流程

从旅游者旅游动机的产生到旅游活动结束并返回居住地,我们可以看到旅游者旅游活动的发生和进行总是由某些紧密联系而又相对独立的环节所组成,同时,这些环节还存在着一定的先后顺序。如前所述,应将旅游者行为作为我们对旅游业流程分析的中心和认识旅游业流程的起点。在此基础上,我们可以将旅游业流程理解为由一系列相关活动组成的,并按照一定的先后顺序发生的,具有某种特定输出的旅游业务过程,即将输入转化为输出的一组相关的资源和活动,其中资源包括人力资源和物质资源。

无论是生产制造,还是通过消费而获得的某种服务,流程始终存在,而其表现也可以归纳为"需求—供应"的一般形式。需求是消费者提供的整个流程的输入活动,供应是供应者提供的整个流程的输出活动;需求与供应发生转变的过程,就是整个流程的处理过程。这就是流程的一般本质。具体到旅游业的流程,则包括旅游消费者、旅游供应方以及输入/输出的价值增值过程。如图 3-5 所示。

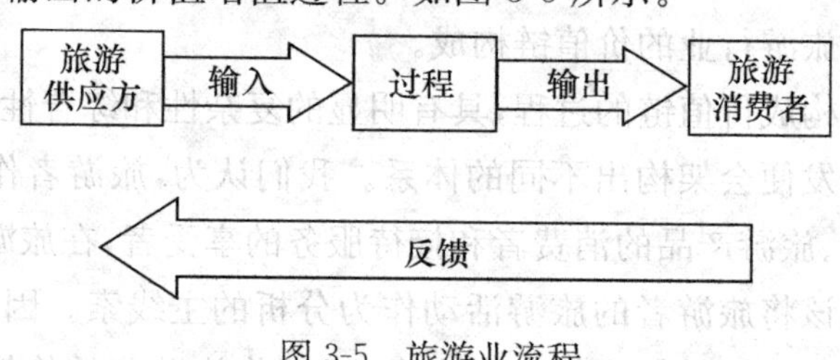


图 3-5 旅游业流程

## 二、价值店管理

价值店围绕着个体客户问题调配资源。价值店本身以客户为中心,利用企业资产设法解决客户的问题。对价值店来说,产品导向的客户关系管理方案是不合适的。价值店面临的问题不同,它必须把其对客户的深刻了解(经常掌握在训练有素的员工手中)与它解决客户问题的专长方法结合起来。优秀的产品营销跟它没有关系,对于价值店来说，客户关系管理是连接客户知识和解决方案的纽带。

客户所需要的是解决具体的问题，这些不是交易性的关系，它涉及客户与企业高度亲密和频繁的接触，以便价值店能了解客户需求，并聚集各种资源来处理问题。一旦客户的问题得到解决，客户与价值店的关系就有了基础。如果问题解决了，价值店的重点就是将业已亲密的关系拓展为长期的关系。一旦客户有新的问题，他们还会来寻求帮助。图 3-6 说明了价值店的四个 CRM 流程。

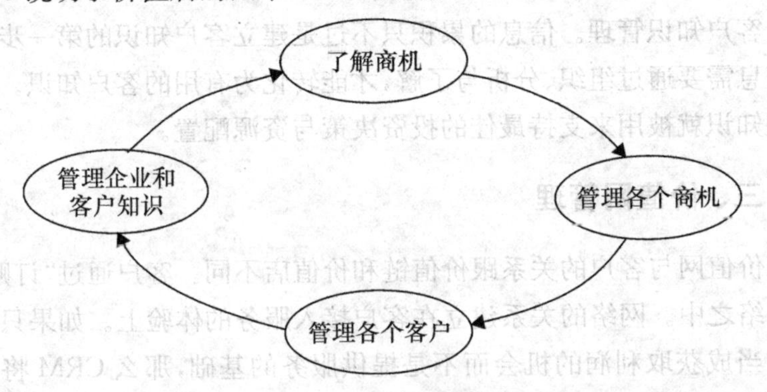


图 3-6　价值店的流程

1. 管理企业和客户知识

价值店的客户知识是通过员工在长期内收集得到的。知识一般分散在组织的各个部分或者员工的头脑里，这使得信息难以整合。员工自己一般掌握了客户的大量知识，但是作为企业实体的价值店常常所知甚少，或者知识非常分散。创造一个知识管理环境，使得员工能将企业知识（这是企业价值核心）与客户相结合，这也是多数大型咨询公司所做的。对于价值店，CRM 的方案就是知识管理的方案。

2. 了解商机

评价业务的价值必须围绕事件以及事件间的关系进行。如果事件数目较大，CRM 分析可能会更加适用。

3. 管理各个商机

对价值店来说，重点就是突出解决问题的能力和方法，以赢得客户的信任。CRM必须向客户说明价值店所能解决的问题以及如何解决问题。价值店的目标应该是扩展企业与客户关系的深度和广度，这可以通过在营销中突出企业的能力和方法来达到。

4. 管理各个客户

在有关客户的一个事件上，有时会有大量客户的代表要与价值店的大量员工一起共同制定最好的解决方案。而且，所有的价值店企业只有对个体客户的需求有了深刻的了解以后才能取得成功。

客户知识管理。信息的累积只不过是建立客户知识的第一步。客户信息需要通过组织、分析与了解，才能转化为有用的客户知识。而后这些知识就被用来支持最佳的投资决策与资源配置。

## 三、价值网管理

价值网与客户的关系跟价值链和价值店不同。客户通过“订购”进入网络之中。网络的关系建立在客户接入服务的体验上。如果只是把订购当成获取利润的机会而不是提供服务的基础，那么CRM将以失败而告终。随着用户在供应商之间的转换越来越容易，用户随时都可能从一个网络跳到另一个网络。留住价值客户的唯一途径就是提供服务，而这些用户也会以忠诚回报。这一点对于网络的CRM方案意义重大。如图3-7所示。

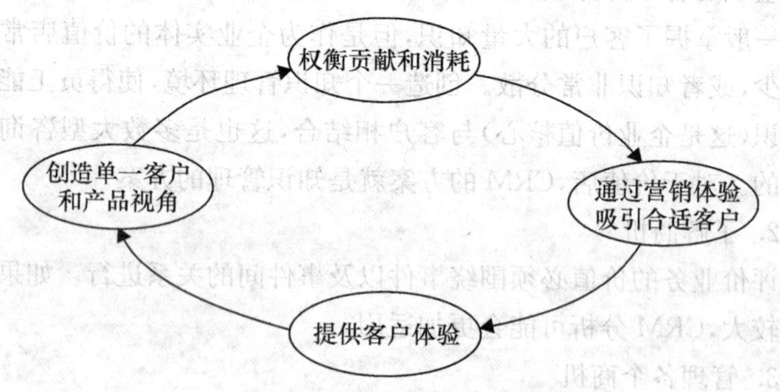


图3-7　价值网的CRM方案

(1) 创造单一客户和产品视角。首先,单一客户视角。价值网的客户希望在网络上只存在一种关系,而不是多种不同的产品关系。其次,单一产品视角。价值网企业利用各种技术手段,通过产品设计,尽量把产品—客户比例降到1:1,而不是通过准确的客户目标,追踪增加产品与客户比例。

(2) 权衡贡献和消耗。价值网必须了解有价值的和不受欢迎的用户的行为,并建立机制,通过增加价值客户的网络使用量来培养价值客户,通过规范行为或驱逐不受欢迎的用户减少不受欢迎的行为。CRM分析软件能帮助价值网权衡贡献和消耗。运用分析技术创建单一客户视角,识别合意和不合意的用户行为是CRM的重点。

(3) 通过营销体验吸引合适客户。价值网客户营销中的正确思路是识别客户在使用网络时的"关键时刻"(moments of truth):企业的服务没有达到客户期望水平,从而导致客户背叛的决定性时刻。任何企业都可以采用价值网思想来构建网络,从而更有效地进行产品和服务营销。

(4) 提供客户体验。作为服务型企业,价值网企业必须通过提高服务而不是推销产品,在互动点上赋予客户价值。必须把CRM的重点放在使用户更方便地获得他们所需的结果方面。在网络上,客户价值更多的是来自他们与企业或其他用户互动时的体验。客户的接入越便利,他们从该网络上所感知、获得的价值越大,他们使用的频率也就越高。

## 四、容量管理

容量管理也称价值池管理,它管理固定数量的资源(座位、床位、汽车、人数)。它的焦点在于从现有的数量中获得最大的收益。价值池可以使用CRM技术来识别最优秀的客户,并提高这些客户的忠诚度。

价值池的客户关系是兼有交易性和订购关系的。价值准则决定了价值池如何使产出最大化。它可以是最便宜、最贴近普通客户的,有最好的产品供租赁,或者有最好的租赁服务。CRM 方案决定了四步骤的 CRM 战略。如图 3-8 所示。

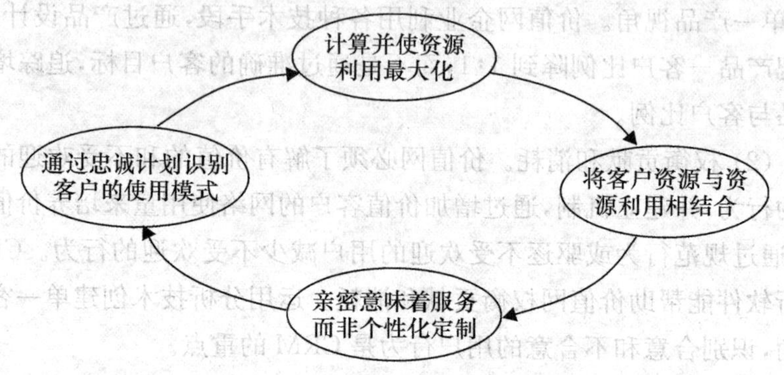


图 3-8 价值池的 CRM 方案

1. 通过忠诚计划识别客户的使用模式

价值池必须构建、连接一系列的租赁,而这随时都可能被客户中断。实现这一目标的最好办法是通过忠诚计划回报客户。

2. 计算并使资源利用最优化

价值池通过为客户租赁资源创造价值。在理想的情况下,价值池将根据维护的需要,充分利用它所有的资源。对于任何价值池企业,客户分析的作用显得很关键。资源利用率对于价值池至关重要。

3. 将客户资源与资源利用相结合

价值池 CRM 是如何把企业对于有价值客户的了解和企业对于资源利用规律的掌握结合起来。事实上,如果这两者是分散的,那将损害企业,使股东价值遭受损失。客户营销对价值池至关重要,因为忠实的和非经常性的客户带来的利润差别巨大。价值池客户营销的重点是处理好忠实客户和资源利用的关系。在识别利润创造的数据规律后,价值池必须向有价值的客户群体大力推销合适的资源。

4. 亲密意味着服务而非个性化定制

价值池不能改变产品以迎合具体的客户需求。对价值池来说,客户亲密度的增加意味着围绕产品提供更多的个人服务。这里有两个重点：提供个性化的服务和更加便捷的租赁。

### 五、四种旅游关系管理类别比较

价值链管理的重点是产品，而且特别注重产品、产品营销等的个性化。传统的产品交叉销售 CRM 方案对价值链企业来说非常适合。价值链管理在旅游业中的应用其主要目的是使旅游企业从 CRM 中受益，根据旅游客户的需求生产和销售更多的产品，提供更多的服务。

采用价值店管理方法的企业其与客户的亲密度是很高的，但它依然可以强调其他的价值准则。CRM 的重点是强调知识管理。价值店管理在旅游业中的应用主要是为了根据旅游客户的需求特点并利用自身资源来解决具体的客户问题。

CRM 重点是保证价值随着网络使用频率的增加而增加，同时 CRM 也涉及管理网络中的行为——因为行为是客户价值的主要决定因素。CRM 在旅游业中的应用主要是实现旅游客户关系的数据库营销，即企业通过基础设施的管理将旅游客户联通起来。

容量管理的重点是收益管理。市场营销的重点是使资源利用最优化。容量管理在旅游业中的应用主要是旅游饭店和旅游景点的收益管理，企业通过租赁基础设施来创造价值。

## 第三节　旅游客户关系管理实施的意义和作用

### 一、旅游客户关系管理实施的意义

#### (一) 旅游者消费意识的变迁

随着科技的飞速发展和社会的不断进步，社会物质和财富逐渐丰富，恩格尔系数不断下降，人们的生活水平逐渐提高，消费者的消费观念从理性消费时代过渡到了情感消费时代，广大消费者越来越重视心灵上的充实和满足，对商品的需求已跳出了价格与质量的层次，也超出了形象与品牌等的局限。

旅游者消费意识的成熟化决定了客户关系管理的必要性。现在的旅游者在作出旅游购买决策时，已不再是仅仅局限于对几家旅行社所提供的线路和景点进行比较、参考，他们有着明显的个性化、多样化的需求倾向。在旅游方式上，他们更喜好自选式和组合式旅游；在旅游功能上，他们由过去的消遣和恢复体力转变为追求个人发展，更多强调体验、参与、经历与学习。同时，他们也不满足现有的旅行社所提供的咨询和导游服务，他们需要更加多样化的服务以满足其日益成熟的旅游需求。

旅游者的种种要求实际上都是旅游企业发展的绝佳机会，而要抓住这些机会来实现市场价值，其前提就是要把握住旅游者的“心”。也就是说，要通过实现客户关系管理，提升服务的内涵价值，提高旅游者的满意度和忠诚度。由于CRM的实现，可以使销售、营销以及客户服务的业务流程实现自动化，尤其是随着上网用户的增多，自助服务的要求越来越高。通过客户服务的自助化，可以自动处理旅游者各种类型的在线询问，包括有关的线路、景点、交通的信息、订单请求，并提供高质量的现场服务，还可以通过对客户的识别，利用差异性分析，掌握旅游者的群体需要趋势，以定制化的服务来赢得旅游者的青睐。

**（二）旅游市场竞争的压力**

外部市场环境的多变性决定了客户关系管理的迫切性。旅游企业处在一个十分复杂的外部环境下经营运作，这个外部环境不仅包括了客源市场、协作企业、竞争对手等微观因素，而且还包括了政府政策、行业管理等宏观因素。

对于包括旅行社在内的国内旅游企业，要想在竞争的环境中取得优势，就必须对客户资源的重要性进行再认识，树立全新的经营理念，进行业务流程和组织结构的再设计，完全改变传统的销售和管理模式，体现客户导向的经营目标,从而实现其不易被模仿的独特优势,在竞争中取胜。

1. 旅游市场的发展因素

(1) 国内生产总值(GDP)。人均 GDP 达到 300 美元就会兴起国内旅游,而人均 GDP 达到 1 000 美元就会有出境旅游的需求。特别在人均国民生产总值为 1 500 美元以上时,旅游增长速度更为迅速。美国就因其较高的人均 GDP 而成为世界上最大的旅游客源国之一。日本人 GDP 也在 3 万美元以上,成为亚洲最大的旅游客源国之一。

(2) 个人收入。经济条件是人们进行旅游活动的必要条件之一。个人收入尤其是个人可自由支配的收入更是决定旅游消费者购买力和支出的决定性因素。据统计,在经济发达国家,每个国民的旅游费支出约占个人收入的 4%~6%。因此,个人收入是衡量当地市场容量、反映购买力高低的重要尺度。一般来说,高收入的旅游者往往比低收入的旅游者在旅游过程中平均逗留时间长、平均花费高。旅游者在旅游中选择参加的活动类型、购买的旅游产品也因收入不同而有所差别。第二次世界大战后,西方国家个人总收入不断增加,用于旅游的消费也相应增多,这是旅游市场不断发展的根本原因。

2. 旅游市场的激烈竞争

服务产品之间的替代性较强,市场竞争性较强,客户使用服务的随机性也较强。

3. 旅游企业的发展趋势

(1) 服务机构的反应变得越来越快。社会变化越来越快,大众文化正在终结,为公共场所、私人空间、非营利企业以及市场等诸方面提供商品或服务的机构正面临着空前的挑战。许多大众服务机构面临解体,转化成一个个反应快捷的组织机构,以便及时处理顾客们不断变化的需要。

(2) 服务业经常与他们的竞争对手协作。在提供服务时,竞争对手间互利互惠地进行合作的情况逐渐多了起来,而相互倾轧的情况已逐渐减少。

(3) 服务机构要有所为,有所不为。绝大多数旅游服务业机构,都不能应对“休闲”或“娱乐”的所有方面。它们应该弄清楚自己的优势,认清哪些是自己做不好或不能做的事,然后有针对性地“求外援”,这一点是极其重要的。

(4) 服务机构树立讲效益的管理思想。以效益为基础的管理方式摒弃了以活动为基础的管理方式。从保持或增进个人或群体的生活质量出发,以效益为基础的管理首先着眼于顾客能从众多的机会中得到利益。由此可见,以效益为基础的管理最基本的出发点是提供一系列有益的机会来供用户选择。

(5) 服务机构必须企业化。几乎所有的旅游服务行业都具备“企业”的大多数特征。事实上一些比较好的服务业都具有这个特征。许多旅游服务机构办事越来越快捷有力的原因之一是它们越来越企业化了。

(6) 服务要“看人下菜”,而非“一视同仁”。在服务组织中的从业人员,不能简单地为顾客提供单一的选择,他们应不断地致力于圆满解决客户提出的所有问题。因此,信任是第一重要的,而且是竞争力的重要因素,但并不是说“一视同仁”是恰当的待客之道。合理的待客之道应是根据每个人不同的需要,提供恰如其分的服务。

(7) 服务管理应紧跟顾客需求,“量体裁衣”。灵活管理的一个重要优点是具有根据顾客的需要而制定产品和服务的能力。在旅游服务中,因为每个顾客的活动和经历都极为不同,而且他们参与的动机和满意度也相去甚远,因此,不同规格的定制服务至关重要。可是,每个城市的娱乐服务机构和大型商城都向居民赠送相同的小册子,他们似乎应该向居民送一些有针对性的册子,以便更能针对不同家庭的特殊构成、一些有业务联系的老顾客的特殊兴趣点以及客户们周边邻里情况和其他更多的个人信息来提供服务。

(8) 服务机构要对价格、时间和活动场地进行周密思考。服务机构灵活应变的另一个重要方面还包括以下观念:一项服务的价格不能固定不变,而应根据其给每一个顾客带来的益处加以调整;应尽量减少消耗顾客的时间;使某项特定的服务或产品能充当联系客户的纽带,以便与老客户相互沟通,并更多地提供其他服务、信息。服务业若想变得快捷灵活,最重要之处在于要有能力尽量减少或抹掉那些被浪费掉的、并不能增加服务价值的时间。

## 二、旅游客户关系管理实施的建议

### (一) 结合旅游行业特点,确定合适的目标

与其他行业相比,旅游企业有着自身的特点,我们应根据旅游企业的特点有针对性地实施 CRM。旅游企业又称好客企业,它通过为客人提供服务来获取利润,没有客人的购买和消费,就没有旅游产品的生产和销售。另外,随着中国旅游行业的逐步开放,全世界的旅游胜地都可能成为潜在的旅游资源,全世界的旅游者都可能成为它们的客户。旅游业的竞争是全球范围内争夺客源的竞争,客户类型多、范围广、个性化要求复杂、每笔销售的平均数额小,因此,旅游企业应全面、周密管理企业与客户之间的关系。归纳起来,CRM 在旅游企业应实现以下目标:整合沟通渠道,挖掘顾客信息,提供个性化服务,提升顾客忠诚度。

### (二) 站在战略的高度,设置实施 CRM 的流程

实施 CRM,并不仅仅是上一个 CRM 软件,它不像办公室的 OFFICE软件一样,可以一下子全部到位。CRM 其实是企业深层运作机制的转变,涉及企业理念、文化、流程、技术等诸多要素。具体来说,实施 CRM 应遵循以下流程:首先,必须改变“人”的思想,在企业内部形成“以客户为中心”的理念和文化;其次,在“以客户为中心”的理念下对企业的组织结构进行重整;再次,对内部和外部“流程”重新设计简化,以便企业能快速响应客户;最后,才是选择合适的软件技术。

但在现实生活中,我国很多企业却把建立 CRM 的步骤颠倒了,它们首先急匆匆购买软件、选择运行平台,然后再围绕软件设计“流程”,

对"人"进行培训,使他们熟悉软件的界面和使用方法,最后可能根本不会想到组织和文化的因素。这样,先进的 CRM 软件只是固化了过去的管理模式和工作习惯,也难怪 CRM 会成为"中看不中用"的摆设。

所以旅游企业要吸取教训,不要在企业未做好准备之前急于购买 CRM 软件。旅游企业应把导入 CRM 作为一项长期的繁杂的管理工程项目来进行,并以此为契机对企业的各方面进行重整与磨合。

**(三) 夯实基础,以业务来驱动 CRM 的实施**

CRM 在国外旅游业已得到了有效的应用。但是,目前一些被证实在国外应用效果良好的 CRM 管理软件,在引入国内后大多"水土不服"。有些企业在勉强实施和使用了这些软件后,效果并不理想。究其原因,主要是中国企业的管理文化、管理基础、管理水平和管理现状都与现代管理的要求相去甚远。

旅游企业同样存在着管理滞后的问题,整个组织结构还沿袭传统的职能结构,基础管理离科学化、规范化的要求还有一定距离,缺乏专业化分工,产品无特色,而恶性的价格竞争成为唯一的竞争手段。所以,旅游企业应用 CRM 的核心问题是如何让管理与技术融为一体。中国旅游企业管理中存在的问题远远超出了信息技术的应用问题,要成功构建 CRM,必须夯实管理基础,根据 CRM 的要求,整合企业内部的不合理流程以及客户关系的薄弱环节,做到持续地改进。

**(四) 以核心企业为龙头,实现旅游价值链上的 CRM**

客户关系管理通过旅游价值链为旅游企业带来利益。众所周知,游客在整个旅游的过程中,需要从不同的服务提供商那里得到各种服务。游客的满意归根结底是对整个旅游全过程的满意。因而,旅游企业必须配合客户的需求,从最终客户的观点入手,实现从单个企业内部的 CRM 到整个旅游价值链的每一个过程的 CRM,实现客源的"一条龙"服务。

为此,旅游企业可以以核心企业为龙头,通过控股或动态联盟等方式整合价值链上的旅游资源,实现旅游价值链上旅行社、酒店、车队及航空公司,甚至某些大型景区等的互动一体化服务,优化市场价值链条，打造旅游企业核心竞争力，以此来强化旅游行业的整体实力，形成有国际竞争力的旅游行业结构体系。

【应用案例】

## 阿什里奇管理学院

阿什里奇管理学院（Ashridge Management College）是世界著名的管理和机构发展中心之一。40多年来，学院采用独立的非营利性商学院模式进行办学，招收行政工商管理硕士，负责一系列主管人员培训计划，进行管理方面的研究和企业机构咨询活动。2000年，在对管理人员培训机构的调查中，《金融时报》将阿什里奇管理学院排在欧洲七强中。阿什里奇管理学院位于英国赫特福德郡，每年学院招收6 000多个管理人员，帮助他们学习、尝试和反思。学员参加的许多学习项目是专门为他们的企业机构设计的。学院的客户包括法国电讯阿尔卡特公司、布尔公司（Bull）、德意志银行、瑞典家用电器伊莱克斯公司、英国MCI世界通讯公司、普华永道管理咨询公司和大众汽车公司。阿什里奇管理学院在保留客户方面有着令人羡慕的记录。例如，消费品跨国公司联合利华参加阿什里奇管理学院的培训计划已达30多年。与企业客户建立长期关系，关键在于提供有形的和无形的价值。阿什里奇管理学院首席执行官莱斯利·汉纳（Leslie Hannah）相信，有三个特别要素——即三个“I”——在鼓励客户不断回头这一点上起到了重要作用：阿什里奇的创新的名声（innovation），它的国际理念（international）以及它所实现的商业影响力（impact）。首先，阿什里奇的创新意味着学院永远以新的面貌和新的角度迎接归来的管

(续上)

理人员。阿什里奇管理学院是英国第一所率先开始招收行政工商管理硕士的学院。阿什里奇学习资源中心(Ashridge Learning Resource Center)是欧洲著名的商业图书馆,图书馆馆长安德鲁·埃特林格(Andrew Ettinger)被誉为1998年度欧洲商业图书管理员。安德鲁在1999年开办了有效学习资源中心(Virtual Learning Resource Center),扩大了资源中心的影响力和有效性。该中心在世界范围提供服务,学习者可以远程使用阿什里奇的学习资源,而且很容易链接到客户的内部网,获取桌面的及时信息。创新以多种方式体现出来。比如,每年1月,阿什里奇管理学院都会有"发展周",届时它停止接待所有客户,全力以赴进行开发活动,交流意见,探讨新技术和新理念。这个活动对每一位阿什里奇管理学院的成员开放,包括园林工人、国外聘请的教员以及住宿服务员工。阿什里奇管理学院与客户分享它的最新才智资源,主要通过一些刊物如《向导》(Direction)和研讨讲座等。对于那些寻求挑战并想在全球实现最佳经营的客户,国际背景是关键。这一点已反映在阿什里奇管理学院80位实力很强的教师身上,他们在全世界为全球客户讲授各种计划课程。他们具备的一个特别优势在于跨文化的工作环境。阿什里奇能够以良好的实践经验作出榜样,帮助管理人员解决他们自己机构中出现的问题。参加MBA计划的学员中,几乎有2/3来自英国以外的国家。对世界任何一个国家在国内环境中工作的管理人员来说,对世界的了解给他们提供了持续的价值。最后一个"I"是影响力,阿什里奇管理学院在这方面的吸引力要追溯到1959年学院建院的根基。一些跨国大公司好幻想的经理们创建了阿什里奇管理学院,最初阿什里奇侧重于为在职管理人员提供实用技术。每一位教员在加入阿什里奇管理学

（续上）

院之前，就有自身的头衔，有高层商业管理体验。这个条件是硬性规定，教员通过提供真实的个人实例，丰富了阿什里奇的储备资源。阿什里奇是欧洲唯一有着自己的咨询部门的一所管理学院。现实世界在不断变化，而阿什里奇尤其重视现实世界。因此，对于领先企业来说，阿什里奇已成为独具吸引力的商业伙伴。创新、国际环境和商业影响是留住阿什里奇客户的强大力量。

（**资料来源**　www. ashridge. com）

## 复习思考题

1. 简述旅游企业营销的战略要点。
2. 如何理解“全过程服务”？
3. 简析旅游客户关系管理过程中的主要步骤。
4. 旅游客户关系管理是如何划分的？被划分的几种类型之间关系如何？

# 第四章 旅游客户系统

## 第一节 旅游客户的内涵及划分

### 一、旅游客户的内涵

#### （一）旅游客户概念

现代客户的定位决定了旅游客户不仅仅是旅游消费者——游客这一部分，还有旅游产品的共同开发者、旅游经营的合作者、旅游经营的竞争者以及其他旅游价值的共同创造者，但是，最基本、最直接、最广大的客户群还是游客。

#### （二）旅游需求的特点

通常，旅游客户与旅游企业之间产生购买与被购买产品或服务的关系，而产生这层关系的前提是旅游客户要有旅游需求（包括潜在的旅游需求），因此，研究旅游需求是研究旅游客户的重要环节之一。

旅游需求是人类需求的重要组成部分，它既有人类需求的一般特征，又有不同于人类一般需求的特殊性。由于旅游需求是人们消费需求中的一种高层次需求，因而旅游需求具有区别于人们其他需求的以下主要特征。

1. 需求满足的高层次性

美国心理学家马斯洛认为，由于人们的兴趣爱好及所处环境的差异，使人们产生各种各样的需求。他分析了人们的需求有生理需求、安全需求、社交需求、自尊需求和自我实现需求五个层次，五个层次的需求总是由低级向高级逐渐得到满足的。随着低层次需求得到一定满足，人们就会追求更高层次的需求，而为了满足高层次社交、自尊及自我实现的需求，就会激发人们的其他需求，如探亲访友、考察学习、疗养度假、旅行观光、览胜探奇等。因此，旅游需求是一种高层次需求，表现为人们追求更好的物质享受和精神方面的满足。

2. 欲望满足的多样性

旅游活动是指人们为了满足需求而暂时外出以改变生活方式和生活场所的一种形式。由于人们的需求是多样的，因而旅游需求也表现为一种多样性的需求。例如，人们可能为了好奇、学习而旅游，可能为了身体健康、治疗疾病而旅游，可能为了公务、经商、洽谈业务而旅游，可能为了躲避工作的压力而旅游，也可能为了追求冒险、刺激、浪漫生活而旅游等。总之，由于人们的个性差异、生活条件的不同、经济收入的差别以及所处社会环境的影响，使人们产生各种各样的旅游需求。

3. 精神满足的主导性

旅游需求是在外部刺激影响下，经过人的内在心理作用而产生的，是人类各种旅游行为发生的内在动力。旅游需求的产生虽然受旅游产品的吸引力的作用，受经济、社会、政治、文化及环境等各种因素的影响，但最根本的还是由人的心理活动所决定。人们的价值观、生活方式、生活习惯、消费特点等都会直接决定和影响旅游需求的产生，因而旅游需求是一种主导性的需求。特别是随着人们收入的增加、生活水平的提高和对生活质量的讲究，旅游需求已成为人们积极主动追求的一种消费需求。

4. 个性满足的复杂性

旅游需求不仅是一种多样性需求，而且是一种复杂性需求。旅游需求的复杂性，一方面是受人的心理活动的影响，即人们对旅游产品的认知、态度、情绪、偏好及学习过程，如有的旅游者喜欢入住高级宾馆，而有的旅游者更喜欢民居式住宿，有的旅游者喜欢刺激、冒险的旅游活动，而有的旅游者更喜欢安全性高的旅游项目；另一方面是受旅游环境的复杂性的影响，随着旅游活动的进行和旅游环境的变化，必然对旅游者的心理和行为产生重要影响，从而导致旅游需求也处于动态的变化之中，并表现出复杂性的特点。

**(三) 旅游消费的特点**

1. 旅游消费的性质

旅游消费，从动态意义上讲，是指人们支付货币购买旅游产品以满足自身旅游需求的行为(过程)；从静态意义上讲，是指“由旅游单位(游客)使用的或为他们而生产和服务的价值”(世界旅游组织 WTO 定义)。因而，旅游消费是指人们在旅游过程中为满足自身的享受和发展的需要而消费的物质产品和精神资料的总和。

旅游消费作为一种消费方式，主要由旅游消费意识、旅游消费习惯、旅游消费能力、旅游消费水平、旅游消费结构等要素构成。旅游消费意识及由此而形成的旅游消费习惯是旅游消费的基本动因；旅游消费能力和旅游消费水平是旅游消费的客观条件；旅游消费结构是旅游消费发展到一定时期的结果，反映旅游者消费的旅游产品的质量、数量及其比例关系，是衡量一个国家或地区旅游业发展水平的重要标志之一。

从性质上来说，旅游消费是人们在旅游过程中，通过购买旅游产品来满足个人发展和享受需求的行为和活动，是一种高层次的精神消费。

(1) 旅游消费属个体性消费。旅游消费就其消费主体而言，属于个人消费范畴。旅游者是否选择旅游消费活动、什么时候消费、消费什么旅游产品、消费层次与消费量怎样等诸多问题，都取决于旅游消费者个人的旅游消费意识和倾向、旅游消费习惯、旅游消费能力、旅游消费水平等，而且最终的旅游消费效果也是因人而异的。

(2) 旅游消费属高档次消费。人们的消费需要包括基本生存消费、发展消费、享受消费三个层次。基本生存消费是维持个人和家庭最低生活保障的生活资料和服务的消费，是劳动力再生产过程中所必需的最低限度的消费标准；发展消费和享受消费则是人们为了提高自身的文化素质、陶冶情操、发展智力和体力，从而达到劳动力内涵扩大再生产的要求的消费。旅游消费是人们在基本生活需要得到保障之后而产生的高层次的消费需求。

(3) 旅游消费属精神性消费。旅游消费作为一种个人消费，从内容上来看，包括精神和物质两方面，除了有形的以商品形式存在的物质产品和无形的以文化形式存在的精神消费品以外，还包括以此为依托的消费性服务。所以，旅游消费包括了人们在旅游中所获得的满足其享受和发展需要的旅游物质产品、精神产品和以这些为依托的旅游服务三个方面。其中，物质形态的旅游产品的消费只是一种外在的形式或占其中极少的一部分，旅游者真正所消费的是以物质形态的旅游产品为依托的精神产品和服务产品。

2. 旅游消费的特点

任何消费都是社会生产力发展的结果，是人们收入增加和生活水平提高的标志。旅游活动涉及政治、经济、文化等广泛的社会领域，旅游消费的内容包含食、住、行、游、购、娱等诸多方面，因而旅游消费具有自身的特殊性。

(1) 旅游消费的综合性。旅游消费是一个连续的动态过程，贯穿于整个旅游活动之中，因而综合性是旅游消费最显著的特点。首先，从旅游消费活动的构成看，旅游活动是以游览为中心内容的，但是为了实现旅游的目的，旅游者必须凭借某种交通工具，在旅途中购买一定的生活必需品或旅游纪念品，同时解决吃饭、住宿等问题。可见，旅游活动是集食、住、行、游、购、娱于一体的综合性消费活动。其次，从旅游消费的对象看，旅游消费的对象就是旅游产品，旅游产品是由旅游资源、旅游设施、旅游服务等多种要素构成的，其中既包含物质因素，也包含精神因素；既有实物形态，又有活劳动形态。因此，旅游消费对象是多种要素、多类项目的综合体。再次，从参与实现旅游消费的部门看，旅游消费是众多部门共同作用的结果，许多经济部门和非经济部门均参与了旅游消费的实现过程。前者包括餐饮业、旅馆业、交通业、商业、农业等，后者包括环保、园林、文物、邮电、海关等。这从另一个侧面也证明了旅游消费的综合性特点。

（2）旅游消费的劳务性。这里所指的劳务即服务，服务是以劳务活动形式存在的、可满足某种特殊需要的经济活动。在旅行游览过程中，旅游者首先必须满足基本的生理需要，因而必然要消费一定量的实物形态的产品。但从总体上看，服务消费占主导地位。旅游服务消费不仅在量上占绝对优势，而且贯穿于旅游者从常住地向旅游地的移动到旅游地参观游览再返回常住地这一消费过程的始终。旅游服务是由各种不同的服务组合而成的总体，一般包括饭店服务、交通服务、导游服务、代办服务、文化娱乐服务、商业服务等。

旅游服务一般不体现在一定的物质产品中，也不凝结在无形的精神产品中，而是以劳务活动的形式存在着，从而构成旅游产品的特殊形式。这种产品只有被旅游者享用时，它的价值才能实现；一旦旅游活动结束，旅游服务的使用价值就不复存在，从而说明了旅游消费与旅游产品具有一致性的特性。

（3）旅游消费的伸缩性。伸缩性是指人们所需消费品的数量及品种之间的差异以及这种差异随着影响消费者诸因素的变化而表现出扩大或紧缩的状态。所以，伸缩性一方面是就人们对消费品种、数量和质量需求变化情况而言，另一方面是就影响消费诸因素对消费需求变化而言。旅游消费作为一种高层次的消费，其表现是一种伸缩性很强的消费，具体表现在以下几个方面：

（a）旅游消费是无限性的消费。旅游消费是人们的基本需要即生理需要和安全需要得到一定满足后，为实现更高层次的需要而进行的高级消费形式，因而没有数量限制。随着社会经济的发展及人们消费水平的提高,旅游消费趋势会不断增强。

(b) 旅游消费是弹性较大的消费。一般来说,满足人们生存需要的消费弹性较小,而满足人们享受、发展需要的消费弹性较大,旅游消费属于后者。许多因素都会影响旅游消费的数量和质量。除了通常所说的价格、收入外,国际政治经济形势,旅游者的职业、年龄、性别、受教育程度、宗教信仰、兴趣爱好以及旅游地的社会经济发展水平、风俗习惯等,都直接或间接地影响着旅游消费。

(c) 旅游消费是季节性消费。这主要体现在两个方面:一是旅游消费需求集中在某些月份或季节。例如,德国人旅游集中在夏季3个月,巴黎人喜欢8月份外出旅游。二是某些月份或季节旅游消费的内容集中于某些特定的旅游消费对象。例如,夏季的海滨胜地游人如织,而一到冬季,出现在海滩上的游客则寥若晨星。

(4) 旅游消费具有互补性和替代性。旅游消费的综合性使得构成旅游消费对象的各个部分具有互补的性质。例如,杭州中国国际旅行社接待了10名从桂林赴杭州的美国旅游者,这10名旅游者除了消费导游服务外,还要支付从桂林至杭州的交通费,在杭州必须支付住宿费、餐饮费、购物费等。因此,一项旅游消费的实现必然伴随着众多的其他旅游消费项目的产生。旅游消费的这个特点要求有关部门互相配合,加强合作,以提高经济效益。

旅游消费的替代性是指旅游消费对象每一构成部分之间的相互替代的性质。例如,某旅游者从甲地到乙地乘了飞机,就不再会乘火车或轮船。到了乙地后,若由青年旅行社安排他的旅游活动,那么他就不再会接受中旅或国旅提供的导游服务。若他住进了度假旅馆,那么他就不会再入住其他旅馆。由此可见,旅游消费中的替代性是十分明显的。而旅游者在选定某种成分以后,势必舍弃其他成分,因而这种替代性加剧了旅游业的竞争。

(5) 旅游消费的不可重复性。旅游产品的不可转移性和时间性强的特点,决定了旅游消费者对旅游产品的消费是不可重复的。形成旅游产品的旅游吸引物、旅游设施和设备以及在整个旅游过程中向旅游者提供的各种服务，与其他物质商品不同，它不能从甲地转移到乙地去销售，即在交换过程中不是旅游产品的转移，而是旅游消费者亲自到旅游产品的产地去消费。旅游者在旅游过程中购买旅游产品，如使用饭店中的客房、占用餐座、占用交通工具、使用娱乐场所和游览点等，旅游者对旅游产品在时间上只具有暂时的使用权，而无长期的所有权，旅游产品的所有权归旅游供给者所有。旅游活动结束后，旅游产品的使用价值对消费者来说即告消失，它不同于一般物质产品购买后即拥有所有权，可以重复使用。

旅游产品中所包含的无形部分，即旅游过程中各环节所提供的各种服务，它的时间性更强，只有当旅游者消费这些服务时，服务才构成产品。旅游产品中的劳务和一般商品中的劳务不同，一般商品中的劳务是以物化形式存在于商品之中，可以储存起来，其价值和使用价值不会消失，消费者可以重复使用；而旅游产品中的服务是随着旅游产品的消费而被消费的，旅游活动结束后，旅游者离去，旅游消费终止，旅游服务即告终止，它同样具有不可重复消费的特点。

**（四）旅游消费的作用**

旅游作为一种高级消费形式，对于促进人的全面发展、提高劳动力的素质、提高劳动生产率和促进经济发展等，都具有重要的作用。具体表现在以下几个方面。

1. 旅游消费是旅游经济运行的源头动力

随着人们生活水平和生活质量的不断提高，旅游业在国民经济中的地位更为显著，并逐渐成为国民经济的重要产业。旅游业是否能够健康、稳定、协调、可持续地运行发展，取决于旅游经济运行过程中的各个环节之间是否能相互衔接而协调发展。旅游产品的生产、交换、消费等环节虽然在时间和空间上具有同一性，但是旅游产品的生产和交换取决于旅游消费。在市场经济条件下旅游产品的生产也是以销定产，生产什么、什么时候生产、生产多少，均取决于旅游者想要消费什么、什么时候消费以及潜在的消费量。旅游消费需求、消费水平决定着旅游产品生产的方向与速度。所以说，旅游消费是旅游经济运行的源动力所在。

2. 旅游消费是旅游需求得以实现和满足的必要条件

人们的旅游消费活动有潜在消费和现实消费之分，在未来有可能实现但目前尚不具备条件的旅游消费，称之为潜在旅游消费；在目前条件下能够或者已经实现的旅游消费，称之为现实旅游消费。要想将潜在旅游消费变成现实的旅游消费，一方面要积极创造条件，另一方面旅游者愿意参与旅游消费，这是旅游消费得以实现的必要条件。所以，旅游产业部门应积极开发新产品投放市场，吸引和鼓励旅游者前来消费，从而拉动消费，刺激旅游经济的发展。

3. 旅游消费对旅游产品开发具有极强的导向作用

生产取决于消费，消费决定着生产；消费需求和消费水平直接决定着生产的发展方向、速度和规模。旅游生产取决于旅游消费，旅游消费对旅游产品的生产方向、速度和规模有着极大的推动作用和极强的导向作用。随着旅游经济的不断发展，人们的基本旅游消费得到满足之后，又会不断地提出许多新的更高层次的旅游消费需求，从而对旅游产品的生产和供给提出了更高的要求。旅游消费者总是随着消费行为的发生不断地对旅游产品提出新的要求，而旅游产品的生产者和经营者也总是在不断地开发和组合新产品，以满足旅游消费者不断提高的旅游消费需求。

对旅游产品的生产者和经营者来说，也必须把旅游消费者的需求放在第一位，因为旅游者的消费过程就是旅游产品的价值得以实现的过程，也是对旅游产品是否符合消费需求的最终检验。

## 二、旅游客户的划分

客户资源是客户关系管理的基本对象，针对不同类型的客户，企业要采取不同的维系策略，提高客户的满意度和忠诚度，最终达到提高企业最大盈利的目的。

### (一) 按照与旅游企业的经营关系划分

按照与旅游企业的经营关系,旅游客户类型可分为购买者、中间商和公众三种。

1. 购买者

(1) 旅游购买者。消费市场又称消费者市场、消费品市场或生活资料市场,是指个人或家庭为满足生活需求而购买或租用商品的市场。它是市场体系的基础,是起决定作用的市场。旅游购买者就是旅游市场的消费者,具有以下特点:① 购买数量少、次数多,一般为家庭购买。② 人多面广,包括了各个社会阶层的购买者。③ 购买一般为非专业购买,购买者缺乏专业知识。④ 对产品的需求有着较大的差异。同时,消费者个人行为也影响着旅游营销活动。

(2) 公司购买者。公司购买者是指为开展业务而购买旅游产品和服务的各种团体和个人。它具有如下特点:① 公司购买属于派生购买,其消费属生产性消费,其费用也属生产性费用。② 公司购买弹性较小,因其购买是业务购买,所以受价格影响较小。③ 购买规模大,次数少,一般为批量购买。

研究和了解购买需要及其购买过程是市场营销成功的基础。市场营销人员通过了解购买者购买行为的全过程,就可以获得许多有助于满足消费者需要的线索。通过了解购买过程的各种参与者及其对购买行为的影响,营销人员就可以为其目标市场设计有效的市场营销计划。

2. 中间商

中间商是指处于旅游生产者与旅游者之间、参与产品流通、促成贸易达成的集体和个人。他们一方面要把相关产品信息告知旅游消费者,另一方面又要使旅游者实现旅游目的。他们有如下特点:① 购买的次数较少、数量大。② 购买为了转卖,目的是获取利润。③ 一般为专家购买,他们对价格、行业动态十分了解。

中间商可分为两类:① 代理中间商,主要有代理商、经纪人和生产商代表，他们专门介绍客户或与客户磋商交易合同，但并不拥有商品所有权。② 买卖中间商（又称经销中间商），主要有批发商、零售商和其他再销商，他们购买商品，拥有商品所有权。

中间商对企业产品从生产领域流向消费领域具有极其重要的影响。中间商由于与目标顾客直接打交道，因而他的销售效率、服务质量就直接影响到企业的产品销售。在与中间商建立合作关系后，要随时了解和掌握其经营活动，并可采取一些激励性合作措施，推动其业务活动的开展。而一旦中间商不能履行其职责或市场环境变化时，企业应及时解除与中间商的关系。在选择中间商时，营销人员需进行全面、深入的调查，分析中间商的发展趋势，同时，要注意以下因素：中间商人员素质、劳务费用、履行职责效果、对中间商的可控程度等。

3. 公众

公众是企业市场营销微观环境的重要影响因素。公众环境可对旅游环境产生现实的或潜在的影响。一个企业的公众主要有：① 金融公众。它是指那些关心和影响企业取得资金能力的集团，包括银行、投资公司、证券公司、保险公司等。② 媒体公众。它是指那些联系企业和外界的大众媒介，包括电视台、电台、电影、广播、杂志、报纸、网络等具有广泛影响的大众传播媒体。③ 政府公众。它是指负责企业业务、经营活动的政府机构和企业主管部门，如主管有关经济立法及经济政策、产品设计、定价、广告及销售方法的机构；国家主管经济机构及各工商行政管理局、税务局、各级物价局等。④ 公民行动公众。它是指有权指责企业经营活动破坏环境质量、企业生产的产品损害消费者利益、企业经营的产品不符合民众需求特点的团体和组织，包括消费者协会、保护环境团体等。⑤ 地方公众。它是主要指企业周围居民和团体组织，他们对企业的态度会影响企业的营销活动。⑥ 一般公众。它是指公众并不购买企业产品，但深刻地影响着消费者对企业及其产品的看法的个人。⑦ 内部公众。它是指企业内部全体员工，包括领导（董事长)、经理、管理人员、职工。处理好内部公众关系是搞好外部公众关系的前提。

公众对企业的生存和发展产生巨大的影响。公众可能有增强企业实现其目标的能力,也可能会产生妨碍企业实现其目标的能力。所以,企业必须采取积极适当的措施,主动处理好同公众的关系,树立企业的良好形象,促进市场营销活动的顺利开展。

**(二) 按照与旅游企业的价值关系划分**

应用客户价值评价指标体系,可获得当前经济型客户。如图 4-1 所示。

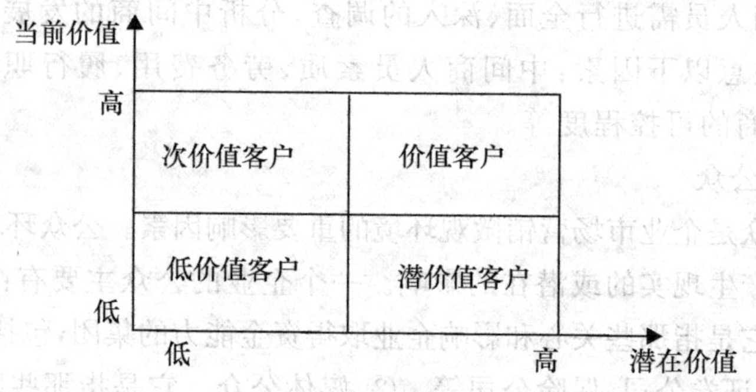


图 4-1　经济型客户分类

客户价值评价指标体系最终将产生四种结果,即低价值、潜价值、次价值和价值客户群体,按照当前价值、潜在价值 的描述方式,分别对应着(低,低),(低,高),(高,低),(高,高)四种分类。依据这种分类标准进行客户细分,其评价结果所对应的客户依次为低价值客户、潜价值客户、次价值客户和价值客户。根据客户分类标准,低价值客户是指该类客户的当前价值和潜在价值都较低;潜价值客户是指客户当前价值较低,但潜在价值较高,有发展成价值客户的良好趋势;次价值客户是指该类客户当前的价值较高,但潜在价值较低,后期的发展能力有限,有较大的价值下降可能或风险;价值客户是指当前价值和潜在价值都较高的客户。

# 第二节　旅游客户价值分析

在客户关系管理中，企业不应只关注从客户那里赚取了多少利润，更需要了解企业为客户创造了多少价值。客户是价值创造的起点和终点，正是客户需求促使企业创造价值，客户消费使企业创造的价值得以实现。

## 一、客户价值概念

### (一) 客户价值的定义

基于客户角度，将客户价值研究定位于经营者如何为客户创造价值以及客户如何感知经营者提供的优于竞争对手的产品或服务。不同的学者从不同的角度对客户价值的定义。齐森尔(Zaithaml，1990)认为，客户价值实际上是客户感知价值，就是客户所能感知的利益与其在获取产品或服务时所付出的成本进行权衡后对产品或服务效用的总体评价。这一概念包含着两层含义：价值是个性化的，因人而异，不同的客户对同一产品或服务所感知的价值并不相同；价值代表着一种效用(收益) 与成本(代价) 间的权衡，客户会根据自己感受到的价值作出购买决定，而绝不是仅仅取决于某单一因素。

虽然研究者对于客户价值的看法不尽相同。但客户感知价值的核心是感知利得(perceived benefits)与感知利失(perceived sacrifices)之间的权衡得到了众多学者的认同。感知利得包括了物态因素、服务因素以及与产品使用相关的技术支持、购买价格等感知质量要素。感知利失则包括客户在购买时所付出的所有成本，如购买价格、获取成本、交通、安装、订单处理、维修等。

### (二) 客户价值的具体含义

第一，客户价值与提供物的使用紧密相关。如客户在选择入住酒店时，会综合比较各个酒店的品牌、价格、服务等因素，从而选择感知价值比较高的酒店。

第二，客户价值是客户对提供物的一种感知效应，是客户头脑中的感知衡量。感知企业给客户提供的价值越大，客户愿意交易的可能性越大。

第三，客户价值是对提供物的属性、效能及使用结果的感知偏好和评价。对于同一企业所提供的同样的产品或服务，不同客户所感知的价值是不一样的，这是客户偏好不同的原因，也是客户个性化需求存在的基础。

第四，客户价值核心是客户所获得的感知利益与为此付出的感知利失之间的权衡。因此，提升客户价值可以通过增加客户感知利益或减少客户感知付出来实现。

### （三）对客户价值的把握

第一，客户价值是由企业为客户创造的。虽然客户感知价值是客户选择企业的基础，但是客户价值最终是由企业传递给客户并流向客户的。

第二，客户价值的创造和传递是紧密相连、不可分割的两个环节。

第三，客户价值在创造和传递过程中，不断发生着形式和内容的变化。

第四，客户价值是客户让渡价值经过价值传递机制作用之后的扩展和深入。对客户价值的认识是以客户让渡价值理论所作的成本效益分析为基础，强调客户参与价值共同创造模式。

第五，客户价值创造和传递过程中的环节差异会影响客户价值的最终质量和容量。其衡量标准有：客户满意度率、客户保留率（流失率）、客户忠诚度、钱包份额（消费比例）、交叉销售额、客户口碑、由客户推荐的客户数。

客户感知价值与产品质量、品牌形象与服务质量成正比，与产品的价格成反比，所以，客户价值既是客观的，也是主观的。长期以来，旅游企业大多缺乏考虑客户自身的感受，而实施CRM就是要实现“以客户为中心”的管理方式，要求旅游企业更多地关注客户的需求和客户感知价值，只有“以客户为中心”，满足客户的个性化需求，才能不断提高客户的感知价值，使客户保持与企业的长期合作关系，使企业最终获取客户的潜在价值。

## 二、客户价值的关键维度

由于研究的着眼点不同,不同的学者对客户价值有不同的看法,我们通过介绍下面几位学者的观点来阐述客户价值的关键维度。

### (一) 菲利普·科特勒的观点

菲利普·科特勒(Philip Kotler)在1994年出版的《市场营销管理——分析、规划、执行和控制》(第8版)中,新增《通过质量、服务和价值建立顾客满意》一章,提出了"客户让渡价值"(customer delivered value)的新概念。这一概念的提出,是对市场营销理论的新发展。

1. "客户让渡价值"

"客户让渡价值"是指客户总价值(total customer value)与客户总成本(total customer cost)之间的差额。客户总价值是指客户购买某一产品与服务所期望获得的一组利益,它包括产品价值、服务价值、人员价值和形象价值等。客户总成本是指客户为购买某一产品所耗费的时间、精神、体力以及所支付的货币资金等,因此,客户总成本包括货币成本、时间成本、精神成本和体力成本等。

由于客户在购买产品时,总希望把有关成本包括货币、时间、精神和体力等降到最低限度,而同时又希望从中获得更多的实际利益,以使自己的需要得到最大限度的满足,因此,客户在选购产品时,往往从价值与成本两个方面进行比较分析,从中选择出价值最高、成本最低,即"客户让渡价值"最大的产品作为优先选购的对象。

企业为了在竞争中战胜对手,吸引更多的潜在客户,就必须向客户提供比竞争对手具有更多"客户让渡价值"的产品。为此,企业可从两个方面改进自己的工作:一是通过改进产品、服务、人员与形象,提高产品的总价值;二是通过降低生产与销售成本,减少客户购买产品的时间、精神与体力的耗费,从而降低货币与非货币成本。

2. 客户购买的总价值(客户总价值)

使客户获得更大"客户让渡价值"的途径之一,是增加客户购买的总价值。客户总价值由产品价值、服务价值、人员价值和形象价值构成，其中每一项价值因素的变化均对总价值产生影响。

(1) 产品价值。它是由产品的功能、特性、品质、品种和式样等所产生的价值。它是客户需要的中心内容，也是客户选购产品的首要因素，因而在一般情况下，它是决定客户购买价值总价值大小的关键因素。产品价值是由客户需要决定的，在分析产品价值时应注意：

第一，在经济发展的不同时期，客户对产品有不同的要求，构成产品价值的要素以及各种要素的相对重要程度也会有所不同。

第二，在经济发展的同一时期，不同类型的客户对产品价值也会有不同的要求，在购买行为上显示出极强的个性特点和明显的需求差异性。因此，就要求企业必须认真分析不同经济发展时期客户需求的共同特点以及同一发展时期不同类型客户需求的个性特征，并据此进行产品的开发与设计，增强产品的适应性，从而为客户创造更大的价值。

(2) 服务价值。它是指伴随产品实体的出售，企业向客户提供的各种附加服务，包括产品介绍、送货、安装、调试、维修、技术培训、产品保证等所产生的价值。服务价值是构成客户总价值的重要因素之一。企业向客户提供的附加服务越完备，产品的附加价值越大，客户从中获得的实际利益就越大，从而购买的总价值也越大；反之，则越小。因此，在提供优质产品的同时，向消费者提供完善的服务，已成为现代企业市场竞争的新焦点。

(3) 人员价值。它是指企业员工的经营思想、知识水平、业务能力、工作效益与质量、经营作风、应变能力等所产生的价值。企业员工直接决定着企业为客户提供的产品与服务的质量，决定着客户购买总价值的大小。因此，高度重视对企业人员综合素质与能力的培养，加强对员工日常工作的激励、监督与管理，使其始终保持较高的工作质量与水平就显得至关重要。

(4) 形象价值。它是指企业及其产品在社会公众中的总体形象所产生的价值。它包括企业的产品、技术、质量、包装、商标、工作场所等有形形象所产生的价值，公司及其员工的职业道德行为、经营行为、服务态度、作风等行为形象所产生的价值以及企业的价值观念、管理哲学等理念形象所产生的价值等。形象价值与产品价值、服务价值、人员价值密切相关，在很大程度上是上述三个方面价值综合作用的反映和结果。形象对于企业来说是宝贵的无形资产，良好的形象会对企业的产品产生巨大的支持作用，赋予产品较高的价值，从而带给客户精神上和心理上的满足感、信任感，使客户的需要得到更高层次和更大限度的满足，增加客户购买的总价值。因此，企业应高度重视自身形象塑造，为企业乃至客户带来更大的价值。

3. 客户购买的总成本(客户总成本)

使客户获得更大"客户让渡价值"的途径之二，是降低客户购买的总成本。客户总成本不仅包括货币成本，而且还包括时间成本、精神成本、体力成本等非货币成本。一般情况下，客户购买产品时首先要考虑货币成本的大小，因此，货币成本是构成客户总成本大小的主要因素和基本因素。在货币成本相同的情况下，客户在购买时还要考虑所花费的时间、精力等，因此这些支出也是构成客户总成本的重要因素。

(1) 时间成本。客户购买由餐馆、旅馆、银行等服务行业所提供的服务时，常常需要等候一段时间才能进入正式购买或消费阶段，特别是在营业高峰期更是如此。等候时间越长，越容易引起客户对企业的不满意感，从而中途放弃购买的可能性亦会增大。因此，努力提高工作效率，在保证产品与服务质量的前提下，尽可能减少客户的时间支出，降低客户的购买成本，是为客户创造更大的"客户让渡价值"、增强企业产品市场竞争能力的重要途径。

(2) 精力成本(精神与体力成本)。它是指客户购买产品时，在精神、体力方面的耗费与支出。当消费者对某种产品产生了购买需求后，就需要收集该种产品的有关信息。消费者为收集信息而付出的精神与体力的多少会因购买情况的复杂程度不同而有所不同。就复杂购买行为而言，消费者一般需要广泛地收集产品信息，因此需要付出较多的精神与体力。对于这类产品，如果企业能够通过多种渠道向潜在客户提供全面详尽的信息，就可以减少客户为获取产品情报所花费的精神与体力，从而降低客户购买的总成本。例如，对于结构性能比较复杂、装卸搬运不太方便的机械类、电气类产品，如果企业能为客户提供良好的售后服务，如送货上门、安装调试、定期维修、供应零配件等，就会减少客户为此所耗费的精神和体力，从而降低成本。因此，企业采取有效措施，对增加客户购买的实际利益，降低购买的总成本，获得更大的"客户让渡价值"具有重要意义。

4. "客户让渡价值"的意义

在现代市场经济条件下，企业树立"客户让渡价值"观念，对于加强市场营销管理、提高企业经济效益具有十分重要的意义。

(1)"客户让渡价值"的多少受客户总价值与客户总成本两方面的因素的影响。其中客户总价值是产品价值(product value)、服务价值(services value)、人员价值(personal value)和形象价值(image value)等因素的函数，可表示为 $TCV=f(Pd,S,Ps,I)$。

任何一项价值因素的变化都会影响客户总价值，客户总成本是包括货币成本(monetary cost)、时间成本(time cost)、精力成本(energy cost)等因素的函数，即 $TC=f(M,T,E)$。

任何一项成本因素的变化均会影响客户总成本，由此影响"客户让渡价值"的大小。同时，客户总价值与总成本的各个构成因素的变化及其影响作用不是各自独立的，而是相互作用、相互影响的。某一项价值因素的变化不仅影响其他相关价值因素的增减，影响客户总成本的大小，而且还影响"客户让渡价值"的大小，反之亦然。因此，企业在制定各项市场营销决策时，应综合考虑构成客户总价值与总成本的各项因素之间的这种相互关系，从而用较低的生产与市场营销费用为客户提供具有更多的"客户让渡价值"的产品。

(2) 不同的客户群对产品价值的期望与对各项成本的重视程度是不同的。企业应根据不同客户群的需求特点，有针对性地设计和增加客户总价值，降低客户总成本，以提高产品的实用价值。

(3) 企业为了争取客户，战胜竞争对手，巩固或提高企业产品的市场占有率，往往采取“客户让渡价值”最大化策略，而追求“客户让渡价值”最大化的结果会导致成本增加，利润减少。因此，在市场营销实践中，企业应掌握一个合理的度，而不能片面追求“客户让渡价值”最大化。企业“客户让渡价值”的大小应以能够实现企业经济效益为原则。

**(二) 斯威尼、谢施等人的观点**

科特勒的观点是基于企业视角的，或者说不是全部基于客户视角的。谢施(Sheth,1991)提出一个较为完整的客户价值模型，即客户价值包括社会价值、情感价值、功能价值、知识价值和条件价值五个维度，从而为进行客户价值的研究奠定了基础。

沃道夫(Woodruff,1997)定义客户价值为客户的感知偏好和关于产品属性、附属功能及使用后是否达到客户目标的结果的评价。这显然是基于客户的视角。

斯威尼(Sweeney,2001)把功能价值分成两部分：质量和价格，然后通过对一些行业的实证研究，建立了经典的“PERVAL”模型(包括情感、社会、质量、物有所值等四个维度)。这可以说是客户价值研究的最完整模型。然而，该模型没有充分考虑客户在获取客户价值时所付出的代价以及客户流失所带来的损失。

孟庆良等(《客户价值研究及其对客户关系管理绩效的影响》,2005)提出客户价值应包含五个关键维度：功能价值、社会价值、情感价值、知识价值和感知牺牲，它们对客户的感知过程起着不同的作用，从而对 CRM 绩效产生不同的影响。其中，功能价值是指因产品或服务的感知质量或期望功效而产生的效用；社会价值是指购买和使用产品或服务从而提升自己的社会地位或自我实现所获取的效用；情感价值是指因购买或使用产品或服务而产生的情感状态所获取的效用；知识价值是指购买和使用产品或服务而获得的知识提升所获取的效用；感知牺牲是指因获得或使用产品或服务所付出的代价。

综合来看，对于客户价值的定义，虽然着重点不同，但仍有很多相通的地方：客户价值内生于或关联于产品或服务；客户价值是客户的感知而不是由销售者或其他人决定的，这个感知过程实质上是一个客户获取与客户付出之间的均衡。

# 第三节　旅游客户的管理

就企业实际的客户管理而言，客户细分已经成为客户管理的基础性工作，针对不同类别的客户进行差异化营销是构建企业战略优势的重要内容之一。大多数的客户细分是以非经济指标作为客户细分的标准，如在企业对客户（business to customer，简称 B2C）领域，常见的客户细分是以客户的年龄、职业、性别、家庭状况、居住区域等作为客户细分的指标；在企业对企业（business to business，简称 B2B）领域，多以客户企业的行业、规模、地理位置等作为客户细分的依据，而对于经济指标，考虑客户价值（特别是量化）的还不多见。而实际的企业运作管理已经对客户价值作为基础的客户细分提出了迫切的需求。

在全球客户资源争夺日益白热化的情况下，价值客户不仅是该企业的宝贵资源，而且也是其竞争对手不断争取的对象。因此，对企业而言，当前最重要的客户管理工作就是要能够借助一种有效的工具，方便地评价出客户的价值，识别其高价值客户、低价值客户、微利客户和无利客户，并且能够针对不同类型的客户进行差异化投入，这样才能在与竞争对手争夺客户资源的博弈中获得最大收益，这一博弈过程如图4-2所示。博弈矩阵图说明了客户管理必须采用差异化的管理策略。

| 企业策略 / 竞争者策略 | 差异化客户管理 | 无差异化客户管理 |
|---|---|---|
| 差异化客户管理 | (70,70) | (100,－50) |
| 无差异化客户管理 | (－50,100) | (50,50) |

图 4-2　客户资源博弈

## 一、旅游客户管理特点

前面提到从企业所关注的价值角度出发，可以将客户分成价值、次价值、潜价值和低价值客户；从数量上看，也就是从在过去特定期间为公司带来最多交易的客户数量上来看，它们各占1%、5%、20%以及80%的比例。当然这个比例因其所在的行业或公司而有所差异，在比例数值上可能是10%～30%，甚至40%不等。如图4-3所示，将客户数量、客户利润和企业的资源放在一起研究，从而建立目前流行的"客户金字塔"理论。

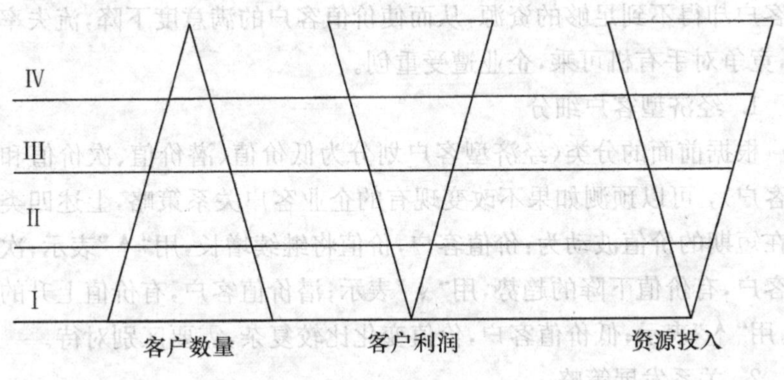


图4-3 客户金字塔

由此对这四类客户进行差异化分析，对不同类别的客户实施不同的服务标准。前两类客户称其为企业的核心客户/关键客户，要为此类用户建立专门的档案，指派专门的销售人员负责销售业务，提供销售折扣，定期派人走访用户，采用直接销售的渠道方式。对介于二三类客户之间的企业最具成长性的客户，可以在一定范围内提供个性化服务，除非客户需要，不应为其而改变价格，开发客户的消费潜力和长期价值。总之，与价值客户建立伙伴关系，尽力争取次价值客户，维持和发展潜价值客户，改善低价值客户。只有让企业的各个部门重新认识了客户的价值，才能够更好地实施客户管理。

## 二、旅游客户管理内容

### (一) 客户管理基础

企业可以对现有的客户根据其价值进行评价，得到经济型客户分类(区别于以人口统计、地理分布等进行的非经济指标客户细分)，区别出不同价值的客户群体，然后根据其价值的大小分配企业资源，保留价值客户，提升潜在价值客户的价值，进一步优化企业的客户资源，引导客户关系的良性发展，达到企业长期价值最大化的目的。按照这一思路来指导企业的实践，可以防止企业为无利客户花费较多的资源，而价值客户却得不到足够的资源，从而使价值客户的满意度下降，流失率增加，竞争对手有机可乘，企业遭受重创。

1. 经济型客户细分

根据前面的分类(经济型客户划分为低价值、潜价值、次价值和价值客户)，可以预测如果不改变现有的企业客户关系策略，上述四类客户在短期的价值波动为：价值客户，价值将继续增长，用“↑”表示；次价值客户，有价值下降的趋势，用“↓”表示；潜价值客户，有价值上升的趋势，用“↑”表示；低价值客户，价值变化比较复杂，需要区别对待。

2. 关系发展策略

这一分析是针对上述关于客户价值波动预测的结果，为不同类型的客户匹配适合的关系发展策略，尽量促成有上升趋势的客户价值的实现，遏制有下降趋势的客户价值变化。

对于价值客户，他们是企业最为理想的客户类型，要尽量保护。通常来说，客户很难在当前价值和潜在价值上同时都是最好的。价值客户是指客户在这两个方面的总体评价上最优。价值客户的数量一般都较少，企业适合与之建立战略联盟关系。

对于次价值客户，企业要给予适当的关照，因为已有研究成果发现，当前货币价值高的客户也容易受到企业竞争对手的优待和引诱，其后期客户价值变化的不确定性更高。如果客户潜在价值低的主要原因是由于客户信用等级低，则企业在与该类客户交易时更应谨慎行事。总之，对于次价值客户，企业的客户关系投入应该在保证企业利益的情况下适当投入。但是，更多的实证发现次价值客户往往是企业的大客户(一般指采购量最大的企业客户群)，占有企业收入的很高份额，企业通常对此类大客户极为关注，但从净利润上考察，这些客户中有相当数量的客户是无利客户，而且低信用的客户往往使企业承受很大的资金风险。

对于潜价值客户，企业应该继续保持与这类客户的关系。这类客户往往占到企业客户数量的最大比例，单个客户价值不大，但从客户整体上看，是企业作为经济实体存在的基础。

对于低价值客户，首先要对造成其价值较低的原因进行分析：① 如果情况是该客户关系正处于发展的初期，还没有形成客户对企业的信任、忠诚等，这时企业需要花费成本，继续保持客户关系。这种客户的典型例子是企业刚刚认知的新客户。② 如果情况是该客户关系已经处于衰退期而出现双低，则企业应在衡量挽回客户的成本与收益之后，决定是继续保持还是置之不管。③ 如果情况是该客户与生俱来对价格极其敏感，不愿意忠诚/信任于任何一家企业，其感化成本较高，但成效甚微，这类客户是不受企业欢迎的客户，企业要在不影响企业声誉的情况下，尽量与其终止关系。④ 如果客户的货币价值又小，且信用状况很差，则企业应该在客户识别阶段就将这类客户拒之门外。

**(二) 资源分配策略**

为不同类型的客户分配资源，具体分析如下：

对于价值客户，企业要投入足够的资源，致力于长期的密切合作。

对于次价值客户，如果企业能够改善其忠诚/信任价值，将有巨大的价值回报，因此，企业要花费较多的资源促使次价值客户的转变。但是，如果客户信用较低，那么企业就要有限制地分配资源。

对于潜价值客户，企业应该投入较多的资源来发掘该类客户的购买潜力。

对于低价值客户的前两种情况，由于客户忠诚/信任价值的产生以及客户经济状况的改善都需要一个平稳的发展或等待过程，适度的资源分配对于企业来说更为合理，这些企业资源主要用于客户忠诚/信任的培养；对于第三种情况，如果该客户还值得挽留，企业的挽留对策必须及时，因此企业尽快分配资源来补救以前客户工作的漏失，则显得更为合理。如果该客户关系已经不值得挽留，企业就不要在此浪费资源；对于第四种情况的客户关系，企业不必为了做到每一位客户的满意而无效使用资源。

**(三) 客户关系的理性发展策略**

客户关系的理性发展，一方面要维系现已建立的与价值客户之间的良好的知识交换关系，另一方面要促使客户关系的提升发展，使低价值客户向潜价值客户、次价值客户甚至价值客户的方向转变，潜价值客户和次价值客户向价值客户转变。这一客户关系的理性发展目标可以如图 4-4 所示。

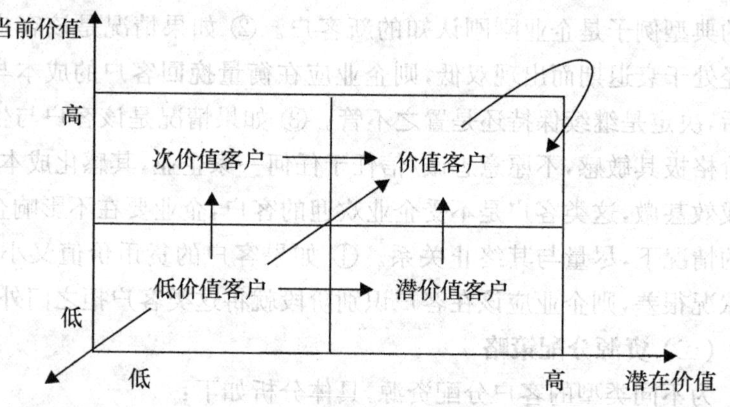


图 4-4　企业的客户关系发展目标

现有客户价值评价指标体系多注重客户当前价值，并以此进行客户分类管理。由于没有评价客户潜在价值，使得根据这一分类所得到的高价值客户的潜在价值并不一定高，低价值客户的潜在价值并不一定低。最经常的情况是高价值客户中只有一小部分客户的潜在价值也高，低价值客户中大多数客户的潜在价值并不低。由于分类比较粗糙，使得企业无法针对上述差异进行决策，只能对所有的当前价值高的客户一视同仁,对所有的当前价值低的价值客户相同对待,使当前价值高的客户中潜在价值也高的客户以及当前价值低的客户中潜在价值高的客户没有得到充分的重视,而对当前价值高但潜在价值低的客户以及当前价值低同时潜在价值也低的客户可能会浪费掉一部分企业资源,从而难以使企业的客户投入得到最优的回报。

举例来说,如果客户当前经济状况欠佳,但只需一段时间的等待,将会发生改观。按照现有评价方法,企业就应该放弃该客户。但是依据客户价值评价指标体系和分类方法,该客户不是低价值客户,而是潜价值客户,企业应该继续保持该客户关系,维系原有的投入,等待客户经济状况改变之后的回报。这种情况的典型例子是大学学生对于银行的价值。大学生在读时,他们是银行的微利客户,但是,当这些学生毕业进入工作岗位之后,不仅自己存在银行的钱款将大幅增长,而且如果他们对以前的银行服务满意并产生忠诚,还会将自己企业的金融业务委托给该银行,从而为银行带来巨大的收益。因此,银行对这类客户的早期投入是一笔非常划算的关系投资。显然,我们提出的指标体系及分类比现有的指标体系及分类方法更为合理。

## 三、客户关系管理在旅行社中的实际操作

### (一) 旅行社客户关系管理概述

CRM是一个复杂的运营系统,它贯穿了客户识别、挑选、获取和保持的整个商业过程。旅行社的客户管理模式是一个围绕游客展开的循环系统,包括三大阶段,两大支撑。三大阶段即准备阶段、价值实现阶段、后续阶段;两大支撑是来自旅游需求方面的客户档案和来自供给方面的旅行社内部支持系统。旅行社通过这个闭环系统实现了对游客的售前、售中、售后服务,并通过有效的反馈监控机制和旅行社的支撑系统保证了游客体验,最终既实现了客户忠诚,也带来了旅行社的盈利。CRM实际上是一个分析客户价值、创造和传递客户价值、巩固和恢复客户价值的有机统一的价值链系统,在这个价值链中,旅行社的营销目标经历了

从为游客满意作准备、达到游客满意到保持游客长期满意的过程。

**（二）旅行社客户关系管理模式**

1. 准备阶段

准备阶段是旅行社客户价值链运行的基础环节。这个阶段的工作包括：客户分析、市场细分、确定目标市场以及有针对性的宣传促销。根据“80/20法则”，企业80%的盈利来自最重要的20%的顾客。因此，旅行社必须基于已有的客户展开分析，根据游客为旅行社带来的价值将市场细分为有价值的客户、成长性的客户、需要淘汰的客户，根据不同的顾客类型决定投入到不同客户身上的成本。在确定了目标市场后旅行社要对有价值的客户和具有成长性的客户进行深入的调查和研究，了解旅游者的消费行为、消费倾向、消费后的感受和意见以及对旅行社旅游营销方式的接纳程度，并将客户意见及时反馈到旅行社，从而展开有针对性的线路开发和市场营销，达到招揽游客的目的。

2. 创造价值阶段

创造价值阶段是旅行社客户关系管理价值链中最关键的环节。旅行社只有在游客的旅行中为其提供满意的服务，增强游客体验，才能留住游客，创造企业价值。离开了客户游程管理，准备阶段和后续阶段的工作都是无意义。

根据以“游客为导向”的理念，旅行社在客户游程管理中必须做到：

第一，个性化。随着旅游者需求的多样化，大众旅游产品已不再具有竞争力，这就要求旅行社在提供服务的过程中，必须敏锐地捕捉市场需求，针对某一集中定位的目标市场，为游客“量身打造”个性化的产品，给顾客带来与众不同的独特体验。

深圳国旅与深圳晚报联合主办的“深圳情旅”就是一个很好的例子。他们在游客游览过程中，通过举办“看家厨艺大赛”、“竹筏山歌对唱”、“榕树下面抛绣球”等活动，为旅游者创造交友契机，赢得了广大单身旅游者的欢迎。

第二，人情化。旅游经济是体验经济。旅游服务在游客游览过程中起着至关重要的作用。导游在游览过程中通过对游客无微不至的服务，通过人文主义的关怀，可以建立起彼此间的情感联系与牢固的顾客忠诚度。

如广之旅在公司内部推行“五心服务”，即热心的态度、贴心的服务、精心的安排、称心的导游、开心的旅程，始终如一地把满足客户的需求当作旅行社的第一要务，使游客的满意率达到98.6％。

第三，标准化。个性化是旅行社的灵魂，标准化是旅行社的生命。旅行社只有坚持服务程序和服务质量的标准化，才能提高旅游服务的效率，实现旅游服务与国际的接轨。

如国旅总社在2000年积极开展了ISO9001质量认证工作，明确了“诚信、优质、高效、安全”的质量方针，为游客满意提供了保证，为旅行社同行作出了表率。

3. 后续阶段

客户关系管理的真正目标是客户的长期满意，而不是一次性的交易。因此，旅行社的客户关系管理必须有一个延伸的阶段，以进一步巩固客户关系，恢复正常的客户关系。

旅行社与客户关系的维系更多应该依靠一种情感沟通，通过从心理上影响游客的购买行为和意向，使其心甘情愿地与本社保持长期关系。例如，在客人返回后的第二天就向客人打问候电话，或在网上对客人问候，给客人寄送意见征询单、明信片等，逢年过节为旅游者赠送小卡片、小礼品，建立游客俱乐部等等。

据调查，有68％的转移客户是由于旅行社缺乏售后服务的原因造成的。由于争取一名新顾客要比发展一名老顾客的成本高，旅行社必须高度重视游客的投诉。接到投诉后，要迅速进行调查，如果责任确实是属于旅行社方面的，要公开向游客道歉，赔偿游客损失；对于已经转移的游客要认真分析其转移旅行社的原因，利用提供旅游折扣或赠品等补偿客户，通过改进旅游产品和服务等恢复客户关系，最终实现客户满意和客户忠诚的目标。

在整个客户关系管理的价值链中,旅行社要保持信息的双向沟通。旅行社既要以客户档案为基础开展活动,又要保证客户在每一环节的感受和意见能够快速地反馈到旅行社内部,并与旅行社以游客为中心的理念相配套,成为CRM的有力支撑。

**(三)旅行社客户关系管理的价值推广**

旅行社CRM模式在横向的经营管理过程方面为旅行社提供了一个创造价值的平台,下面我们通过对游客价值的分类,进一步说明旅行社客户关系管理的价值推广模式。

第一,小规模——低忠诚度的客户(低价值客户)。此类客户对旅行社而言宛如“鸡肋”,管理成本高而盈利低。旅行社对此类旅游者只进行“前期示范性的加盟”处理,满足其普及性的旅游需求而不进行针对性开发,尽量维持现有的关系。

第二,大规模——低忠诚度的客户(次价值客户)。此类客户的忠诚度虽然较低,但与其建立并保持关系的初期投入并不大,大规模带来了平均管理成本的降低,对此类顾客关系的管理主要采用随机抽样、进行电话交流并发放信息反馈卡,以及时发现市场大规模需求的转变,通过强化企业品牌和提高服务质量来增加这部分游客对旅行社的信赖,促使其向高忠诚度的游客转变。

第三,小规模——高忠诚度的客户(潜价值客户)。这部分顾客对旅行社提供的新的旅游线路和服务具有很高的忠诚度,有购买的意愿和兴趣,是具有成长性的客户。但是由于这些客户相对分散,旅行社投入的成本可能也较高。旅行社要根据本身的资金规模决定对这部分顾客提供针对性的服务的范围和界限,通过对这部分游客的会员管理,以让利、旅程赠送、免费观光、礼品馈赠、旅游热线预约等方式给予其一定优惠,通过提供适应游客需求的产品和超过游客期望的服务,使其向大规模、高忠诚度转化,构成企业持续发展的基础。

第四,大规模——高忠诚度的客户(价值客户)。此类客户具有两大优点:一是可以发挥规模效应,所需要的平均客户支持小于其他类型的客户，是最具盈利性的客户；二是大规模客户的示范效果好，对其他类型客户的辐射能力强，可以帮助公司进行免费宣传。这类旅游者是旅行社目前最需关注的客户，对该类顾客管理的目标是保持他们对本旅行社的忠诚。为了达到这个目标，旅行社需要做的是：帮顾客制定出游计划、提供顾客喜欢的产品、为顾客提高附加价值。在旅游过程结束后要经常与旅游者沟通，经常邀请旅游者参加旅行社的联谊活动，或者是旅行社管理人员定期或不定期地主动上门拜访客户，征求他们对营销工作的意见和建议，通过跟踪调查，为这些游客提供有特色的后续服务，提高他们的满意度，最终实现旅行社和旅游者的“双赢”。

**（四）结语**

在客户管理模式下，旅行社通过客户关系价值分类、有针对性的市场营销、高质量的游程管理和及时的游客跟踪服务，能够提供给游客更加个性化、人情化和标准化的旅游产品，从而提高游客对旅行社的满意度和忠诚度，相信通过引入旅行社的客户关系管理模式，未来旅行社的经营必将克服目前低盈利、低质量的问题，逐步进入低成本——高质量——高盈利的良性循环。

# 第四节　旅游企业价值

## 一、旅游企业价值概述

要研究旅游企业价值，首先要明确企业价值的定义：企业价值是指企业所有预期的未来现金流量或利润的现值，即将企业预期的未来利润以一个适当的折现率折算为当前的价值。用公式来表示就是：

$$\text{企业价值}=\frac{TR_1-TC_1}{(1+i)^1}+\frac{TR_2-TC_2}{(1+i)^2}+\cdots+\frac{TR_n-TC_n}{(1+i)^n}=\sum_{t=1}^{n}\frac{TR_t-TC_t}{(1+i)^t}$$

式中，$TR_t$ 表示企业在第 $t$ 期的预期总收益，而 $TC_t$ 表示企业在第 $t$ 期的预期总成本。

通过公式可以看到，企业价值要受到多方面的影响，比如，影响企业预期总收益的因素有需求量和价格等，影响企业预期总成本的因素有成本函数等。其他的影响因素还包括消费者的偏好及其变化、法律法规、政府的管制措施等等。

## 二、旅游企业价值的实现途径

CRM 可能成为企业转变的最好突破口，它的实施可通过加快信息的流动有效地降低成本，为企业新增价值。

客户关系管理系统的运用，可以整合企业的资源，优化企业的市场链条，其成果经得起销售额、用户满意度、用户忠诚度、市场份额等“硬指标”的检测，为企业新增的价值是看得见、摸得着的。它为企业直接增加的价值主要体现在：

第一，通过对用户信息资源的整合，帮助企业捕捉、跟踪、利用所有的客户信息，在全公司内部达到资源共享，从而使其更好地管理销售、服务和客户资源，为客户提供更快速周到的优质服务，吸引和保持更多的客户。

第二，通过对业务流程的重新设计，更有效地管理客户关系。通过 Web 支持，企业可以不断扩展销售和服务体系，与企业资源规划结合，以改善产品的发布和生产周期，以使企业在适当的时间，针对适当的客户，推出适当的产品；企业通过 CRM 还可以进一步降低生产和销售成本；CRM 还提供了丰富的数据和智能化的分析，成为企业进行决策和经营活动的科学依据。

总的来说，CRM 给企业带来了 Internet 时代生存和发展的管理制度和技术手段，成为企业成功实现电子商务的基础，能帮助企业顺利实现由传统企业模式到以电子商务为基础的现代企业模式的转化。

客户关系管理解决方案的出现，清楚地表明了处于市场领导地位的先进企业是如何接受 CRM 这一概念和与其相关的技术方案的。一些渴望实现“在线飞行”的企业已朝着这个方向建设客户关系管理系统，以实现面向客户的综合服务过程。

【应用案例】

## 客户价值理论在电信业的应用研究

企业战略管理家迈克尔·波特认为，能否维系客户价值是检验一个企业是否成熟的重要标志。在激烈的电信市场竞争中，如何提升电信企业数据服务的客户价值，越来越引起电信运营商的重视。电信企业如何提升客户价值，已经成为未来电信企业提升核心竞争力的必要内容。

提起"客户价值"，一般来说有两个层面的意思：一是企业为客户带来的价值，二是客户为企业带来的价值。这两个层面具有很强的关联性，只有企业为客户提供的价值得以提升，客户为企业带来的价值才能得到持续提升；只有客户的成长才会带来企业的持续发展。

而在本文中，我们所研究的客户价值是指客户为企业带来的价值。

**一、客户价值理论的发展**

客户价值理论，主要是基于新兴的关系营销理论。在客户价值理论发展过程中，出现了大量的研究成果，例如：

(1) 发展一个新客户的成本，是保留一个老客户的 5～6 倍。

(2) 老客户的重复购买能够缩短购买周期，有利于企业制定生产计划，提高企业决策效率。

(3) 维护老客户并提高其满意度，企业可以建立相应的口碑效应，并对老客户进行交叉销售和追加销售；同时老客户的口碑传播，也成为吸引新客户的重要途径。

（续上）

**二、电信企业客户价值模型**

在本次研究中，我们通过采取抽样调查的方法，对直辖市、东部地区、中部地区、西部地区和北部地区进行抽样调查，获取了大量的样本数据；然后再对获得的样本数据进行有效性检验；最后对有效数据进行 SPSS 统计分析（采用了多种统计分析方法，如描述性分析、数理逻辑回归分析、一元回归分析等）。

本次研究专门针对客户价值模型进行的，得出了一些重要的结论，如客户投资回收期、客户利润贡献度、客户潜在价值是决定客户价值分级的关键因素；客户的特性、数据服务运营商以及数据服务本身的特性是决定客户是否选择数据服务的关键因素。

其中，我们得出了一个很重要的电信企业客户价值模型，如图 4-5 所示。

**三、降低电信客户流失系数**

我国的电信业经过十几年的高速发展，现在正步入缓慢增长期：电信客户数在大量增加的同时，又有大批客户离网流失；业务与收入总量增长相对趋缓，出现“增量不增收”。因此，分析客户流失原因、吸引潜在客户入网、增加现有客户满意度、减少客户流失几率、提高客户消费水平以及充分占有市场，是电信运营商在激烈市场竞争中制胜的关键。

客户价值的提升与客户流失率的降低息息相关。要降低客户流失率，必须从源头上寻找原因。客户流失的原因多种多样，有些是和运营商直接相关的，如价格、网络质量、覆盖等因素，还有些原因并不是运营商的原因，如客户财务状况发生危机而离网、生活状况发生改变而离网等。作为运营商，只有在对客户流失原因进行深入分析的基础上，才能正确选择客户挽留与维系的办法。

（续上）

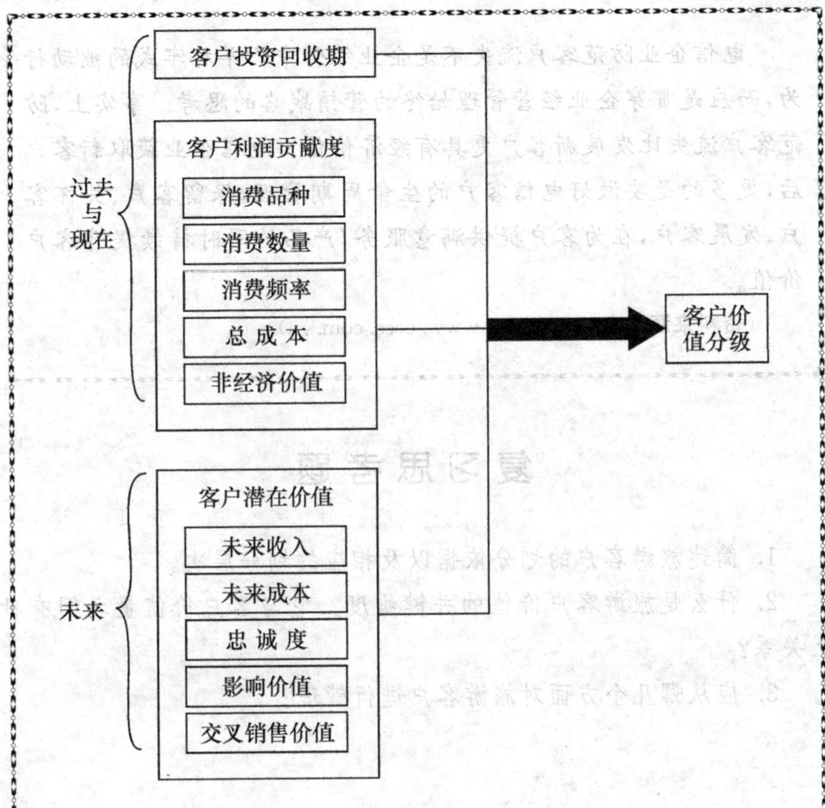


图 4-5 电信企业客户价值模型

为了有效地评价客户的价值以及客户流失的真正原因，可以引入客户流失指数 CCI（customer churn indexes）的概念。客户流失分析，就是利用 SPSS 多变量分析、数据挖掘等分析方法，对已流失客户过去一段时间的通话、客户服务投诉或交费等信息进行分析，提炼出流失或有流失趋势客户的行为特征，再将这些特征应用于现有的客户服务，采取相应的营销手段，提高客户保留度和客户价值。

（续上）

电信企业防范客户流失不是企业经营中亡羊补牢式的被动行为，而应是贯穿企业经营管理始终的营销战略的思考。事实上，防范客户流失比发展新客户更具有经济价值。电信企业获取新客户后，更多的是要做好电信客户的生命周期管理，保留客户、关怀客户、发展客户，在为客户提供满意服务/产品的同时持续提升客户价值。

（**资料来源** 客服标准网 www.cccs.com.cn）

## 复习思考题

1. 简述旅游客户的划分依据以及相应的划分层次。

2. 什么是旅游客户价值的关键维度？它与客户价值量之间有什么关系？

3. 应从哪几个方面对旅游客户进行管理？

第五章

# 客户满意分析

## 第一节　客户满意的基本分析

现在,“客户满意”似乎成了一种流行用语,它几乎覆盖了所有的经营行为,成为企业的共同目标。

### 一、客户满意的概念及内涵

**(一) 客户满意概念**

客户满意理论起源于20世纪80年代瑞典斯堪的纳维亚航空公司提出的“服务与管理”理念。该公司认为,企业利润的增长首先取决于服务的质量。而后,“客户满意”的提法开始流行。不同的学者对客户满意(customer satisfaction)概念的界定基本是一致的。美国著名营销大师菲利普·科特勒博士认为,客户满意“是指一个人通过对一个产品的可感知效果(或结果)与他的期望值相比较后所形成的愉悦或失望的感觉状态”。亨利·阿塞尔也认为,当商品的实际消费效果达到消费者的预期时就导致了满意,否则就导致客户不满意。客户将其对一个产品或服务的可感知的效果与他的期望值进行比较后所形成的愉悦或失望的感觉状态就是“客户满意”。

客户满意是营销学中的一个新概念,源自日本企业提出的客户满意战略。“客户满意”可以看作是可感知效果与期望值之间的变异函数。如果可感知效果低于期望值,客户就会不满意,如果可感知效果与期望值相匹配的话,客户就满意;如果可感知效果超过期望值,客户就会高度满意。客户满意是CRM中的一个核心概念。客户满意是客户期望值与最终获得值之间的匹配程度。客户的期望值与其付出的成本相关,付出的成本越高,期望值越高。客户参与程度越高,付出的努力越多,客户满意度越高。

一般而言,客户满意是客户对企业和员工提供的产品或服务的直接性综合评价,是客户对企业、产品、服务和员工的认可。因此,满意是一种人的感觉状态,它来源于对一件产品所设想的绩效或产出与人们的期望所进行的比较,即满意=结果-期望。

每一次的满意都会增强客户对企业的信任,从而使客户与企业之间建立长期的伙伴关系;客户更会将他们的消费感受通过口碑传播给其他的客户,从而扩大产品的知名度,提高企业的形象,使企业能够获得长期的盈利与发展。由此可见,客户满意是一种心理反应,而不是一种行为。满意与否取决于客户接受产品或服务的感知同客户在接受之前的期望相比较后的体验,其差距的程度就是客户满意度,即客户满意度是由企业所提供的商品或服务的水准与客户事前期望的关系所决定的。也就是说"满意"并不是一个绝对概念,而是一个相对概念。企业不能闭门造车,留恋于自己对服务、服务态度、产品质量、价格等指标是否优化的主观判断上,而应考察所提供的产品/服务与客户期望、要求等吻合的程度如何,否则,就有可能发生"好马卖个骡子价"的憾事。

**(二)旅游客户满意的内涵**

有资料显示,在许多服务行业,客户的忠诚度每上升5%,企业的利润就可上升25%~85%,并且这些行业80%的利润是由占20%的忠诚客户创造的。研究发现,在许多服务行业,吸引一个新客户的成本要比保留一个老客户高出5倍以上。旅游业作为一个正在蓬勃发展的新兴产业,它提供的是直接面对人的服务,客户的满意程度对旅游企业的收益至关重要。因此,相对于其他传统行业,旅游企业更需要在其内部树立以客户为中心的理念。

对于旅游企业来说，我们可以从不同角度考虑客户满意。

从横向层面来看，客户满意应该涵盖五个方面的内容：① 理念满意：旅游企业的经营理念带给客户的满足状态，包括经营宗旨满意、经营哲学满意、经营价值观满意等。② 行为满意：旅游企业的运营状况带给客户的一种满足状态，要包括行为机制满意、行为规则满意、行为模式满意等。③ 视听满意：旅游企业具有可视性和可听性的外在形象给客户的带来满足状态，包括旅游企业标志满意、旅游企业标准字满意、旅游企业标准色满意等。④ 产品满意：旅游企业产品带给客户的满足状态，包括产品质量满意、产品功能满意、产品设计满意、产品品位满意、产品价格满意等。⑤ 服务满意：旅游企业服务给客户带来的满足状态，包括服务绩效满意、服务保证体系满意、服务完整性和方便性满意、服务环境满意等。

从纵向层面来看，客户满意可以从以下三个层次考虑：① 物质满意层次：客户对旅游企业产品和服务核心层的满意，如产品和服务的功能、质量以及设计等。② 精神满意层次：客户对旅游企业产品和服务延伸层的满意，如外观、色彩、装潢等。③ 社会满意层次：客户对旅游企业产品和服务的消费过程中所体验到的社会利益维护程度的满意，也就是对旅游企业维护社会整体利益的道德观、政治价值观和生态价值观等的满意。

客户对旅游企业的满意感首先要从客户的角度来探讨一下客户满意感。从客户的层面上讲，客户满意感是客户对旅游服务的消费经验的一种情感反应状态，这种满意不仅仅体现在对一项服务的满意上，还体现为对服务系统的整体满意上。例如，在旅游过程中，客户的满意不仅仅体现在对住宿、餐饮、导游等各种单项服务的满意上，而且更加体现在对旅游过程中对旅游服务系统的整体满意。比如一个旅客在酒店进行消费所获得满意，不仅体现在对行李服务、登记服务、结账服务、客房服务等单项服务的满意，而且也体现在对酒店整个服务体系的满意。

从旅游企业的层面上来看待客户满意度。客户满意度是旅游企业用以评估和增强企业业绩、以客户需求为导向的一系列指标体系。它代表的是企业在目标市场中所有购买和消费经验的实际和预期的总体评价，是旅游企业服务业绩和经营质量的全面衡量。旅游企业在管理层面上对客户满意度的研究，实际上是对目标市场上所有客户个人满意度的研究与客户群体行为满足过程研究的综合。

从旅游的行业层面上来讲，客户满意度是通过一系列预先设定的指标体系对行业的整体服务质量进行粗略的评估和把握，目的是促进全行业服务水平的不断提高和改进。旅游行业客户满意度在一定程度上反映了一个国家或地区旅游业发展的整体水平。美国从 1990 年开始由美国质量协会、美国国家质量研究中心、密歇根大学商学院 3 家机构联合研究建立了美国客户满意度指数(American customer satisfaction index，简称 ACSI)，该指数包括主要经济部门的 200 多家代表性公司的客户感知，并于 1994 年第一次公布了测评结果，其中包括饭店业、航空公司、餐饮业等旅游业的客户满意度指标。

## 二、客户满意的决定和影响因素

美国市场营销大师菲利普·科特勒在《市场营销管理》一书中指出："企业的整个经营活动要以客户满意度为指针，要从客户角度，用客户的观点而非企业自身利益的观点来分析考虑消费者的需求。"科特勒的这句话是现代市场营销观念的经典名言。客户满意对企业来讲至关重要。因此，研究客户满意的影响因素对企业来说是必不可少的。

### (一) 决定因素

1. 客户感知的服务质量

客户感知的服务质量用客户近期的旅游消费经验的评价来表示。客户感知的服务质量具有很强的主观性，因而在实际中，经常用旅游服务的个性化及标准化程度两项指标来衡量客户感知的服务质量。① 旅游服务的个性化程度是旅游企业针对不同客户的不同选择、不同偏好，提供个性化服务的程度。② 旅游服务的标准化程度是旅游企业提供标准化、程序化、规范化服务的可靠程度，是客户体验企业服务质量的基础性要素。标准化服务是个性化服务的基础，个性化服务是标准化服务的延伸和发展。这两点共同构成了客户可感知的服务质量。

2. 客户预期的服务质量

客户预期的服务质量指的是客户在以往旅游服务消费经验、各种沟通渠道（服务品牌、广告等）以及自身心理偏好的共同作用下所形成的对旅游服务质量的预期。旅游服务质量的预期既包括客户通过各种渠道所获得的信息，比如从亲朋好友处得到的口碑宣传，或者是旅游企业的广告等，还包括了客户的个体心理因素，是客户在对旅游企业服务能力总体评价基础上对服务质量的预测。旅游企业不仅要引导客户形成合理的服务预期，还要研究他们的预期，尽力满足甚至是超过他们的预期。在服务表现一定的条件下，客户的服务预期将决定客户的满意度。

3. 客户的感知价值

感知价值是指客户所感受到的价值，其相对于自己所付出的货币价格的服务质量。将价格概念引入整个框架，使不同价位、不同企业的服务质量之间有了可比性。对于客户经历的服务质量，客户感知的价值与客户满意度之间呈正相关关系。

以上三个因素决定了旅游企业客户满意的水平。对于特定的旅游服务，客户满意的水平存在着差异性，并导致客户的不同反应——客户抱怨或者客户忠诚。如果客户对旅游服务不满时，就有可能离开这家旅游企业，进行重新选择，或者通过抱怨来获得企业的补偿。如果客户对旅游服务满意时，这就表明客户对该企业服务的认可。但是客户的认可态度，并不代表客户的忠诚行为。旅游企业应该采取措施，促进客户在满意的基础上，向忠诚转化。客户满意程度直接导致用户抱怨或是用户忠诚，而用户忠诚将是企业最终追逐的目标。

### (二) 影响因素

客户满意的影响因素主要包括服务特性、客户情感、服务成功或者失败的原因、对平等的感觉。

1. 服务特性

客户对旅游服务的满意状况会受到旅游服务自身特性的影响，特别是客户期望中的服务特性，然后客户通过实际体验，对旅游服务的整体质量作出评价，进而形成客户满意度。比如对于一家度假酒店，游泳池、餐厅以及房间的舒适性和私密性，服务人员的帮助和礼貌，房间的价格等等都是客户非常关注的服务特性。研究结果表明，客户会根据服务类型和整体服务的评价，在服务的各个不同特性之间(如服务质量、服务人员的态度、小费的多少等特性)寻找平衡。

2. 客户情感

客户的情感也会影响客户的满意度。客户的情感包括一个客户的情绪状态、思考方式以及他的心情和生活的满意度等。客户的情感有可能是稳定的，是事先就存在的，也有可能是临时性的，不稳定的。一些学者曾经对一个河上漂流旅行团进行了全过程的调查，结果发现，河上的向导对客户感知这次旅行具有强烈的影响，而正是那些情感最终决定了客户对旅行是否满意。积极的情感，比如幸福、愉快、温暖人心的感觉增强了客户对旅行漂流的满意感，而消极的情感，像悲伤、难过等都会减少客户对旅行的满意感。总之，在漂流过程中，积极的情感比消极的情感具有更强的影响力。

3. 服务成功或者失败的原因

当客户对旅游服务结果感到惊讶的时候，即服务质量比预期好太多或者坏太多时候，客户就去寻找原因，而客户对原因的评定能直接影响他们的满意感觉。由于客户参与了旅游服务过程,因此他们或多或少都会对服务结果承担一定的责任。即使客户不对结果负责,他们也会受其他归因的影响。贝纳在对一家旅行代理公司的整体调查中发现,当客户把代理商在价格上犯的错误归因于外部的、非代理商能控制时,或者认为错误是绝少发生的而且不能再犯时,他们对服务的不满意感就会降低。

4. 对平等的感觉

客户的满意感也会受到对平等感觉的影响。客户会考虑在服务过程中得到的是否和其他客户一样,比如是否被旅游企业平等对待,是否得到更加合理的价格,是否得到更优质的服务,花费的钱是否值得。如果客户感觉到自己并没有得到公平的对待,即使服务质量再好,客户的满意感也会降低。比如说在一个旅游团当中,一个客户得知自己所付的费用较高,而导游对其他客户似乎更好,这就会使得客户产生一种不平等的感觉,从而导致该客户的满意感比较低。客户满意的影响因素很多,归纳来说,主要包括服务质量、产品质量、产品价格以及条件因素和个人因素。

## 三、客户满意的理论分析

前面分析了旅游客户满意度的决定因素和影响因素,在此基础上,我们可以从客户的心理和效应两个角度来分析有关客户的满意度理论。

### (一) 客户满意的效应分析

从经济学消费者效应的理论出发,通过分析客户效应的满足情况可以把握客户对服务的满意程度。客户愿意付出时间、金钱、精力去消费旅游服务,是因为他们预期在旅游服务中能获得总价值大于总成本的结果。因此,客户满意度可以用客户购买的总价值与总成本之比来表示,即客户满意度＝客户购买的总价值/客户购买的总成本,两者的比值越大,则客户的满意度就越高。

1. 客户旅游服务消费获得的总价值

客户购买的总价值是指客户在旅游服务消费中所获得的利益，包括四个方面：① 技术性服务价值。它是指客户消费旅游服务所产生的最终结果，是客户关注的最基本的服务价值，是客户进行旅游服务消费的基本依据。例如，客户选择不同质价比的旅游服务是因为这种服务可以带给客户不同的经历和感受，也就是服务结果是不相同的。② 功能性服务价值。它是指客户在旅游服务过程中所获得的利益，是构成总价值的关键性因素。在旅游服务过程中，客户对整体的互动质量会作出评价，形成最终的客户满意度。一个客户在餐厅用餐，不仅享受了美味，消除了饥饿，而且会对用餐过程中的氛围、服务人员的举止态度、服务技能等作出评价，形成对餐饮服务消费的整体评价。③ 员工价值。它是指旅游企业员工的业务素质、服务效率、应变能力、服务态度、职业道德所产生的价值，属于技术性服务的附加价值。由于员工在服务过程中与客户直接接触，所以具有丰富的专业知识、态度热情周到、服务技能技巧娴熟、专注于客户需求的员工可以增加服务的附加值，这有助于提高客户的满意度。④ 形象价值。它是指技术性服务和功能性服务的延伸部分，是旅游企业的价值观、经营理念、服务品牌、技术等经过积累后外化为社会公众对其的有形评价。旅游企业形象是宝贵的无形资产，是客户从购买旅游服务中所得到的满足感、荣誉感、尊重感的支持力量，也是吸引客户消费甚至形成客户忠诚度的内在驱动力。

2. 客户旅游消费的总成本

客户旅游消费具有一定的风险，这是由于购买活动具有一定的成本。客户购买旅游服务的总成本包括：① 货币成本。它是客户购买旅游服务的货币价格，是客户购买服务成本中的一个基本因素。只有当服务的货币成本低于或者等于客户预期的货币成本时，购买行为才可能发生。货币成本是客户消费的主要因素，但却不是唯一因素。因此，旅游企业应该更多地把货币成本与感知价值结合起来，使货币成本成为提示服务质量的重要线索。② 时间成本。它是客户在旅游服务过程中用于咨询、消费、投诉等花费的时间所产生的成本。显然,客户在服务过程中等待的时间越长,成本就越高,感知价值就越低。因此,旅游企业应不断提高服务传递系统的效率,方便客户的进入,并采取有效的补救措施,以降低客户的时间成本。③ 信息成本。它是客户在作出购买决策之前,获取旅游服务信息所付出的金钱和时间成本。旅游企业应该通过各种渠道加强与客户的沟通,方便客户信息的获取,降低客户的信息成本。④ 精神和体力的成本。这两者不属于经济性成本范围,而是在旅游服务过程中,伴随着经济性成本所发生的精神和体力的消耗。旅游企业应该在降低客户货币成本、时间成本、信息成本中尽量降低客户的精神和体力成本。

综上所述,要提高客户的满意度,必须从提高客户购买的总价值和降低客户购买的总成本两方面入手,而这一切都源于对旅游服务需求和期望的研究和分析,同时通过服务创新和服务资源的合理配置,增加客户购买的总价值,降低购买的总成本。

**(二) 客户消费—评价分析**

客户的消费过程可以分为三个阶段:购前阶段、消费阶段、评价阶段。通过对每一个阶段影响客户满意度因素的分析,可以对客户满意度有更加全面的理解。

1. 购前阶段

购前阶段是指从客户意识到旅游服务需要开始到购买旅游服务之前这一时间序列段,包括旅游服务信心的收集、购买风险的判断和选择方案的确定。其中,影响客户满意度的因素包括: ① 信息的充分性。它是指旅游服务信息的可获得性和准确性是否可以使客户作出理性的消费决策。客户获得信息的渠道包括人际渠道和非人际渠道。对客户而言,人际渠道是比较可靠的,因此客户更加注重从人际渠道获得的信息,比如亲戚朋友的口碑宣传等。客户在信息条件不充分的情况下,选择的余地会有所限制,影响他们对服务质量的评价。② 决策的风险性。它是指客户作出购买决策造成自己不希望得到的或者是产生不愉快结果的可能性。这类风险主要有身体风险、财产风险、精神风险。由于决策具有风险性，客户一般会选择信誉良好的旅游企业，并且不轻易转换服务品牌。

2. 消费阶段

消费阶段是指客户参与消费旅游服务过程这一时间段。在这个过程中，客户要接触到有形的物质实体、服务人员以及其他客户，他们之间相互作用的质量会影响客户的满意度。

（1）接触管理的有序性。由于旅游服务的接触点会直接影响客户的满意度，因此旅游企业应该加强对这些接触点的管理；不仅要通过有形展示来提供服务质量的线索，而且要教育、引导、培训客户来参与服务的管理，并对客户之间的影响进行有效的控制。

（2）服务传递的高效性。它是指服务人员向客户提供服务的反应性和效率。高效的服务传递系统可以简化服务步骤，缩短客户等候的时间，对客户的需求作出迅速的反应，并针对客户的需求提供有针对性的服务，以提高客户的满意度。

（3）服务沟通的有效性。旅游服务的沟通是双向的，既包括服务人员对客户的引导、教育和培训，向他们传递可靠的服务信息以及服务理念，又包括客户向服务人员准确表达他们的需求和期望。有效的服务沟通可以使旅游企业更好地为客户提供优质服务，而客户对旅游企业的了解，也可以增强他们的主动性，积极配合服务人员完成服务工作。

3. 评价阶段

购后评价是对前面两个服务阶段质量评价的总结，也会对客户的满意度产生影响。

（1）投诉渠道的畅通度。旅游企业要开辟各种渠道，引导客户主动抱怨，并建立有效管理的机制。不抱怨的客户并不表示他们对服务的满意。因此，旅游企业应该引导客户将不满与抱怨通过合适的渠道表达出来。另外，旅游企业应该高度重视客户的投诉，对客户的投诉迅速作出反应，及时给予答复，并将改进的结果及时反馈给客户。

(2) 售后跟进接触度。在客户消费后，旅游企业主动与客户保持联系，了解他们的满意度状况以及对服务改进的意见和建议等。旅游企业售后跟进越及时，对客户服务质量评价结果的影响越大。同时，与客户保持一定频率的接触，还有利于了解客户需求的变化，有利于培养客户的忠诚。

(3) 口碑宣传的激励度。旅游企业激励整体满意的客户为旅游企业进行义务宣传。口碑宣传在客户购买决策中发挥着重要的作用，因此，旅游企业应该通过优质的服务增加客户的满意度，并通过关系营销的激励策略激励客户对旅游企业进行正面的宣传。

## 第二节 客户满意的衡量

如今，很多成功的企业都在执意追求全面客户满意(TCS)。例如，施乐公司保证"全面满意"，它保证在客户购后 3 年内，如有任何不满意，公司将为其更换相同或类似产品，一切费用由公司承担。公司的广告称："在你也满意之前，我们将永远不会达到 100 %的满意。"本田公司的广告称："我们客户之所以这样满意的理由之一是我们不满意。"日本丰田公司的经理在描绘其凌志汽车的成功时说："我们公司的目标是超越满足客户。我们的目标是使客户愉悦。"这是更高级的探索和成功营销者的秘密。取悦客户比在媒介上做广告更有广告效果。因此，企业精明之举是经常地测试客户的满意程度。

客户满意度是一种很难测量、又极容易波动的心理状态。对旅游企业而言，影响客户满意度的因素是多方面的，既有旅游企业可以控制的因素，也有企业难以控制的因素。要较准确地测量客户的满意度，第一要选择科学的方法；第二要了解影响客户满意度的关键因素；第三要在实际操作中不断修整方法；第四测量客户满意度是为了研究的需要，对相关群体心理状态的整体把握，只能从总体上反映实际情况。

伴随着客户满意度理论和实践的发展,客户满意度指数应运而生。近10年来,国外采用了一种新的宏观经济指标,即客户满意度指数(customer satisfaction index,简称CSI)来衡量公司、行业、产业乃至国民经济运行的质量水平。这一指数弥补了诸如生产率、销售额、消费者价格指数(CPI)、国内生产总值(GDP)等指标的不足。国外的实践证明,CSI是一种评价现代公司和现代经济行为的新方式。

## 一、客户满意度评价指标体系的构建

在新的竞争环境下,进行客户满意度指数测评的重要意义可以概括为:微观上,旅游企业可以通过客户满意度指数的测评,发现服务的缺陷,采取有效措施进行改进,使客户满意,获取竞争力,并不断开拓信息市场,取得规模效益;宏观上,可以为政府的产业政策提供依据。具体表现为:

(1)引导旅游企业进行科学管理,通过对客户满意度指数进行测评,企业可以及时、准确、可靠地了解客户对服务的评价,了解企业服务在客户心目中的位置、客户的需求以及服务存在的缺陷,为企业的客户关系管理提供定量信息,引导旅游企业更好地面对客户,进行科学的管理。

(2)为旅游企业进一步开拓市场提供依据。企业的客户满意度的测评结果可以使企业挖掘客户心之所思,意之所在,价值之取向,精确地找到客户潜在的、期望的需求,然后根据自己的服务质量水平,调整资源结构,改进服务质量,以最有效的途径满足和超越客户期望,获得市场扩展的机会。

(3)为旅游企业持续改进服务提供依据。从客户的立场上寻找己方的缺陷,才能提高品牌的美誉度;如果能持续不断地发现自己的缺陷,就能获得市场的长期认同。客户满意度指数的测评可以为企业发现其服务中存在的缺陷及客户期望,旅游企业可据此将问题分解到各责任部门解决,从而实现持续改进服务的质量。

（4）为旅游企业确定竞争策略提供依据。客户满意度指数作为一种定量工具，可以用于同一行业的不同部门之间进行定量比较，帮助企业发现其优势与劣势。企业可依据其在竞争态势中所处的位置、企业客户满意度水平与关注的焦点，制定有效的竞争策略。

（5）为政府制定产业政策提供依据。旅游企业客户满意度指数的测评是国家客户满意度指数测评的基础。而国家客户满意度指数测评的结果是国家制定宏观产业政策的理论依据。早在20世纪80年代末，欧美国家就开始运用客户满意度指数为国家的经济发展提供决策数据。

据美国 The United States Office Consumer Affair 杂志调查表明：当一个消费者不满意时，企业就会丧失40个新客户；客户不满意时，只有4%的消费者表述他们的不满，96%的什么都不说；不满意的客户会以8～16的倍率传播他们的不满；91%的不满意消费者不会再接受该机构的产品或服务；开拓一个新消费者的费用等于维持5个老消费者的费用。以上数据无不说明一个事实，客户是旅游企业赖以生存和发展的根本，“尊重客户，以客户的需求为中心”不只是一句口号，而要付诸行动。100－1＝0，这是营销界一个著名的公式。在数学上，这一公式颇为荒谬，但从管理学的角度来看，它却蕴含着深刻的含义。对旅游企业而言，即使有100个客户对企业的工作或服务满意，但只要有一个客户对此持否定态度，企业以前的工作就是零，需要再做100%的努力；客户不满意，就是对企业工作的惩罚。企业不断收集客户的意见和建议，对客户满意度进行评价，并根据评价结果改进工作，这是关系到企业生存和发展的大事。客户的意见不只是在企业某一次的专门调查时才收集，也不是企业遇到问题时才聆听，而应贯穿于日常的每一个工作和每一项服务之中，使企业的服务工作的管理模式由“内视型”转化为“外视型”，在充分利用现有管理信息资源的基础上，建立“完全面向客户”的资源挖掘体系。

旅游企业客户满意度指数的测评，主要涉及以下四项内容：客户满意度指标体系；客户满意度的评价标准；客户满意度指数的计算方法；

客户满意度指数的测评方式。要进行客户满意度研究,首先要建立一系列科学、合理、真实、客观的评价指标。建立客户满意度评价指标体系,必须遵循以下几条原则:

(1) 客户中心原则。由客户来确定评价指标体系是设定客户满意度评价指标体系最基本的要求,要准确把握客户的需求,必须选择客户认为是最关键的评价指标。

(2) 评价指标的可控性原则。客户满意度评价会使客户产生新的期望,促使企业采取改进措施。但如果企业在某一领域还无条件或无能力采取行动加以改进,则暂不宜选取这方面的评价指标。

(3) 评价指标的可度量性原则。客户满意度评价的结果是一个量化的值,因此设定的评价指标必须是可以进行统计、计算和分析的。

(4) 评价指标的可比较性原则。建立客户满意度评价指标体系还需要考虑到与竞争者的比较,设定评价指标时要考虑到竞争者的特性。

以上原则是客户满意度指标选取时的理论依据,实际选取中,还应结合客户的反馈意见。

根据心理学的研究,可根据比较客户期望与客户的实际感受将客户的满意状况分为五个层次的评判标准:非常满意,表明旅游服务完全满足甚至超出客户期望,客户感到激动、满足;较满意,表明服务很大程度上满足客户期望,客户有好感,肯定;一般满意,表明服务基本符合客户的最低期望,客户无明显的正负情绪;不满意,表明网络信息资源或服务未满足客户的主要期望,客户有抱怨和感到遗憾;非常不满意,服务在某些方面存在缺陷,使客户感到气愤、烦恼。

尽管不同行业、不同产品都具有各自的特色,但在进行客户满意度研究方面其核心思想与基本思路却存在着一致性。根据美国密歇根大学商学院终身教授科罗思·费耐尔(Fornell C. ,1992)的客户满意度指数理论,影响客户满意度的因素主要有:客户期望、客户对质量的感知、客户对价值的感知、客户满意度、客户抱怨和客户忠诚。参见图5-1。

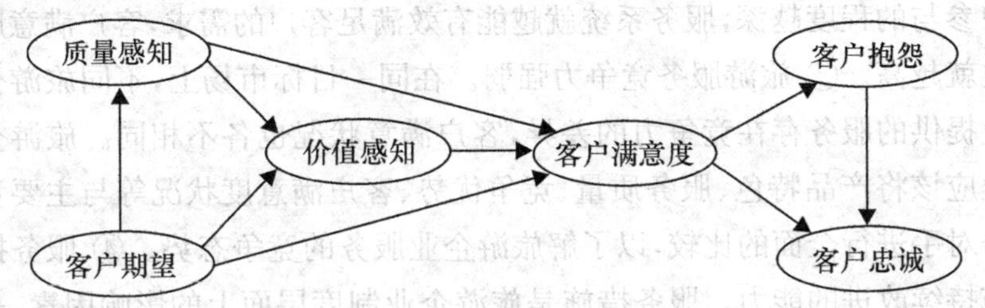


图5-1　客户满意度的因果关系模型

图中,客户期望、客户对质量的感知、客户对价值的感知决定着客户满意程度,是系统的输入变量;客户满意度、客户抱怨、客户忠诚是结果变量。由于客户期望、客户对质量的感知、客户对价值的感知、客户满意度、客户抱怨和客户忠诚实际上都是不可以直接测度的,因此我们需要对这些隐变量(或称潜在变量)进行逐级展开,直到形成一系列可以直接评价的指标,这些逐级展开的评价指标就构成了客户满意度评价指标体系。

## 二、客户满意度评价指标体系要素测量

能否科学而准确地测定客户满意度指数,是企业能否正确制定客户满意战略决策,是客户满意战略走向成功的决策性因素。企业进行客户满意度指数测评时,需要选取测评的方法与方式。

### (一) 关键测量要素的确定

影响客户满意度的要素很多,从旅游企业内部和外部考虑,可以选取以下几个重要的因素,即客户关注的重要服务要素:① 接近客户的能力。它是指旅游企业服务网点的分布、旅游服务的易获性以及与客户相互沟通的能力。接近客户的能力反映了旅游企业了解并且满足客户需求的能力,旅游企业接近客户的能力越强,客户的购买成本就会越低,满意度也就越高。② 客户参与服务改进的程度。客户参与了旅游

服务的生产过程，他们对服务满足需求的状况以及服务系统存在的问题有着深刻的认识。旅游企业应该引导、激励客户参与服务的改进，客户参与的程度越深，服务系统就越能有效满足客户的需求，客户满意度也就越高。③ 旅游服务竞争力强弱。在同一目标市场上，不同旅游企业提供的服务存在竞争力的差异，客户满意状况也各不相同。旅游企业应该将产品特色、服务质量、竞争优势、客户满意度状况等与主要竞争对手进行全面的比较，以了解旅游企业服务的竞争态势。④ 服务措施持续改进的能力。服务措施是旅游企业制度层面上的影响因素，是旅游企业服务文化的反映，会直接影响员工的服务表现。服务措施制定的依据是目标市场上客户的需求和期望，当目标客户的需求和企业内在条件发生变化时，服务措施应该能反映这种变化，否则滞后于需求的服务措施会影响客户的满意度。⑤ 旅游企业内部系统的配合程度。旅游企业内部系统的配合程度指的是旅游企业的服务文化、战略规划、人力资源管理、激励措施等方面相互协调、促进，是旅游企业服务资源最优化配置的能力。内部系统的配合是服务组织成功运营的前提，会直接影响客户对服务质量的评价。

**（二）服务特质即一般测量要素的确定**

每一项关键测量要素都内含具体的服务特质（一般测量要素），确定服务特质对测量客户满意度有重要价值，常用的方法是问卷调查方法，其中有两点需要注意：一是问卷的内容设计要合理；二是目标市场相关群体的样本选择要合理。这两点决定了服务特质选择的准确性。通过问卷调查，可以确定客户满意度的一般测量要素，并对它们进行排序，或者将调查结果的排序转化成一定的分值。

**（三）服务特质权重的确定**

不同的服务特质在客户评价服务质量过程中的作用不尽相同，对客户满意度的贡献也不尽相同。因此，在测量客户满意度的时候，需要给每一项服务特质确定一个权重，以表明它对客户满意度的影响程度。权重的确定以目标市场的问卷调查为主，辅以服务人员和专家学者的调查，将他们的观点进行综合以确定最终的权重。

21世纪的市场竞争将是服务品牌的竞争。随着市场经济的迅速发展，社会供求关系发生了巨大的变化，从而也带来了社会需求结构和人们消费观念的转变。企业尤其是服务性行业在竞争日趋加剧的情况下，越来越认识到提供客户满意的服务的重要性。服务性行业更需要借助客户满意度测评来了解客户的满意程度、把握客户需求、了解企业服务的薄弱环节，通过测评来为服务质量的持续改进提供科学依据。

服务性行业的客户满意度测评项目具有以下几个特点：

(1) 客户满意度测评有利于建立行业监管模式。开展“客观、公正、科学”的第三方客户满意度测评，将有利于对服务性行业的监管。例如，上海市城市交通管理局所管辖的出租汽车、公交、轨道交通等行业的政府主管部门均将第三方客户满意度测评作为提高行业服务整体水平的重要抓手。上海现有出租汽车企业几百家，每天载客上百万人次，服务质量的好坏不仅影响到乘客的利益，也关系到上海作为国际化大都市的城市形象。该局与上海市出租汽车管理处合作在行业中进行客户满意度测评已有两年多，客户满意度测评已成为行业的新的管理模式。通过有效的测评，提高了行业的整体服务水平，增强了企业的品牌意识。行业主管部门坚持每月一次的质检例会制度，对测评出的各项指标逐一分析研究，在大众、强生、巴士、海博、锦江等五大骨干企业CSI稳定提升的基础上，变“局部运动”为“全身运动”，对拥有200辆以上1 000辆以下的公司加大了CSI测评的力度，促使这些企业探索一条能在市场上形成服务品牌的途径，组成“蓝色联盟”，实行“五个统一”，即驾驶员服饰着装统一、顶灯标识统一、监督电话统一、质检工作统一和服务用语统一。通过努力，“蓝色联盟”已经达到或超过行业CSI平均水平，引起了五大骨干企业的高度重视。“蓝色联盟”的成功，告示了在市场竞争中处于弱势的企业不断提升服务水平，同样能提高市场占有率、竞争力。

(2) 客户满意度测评有利于建立持续改进的长效机制。服务性行业更希望通过定期的客户满意度测评了解客户对企业的满意程度的变化趋势,从而对企业行业服务质量进行监控;不仅有利于企业持续改进,同时也可以起到促进企业员工树立客户满意理念和自觉提高服务质量的作用。例如,上海市质协用户评价中心完成的服务性行业客户满意度测评项目,其中出租汽车行业、上海市轮渡集团公司、上海市公交行业每月均进行第三方客户满意度测评,上海移动、上海联通则委托该中心每半年开展第三方客户满意度测评,上海地铁营运公司、上海市区供电公司、上海电信、上海四建、上海铁路分局等单位每年定期进行第三方测评。从测评情况来看,通过长期的客户满意度测评,在企业或行业的服务质量持续改进中均起到了一定的积极作用。

(3) 客户满意度测评有利于推动客户满意度理论研究水平的深入开展。随着市场竞争的日益加剧,服务性行业较其他行业对客户满意度测评更为重视,随之会有一批中介机构为企业提供客户满意度测评服务,这些中介机构必然对客户满意度理论和测评方法进行不断的探索,从而带动了客户满意度理论研究水平的提高。例如,从1997年起,上海市质协用户评价中心就开始对客户满意度理论进行研究,从上海市内交通乘客满意度指数测评、上海市旅游环境游客满意度指数测评、上海超市行业客户满意度测评、上海市区家庭住户物业管理客户满意度测评、上海市质检机构客户满意度测评等项目中拟合出客户满意度指数数学模型,对客户期望、客户对质量的感知、客户对价值的感知与客户抱怨、客户忠诚之间的关系进行了量化的分析,从而保证了客户满意度测评结果的科学性、客观性。

(4) 客户满意度测评有利于建立政府、企业和客户之间的沟通桥梁。一方面客户满意度测评为政府主管部门、企业了解客户的反馈提供了方便,同时也为客户提供了了解企业、反映意见和建议的渠道,从而为企业搭起了与客户沟通桥梁。另一方面客户满意度测评作为一种新型的管理模式,在企业提升管理水平改进服务质量中起到显著的成效,必然会受到越来越多的企业乃至行业主管部门的青睐。随着时间的推移,越来越多的服务性行业主管部门倾向于委托第三方中介机构开展客户满意度测评。上海市质量技术监督局也委托上海市质协用户评价中心开展第三方客户满意度测评,对企业及市民关注的热点难点问题进行第三方的监测。

但是,在客户满意度测评过程中发现,还存在较为集中的值得注意的几个问题:

其一,对客户满意以及测评的认识有待于进一步提高。随着客户满意工程的不断深化推进,许多企业已经对客户满意已经有了较深的认识。但是仍有一部分企业认为客户满意度测评只能反映客户的主观判断,并不能用来评判一个企业服务质量的优劣。客户满意度测评是在动态质量的背景下产生的,通过客户满意度测评来了解产品服务在多大程度上满足了客户不断变化的需求,从而评判产品服务的动态质量。但是部分企业没有把客户满意度测评放在战略高度来认识,而仅仅将结果单纯作为考核依据,或者简单地认为客户满意度指数越高越好,并以此作为评判一个企业或一个部门工作的好坏,这是不利于在国内开展客户满意度测评健康发展的。因此,企业有待于进一步加深对客户满意理念和战略的正确认识,让客户满意度测评真正在企业持续改进服务质量过程中起到应有的作用。

其二,客户满意度测评的层次有待于进一步深化。客户满意度测评是基于动态的客户期望来评价企业服务质量的。但是由于客户满意理论引进国内时间还不长,企业对客户期望还缺乏一定的认识,因此具体测评指标多数是根据行业或企业的服务规范为起点设置,这也是市场经济发展不够成熟的表现。正由于此,部分企业对测评指标的设定,没有足够考虑客户的潜在需要。设立测评指标的正确的做法是将服务规范作为首次测评的起点,通过持续测评了解客户需求变化,并据此改进测评指标以不断完善客户满意度测评体系,而不是根据企业的意愿突出强项、回避弱点,以获得较高的客户满意度。

其三,服务性行业软件方面有待于进一步改进。服务性行业一般对硬件设施的改进方面十分重视，几乎每个企业、行业都愿意投入大量的资金为客户提供良好的服务设施。客户满意度测评结果反映出硬件上的问题在逐步减少。但测评反映出服务性行业在服务过程中的一些薄弱环节上始终难以突破。在改善服务质量时，通常企业很容易忽视后台的管理工作。如果公交车调度不合理造成上班高峰期令乘客等候时间过长，那么司售人员服务态度再好客户仍然会不满意；企业投诉渠道不畅通，客户有了问题如果得不到及时的解决同样会不满意。

其四，客户消费自我保护意识有待于进一步加强。由于受到文化背景、法制观念等客观与主观因素的限制，客户的消费还不够成熟，自我保护意识较弱。在开展第三方客户满意度测评过程中发现，占一定比例的客户没真正认识到测评的重要性，并没意识到客户意见在帮助企业改进服务质量的同时也会为自己带来更多的益处。在问题较多的服务性行业，客户对服务抱怨及投诉率很低，这从一个方面反映了客户的自我保护意识较低以及对服务质量的期望较低。提高客户自我保护意识，不仅能维护客户的合法权益，而且更有利于企业了解客户需求，提高服务质量。

其五，客户满意理论的研究有待于进一步提高。目前，各地区、各中介机构都有一套自己的客户满意度测评方法，测评的结果也缺乏可比性，一个企业委托两家中介机构开展客户满意度测评所获得的结果通常无法进行比较。究竟如何加强各研究机构之间的交流、如何建立统一规范的客户满意度测评模型、如何建立地区性国家性的客户满意度指数测评模型、如何与国际测评模式进一步接轨尚有待于进一步探索。

其六，客户满意度测评市场有待于进一步规范。市场竞争的日益激烈，企业对于第三方客户满意度测评的需求会不断增大。第三方客户满意度测评将形成一个新兴的市场，如不及时予以规范，必然会产生诸如技术的贫乏、价格竞争等一系列的问题。在利益的诱惑下，必定会有不少中介机构在没有对客户满意理论进行系统研究、缺乏一套获得论证的系统科学的测评方法的条件下，利用企业认识的不足，为企业进行所谓的客户满意度测评。因此，需要尽早建立一套有效的管理机制，通过资质认证等有力的措施来规范这一新兴市场。

## 三、客户满意指标

公司客户满意指标体系由“内部客户满意指标”、“消费客户满意指标”和“中间客户满意指标”组成。现以消费客户满意指标为例。客户满意调查旨在了解客户对公司客户满意指标的认识及看法，了解和掌握内部客户、外部客户对公司的需求、愿望、感受等。客户调查的内容从范围上主要涉及客户对公司的理念满意、行为满意、视觉满意、产品服务满意以及客户基本情况等诸方面，从性质上涉及客户对企业的态度、情感与期望等。主要的应用方式有三种：

(1) 问卷调查法。这是公司客户满意调查中较主要且范围较大参与人数较多的一种方法。根据客户结构状况，结合前述客户满意指标体系，公司针对内部客户、外部客户可以分别设计“企业内部职工调查问卷”、“企业客户满意问卷Ⅰ”(外部消费客户)、“企业客户满意问卷Ⅱ”(中间客户)，以备调查。

(2) 座谈会法。采取专家座谈会和职工座谈会两种形式。专家座谈会主要的针对公司理念满意状况和视听满意状况，主要邀请高校相关专业(管理、市场营销、广告)教师、营销及公关行为高级管理人员或高级从业人员、公司内部高级管理人员参加；职工座谈会则主要针对企业行为满意和产品服务满意状况，深入了解问卷中所反映出来的问题及其产生的原因。职工座谈会有代表性地挑选主任、导游、部门经理、其他工作人员参加。

(3) 资料分析法。以每年关于公司的宣传资料、报刊杂志的介绍报道、董事长的管理思想、公司规章制度、导游词、公司游客意见簿等为主，针对企业理念满意系统、行为满意系统及视听满意系统、产品服务满意系统中的一些要素进行分析、整理。作为一个行业，为了推动行业的标准化和规范化,可以通过一些行业标杆指数来指导整个行业的发展。在客户能力方面,可以使用客户满意度指数体系来观察行业的满意度趋势变化以及各企业的满意度指数变化,从而引导整个行业的有序发展。

## 四、客户满意度指数(CSI)的测量

CSI 是将客户满意度进行量化之后获得的指标,其作用按对其测量层次的不同而有所不同。广义的满意度研究是多层次的。以美国国家客户满意度指数(ACSI)为例,它分为四个层次:全国的 CSI;7 个经济部门的 CSI;7 个经济部门内 40 个行业的 CSI;40 个行业内 200 余家公司和机构的 CSI。目前由于我国国内的 CSI 研究仍然处于起步阶段,因此构建全国性的客户满意度指数的理论条件和实践条件尚没有完全成熟。按照循序渐进的原则,国内 CSI 研究应该以规范、完善企业的 CSI 研究为重点,并且在研究的过程中,与企业的经营现状相结合,与社会文化以及民众的心理状况相适应,与经济发展程度相适应。在此基础上,才能构建出符合中国国情的,具有可操作价值的客户满意度指标体系。具体的研究方法,可以大致归结为以下几个方面。

### (一) 进行事前的定性研究

在进行定量分析以前,应当对企业的客户进行访谈并且对某些需要解决的问题进行探测性研究。首先对有一定代表性的企业员工进行访谈,以大体了解员工的满意度水平;其次对典型的外部客户进行访谈,以了解企业提供的产品或服务的大体状况;最后对企业的竞争对手的客户进行非针对性的访谈,了解这一部分客户对于该种产品或服务的意见和建议。

### (二) 对"满意度"进行操作化

满意度是人的主观感受,它也是和人的基本需要联系在一起的。借鉴美国心理学家马斯洛的理论,结合中国社会文化的实际,决定中国客户满意度的因素可以比较简单地归结为真、善、美三个层面。"真"所

表达的是产品或服务能够满足人的基本需要，而无不利后果。它反映的主要是产品或服务的质量，体现的是对客户的物质方面和基本需求方面的满足。具体的指标也是围绕这个目标来设立。“善”所表达的主要是一种关怀，它能满足客户的情感需要，让客户的自尊心得到满足，并且在某些方面能够感动客户，使他们进一步确立和经营企业之间的信任关系。具体的操作指标可以表现在服务方面，如营业人员的服务态度，言行一致性等，也可以表现在售后管理方面，还可表现在对产品和服务的投诉处理上等。“美”是人们的一种高级情感诉求，也是人们追求的最高境界。产品或服务能够给客户一种美感是经营企业应当关注的高级目标，可以表现为客户在使用产品和服务时的自豪感、品味感、舒适感等。客户的自我实现目标也应该包含在“美”的范畴之内。具体的指标可以是经营企业的环境价值、形象价值、社会价值和品牌价值等方面。

**(三) 对客户群体进行分类研究**

为了正确分析处理企业和客户之间的关系，使客户满意度有效地转化为企业的经济效益，就需要对客户性格的分类研究。在分类研究的基础上确立满意度指数和企业经营业绩之间的真实的函数关系。为了研究的方便，同时考虑到人们性格的大体分类，可以简单地将客户分为变革型、安定型和顺从型三类。其中变革者比较自信、乐观，不拘于现状，对未来有较高的预期，要求未来与自己取得一致；安定者的性格比较稳定，信任关系比较牢固，不太容易轻易改变主意，满意度一旦形成，具有较强的稳定性；顺从者则往往缺少主见，期望不高，相对来说满意度对他们行为的影响也不太明显，其他客户的行为却对他们有较大程度的影响。可以按以上三种类型对客户进行分类，具体的操作方法是在问卷中设计有关性格测试的问题让客户填答，然后通过量化分析确立客户所属的性格类型，最后把客户类型作为一种自变量进行 CSI 的分类研究，以便在经营决策中对具有相同满意度的不同性格类型的客户给予不同程度的关注，从而提高 CSI 对实践的指导作用。

### (四)建立客户满意度动态测量体系

客户满意度是一个动态变量,它会随着时间和空间的变化而变化,没有一成不变的客户满意度指数。CSI本身所体现的是一种"现时"的价值。若想使CSI具有持久的生命力,长期发挥作用,就必须定期地对现有的指数体系进行修正,而要想做到这一点,就必须把CSI作为一个动态指标加以构建。① 确定CSI和具体问题之间的反馈机制。对满意度进行操作化以后测量得到的CSI是否真实地反映了实际状况还需要来自实践的检验。为了保证它的真实性和科学性,必须建立恰当的反馈机制。具体办法:一是请各种类型的客户代表评价CSI的真实性;二是采用CSI指导经营所产生的成效并绘制出相关曲线。如果两者呈正相关关系则继续采用,如果呈负相关、无关或相关度由强减弱则必须对现有的CSI提出质疑,并在随后的调查中予以重点关注。② 确立CSI测量的层次。由于受企业的发展程度和现时市场状况等因素的影响,在影响客户满意度的指标中的主要指标必然会发生相应的变化,因此CSI的测量不能拘泥于一个固定模式当中,而应根据当前企业需要解决的重点问题来确定操作化测量指标。例如,虽然有些企业拥有较高的客户满意度和忠诚度,但在假冒伪劣成为社会敏感问题之后,仍然应该把测量产品的"真"放在重要的位置。

研究的目的是为了应用。通过对定性和定量调查结果的分析,撰写客户满意度调查报告。委托人可以借此评估调查中发现的问题,确定未来客户关系管理的新措施,制定出改进计划和策略性指导措施。在运用调查结果进行企业管理决策之前,应当处理好管理的成本和收益之间的关系,对于众多的影响因素应当分清主次,明确需要优先改善的因素。通过对因素重要性和客户满意度的评价,能够从CSI体系中区分出四种类型的因素:一是急需改进的因素,即对客户是重要的,而满意度评价是较低的;二是应该继续保持的因素,即对客户是重要的,而满意度评价是较高的;三是不占优先地位的因素,即对客户是不重要的,而满意度评价是较低的;四是锦上添花的因素,即对客户不重要的,而满意度评价是较高的。在具体的CSI的应用过程中,对以上四个因素既要统筹兼顾,又要突出重点。首先解决急需改进的因素,其次继续保持应该保持的因素,最后应该兼顾其他因素。从重要性上看,以上四项呈递减的趋势,但从企业的努力方向上看,则呈递增的趋势。通过对以上因素的系统研究和运用,并通过反馈机制的作用和CSI的更新,不断提升企业的客户满意度,进而扩大企业的市场份额和核心竞争力。

## 五、建立客户满意度信息系统

信息是企业决策的依据。企业需要有一个整合的、数据化的结构模型,将各种数据进行标准化和抽象化、规范化,并加以系统的分类、分析,为企业提供决策信息。

客户关系管理是一个动态处理过程,它不仅包括一系列产品和服务,它还要求旅游企业完整地认识整个客户生命周期,提供与客户沟通的统一平台,提高旅游员工与客户接触的效率和客户反馈率,以建立和增强企业与客户之间的关系。客户关系管理技术的关键在于能够真正地了解客户。技术的未来在于应用这些技术,支持旅游企业的经营管理决策过程,提升企业的客户营销和服务水平,使之能够产生客户关系、维持客户关系和增强客户关系,从而提升旅游企业的综合竞争能力。

以客户为中心,在建立客户统一整体视图的基础上,增强旅游企业各级营销和客户服务机构根据客户需求进行差别化服务的能力,实现以客户为中心的市场拓展、客户贡献度分析、客户关系优化和风险控管,实现前台(市场营销、客户服务等)和后台(经营管理和决策等支持环节)的有机结合,提升旅游企业的市场营销和客户服务水平。

建立客户满意管理信息系统后,客户关系管理应能达到:① 建立相同客户统一整体视图:即将分散在原有业务系统中不一致、不完整的客户信息进行整合,建立综合的市场客户信息数据库,底层数据库不包括任何权重和分值,所有的基础数据和信息在安全、保密措施的控制下被各部门共享。② 能够实现查询和报表分析:即既能进行固定指标查询和固定报表输出，能根据一定的条件组合查询资料并转换成有用信息，能从多个维度进行报表分析，得到客户信息的汇总和分析情况。③ 能够进行客户信息的智能分析：即通过对客户历史信息资料的对比分析和趋势分析等智能化分析手段，发现客户经济活动中富有规律性和趋势性的东西，为旅游企业经营管理和决策所用，提高决策品质和效率。④ 实现对单一客户贡献度、忠诚度、满意度和潜在价值等的系统分析：即建立客户利润贡献度、忠诚度、满意度和价值评估模型，从而为从客户、产品、部门、分销渠道（含网点）和客户经理等不同层面评估客户贡献度、忠诚度、满意度和价值打下坚实基础。如建立客户利润贡献度评估模型后，可以分析出哪些客户对企业的贡献度较大，哪些客户对企业贡献度较小，这些贡献分别来自哪些产品、部门、分销渠道和客户经理，从而可以找出旅游企业需要重点营销和服务的黄金客户及潜力客户。⑤ 建立科学合理的客户细分系统：即建立客户细分模型从各种维度对客户特别是支柱客户系列进行系统分析，以便更好地勾画客户轮廓，更好地分析、了解并管理客户，特别是更好地为客户提供差别化服务。⑥ 实现客户关系的维护和优化：即通过一系列建立在对客户信息全面掌握、细致分析和深度挖掘基础上的，用心良苦的客户促销和服务活动，维护和优化现有的客户关系，推动旅游企业与客户合作关系的全面深化。⑦ 实现客户沟通管理：即通过对旅游企业内部各种分销渠道的集中统一管理，实现对客户反馈信息的及时快速反应，加深与客户的互动程度，形成旅游企业对客户的持续了解与跟踪，全面提升企业的客户服务水平。⑧ 整合企业资源，实现对客户的统一、协同和主动营销与服务：即将旅游的资源彻底转向以客户为中心，实现全公司上下协同、前后台联动，更好地为客户提供高品质的营销和服务。

## 第三节 客户满意战略

客户满意战略是旅游企业为了使客户能完全满意自己的产品或服

务，综合、客观地测定客户的满意程度，并根据调查结果来革新企业服务及企业文化的一种经营战略。其基本指导思想为：企业的所有经营活动都要以提高客户满意度为根本原则，从客户的角度和观点来分析研究客户的需要，把为客户提供满意的产品和服务作为企业的责任和义务，通过客户满意度的提高，建立客户忠诚，从而使企业获得长期的收益。运行的基本思路为：只要存在客户，就必然有需求，有需求就应当找出其满意指标，有指标就能够测评，测评的结果是改善管理进行决策的依据。企业要想成功导入客户满意度管理，必须思考以下问题：导入客户满意度管理的目的是什么？有没有做好打一场攻坚战的准备？企业有没有树立以客户为中心而不是以自己的意志为中心的意识和反思能力？

## 一、导入客户满意

企业推行客户满意度管理，需要导入客户满意理念，引导员工树立客户满意意识，建立以客户为中心的服务理念。根据哈佛教授和其他咨询人员提出的“服务—盈利链”的模型：首先，要让内部员工感到满意，这样才能充分保证企业为消费者提供的产品和服务是高质量的；其次，只有企业的产品和服务是高质量的，才能使消费者感到满意，才能使客户成为企业长期的、忠诚的客户；再次，客户的满意和忠诚将能使企业获得满意的利润增长；最后，企业能够获得满意的利润增长又为吸引员工、增加员工的自豪感和获得晋升机会提供了一定的保障，从而形成一个良性的循环。从中可以看出，企业要有效推行客户满意度管理，必须从企业的每一个员工包括董事会与各个职能部门一起共同来推行，共同树立为客户（服务外部客户与内部客户）服务的思想。企业通常可以通过外部机构培训、组织内部讨论、领导人推介来导入客户满意意识，促使企业员工了解、认识什么是客户满意，客户满意的作用与推行客户满意度管理的意义，从而在企业员工心目中有效地树立“以客户为中心”的管理理念。

## 二、了解客户需求

有人说，对客户的认识和理解标志着一个企业的理性水平。的确，谁是公司的客户，这是在企业运作中必须“心明眼亮”的基础性问题。认清客户是有效利用和管理客户的前提。“客户”一词在公司所指的范围更为宽泛，包括内部客户、消费客户、中间客户、公益客户四种。

内部客户由公司所有的员工及股东组成，是公司事业的投资者、工作者。“休戚相关”可以形象地表述企业与内部客户之间的关系。消费客户是公司服务的最终消费者，是企业的市场支持体系，是企业的生存根本。没有消费客户，企业也就失去了存在的土壤。根据本章第一节介绍的客户概念，将旅游企业的消费客户依据消费程度的不同划分为五种：第一，潜在客户，就是那些有旅游欲望但还未把某旅游企业作为选择目标的客户，潜在客户容量的大小决定着企业未来发展空间的大小，而潜在客户能否转化为现实客户，很大程度上取决于企业针对他们的营销努力；第二，知晓客户，即已经对旅游企业有了一定了解的客户，是企业最可能实现消费的客户群，是企业最为宝贵的市场资源；第三，行动客户，是直接消费企业产品或服务的客户，是企业得以实现其经营目标的依托和保证；第四，常客，指经常接受企业服务的客户，常客是市场开拓费用投入最小的消费者，但他们却构成公司客户的基本队伍；第五，种子客户，指除自己反复消费外，还能为企业带来新客户的特殊常客，种子客户也是核心的客户。

客户总是有两组需求，能明确说出的一组，可以称之为“有声的需求”，另一组是没有说出来的，可以称之为“沉默的需求”。通常，有声的需求是在任何一个行业中大多数商家试图满足的需求，了解这种需求并不困难。较为困难的是识别客户沉默的需求。很多时候，企业能够领先一步之处就在于了解到了客户的更多需求。

我们可以通过以下几点来了解需求：

（1）把定期调研变为随时随地的调研。了解客户需求不能单单依靠市场调研这一种方式，而是需要随时随地关注客户需求，行业变化会产生客户需求，日常的销售反馈就是客户需求，客户的抱怨也是需求，售后服务人员的电话记录单中也有客户需求，研发人员的创新也是客户需求。其实，无论是在市场之内还是市场之外，客户都在不断地表达着他们的需求。因此，只有企业整体时刻保持对客户的关注，才能真正做到了解客户需求。

(2) 不提产品只问问题。通常情况下，客户并不十分清楚或不能清晰地表述自己的问题或需求，因此，在没有完整、清楚地把握客户的需求之前，即使将全球最好的产品和服务推荐给客户也无济于事。谁能帮助客户真正解决问题，谁才能赢得客户。在了解客户需求方面，通用电气有自己与众不同的方法。通用电气的销售人员第一次拜访客户时，通常只字不提产品，只是不停地问问题，如有关企业的设备支出？现在遇到的问题？希望得到什么？等等。

(3) 与客户换位思考。站在客户的立场去了解需求，要能够分配更多的时间去关注客户，更要能与客户换位思考。假设你是重要客户中某一家的首席执行官，试着问自己几个问题：

——你的总体目标是什么？

——什么是你最关心的事情？

——为了帮助你达到自己的目标，供应商应该怎么做？目前的供应商是否符合你的希望？他们为何未能符合你的希望？作为企业来说，早就应该结束想当然制造客户需求的阶段了，只有企业整体重视起来，从实际出发，以客户为本，才能真正了解客户的需求。

## 三、适应客户需求

现代企业实施客户满意战略的根本目标，在于提高客户对企业生产经营活动的满意度，创造忠诚客户，实现企业的长期盈利。而要真正做到这一点，则必须切实可行地制定和实施一系列的对策措施，这其中主要包括以下几个方面：

(1) 塑造"以客为尊"的经营理念。客户是企业生命之泉。"以客为尊"的经营理念是企业服务于客户最基本的动力。坚持"客户第一"的原则,是市场经济的本质要求,也是市场经济条件下企业争取客户满意,掌握市场主动权的法宝。长期的经营实践证明:决定企业产品价值及生命的是消费者,没有消费者的产品不是真正的产品,因而,如果脱离消费者,企业则成了"无源之水"、"无本之木",商品则不能实现"惊险的跳跃"。所以,成功的企业在于重视客户,千方百计让客户满意。

(2) 开发令客户满意的产品。客户满意战略要求企业的全部经营活动都要以满足客户的需要为出发点,把客户需求作为企业开发产品的源头。所以企业必须熟悉客户,了解用户,即要调查他们现实和潜在的要求,分析他们购买的动机和行为、能力、水平,研究他们的消费传统和习惯、兴趣和爱好。只有这样,企业才能科学地顺应客户的需求走向,确定产品的开发方向和生产数量,准确地选择服务的具体内容和重点对象。有的企业在对客户需要缺乏了解的情况下,盲目开发和生产产品,结果可想而知。目前,我国农村市场拓展之所以不力,一个重要原因就是缺乏对农村消费者需要的了解,不少企业把在城市卖不出去的商品拿到农村去,这怎么能做到适销对路呢?国外许多企业采取先接订单后生产的做法值得借鉴。例如,日本丰田汽车公司根据订单的多少安排生产,按照客户的要求进行生产,不仅满足了客户对商品数量的要求,而且满足客户对商品质量、花色、式样或款式等方面的要求,使商品真正做到了适销对路。

(3) 提供令客户满意的服务。热情、真诚为客户着想的服务能带来客户的满意,所以企业要不断完善服务系统,以便利客户为原则,用一切为客户着想的体贴去感动客户。谁能提供消费者满意的服务,谁就会加快销售步伐。要让客户满意,就应提出超出客户期望、高于竞争对手或竞争对手做不到、不愿做、没想到的超值承诺,并及时兑现承诺;根据客户需求变化不断推出新的承诺,创造新的客户满意,形成一种良好循环。如今,没有服务就没有营销,这已经是不可争辩的事实。我国越来越多的企业尤其是大公司都在积极行动,开展服务营销。例如,长虹公司的"阳光网络"服务工程宣言;海尔公司的"三全服务";小天鹅公司的"一、二、三、四、五"独特服务规范;武汉中商集团的个人服务品牌;格兰仕服务的"三大纪律,八项注意"等。

(4) 倾听客户意见。现代企业实施客户满意战略必须建立一套客户满意分析处理系统,用科学的方法和手段检测客户对企业产品和服务的满意程度,及时反馈给企业管理层,使企业不断改进工作,及时、真正地满足客户的需要产品和服务。要想维护客户利益,企业必须正确处理客户的意见。有时即使你的产品和服务非常好,也会受到挑剔的客户的抱怨。粗暴地对待客户的意见,将会使客户远离企业。根据美国学者的调查,一个企业失去的客户中,有68%转向竞争对手是由于售货员态度冷漠,使客户没有受到礼貌的接待。有人可能认为,企业失去一二名客户是正常现象,不值得大惊小怪,然而,这种情况所造成的影响却是难以估量的。据统计,在不满意的客户中,只有4 %会正式提出投诉,其余的人没有表示出他们的不满,但大约有90 %感到不满意的客户不再光顾那家企业。从数字上看,每有1名通过口头或书面直接向企业提出投诉的客户,就会约有26名保持沉默但感到不满的客户。更重要的是,这26名客户每人都会对另外10名亲朋好友宣传这家企业的恶名,造成消极影响。而这10名亲朋好友中,约有33%的人会把这一坏消息再传递给其他20个人。这样:(26×10)+(10×33%×20)=326个,即每一名投诉的客户背后,有326个潜在客户对企业不满,他们有可能转向竞争对手,从而削弱企业的存在基础。所以,优秀的企业家应正确对待客户意见,对此,可以用这样一个公式来说明:处理好客户抱怨=提高客户的满意程度=增强客户的认牌购买倾向=丰厚利润。

目前,很多国际著名企业都试图利用先进的传播系统来缩短与消费者之间的距离。像日本的花王公司,运用其电子咨询系统,建立了长达8 000页的零售客户资料,同时将客户的意见或问题输入电脑,每年开展超值回报忠诚客户活动，以此来巩固与老客户的关系，达到吸引新客户的目的。美国的P&C日用化工产品公司首创了"客户免费服务电话"。客户向公司打去有关产品问题的电话时，一律免费。不但个个给予答复，而且进行整理与分析研究。

【应用案例】

## 提升客户满意度——乐百氏桶装水赢在战略

1998年下半年，乐百氏品牌虽然在全国市场的知名度与美誉度不断提升，但由于行业市场增容有限，乐百氏酸奶、瓶装水的销售并不尽如人意，寻找新的增长点摆在了乐百氏最高管理层的面前。在长达近1年的市场调查和分析中，他们发现桶装水是一个很大的市场机会点——该市场被众多小品牌分割，尚无全国性大品牌。在这期间，桶装水行业尚处于成长初期，这意味该市场有着较高的增长和高于成熟行业的利润；桶装水市场容量正处于一个高速发展期，中国市场正以每年30%的速度增长；大部分品牌提供给消费者的综合价值都很低。

在严谨、科学的调查分析基础上，乐百氏非常清晰地明白自己的优势在哪里，从哪些方面打击竞争者的软肋可以迅速抢占市场份额，以及如何培育乐百氏的核心竞争力。

乐百氏饮用水公司成立之初，就决定紧紧围绕深度利用乐百氏大品牌的资源打击小品牌、提升客户综合价值与满意度等战略，创造性地进行了精细的战术执行。

**战术一：营销渠道的创新确保高档品牌形象的树立**

乐百氏全力推出了新的营销渠道——乐百氏连锁专卖水站。改变了其他水站送货不及时、扰民、不礼貌等现象，同时，为尽快抢

（续上）

占市场，采用特许加盟的方式。

乐百氏对加盟店强化其VI建设，并推出《加盟店经营手册》，规范加盟店的管理。这一营销渠道创新促使乐百氏全面提升服务水平，使提升产品综合价值与客户满意度的差异化竞争战略具有强有力的组织保证。

**战术二：人性化的服务提升产品综合价值和客户满意度**

桶装水需要上门推销送货，因此分销模式与其他水饮料等差别很大，服务的内涵显得更丰富复杂。加盟专卖的通路战略使服务升级有了一个高效的运作平台。乐百氏饮用水公司要求加盟专卖店有统一的招牌、店面形象，对所有送水工人进行专业的培训，对专卖店的行为规范、服务流程、用语、动作（如及时送水、送水员进入客户家庭的礼貌用语、衣着整洁等）都有详细的规定。乐百氏在行业内率先向消费者介绍饮水机的使用知识，免费为消费者清洗饮水机。从一些小细节中可以看到乐百氏服务的细致。乐百氏的送水人员以前是穿鞋送水，为避免弄脏消费者家里的地板，往往会脱鞋进屋，但许多送水工脚汗味非常大，这种情形看似小事，却会非常严重损害乐百氏的形象。为此，乐百氏的送水工又有了一条新规定——带鞋套送水，进屋时换上。当这些服务逐渐为同行纷纷采用后，乐百氏又开始寻求更为细致的服务方式。

**战术三：专用桶与竞争品牌形成鲜明区隔**

他们花巨资从日本引进了一套制桶的生产线，生产具有乐百氏知识产权的水桶（申请专利），按CI使用规范在桶上刻注乐百氏标准字样。它使乐百氏桶装水的产品形象明显区别并领先于其他品牌，从而确立了乐百氏高品质的市场形象。

乐百氏专用桶对竞争品牌的杀伤力不仅直指中小品牌，还波

（续上）

及大品牌，“黑桶”事件又使专用桶对其他品牌的杀伤力放大。

乐百氏在创业初期就专设了一项水桶更换基金，用于制度性更换水桶，确保消费者价值的充分实现。这些举措通过乐百氏的整合传播、乐百氏送水员一对一的介绍说明，使消费者和社会得到了解和认同。

整个桶装水品牌集中度很快提高了，许多不顾社会公德、卫生和技术不过关的中小企业纷纷出局，乐百氏在桶装水领域的知名度和销售额直线上升。

**战术四：根据各地市场差异，灵活地调整区域营销策略**

在渠道方面，仅在北京地区就开设了250家特许专卖店。在品质上，根据北方地区以矿泉水为主的特点，在风景秀丽、环境保护良好的怀柔建立了当时北京地区第一家天然矿泉水厂。以针对性的产品，通过便捷有效的宣传和服务，使目标消费群享受到他们内心所需要的产品和服务。

而在上海，乐百氏一方面灵活地调整其一贯的价格政策，以比正广和、获特满等每桶低2元的价格，向上海市场发起全方位攻击。另一方面又强化CI的标准化运用，不折不扣地执行人性化服务。同样，两年不到的时间，乐百氏在上海建立了150家专卖加盟水站。

乐百氏桶装水的战略：以中高档市场为目标市场，深度利用乐百氏大品牌的资源打击小品牌，通过提升客户综合价值与满意度来打造核心竞争力。从产品到服务，所有的工作都围绕着乐百氏的高端形象而制定。这种看似并不复杂的种种工作，恰恰是那些看重短期回报、市场运作极其随意且缺乏核心竞争力的中小品牌的企业所欠缺的。

（续上）

从产品—运输工具—消费者，乐百氏在整个价值链环节中最大限度地挖掘了每一个有利于市场整合与确立自己领先地位的题材。

（**资料来源**　business sohu. com，2002-12-14）

# 复习思考题

1. 正确把握“客户满意”、“客户满意感”、“客户满意度”和“客户满意度指数”概念。

2. 旅游客户满意的内涵是什么？

3. 客户满意的决定因素和影响因素有哪些？

4. 客户满意度评价指标体系的关键要素是什么？

5. 如何理解客户满意度测量体系是动态体系？

6. 试析客户满意战略。

# 第六章 客户忠诚

## 第一节 忠诚客户的价值

### 一、客户忠诚分析

#### (一) 问题的提出

戴尔抗衡上百年的IBM是靠了经营模式创新,而英国一流战略大师加里·哈默的经营理念革命是运营模式的战略创新和根本再造。随着市场经济向纵深发展,随着客户经济的到来,以互联网技术产业化为背景的企业价值链、企业集团供应链作用的日益凸显、地位的迅速提升,企业、企业集团竞争从做品牌升级到做标准以及经营垄断取代传统垄断等,这一切要求人们进一步认识核心能力作为企业生命线的战略意义和地位,要求人们进一步把握打造卓越核心能力机制的要领,要求人们进一步发挥核心能力的作用。

现代营销把培育品牌和提升品牌价值作为企业营销的战略目标,客户关系管理被作为品牌营销时代建立企业与客户之间的新型关系、培育和提升品牌价值的重要方法,以客户满意和客户忠诚来判断品牌培育的结果,即以客户的满意和忠诚程度作为评价品牌价值大小的主要指标。以经济学的观点看,企业价值在于其能否为企业创造利润、为社会创造财富,从这个意义上讲,品牌价值最终要体现为品牌的物化形式——产品或服务给企业创造利润的能力。如果以客户满意和客户忠诚来评判品牌价值,品牌价值就必须表现为一定程度的获利能力,品牌价值也能够创造企业价值。因此,客户满意和客户忠诚必然能够为企业带来利润,能够创造企业价值。既然客户满意和客户忠诚能够为企业带来利润,那么在客户满意与客户忠诚、企业利润、企业价值之间就必然存在可以量度的某种关系,即可以通过量化的分析说明为什么客户满意和客户忠诚能够创造企业价值。

**(二) 几个重要的概念**

(1) 客户忠诚度。这是指消费者通过信息沟通及与产品的直接接触、使用经验、识别、接受并信任某企业及其产品的承诺,表现为这一承诺转化为消费者最终购买及重复行为的程度。在同一市场上,客户忠诚度决定了企业的获利能力,企业之间展开的对市场占有率、企业品牌地位的竞争与争夺,最终要体现为企业短期及长期获取的利润。

(2) 客户保留率。这是在未来一定时期决定重复购买和开始购买企业产品的客户占全部客户的比例,它反映了整个市场对企业产品的忠诚度和吸引力。客户保留率是客户忠诚度量化的重要指标,也是判断企业占有市场、取得品牌地位、获得短期或长期利润能力的重要指标。

(3) 客户生命周期(life time)。这是指客户的保留时间。客户保留率是每一年保留的客户数与企业原有客户数的比例,客户的流失率就是"1－客户保留率",也指在一定规模的客户中,每年流失一定的客户。所有的客户流失所需要的时间称为客户生命周期。

(4) 客户生命周期价值(life time value)。这是指客户在保留时间内为企业创造的价值,也可表述为客户关系价值,即企业通过维持与客户的长期关系而从客户那里获得的最大的客户生命周期价值,它表现为企业从客户那里获得的现金流量,这一流量的大小取决于长期购买量、购买利润、购买关系的持久性。

### (三) 客户忠诚的行为表现

客户忠诚是客户对某品牌或企业的产品或服务作出长期购买的一种承诺。其具体表现有以下四个特征:一是再次或大量购买该品牌产品或服务;二是主动向亲朋好友和周围的人推荐该品牌产品或服务;三是几乎没有选择其他品牌产品或服务的念头,能抵制其他品牌的促销诱惑;四是发现该品牌产品或服务的某些缺陷,能以谅解的心情主动向企业反馈信息,求得解决,而且不影响再次购买。

### (四) 客户忠诚的类型

根据客户选择企业的原因,可以将客户忠诚分为以下类别:

(1) 垄断忠诚。这种客户忠诚源于产品或服务的垄断。一些企业在行业中处于垄断的地位,对这种情况不论满不满意,用户别无选择,只能长期使用这些企业的产品或服务。一个典型的例子就是现在城市居民们用的自来水,一旦你的家里安装上了自来水管道,你就必须使用自来水公司提供的服务,即使你对他们的工作感到很不满意,你也不可能放弃使用,这种“忠诚”其实是一种无奈。

(2) 亲缘忠诚。企业自身的雇员甚至包括雇员的亲属会义无反顾地使用该企业的产品,选择该企业的服务,这是一种很牢固的用户忠诚。但是在很多情况下,这些用户对该产品或服务并非感到满意,甚至还会产生抱怨。他们选择该产品或服务,仅仅是因为他们属于这个企业,或是他们的亲属属于这个企业,用户的这种忠诚称为亲缘忠诚。

(3) 利益忠诚(价格忠诚、激励忠诚)。这种忠诚来源于企业给予客户的额外利益,如价格刺激、促销政策激励等等。有些客户对产品的价格很敏感,较低价格的产品对于他们有很大的诱惑力,因此在同类产品中,他们对于价格低的产品保持着一种忠诚。另外,一些企业尤其是一些新进入市场的企业在推广产品时会突出一些优惠政策,这些政策对很多用户同样存在很大的诱惑,因此在这个期间这些用户往往对这种产品保持着一种忠诚,这类客户的忠诚是不稳定的。

(4) 惰性忠诚(方便忠诚)。有些客户出于方便的考虑或是因为惰性,会长期地保持一种忠诚,这种情形在一些服务行业中更为常见。比如,很多人会长期而固定地选择一家超市进行购物,原因仅仅就是这家超市距离用户家很近。我们将这种由于方便需求或是惰性而形成的忠诚称为惰性忠诚。这种忠诚并不牢固,一旦用户发现了更加方便或是更为满意的目标之后,这种忠诚也就随之减弱、消失。

(5) 信赖忠诚。当客户对你的产品和服务感到满意,并逐渐建立起一种信赖感时,他们会逐渐形成一种信赖忠诚。这种忠诚不同于前面的几种,它具有高可靠度和高持久性。这一类型的忠诚客户可以看成是企业的热心追随者和义务推销者,他们不仅仅是个人对你的产品和服务情有独钟,而且还会主动将他们感受到的满意告诉自己的亲朋好友,并向人们推荐使用你的产品和服务。这类客户才是企业最为宝贵的资源,这种客户忠诚也才正是企业最为渴求的。

(6) 潜在忠诚。潜在忠诚就是指客户虽然拥有但是还没有表现出来的忠诚。通常情况下,客户可能很希望继续购买你的产品,或是再次享受你的服务,但是你公司的一些特殊规定或是一些额外的客观因素限制了客户的这种需求。比如,有的客户对某一饭店的服务以及其他各项措施都很满意,但是因为他们是回民,而这家饭店缺少针对回民的饭菜,这时这些客户对于该饭店所持有的就是一种潜在忠诚。我们可以通过了解客户的这些特别需求,对自己进行适当的调整,将这种潜在忠诚转变为其他类型的忠诚,尤其是信赖忠诚。

以上各类忠诚客户的依赖性和持久性是不同的,信赖忠诚的用户依赖性和持久性是最高的,因而是企业最终追求的目标。我们可以简单地认为,客户忠诚在狭义上就是指信赖忠诚,当企业觉察到客户的各种忠诚之后,应当想办法使客户向着信赖忠诚的方向发展。

### (五) 客户忠诚的级别

我们口中常说的忠诚其实是最高层次的忠诚。客户忠诚有着不同的级别,下面分析客户忠诚共有哪几个级别以及每个级别具体是怎样的。客户的忠诚级别共有六类,分别如下:① 普通购买者。它包括了市场上所有种类产品或服务的购买者，这类购买者可能没有感觉到你在向他推荐或者他没有购买意向。② 潜在客户。它是指对你的产品或服务有兴趣，但是还没有开始交易的客户。③ 客户。它是指一次性购买者，但对组织谈不上有何种感情。④ 跟随者。它是指那些有重复购买行为的客户，但他们除了会重复购买外，对企业的关心不够主动。⑤ 拥护者。它是指那些会对企业做良好宣传的客户，他们对企业的关心表现得很主动。⑥ 合伙人。它是指处于忠诚度顶端的一类客户，他们与企业间达成了共识，双方以一种共赢的姿态存在下去。

## 二、忠诚客户价值

### (一) 认识客户价值

客户的真正价值是客户给企业带来的利益的总和。客户的终身价值是一个由客户当年销售、折让率和客户保留率构成的函数。这个函数值按竞争形势、法规、产品和服务的提供以及技术发展等方面的改变而发生变化。其中的年毛利润由客户价值中的当前销售额决定，折让率由客户差别化的指标需求贡献、信用等级、利润贡献确定，客户保留率则由客户关系管理的好坏来确定。

客户忠诚是指客户在对某一产品和服务的满意程度不断提高的基础上，重复购买该产品和服务以及向他人推荐该产品和服务的一种表现。

客户忠诚的价值一般通过客户在其整个生命周期内为企业带来的利润反映出来，尽管各个企业情况不同，但客户忠诚所形成的大部分效应是类似的忠诚客户会随着在企业停留时间的延长为企业带来更大的利润，这是因为营业收入增长、成本降低、客户间口碑相传以及价格优惠，而且企业不必支付争取客户的成本。

### (二) 忠诚客户对企业的重要意义

客户忠诚是企业取得竞争优势的源泉，因为忠诚的客户趋向于购买更多的产品，对价格更不敏感，而且主动为本企业传递好的口碑，推荐新的客户，他们不会因为外界的影响而转变对企业的信赖，而是一如既往地使用企业的产品。这些忠诚的老客户是企业最主要的收入和利润来源。忠诚客户的再次购买行为和对产品的宣传推荐，使企业拥有了一个稳定的客户群，这不但提高了企业市场占有率，而且降低了销售成本。据美国有关机构调查结果，客户忠诚度提高5%，企业利润增加25%～85%。因此，拥有长期忠诚客户的企业比拥有高市场份额但客户流失率高的企业更具有竞争优势。

企业的客户忠诚度高，说明企业产品的被重复购买率高，从而使产品品牌给中间销售渠道带来丰厚的利润，这部分利润由分销商环节获得，这样分销商的利润在很大程度上受制于公司的产品，这使公司具有一定控制渠道的能力，为其带来竞争优势。客户忠诚度高还有利于企业品牌延伸策略的实施。即品牌策略延伸到新产品之中，使客户对于原有产品的满意度和忠诚度延伸到新产品之中，对于同一企业的同一品牌或不同品牌的新产品赢得市场份额相当有利。在市场竞争中，高客户忠诚度的产品会给企业赢得时间，即当公司的竞争对手推出新产品的时候，消费者的忠诚会给公司一段宝贵的时间制定对策，改进产品。

**(三) 客户忠诚对企业的盈利和发展的重要性**

客户忠诚对企业的盈利和发展的重要性主要表现在以下几个方面：

(1) 忠诚度最根本的表现就是重复购买。当客户形成品牌忠诚时，就会发生相关购买，即购买公司的其他产品或服务。

(2) 进行正面的口头宣传长期以来，客户忠诚是一种免费的广告资源，他们会努力地向朋友或者家人推荐公司的产品或者服务。与公司耗费巨资进行的宣传相比较，客户的口头宣传通常会获得更大的信任。道理很简单，所有客户对自己朋友的信任要远胜于公司精心制作的广告诱惑。

(3) 减少企业服务成本。吸引新客户的成本非常昂贵,同时,员工还需要花费时间去了解新的客户,并解决由于不熟悉这些新客户所带来的工作失误。另外,忠诚的客户已经被记载到公司的客户档案中,员工对客户比较了解,比较容易向客户提供服务。

(4) 对价格的敏感度降低。忠诚的客户很少计较价格,有的甚至不去打听价格是多少。不管竞争对手打出什么样的促销价格,对忠诚的客户来说都是没用的。

(5) 更容易谅解公司的错误。真正忠诚的客户更愿意在合理的范围内再给公司一次修复的机会,或者忽视一些失误。他们认为失误是公司不小心造成的,没什么大碍。相反,第一次与公司来往的客户对错误更为敏感,他们甚至会故意地寻找问题,故意为难工作人员。

(6) 为企业带来更大的利润潜力。虽然要通过广告宣传、降价等手段来吸引新的客户,但忠诚的客户仍然是更大的潜在的利润来源。因为他们对降价不敏感,更愿意为了企业的产品或服务支付全价,他们不会等到公司打折扣的时候才去购买,这样就提高了公司的盈利能力。研究表明,客户忠诚度增长5%,就可以使公司的盈利能力翻1倍,主要是因为70%的销售来自忠诚的客户。客户是企业生存和发展的基础。市场竞争的实质就是争夺客户资源,企业要想获得长远稳固的客户资源,就必须致力于客户忠诚度的建立和维持。

## 三、客户忠诚与客户满意

营销学的一个公认原理是,忠诚的客户才能为企业带来更大的价值。这就要求企业要在客户满意的基础上建立客户忠诚度。一个有趣的比较是,软件公司客户比硬件公司的客户忠诚度更高。该调查发现,56%的美国软件公司客户可以达到"真正的忠诚",硬件客户是50%。所谓"真正的忠诚",有人认为应该定义为"客户不只是打算将来继续与某公司合作,并且对该公司持有一种肯定的态度"。当前有24%的美国网上零售商应用了客户忠诚技术,43%的网上商店在忠诚保持程序中采取点数积分、现金回赠或其他购物奖励性计划。在这些实施了客户忠诚培养计划的网上零售商中，77%提供定期促销活动，60%提供高级客户会员服务，56%在所有页面提供免费800电话。其他方面包括快速发货、网站或E-mail中运用个性化技术、隐私保护和安全保护程序等。通过这些有关客户忠诚和客户满意的相关调查数据，从另外一个角度说明，企业不能永远依赖短期促销行为，也就说利用短期促销行为无法实现永久的客户忠诚。只有通过与用户建立长期的友好关系，为用户不断提供价值，才能真正获得用户满意。

消费者行为学认为，在消费者态度形成过程中，首先消费者会收集产品或服务的信息(认知)，其次消费者对这些零碎的信息进行重新加工、整理之后，会对这种产品或服务提出肯定或否定的综合评估(情感)，最后在这种评估的基础上产生某种意向和行为。对于满意的客户是否一定是忠诚客户的问题，长期以来人们普遍认为客户满意与客户忠诚之间的关系是简单的近似线性的关系，然而事实并非如此。满意感与客户忠诚感并不是正比例关系，满意度高并不代表客户忠诚度也高。客户满意感更强调的是对于单次购买行为后的心理满足程度，而客户忠诚感是在连续的不断提高的满意的基础上建立起来的一种长久忠于企业的意向和行为。

客户满意与“客户忠诚”是紧密相关的。一方面，客户满意是实现“客户忠诚”的有效途径。从理论上讲，只有满意的客户才会“忠诚”于企业。另一方面，客户满意是以“客户忠诚”为支点。如果客户满意不能导致“客户忠诚”，那么客户满意也就一钱不值，失去了其存在的意义。但问题是，客户满意究竟与哪种“客户忠诚”紧密相关呢？也许我们不止一次听到这样的描述：一个满意的客户，要6倍于一个不满意的客户更愿意继续购买那个企业的产品或服务。从“更愿意”这几个字可以了解到，平时人们所说的客户满意与“客户忠诚”之间的联系，大多是指客户满意与“客户忠诚”意愿(而非行为)之间的关系。在一般的客户满意研究中，人们都能够发现这个重要的关系。然而，众多的客户满意研究表明，客户满意与“客户忠诚”行为之间缺少应有的相关性。20世纪90年代，美国营销协会（AMA）每年都召开有关客户满意研究的专题年会。1997年，它的专题是“把客户满意与企业的底线联系起来”（Link customer satisfaction with company's bottom line）。我们在这里想通过1997年美国营销协会客户满意年会的专题说明这样几个事实：在客户满意研究普及了至少10年后，AMA才召开这样专题的年会，这说明绝大部分的客户满意研究并没有把客户满意与企业的底线（盈利）结合起来分析；从大会上的几位关键人的发言来看，这个专题年会并没有能够提供强有力的证据，以证明客户满意与“客户忠诚”行为（或企业盈利）之间的强相关性。在这次年会后，随着企业数据库营销思潮的兴起，企业更应该重视对客户满意与“客户忠诚”行为之间关系的研究。但遗憾的是，这种研究一直没有成为客户满意研究的重要组成部分。恰恰相反，欧美的客户满意研究却向分析简单化、自动化方向发展。这种趋势，我们还可从在客户关系管理（CRM）实践中企业没有把客户满意研究作为企业客户关系管理的一个重要组成部分而得到进一步的证实。

## 四、客户忠诚度评价

客户忠诚度是对客户忠诚的量化指标，就如客户满意度指数对客户满意的量化一样。客户忠诚度实际评价起来比较复杂：首先，影响客户忠诚的因素有很多，而且都比较难以量化；其次，不同的行业之间影响客户忠诚度因素并不相同，难以找到一个统一的标准来进行评价；最后，通常使用的一些量化指标，如客户的消费额、消费时间等，并不能完全反映出客户忠诚度的高低，因为这两者之间并非完全正相关。多数情况下，即使客户对这种服务和产品不满意，也不得不进行某种产品的购买。

一种简单的客户忠诚度的评价方法，要点如下：① 识别影响客户忠诚度的关键因素构建客户忠诚度评价体系必须首先识别影响客户忠诚的关键因素，根据这些因素确定客户忠诚评价指标。根据陈明亮等人的研究，客户忠诚的主要决定因素可以归纳为以下四个：客户认知价值、客户满意、转移成本和客户信任。客户认知价值是客户对供应商提供的相对价值的主观评价；客户满意是客户对供应商的总的售后评价；转移成本指客户对结束与供应商的关系和建立新的替代关系所涉及的相关成本的主观认知；客户信任指客户对可信的交易伙伴的一种依赖意愿，包括可信性和友善性两个维度。② 客户忠诚度评价指标体系。该指标体系由两个层次构成，总目标——客户忠诚度，也称为一级指标。二级指标将客户忠诚度分解为客户认知价值、客户满意、转移成本和客户信任四个方面。③ 客户忠诚度指标体系权重。指标体系权重的确定是评价指标体系设计中非常关键的一个步骤，对于能否客观真实地反映客户忠诚度起着至关重要的作用。

通常而言，客户忠诚度通过推荐情况、交叉购买、重复购买意向等指标测量。对于耐用消费品而言，大部分产品的购买周期比较长，有的长达 5 年以上。由于激烈的竞争和技术进步，数年后的情况难以预料，现在测量的重复购买意向指标难以较精确地预测数年后的实际购买情况。而因为高的满意度导致的推荐购买（良好的口碑）对企业的正向影响非常大。根据我们的研究，在绝大部分耐用消费品的消费行为研究中，亲戚朋友的推荐是其决策的主要依据。这也说明了推荐的效果。因此，针对耐用消费品以及其他购买间隔比较长的产品/服务，采用满意度作为绩效考核的指标比较合适。对于非耐用消费品（特别是日用品）和部分服务而言，购买产品/接受服务的时间间隔比较短，如购买牙膏牙刷、食品等，接受饭店、加油服务等，虽然产品或者服务的单位价格不是很高，但是客户的生命价值可能远远大于产品/服务单位价值。在这种情况下，如何留住现有客户、让他们重复购买则显得更加重要。因此，对这些产品/服务而言，采用客户忠诚度指标能够更好地评价现状，并且能够预测未来的绩效。上述分析还是存在一个缺陷，即把考察的品牌隔离开来单独分析，而没有考虑竞争的情况。更好的办法是，同时考虑本品牌产品/服务和目标市场内的主要竞争品牌的满意度/忠诚度，把本品牌满意度/忠诚度和主要产品的差距作为绩效考核的重要指标。

## 第二节 客户保持战略

从消费心理学的角度来讲，一个人会对他认为是有价值的事物保持忠诚。客户忠诚就是指客户对某种产品、品牌和与之相对应的公司的信赖、情感依附和希望重复购买的一种心理倾向。客户忠诚体现了客户消费行为的连续性与一致性。与客户忠诚相对应的概念是客户忠诚度管理。客户忠诚度管理所要解决的问题就是提高客户对企业、产品的认同，防止流失，维持消费水平，甚至提高消费额度，提高企业自身的竞争力，进而提高市场份额。

### 一、客户流失管理

客户对企业利润的贡献取决于企业是否能在客户的每次购买决策中留住客户而不使其转向别的企业。当然，由于企业所面临的不再是静态的竞争环境，任何一个竞争事件都可能会改变竞争状态。

**(一) 影响客户流失的原因**

随着国内企业竞争的加剧，旅游市场的竞争正在趋向同质性竞争。从技术角度来讲，国内各大旅游企业的竞争是一场没有技术秘密、没有压倒性技术优势的竞争；从产品角度来看，虽然各种旅游线路层出不穷，但归根到底，无非是几种有限业务的组合；从价格角度来看，激烈的竞争使各大企业都已触及价格的底线；从消费者体验的角度来讲，各个企业所能提供的产品的差异性越来越小。面对着种类繁多、功能类似、价格趋同的产品，客户的选择余地越来越大，他们的口味也正在变得越来越挑剔。导致客户不忠于企业的原因从市场角度划分可以归为三大类：一是技术原因；二是服务原因；三是竞争对手的原因。从企业的供给构成角度又可以分类：

(1) 产品。在竞争性市场上，公司必须把核心产品做好；如果做不到这一点，优良的客户关系就永远不会出现。

(2) 支撑系统。这个层次包括了企业的各种支撑系统（如计费账务系统、客户关系管理系统、故障报修系统等）和支撑性的服务。这些系统和服务有助于核心产品的提供。支撑性的服务还包含了传统营销组合中的三个非产品因素：收取什么样的资费、使用什么样的资费结构？通过什么样的渠道提供产品和服务，该渠道的覆盖性、方便性和盈利性怎么样？使用什么样的媒体来吸引目标客户？

(3) 制度/流程。这个层次主要是指企业能保证将核心产品和支持服务做好的有关管理制度、规章和流程。主要体现在企业向客户承诺的服务表现上。企业的产品可能没有任何问题，甚至企业提供产品的程序和系统已经到位了，但如果企业没有把它们做好，那么就说明相关的流程或制度出现了问题。

(4) 感情因素。有相当一部分客户的满意度与核心产品或者服务没关系。实际上，客户甚至可能对他与企业接触的绝大多数方面感到满意，但可能仅仅因一位员工的某些话或者其他的一些小事情没有做好而失去了这个客户的业务。

**(二) 客户战略模式**

企业战略的重要方向应该是尽可能增加客户保持的可能性，并吸引游离的客户，尤其是吸引竞争对手的客户。这种以客户价值为中心的战略模式包括四个关键要素：① 客户一体化。它是指将供应商和客户作为独立的实体来看待，密切合作，将交易成本降至最低，最大限度地为交易链中的后一个客户增加价值。其目的在于通过创造一种真正的互利环境，建立可靠的伙伴关系。企业必须清楚地知道客户在决定购买产品时是如何考虑得失并进行选择的。如果一个企业寻求的是最大化客户终生价值，就必须了解消费者的购买动机，也就是了解是什么促使他购买你企业的产品。② 找出客户最关注的价值领域。客户在购买产品时，关注的可能只是价格。什么是好产品、好服务？这不是企业想像出来的，而应该是在客户心目中他们认为最满意的东西。因此，企业必须分析与客户建立起的联系，找出对客户来说最重要的价值领域是什么。③ 分析竞争状况。分析竞争状况的目的是确认企业在竞争市场上的定位。通常，一个市场上会存在众多的竞争对手，理解谁是你的主要竞争对手以及他们是如何吸引客户的也是至关重要的。因为每个企业现有的客户群代表了其产品和服务的所有可能客户的子集。企业通常会有两个努力的目标：一是最大化从当前客户处获得的收益，二是增大客户总量以获得收益。④ 提高市场反应速度。这主要表现为：一是要善于倾听客户的意见和建议，让客户感觉到自己受到重视，企业从倾听中为客户创造更多的经营价值；二是分析客户流失原因，对已停止购买或转向另一个企业的客户，我们应该与他们接触，以了解发生这种情况的原因，对已流失的客户进行成本分析；三是建立强力监督系统，迅速解决市场问题，保证客户利益；四是建立投诉和建议制度；五是建立预测系统，为客户提供有价值的信息，一切从客户出发，不仅将企业的信息反馈给客户，而且及时对竞争对手的行为作出预测，并提供给客户。

世界著名的投资专家巴菲特曾经说过："我经常感受到从经营失败中能比从经营成功中学到更多的东西。我们经常研究流失的客户去了哪里，为什么有些措施会失效。我们应尽量避免错误。在经营中需要反向思考，从失败开始，然后排除它，这将有助于取得成功。"客户流失的根源在于市场发展和客户对企业服务要求的不断提高，通过应用客户流失数据，分析客户流失原因，挽留即将流失的客户，目的在于不断改进企业的营销和服务工作，创造和服务客户，并在此基础上为客户创造价值，这样才能最终获得、保持和增加客户，锻造企业核心竞争力，实现企业的可持续发展。

客户流失已成为很多企业面临的尴尬问题。对于那些与企业终止业务联系的客户，要分析其流失的原因，从而改进服务，减少客户流失。

实施客户流失管理的内容有：测定客户流失率、分析客户流失原因、绘出客户流失率分布图、显示出不同原因的退出比例以及有的放矢地采取相应措施；测算流失客户所造成的企业利润损失；确定降低流失率所需要的费用，并与损失的利润进行比较；若降低流失率所需费用低于损失利润，则应支出该费用，对流失状况实施矫正；有针对性地制定留住客户的措施，并实施控制。

## 二、提升客户忠诚度

内在价值、交易成本、各种关系利益人的互动作用、社会或感情承诺，这些都是激发客户对企业忠诚的重要因素。但是企业只是拥有了这些品质，还不一定能够获得太多的高忠诚客户，因为企业还必须有一种“以客户为中心”的文化，并且把这种文化反映到企业各个业务部门的业务流程中。

### （一）企业借助于CRM来提升客户忠诚度

(1) 文化。以客户为中心。企业所关注的是如何做到对客户和员工最好，如何博得他们的忠诚。公司提倡“以客户为中心”的文化，不仅要求市场、销售和服务部门建立“以客户为中心”的业务流程，而且需要公司其他部门积极响应客户需求的变化，建立真正意义上的所有部门的运营都“以客户为中心”；而且，如果把内部上下流程的下游作为客户的话，公司应当建立一种更加完美的客户导向的方案和机制。

(2) 意识。服务第一，销售第二。良好的客户服务是建立客户忠诚度的最佳方法，包括服务态度，回应客户需求或申诉的速度等，让客户清楚了解服务的内容以及获得服务的途径。

(3) 不让任何部门成为“信息孤岛”。许多公司缺乏对客户的了解，就是因为公司没有一个中央数据库所造成的。财务部门、销售部门和客户服务中心可能都拥有自己的数据库，但这些客户数据库存在很大的差异，同一个客户可能在这些数据库中存储着不同的信息，因为不同部门所关心的客户内容是不一样的。这些“信息孤岛”容易导致不同部门在同一问题上会给同一客户发送不同的信息，从而容易引起客户的不满，甚至反感，直至客户流失。

(4) 用心对待客户反馈。研究表明，客户反馈与客户对优质服务的感知是密切相关的。Internet 的到来已经改变了客户对反馈的感知。逐渐地，客户开始期待企业能够给予一个全程的 24 小时服务。而且，现在的客户也已经习惯了访问网站，并期望能够在网上获得问题的答案。一些最新出现的技术工具，如基于 Web 的自助式服务、E-mail 管理逐渐成为公司客户服务部门的关键工具。

(5) 规范的流程。要想持续不断地增加忠诚客户的数量、提升客户忠诚度，企业应当建立一套规范的客户忠诚培养与提升的流程。让企业各个部门的员工能够认识到客户忠诚的重要性，并且知道如何去培养和提升客户忠诚度。同时，企业应当能够对客户忠诚度和流失率进行科学的评估，并且能够对客户终生价值或客户终生利润率进行评估。

(6) 服务。企业要想赢得较高的客户忠诚和盈利能力，就一定要实现以下目标：在正确的时间、以正确的价格、通过正确的渠道将正确的产品(或服务)提供给正确的客户。在新的社会环境下，客户的需求正在不断发生变化，开始追求一种与众不同的产品享用和服务享受。如果企业能够为每一位客户建立一套个性化档案，就可以针对每一位客户来实行其个性化的服务。

(7) 想客户未来所想。企业实施 CRM 后，需要管理客户的整体资料和信息，包括客户的地理位置、家庭成员状况、客户利润贡献率、交易渠道偏好、终身价值等因素。然后根据客户的不同资料进行客户细分化，为客户提供“个性化”的服务。更重要的是 CRM 可以有助于预测未来，仅仅做到“想客户所想”还不够，还应当做到“想客户未来所想”。CRM 中所建立的预测模型，可以帮助企业的市场部门通过对客户和市场变化的调查，制定更准确的市场策略、开展更成功的市场攻势。通常，预测模型的建立需要利用多种统计工具来解释客户行为，并对其未来的客户和市场动向作出预测，真正实现“想客户未来所想”。另外，这种对客户行为的预测，还有助于挖掘客户的潜在价值。客户忠诚是客户在购买企业产品和服务的过程中体验各因素的结果，因此，建立客户忠诚的过程是从客户与企业或客户与产品的接触开始的、正相关作用的循环过程。各因素循环作用构成了一个正反馈系统：只有当客户感知你的产品和服务，具有满意和愉悦感，客户才可能对你产生信赖，他才会被你锁定，成为你忠诚的客户，此时，他对你必然信赖，会再次感知你的产品和服务，再次强化对忠诚度因素的体验，提升忠诚度，成为你拥有的能带来利润的老客户，也成为你的义务推销员。

**（二）旅游企业提升客户忠诚度的途径**

提升客户忠诚度，旅游企业应着手做好以下工作。

1. 完善内部管理，提高员工满意度是核心

经过 20 多年的磨炼，旅游企业已经日渐成熟起来，企业的高层管理者对内部客户即员工的重要性的认识也在逐步加深。具有高层次客户忠诚度的企业一般同时具有较高的员工忠诚度。因为客户得到的服务和各种体验都是通过与员工接触来获取的，满意的员工才能创造满意的客户。提高内部客户满意度绝不能仅仅依靠某一种方式以达到一劳永逸，企业文化的塑造、薪酬的提升、开放式交流以及员工教育和培训等等，都必须在企业的总体目标的指导下，战略性地加以综合制定和实施。而在这些方式中，适当授权和建立离职员工关系档案是很多旅游企业忽视但却又相当重要的措施。在旅游企业，员工（尤其是一线员工）在解决客户提出的问题或投诉的过程中，必须层层上报，这样既加重了管理人员的工作负荷，又影响工作效率，而且适当授权并不意味着大权旁落，对员工的行为完全放任不管，它是一种有效的激励手段。它能让员工在处理对客关系中，更能体会到作为企业主人翁的强烈的责任感和满足了客户之后产生的自豪感和成就感。

2. 把握直接消费者的消费需求，确定其忠诚度现状是关键

（1）了解客户的价值取向，不仅让客户觉得“物有所值”，更要让他

们觉得“物超所值”。了解客户的价值取向对于建立较高的客户忠诚是非常重要的。旅游企业的产品技术含量低，缺乏较强的进入壁垒，极易造成“经营的同质化”。因此，只有细分产品定位、寻求差异化经营、找准目标客户的价值取向和消费能力，才能真正培养出属于自己的“忠诚客户群”。而仅仅依靠市场调研，凭几百个样本是无法完全了解客户的核心需求的。旅游企业应时刻保持对客户的关注，从行业变化、日常的销售反馈、客户的抱怨、服务人员的电话记录单、研发人员的创新等方面进行收集、整理并加以研究，才能真正做到了解客户需求。要超越客人的期望，就必须在服务中做到个性化和超常化，并努力做好延伸服务。个性化要求服务有针对性和灵活性。旅游企业要根据不同客人在不同场合、情绪、身体、环境等条件下表现出的需求和特征来提供恰当的服务；同时，在服务过程中随机应变，投其所好，满足不同客人随时变化的个性需求。超常化，就是要打破常规，别出心裁，让客人有一种前所未有、意想不到的感觉和经历，如一束在机场接机时献上的鲜花、一张服务员的淳朴的问候卡、一件独特的纪念品等。

(2) 根据客户忠诚现状确定提升办法。并非所有的客户都对企业忠诚，也不是客户忠诚都处于同一层次。如果现行的客户关系建立与维护流程不能确保提升客户的忠诚度，应该予以重新考虑。

3. 改善服务流程，建立顺畅的客户抱怨体系是基础

客户变得越来越理性，并且在购买了产品后会非常“敏感”，他们在与旅游企业交易时，希望能够获得足够的愉悦，并且能够尽量减少麻烦。旅游心理学家的分析指出，当客户获得了一次良好的服务体验时，他们会与亲朋好友分享，同时会形成“重复购买”；同样，如果对服务体验不满，他们会把这种“不幸”向周围更多的人宣传，而且，借助于网络很容易将这种感受进行广泛传播，影响更多人的消费决策。因此，旅游企业要想提升客户体验，必须把与旅游产品相关的各项服务流程加以不断的完善和改进，才能满足客户不断变化的需求。对于大多数旅游企业而言，抱怨的客户只是不满意客户中的一小部分，大部分客户常常

把不满情绪用行为反映出来，如拖欠应付账款、对一线服务人员不够礼貌、如前所述的负面传播等。因此，企业必须在不愉快的事情发生之前快速解决，尽量给客户一个倾诉抱怨的机会，建立一个顺畅的渠道，让他们有机会说出心中的不畅，同时尽量解决这些问题。处理客户的抱怨，应被视为一次机遇而不仅仅是痛苦的例行公事。“客户抱怨监控系统”应成为管理层用来决策的一个重要工具。

4. 成为供应商和渠道客户的合作伙伴是保障

旅游企业目前更关注的焦点客户是直接的消费者，如入住酒店的客人、参团的游客、预订机票的乘客，而忽略了企业的供应商和中间渠道的作用。他们是客户感受的价值链中不可或缺的环节，他们提供的产品或服务质量的优劣直接关系到整个旅游企业对客服务质量的高低。因此，旅游企业有必要与其供应商和中间渠道加强合作，利润共享、损失共担，以达到双赢的目的。当处于旅游企业上游的供应商客户和下游的渠道客户与企业的利益相互捆绑、相互牵制时，对直接消费者的服务将会更加令人满意。

5. 完善客户信息数据库是支撑

为了建立完善的客户信息数据库，旅游企业需要对信息技术进行必要的投资。如能够自动收集和分析最有价值客户的实时软件，E. Piphany 公司研发的 E5 软件就能自动计算出每个忠诚客户的投资回报周期。其中部分的数据可以来自中央预订系统和旅游企业信息管理系统，但更多的要依靠员工关注客户的需求而获得。客户数据库里面的资料应包括客户的基本资料、联络途径、以往的消费记录、每次预订的日期时间、预订渠道、特别服务、个人喜好和取消预订的记录、投诉和处理记录、累积消费积分、奖励记录、忠诚度评估等。这些资料可以在连锁企业或合作企业中实现跨区域甚至全球共享，这将为旅游企业提供定制化的服务、提升客户的忠诚度带来一个质的飞跃。目前旅游企业在网络上的竞争也越来越激烈，都希望利用 Internet 的便利扩展营销渠道，建立品牌知名度和持久的客户关系。在客户访问企业的网站时，可以用Web数据对网站进行分析，优化页面设计，识别客户的行为模式，并预测他们的需求，以提供个性化的服务，并即时把他们最满意的内容推到他们的桌面，从而提高商业智能水平。

## 三、赢得客户忠诚

建立客户忠诚是一个系统过程。客户忠诚度是建立在客户忠诚各因素环节上的系统目标。只有在保证客户服务、建立良好信誉的基础上，通过一定的手段来实施客户忠诚度的计划，客户忠诚度才具有价值。

在思想认识上企业需要真诚地对待客户，采取“双赢”战略。在经营策略上，企业需要注意营销宣传的正确市场定位，恰当地宣传产品。

奖励客户忠诚的做法最先体现在酬宾赠物券和配给券中。例如，在始于20世纪30年代的S&H绿色酬宾赠物券计划中，零售商向客户支付与其购买量成比例的酬宾赠物券，客户的购买量被记录下来，日后凭酬宾赠物券可以购买商品。此种赠券可被视为一种具有一定价值的“代币”。1981年，美国航空（American Airline）首次推行了知名的飞行常客计划。此前，各大航空公司一直为试图赢取客户青睐而煞费苦心。

过去，客户忠诚度计划主要是用于服务行业，如信用卡金融机构、旅馆和航空公司。这些企业提供的产品和服务是无形的，如旅馆住宿和乘坐飞机，因此，这些企业往往成本低而收益高。现在，以提高客户忠诚度为目标的各种积分计划、俱乐部营销等，从航空公司、酒店等行业迅速普及到了电信、金融、零售等各行各业，现在已经发展为跨行业、跨国家、线上线下联合的趋势。企业往往给予长期购买客户一定的优惠，采用客户忠诚卡来诱导重复消费。

但现在，越来越多的企业在客户忠诚度计划实施方面临着巨大的挑战，传统的客户忠诚度计划正在失去原有的作用，难以达到企业预先计划的效果。一方面，消费者受教育程度越来越高，使得很多消费者从情感型忠诚客户转变为理智型消费者，而且他们的信息来源和渠道也越来越多。这使得消费者能很好地在不同企业提供的产品和服务之间作出比较和判断。另一方面，企业和企业之间的客户忠诚度计划的雷同性以及企业间竞争的升级，使得客户忠诚度计划的优势侵蚀殆尽。只要一打价格战，消费者立刻转移。只要有新的牌子、新概念产品出现，消费者就产生尝试、转变的心理，进而影响对原品牌的信赖程度。

根据纽约市场调研机构 Jupiter Research 的调查，有超过 75%的消费者至少有一张客户忠诚卡，而有超过三成的消费者有两张或两张以上的客户忠诚卡。美国 Gartner 的研究则指出，美国企业 2003 年在客户忠诚度计划上的支出就多达 12 亿美元。

客户忠诚度计划应在客户原有的采购倾向和利润度之外，向客户提供有差异化的产品和服务。如果这些计划仅仅看重商品的数量折扣或是只给老客户提供优惠，则计划必定难以持续推行。

美国在线 AOL 是一家在客户忠诚度方面做得极为优秀的公司。据统计，目前全球网上销售只开发了消费者 30%的购买潜力，而美国在线却是个例外。它非常慎重地测量它的客户忠诚度和购买模式。它通过对不同消费者群体的保留率分析和生命周期的经济分析，做了很多关于吸引消费者的程序的小规模测试，同时也投入大量的资金去吸引并留住有长远价值的客户。AOL 的一项客户忠诚研究计划发现，当 AOL 成为日常生活的一部分时，消费者会不断地修改他们的计划，因此公司加强了服务软件的日历和日程安排等跟踪功能。当客户用得越多，就越离不开 AOL。因此，AOL 客户服务中心的中心任务是提供服务的方便性，以吸引更多的求便利的客户。

戴尔(DELL)计算机公司在这方面也很优秀，它有专门的部门和副总来负责管理客户忠诚。DELL公司用一系列的标准，每个月、每个季度都跟踪监测客户购买行为。在研究了客户保留方面的数据后，DELL 发现驱动其品牌忠诚的几个关键因素是：订单履行、产品表现、过去的销售服务与支持。因此，DELL 定期对每个因素进行总结统计。比如，订单履行，测量定制服务按时准确到达客户的百分比；产品表现，测量客户遇到的产品问题的频率;服务与支持,测量第一次服务按时到达率和成功率。公司建立了跟踪统计分析系统,每天总结并与所有员工共享,以资提高组织总体服务能力。DELL 的另一个绝招是计算出客户买 DELL 的产品所需要的成本:下订单、安装、运行,服务,布置和必要的软件。这些成本哪些是付给 DELL 的,哪些是付给别的公司的。DELL 根据这些成本信息来投资新的产品和服务,一方面为公司创造了新的收入来源,另一方面又为客户减少了购买 DELL 产品的总的相关成本。

越来越多的企业正在试图创新对客户更有吸引力的奖励计划,从而帮助企业提升利润。

一种称为"赠与地位"的客户忠诚计划正在被很多企业所采用。这种计划是使用黄金卡和铂金卡来区别不同忠诚程度的客户,从而在客户购买的基础上给予他们一定的地位。这种方法在原有消费者分层的基础上,进一步将忠诚客户分层,赋予他们一定的地位,以使他们感觉良好,并作出相应的购买消费。一般来说,金牌客户在数量上仅占总客户数的 5%。这些金牌客户只有在他们了解到还存在另一类银牌客户位列其下时,才会有一种与众不同的成就感,才会激发其购买欲望。现在,越来越多的客户希望获得地位,企业也正在探索更佳的客户分类方式。

有的企业开创了一种"赠与进展"的客户奖励计划。例如,在一项奖励活动计划中,需要消费者购买 8 份商品才能获得一次奖励,现在可对其进行相应改进,把项目设置为客户得购买 10 份商品才能获得一次奖励,而其中 2 份商品在客户注册企业会员时就已经购买了。这两项计划都要求客户购买 8 份商品,并且提供相同的奖励条件,然而,客户会更倾向于选择后者并且会更快地完成,如果有人给他们开了个头的话。如果一项任务的实施需要采取 8 个步骤,则可以试图把它扩展为 10 个步骤,但有 2 个步骤已经完成。这样,人们往往会感觉到任务已经开展起来但还未完成。这种方法能更加有效地促使人们更快地去完成计划。有很多洗车行目前采用的就是这种客户忠诚计划。

有的企业则选择了一种新型组合定价的客户忠诚计划。这种计划在心理上能有效降低消费者对成本的感知,同时也能为企业带来更多盈利。例如,航空公司的客户往往对是选择花费 500 美元还是获赠飞行 25 000 英里的航程并不感兴趣，然而,他们却愿意选择支付 400 美元和获赠飞行 5 000 英里航程的组合。航空公司采用的这种联合定价的方法是每英里收费 0.02 美元,收益不变,却在心理上降低了消费者对成本的感知。在这种获赠英里数或是奖励积分的计划中,涉及客户的心理因素。显然,客户是不会将里程或积分与现金一视同仁的。

有的忠诚度计划则不会提供客户重复消费的优惠,而是带给客户一种参与性的体验感觉,加强企业和客户之间的亲密程度,从而留住客户。许多网络企业为忠诚用户提供个人主页空间、免费的电子邮件等等。通过为用户提供参与共建网站的方式来留住他们。网络企业在网站中设立许多栏目,邀请人们参与讨论或支持栏目。随着客户告诉企业的信息越多,企业就能更准确地把握客户的想法——他们在何时、何地想要什么,客户也就越不容易被其他企业吸引。因为即使其他企业能够生产与其一模一样的产品,已经与该企业建立了联系的客户要把自己的信息告诉其竞争对手,就得花费额外的时间和精力。

此外,品牌联合的忠诚度计划也在盛行。澳大利亚最大的、拥有最多会员数量的 Fly Buy 就是一个例子。它是一个由强势零售商(如 David Jones 百货、Coles 超市)和石油公司(如 BP)等常用消费品的零售终端联合推出的一个消费集点获奖计划。会员可以通过在以上零售终端的日常消费积累点数,获得从个性礼品、航空英里数到汽油优惠的各种奖励。这是一个联合强势品牌做大“蛋糕”而不是分抢“蛋糕”的方法。这一计划实行以来,成功地减少了会员在中小型零售终端的消费平均达 15%。

总之,无论是“赠与进展”、“赠与地位”的客户奖励计划,还是新型组合定价的客户忠诚计划,抑或是品牌联合忠诚计划,都是企业在客户忠诚度计划上的创新。如何创建一个简单的、表达自己品牌的忠诚度计划，并使之区别于其他企业已经成为越来越多的企业正在思考的问题。

信息科技的运用以及客户信息/知识的洞察是客户忠诚度创新的基础。比如，英国最大的连锁超市 Tesco 就通过磁条扫描技术与电子会员卡结合的方式来分析每一个持卡会员的购买偏好和消费模式，并根据这些分析结果来为不同的细分群体设计个性化的每季通讯。Tesco 的会员卡就是一个结合信息科技、创建和分析消费者的数据库。通过这样的过程，Tesco 根据消费者的购买偏好识别了 6 个细分群体；根据生活阶段分出了 8 个细分群体；根据使用和购买速度划分了 11 个细分群体；而根据购买习惯和行为模式来细分的目标群体更是达到 5 000 组之多。这带来的好处是显而易见的。Tesco 优惠券的实际使用率达到 20%，而不是行业平均的 0.5%。

【应用案例】

## 东方饭店如何培养客户忠诚

泰国的东方饭店堪称亚洲饭店之最，几乎天天客满，不提前 1 个月预订是很难有入住机会的，而且客人大都来自西方发达国家。泰国在亚洲算不上特别发达，但为什么会有如此诱人的饭店呢？大家往往会以为泰国是一个旅游国家，而且又有世界上独有的人妖表演，是不是他们在这方面下了工夫。错了，他们靠的是真工夫，是非同寻常的客户服务，也就是现在经常提到的客户关系管理。

他们的客户服务到底好到什么程度呢？我们不妨通过一个实例来看一下。

一位朋友因公务经常出差泰国，并下榻在东方饭店，第一次入住时良好的饭店环境和服务就给他留下了深刻的印象，当他第二

（续上）

次入住时几个细节更使他对饭店的好感迅速升级。

那天早上，在他走出房门准备去餐厅的时候，楼层服务生恭敬地问道："于先生是要用早餐吗？"于先生很奇怪，反问"你怎么知道我姓于？"服务生说："我们饭店规定，晚上要背熟所有客人的姓名。"这令于先生大吃一惊，因为他频繁往返于世界各地，入住过无数高级酒店，但这种情况还是第一次碰到。

于先生高兴地乘电梯下到餐厅所在的楼层，刚刚走出电梯门，餐厅的服务生就说："于先生，里面请。"于先生更加疑惑，因为服务生并没有看到他的房卡，就问："你知道我姓于？"服务生答："上面的电话刚刚下来，说您已经下楼了。"如此高的效率让于先生再次大吃一惊。

于先生刚走进餐厅，服务小姐微笑着问："于先生还要老位子吗？"于先生的惊讶再次升级，心想"尽管我不是第一次在这里吃饭，但最后的一次也有一年多了，难道这里的服务小姐记忆力那么好？"看到于先生惊讶的目光，服务小姐主动解释说："我刚刚查过电脑记录，您在去年的6月8日在靠近第二个窗口的位子上用过早餐。"于先生听后兴奋地说："老位子！老位子！"小姐接着问："老菜单？一份三明治，一杯咖啡，一个鸡蛋？"现在于先生已经不再惊讶了，"老菜单，就要老菜单！"于先生已经兴奋到了极点。

上餐时餐厅赠送于先生一碟小菜，由于这种小菜于先生是第一次看到，就问："这是什么？"服务生后退两步说："这是我们特有的某某小菜。"服务生为什么要先后退两步呢？他是怕自己说话时口水不小心落在客人的食品上，这种细致的服务不要说在一般的酒店，就是美国最好的饭店里于先生都没有见过。这一次早餐给于先生留下了终生难忘的印象。后来，由于业务调整的原因，于先

(续上)

生有3年的时间没有再到泰国去,在于先生生日的时候突然收到了一封东方饭店发来的生日贺卡,里面还附了一封短信,内容是:亲爱的于先生,您已经有3年没有来过我们这里了,我们全体人员都非常想念您,希望能再次见到您。今天是您的生日,祝您生日愉快。于先生当时激动得热泪盈眶,发誓如果再去泰国,绝对不会到任何其他的饭店,一定要住在东方,而且要说服所有的朋友也像他那样选择。于先生看了一下信封,上面贴着一枚6元的邮票。6元钱就这样买到了一颗心,这就是客户关系管理的魔力。

东方饭店非常重视培养忠实的客户,并且建立了一套完善的客户关系管理体系,使客户入住后可以得到无微不至的人性化服务。迄今为止,世界各国的约20万人曾经入住过那里,用他们的话说,只要每年有1/10的老顾客光顾饭店就会永远客满。这就是东方饭店成功的秘诀。

现在客户关系管理的观念已经被普遍接受,而且相当一部分企业都已经建立起了自己的客户关系管理系统,但真正能做到东方饭店这样的还并不多见,关键是很多企业还只是处在初始阶段,仅仅是上马一套软件系统,并没有在内心深处去思考如何去贯彻执行,所以大都浮于表面,难见实效。客户关系管理并非只是一套软件系统,而是以全员服务意识为核心贯穿于所有经营环节的一整套全面完善的服务理念和服务体系,是一种企业文化。在这方面,泰国东方饭店的做法值得我们很多企业去认真地学习和借鉴。

(**资料来源** 英国托尼、克拉姆著,孙静译:《关键客户——如何与最有价值的客户建立有活力的关系》,中国人民大学出版社2005年版)

# 复习思考题

1. 简析客户忠诚的相关概念。
2. 如何划分客户忠诚的类型?
3. 客户忠诚的级别与忠诚客户的价值之间的关系如何?
4. 简述旅游客户满意与旅游客户忠诚的关系。
5. 如何有效防止客户流失?
6. 为什么 CRM 可以提高客户忠诚度?
7. 为什么说在提升客户忠诚度的工作中提高员工满意度是核心?
8. 什么是客户忠诚计划?

# 第七章 关系营销与客户关系管理

## 第一节 关系营销概述

关系营销是从“大市场营销”概念衍生、发展而来的。1984 年,科特勒提出了“大市场营销”概念,目的在于解决国际市场的进入壁垒问题。在传统的市场营销理论中,企业外部环境是被当作“不可控因素”来对待的。其暗含的假设是,当企业在国际市场营销中面临各种贸易壁垒和舆论障碍时,就只得听天由命,无所作为。因为传统的 4Ps 组合策略,在贸易保护主义日益盛行的今天,已不足以打开封闭的市场。要打开封闭的市场,企业除了需要运用产品、价格、分销及促销四大营销策略外,还必须有效运用政治权力和公共关系这两种营销工具。这种策略思想称为大市场营销。

正是在上述诸因素的作用下,关系营销自 20 世纪 80 年代后期以来得到了迅速的发展。贝瑞率先提出和讨论了如何维系和改善同现有顾客之间关系的问题。随后,杰克逊提出要与不同的顾客建立不同类型的关系。北欧诺迪克学派的代表人物葛劳罗斯、舒莱辛格和赫斯基则论证了企业同顾客的关系对服务企业市场营销的巨大影响。今天,人们对关系营销的讨论和实践,已从单纯的顾客关系扩展到了企业与供应商、中间商、竞争者、政府、社区等的关系。这样,关系营销的市场范围就从顾客市场扩展到了供应商市场、内部市场、竞争者市场、分销商市场、影响者市场、招聘市场等,从而大大地拓展了传统市场营销的含义和范围。

## 一、关系营销的概念

从 1983 年 Berry 首次提出关系营销的概念开始,关系营销已经发展了 20 多年。但是到目前为止,人们还没有对关系营销形成统一的定义。

最普通、简易的看法是将关系营销界定为买卖之间依赖关系的营销。

营销学会(CIM)观点:识别、预期和满足客户需要的盈利性管理过程。

比较全面的说法是:关系营销是为了满足企业和相关利益者的目标而进行的识别、建立、维持、促进同客户的关系,并在必要时终止关系的过程,这一过程是通过交换和承诺得以实现。关系营销是旨在通过与消费者建立和谐、协调的关系来形成顾客忠诚,从而实现营销活动的过程。它的核心思想是营造客户忠诚。关系营销把营销活动看成是一个企业与消费者、供应商、分销商、内部员工、竞争者、政府机构及其他公众发生互动作用的过程,正确处理企业与这些组织及个人的关系是企业营销的核心,是企业经营成败的关键。它从根本上改变了传统营销将交易视作营销活动关键和终结的狭隘认识。企业应在主动沟通、互惠互利、承诺信任的关系营销原则的指导下,利用亲缘关系、地缘关系、业缘关系、文化习惯关系、偶发性关系等关系与顾客、分销商及其他组织和个人建立、保持并加强关系,通过互利交换及共同履行诺言,使有关各方实现各自的目的。面对日益残酷的竞争挑战,许多企业逐步认识到:保住老顾客比吸引新顾客收益要高;随着顾客的日趋大型化和数目不断减少,每一客户显得越发重要;对交叉销售的机会日益增多;更多的大型公司正在形成战略伙伴关系来对付全球性竞争,而熟练的关系管理技术正是必不可少的;购买大型复杂产品的顾客正在不断增加,销售只是这种关系的开端,而任何善于与主要顾客建立和维持牢固关系的企业,都将从这些顾客中得到许多未来的销售机会。

对此,我们对关系营销的定义如下:

关系营销是指企业在盈利的基础上,识别、建立、维持和促进、巩固与客户和其他利益相关者之间的关系,从而形成一种兼顾各方利益的长期关系的活动过程,以实现参与各方目标。

它的特点如下:

(1) 持续性。重点在于由过去的获取新顾客变成关注处理与现有顾客的关系,简言之,就是如何做到对顾客的保持。在关系营销中,企业与各方面建立并保持长期良好的合作关系,从而使企业在不断变化的外部竞争环境中得以生存。在企业的经营管理中,与客户之间建立长期良好的关系是企业关系营销得以成功的基本保证。

(2) 广泛性。它是指营销对象范围的扩展。企业要想在复杂多变的环境中获得成功,就必须为顾客提供满意的服务。为了做到这一点,企业所考虑的就不仅仅是单纯的顾客市场,它关注的应是包括顾客市场在内的六个市场,即顾客市场(已有的和潜在的顾客)、相关市场(中介组织,如批发商、零售商、代理商等)、供应者市场(原材料、零部件的供应商)、内部市场(员工以及各个部门)、就业市场(有能力的待聘人员)、影响者市场(政府部门、法律部门、社会团体等)。

(3) 协调性。客户关心的质量、服务在企业的统一目标下实施,由全企业的各个部门通过营销部门的整合营销进行。为了更好地满足客户的需要,企业应当放眼六个市场,处理好与各个市场之间的关系。因此,营销不仅仅是企业的一项职能,而且贯穿于企业整个生产经营活动之中;营销不是仅仅依靠营销部门完成的,而是通过跨职能的分工协作完成的。

## 二、关系营销的内涵

在关系营销中,关系的性质是公共的,是组织与个人或组织与组织之间的长期友好合作,而并非为了谋求短期利益的或个人之间的交往关系。关系营销是市场经济高度发达下的产物，是在科学技术高速发展的推动下产生的。关系营销取代传统的交易营销有其必然性，这主要体现在两者的区别上：① 交易营销强调市场占有率，企业营销重点工作是不断开发新市场、新客户；关系营销强调客户占有率，企业营销重点工作是不断培育有价值的客户，提高客户忠诚度和客户的回访率。② 交易营销的核心在交易，企业通过诱使对方发生交易活动而从中获得尽可能多的利润；而关系营销的核心理念是“共赢”，企业通过与相关组织或个人建立良好合作互动关系而获利，追求长期利益。③ 交易营销是有限的顾客参与和适度的客户联系；关系营销需要顾客高度参与，更倾向于一对一营销策略与顾客保持紧密联系。④ 交易营销活动以 4Ps 组合为核心，价格是主要的竞争手段；关系营销活动则是以 4Cs 组合为核心，完全以客户为中心。可见，关系营销致力于发展健康持久的顾客合作互动关系（见表 7-1）。现在市场的变化和发展使得各个企业之间的联系日益加强，为了更好地满足消费者的各种需求，企业必须同顾客、关联企业、政府公众之间建立良好的合作关系。关系营销因其具有优越的本质特性，将有利于企业提高客户让渡价值，实施顾客满意战略。

表 7-1

**交易营销与关系营销的区别**

| 交易营销 | 关系营销 |
|---|---|
| 以单次交易为导向 | 以顾客保留为导向 |
| 不连续的顾客接触 | 连续的顾客接触 |
| 焦点是产品特点 | 焦点是顾客价值 |
| 短期的规模 | 长期的规模 |
| 很少关注顾客服务 | 高度关注顾客服务 |
| 有限承诺满足顾客的期望 | 较高的承诺满足顾客的期望 |
| 质量只与生产人员有关 | 质量与所有的员工有关 |

关系营销建立在顾客、关联企业、政府和公众三个层面上，它要求企业在进行经营活动时，必须处理好与这三者的关系。

(1) 建立、保持并加强同顾客的良好关系。顾客是企业生存和发展的基础。企业离开了顾客，其营销活动就成了无源之水、无本之木。市场竞争的实质就是争夺顾客，顾客忠诚的前提是顾客满意，而顾客满意的关键条件是顾客需求的满足。要想同顾客建立并保持良好的关系，首先，必须真正树立以消费者为中心的观念，并将此观念贯穿于企业生产经营的全过程。产品的开发应注重消费者的需要，产品的定价应符合消费者的心理预期，产品的销售应考虑消费者的购买便利和偏好等。其次，切实关心消费者利益，提高消费者的满意程度，为顾客提供高附加值的产品和服务。通过产品的品牌、质量、服务等，为顾客创造最大的让渡价值，使他们感觉到物超所值。再次，重视情感在顾客作购物决策时的影响作用。飞速发展的技术使人们之间沟通的机会减少，但人们却迫切希望进行交流，追求高技术与高情感间的平衡。企业在经营中要注意到顾客的这种情感因素，并给予重视。

(2) 与关联企业合作，共同开发市场。在传统市场营销中，企业与企业之间是竞争关系，任何一家企业若想在竞争中取胜，就得不择手段。这种方式既不利于社会经济的发展，又易使竞争双方两败俱伤。关系营销理论认为：企业之间存在合作的可能，有时通过关联企业的合作，将更有利于实现企业的预期目标。第一，企业合作有利于巩固已有的市场地位。当今市场，细分化的趋势越来越明显，诸强各踞一方，竞争日趋激烈，任何企业要想长期保持较大的市场份额，其难度越来越大，而通过合作可增强企业对市场变动的适应能力。第二，企业合作有利于企业开辟新市场。企业要发展壮大就必须不断地扩大市场容量，而企业要想进入一个新市场，往往会受到许多条件的制约。但若在新市场寻找一个合作伙伴，许多难题将迎刃而解。第三，企业合作有利于多角化经营。企业为了扩大经营规模，往往要向新的领域进军，但企业不可能对所有领域里的经营活动都十分熟悉，如果遇到一个十分陌生的领域，企业将要承担很大的风险，若企业通过与关联企业合作，这种风险就可能降低。第四，企业合作还有利于减少无益的竞争。同行业竞争容易导致许多恶果，如企业亏损增大，行业效益下降，这对整个社会经济的发展将产生不良影响，而企业间的合作即可使这种不良竞争减少到最低程度。每个企业各有所长，各有所短，发现和利用企业外在的有利条件是关系企业营销成败的重要因素。

(3) 与政府及公众团体协调一致。企业是社会的一个组成部分，其活动必然要受到政府有关规定的影响和制约，在处理与政府的关系时，企业应该采取积极的态度，自觉遵守国家法规，协助研究国家所面临的各种问题的解决方法和途径。关系营销理论认为：如果企业能与政府积极地合作，树立共存共荣的思想，那么国家就会制定出对营销活动调节合理化、避免相互矛盾、帮助营销人员创造和分配价值的政策。现代营销的内容十分广泛，相关团体与企业内部员工也是关系营销的一个重要方面。协调好与这些组织的关系，建立与企业员工的良好关系，就能为实现企业目标提供保证。

关系营销是一项系统工程，它有机地整合了企业所面对的众多因素，通过建立与各方面良好的关系，为企业提供了健康稳定的长期发展环境。

## 三、关系营销的内容要求

### (一) 关系营销中的交互过程

成功的营销需要为顾客或用户提供足够好的答案。在消费品交易营销中，这个答案是实体产品。在关系营销中，这个答案包括关系本身及其运作的方式和顾客需求满足的过程。关系包括实体产品或服务产出的交换或转移，同时也包括一系列的服务要素；没有这些服务，实体产品服务产出可能只有有限的价值或对顾客根本没有价值。关系一旦建立便会在交互过程中延续。供应商或服务企业与顾客间发生不同类型的接触，这些接触可能是不同的，主要取决于具体的营销情形。有些接触是人与人之间的、有些是顾客与机器或系统之间的。在这种情况下，交互过程中接触的性质取决于研究的具体对象。

### (二) 关系营销中的对话过程

关系营销中营销沟通的特点是试图创造双向的有时甚至是多维的沟通过程。但是并非所有的活动都直接是双向沟通的,所有的沟通努力都应该导致某种形式的能够维护和促进关系的反应,即对话过程。对话式沟通过程必须支持这种价值的创造和转移。这个过程包括一系列的因素,如销售活动、大众沟通活动、直接沟通和公共关系。大众沟通包括传统的广告、宣传手册、销售信件等不寻求直接回应的活动;直接沟通包括含有特殊提供物、信息和确认已经发生交互的个人化信件等。这里,要寻求从以往交互中得到某种形式的反馈,要求有更多的信息、有关顾客的数据和纯粹的社会响应。

### (三) 关系营销中的价值过程

关系营销为顾客创造和传递的价值一般用"让渡价值"来衡量。所谓让渡价值,前面已述。关系营销比交易营销要付出更多的努力。因此,关系营销应该为顾客和其他各方创造比在单个情节中发生的单纯的交易更大的价值。顾客必须感知和欣赏持续关系中创造的价值。由于关系是一个长期的过程,因此顾客价值在一个较长的时间内出现,我们将之称为价值过程。关系营销要成功和被顾客视为是有意义的,就必须存在一个与对话和交互过程并行的顾客欣赏的价值过程。

企业自身从关系营销中得到的利益,可以结合顾客盈利能力、顾客保留成本和顾客流失成本等指标来进行衡量。

(1) 顾客盈利能力。关系营销涉及吸引顾客、发展顾客并保持同顾客关系的问题,其中核心原则是创造真正的顾客。"真正的顾客"是指:一方面,他们认为自己得到了有价值的服务,愿意与企业建立和保持长期、稳定的关系;另一方面,他们是最有利可图的顾客,除了愿意为企业提供的便利支付高价外,还将该企业介绍给他人,义务宣传其产品和服务。企业常常发现20%~40%的顾客也许是无盈利的,因此有必要对企业的顾客进行分析。对许多企业来说,最大规模的客户一般要求周到细致的服务和最大程度的折扣,这往往降低了公司的利润水平;

中等规模的客户要求接受良好的服务，并且几乎能按全价付款，在大多数情况下是最具盈利能力的；最小规模的客户也能按全价付款，并且只接纳最低程度的服务，但是与最小规模客户的交易费用降低了公司的利润率。因此，大部分可盈利客户并不是企业的大规模客户或最小客户，而是一些中等规模的客户。这里盈利能力的概念强调了顾客的终身价值，而不是指一次特定交易的利润。影响顾客盈利能力的因素有很多，包括需求性质和大小、顾客的讨价还价能力、顾客的价格敏感度、顾客的地理位置和集中度等等。

(2) 顾客保留成本和顾客流失成本。由于吸引新顾客的成本高于保留老顾客的成本，而且老顾客的盈利能力一般也高于新顾客，因此关系营销的最终目的就是要通过关系的建立和发展留住老顾客。科特勒曾提出按照四个步骤来进行是否采取顾客保留措施的决策。第一步是测定顾客的保留率。顾客保留率即发生重复购买的顾客比率。第二步要识别造成顾客流失的原因，并且计算不同原因造成的流失顾客比率。第三步是估算由于不必要的顾客流失，企业利润的损失。这一利润就是顾客生命周期价值的总和。最后一步是决策，即企业维系顾客的成本只要小于损失的利润，企业就应支付降低顾客流失率的费用。

总之，成功的关系营销战略要求在关系营销计划过程中同时考虑上述分析的几个过程。交互过程是关系营销的核心，对话过程是关系营销的沟通侧面，价值过程则是关系营销的结果。如果顾客价值过程没有得到仔细分析，在交互过程中就很容易出现错误和不当的行动。如果对话过程与交互过程冲突，价值过程很容易产生消极的结果，因为顾客可能得到冲突的信号和不能兑现的承诺。交互、对话和价值构成关系营销的三极，关系营销的实施效果取决于以上三种过程的有机融合。

## 四、关系营销的市场模型

关系营销的市场模型概括了关系营销的市场活动范围。在关系营销概念里,一个企业必须处理好与下面六个子市场的关系:顾客市场、供应商市场、内部市场、竞争者市场、分销商市场、相关利益者市场。

**(一) 顾客市场**

顾客是企业存在和发展的基础,市场竞争的实质是对顾客的争夺。最新的研究表明,企业在争取新顾客的同时,还必须重视留住顾客,培育和发展顾客忠诚。通常争取一位新顾客所需花的费用往往是留住一位老顾客所花费用的6倍。企业可以通过数据库营销、发展会员关系等多种形式,更好地满足顾客需求,增加顾客信任,密切双方关系。

**(二) 供应商市场**

任何一个企业都不可能独自解决自己生产所需的所有资源。在现实的资源交换过程中,资源的构成是多方面的,至少包含了人、财、物、技术、信息等方面。与供应商的关系决定了企业所能获得的资源数量、质量及获得的速度。企业与供应商必须结成紧密的合作网络,进行必要的资源交换。另外,公司在市场上的声誉也部分来自于与供应商所形成的关系。

**(三) 内部市场**

内部营销起源于这样一个观念,即把员工看作是企业的内部市场。任何一家企业,要想让外部顾客满意,它首先得让内部员工满意。只有工作满意的员工,才可能以更高的效率和效益为外部顾客提供更加优质的服务,并最终让外部顾客感到满意。内部市场不只是企业营销部门的营销人员和直接为外部顾客提供服务的其他服务人员,它应包括所有的企业员工。在为顾客创造价值的生产过程中,任何一个环节的低效率或低质量都会影响最终的顾客价值。

**(四) 竞争者市场**

在竞争者市场上,企业营销活动的主要目的是争取与那些拥有与自己具有互补性资源竞争者的协作,实现知识的转移、资源的共享和更有效的利用。企业与竞争者结成各种形式的战略联盟,通过与竞争者进行研发、原料采购、生产、销售渠道等方面的合作,可以相互分担、降低费用和风险，增强经营能力。种种迹象表明，现代竞争已发展为"协作竞争"，在竞争中实现"双赢"的结果才是最理想的战略选择。

### （五）分销商市场

分销商是指促使某种产品和服务顺利经由市场交换转移给用户消费使用的一整套相互依存的组织，是取得这种产品和服务的所有权或帮助转移所有权的企业或个人。拥有所有权的称为商人中间商（独立中间商），帮助转移所有权的称为代理中间商。这些分销商的主要功能有：市场调研、促进销售、开拓市场、编配分装、洽谈生意、实体储运等，总之，是使商品和服务流动更加顺畅。这些分销商由于"耳灵腿长"，接触面广，熟悉市场以及专业化和规模经营，可以给企业带来许多便利，可以使企业产品打入广阔的市场，节省费用、降低成本、提高营销效率和投资收益率，更好地满足目标市场的需要。

### （六）相关利益者市场

金融机构、新闻媒体、政府、社区以及诸如消费者权益保护组织、环保组织等各种各样的社会团体，它们与企业都存在千丝万缕的联系，对于企业的生存和发展都会产生重要的影响。因此，企业有必要把它们作为一个市场来对待，并制定以公共关系为主要手段的营销策略。

## 五、企业实施关系营销的具体策略

关系营销是与关键顾客建立长期的令人满意的业务关系的活动，应用关系营销最重要的是掌握与顾客建立长期良好业务关系的种种策略。

### （一）一级关系营销

一级关系营销在顾客市场中经常被称作频繁市场营销或频率市场营销，这是最低层次的关系营销，它维持顾客关系的主要手段是利用价格刺激来增加目标市场顾客的财务利益。所谓频繁市场营销计划，是指对那些频繁购买以及按稳定数量进行购买的顾客给予奖励的营销计划。

频繁营销规划也称为老主顾营销规划，指设计规划向经常购买或大量购买的顾客提供奖励。奖励的形式有折扣、赠送商品、奖品等。通过长期的、相互影响的、增加价值的关系，确定、保持和增加来自最佳顾客的产出。例如，航空公司、酒店和信用卡公司经常采用的累积消费奖励。也可以采取顾客分级的方式，对忠诚度越高的顾客作多的投资，让他们享受特殊的优惠和更多的好处。例如，香港汇丰银行、花旗银行等通过它们的信用证设备与航空公司开发了"里程项目"计划，按积累的飞行里程达到一定标准之后，共同奖励那些经常乘坐飞机的顾客。又如，由新加坡发展银行有限公司、VISA 和高岛屋公司联合发起的忠诚营销也是希望与顾客建立长期的关系，智能卡（smart-card）的持有者能享受免费停车、送货服务、抽奖活动等一系列优惠，具体形式则取决于顾客用智能卡购买商品的累积金额。对不满意的顾客承诺给予合理的财务补偿或退款的特权。例如，新加坡奥迪公司承诺如果顾客购买汽车 1 年后不满意，可以按原价退款。

在关系营销的第一阶段，顾客乐于与企业建立关系，其目的为：一是希望得到优惠和特殊照顾，如再次购买的折扣、以旧换新折价、累计记分奖励等；二是希望减少购买风险，如合理的退货保证制度、损失的经济补偿等。建立顾客关系不仅是企业的主观推动，而且应成为企业与顾客的共同愿望。因此，企业必须采取有效的措施，激发顾客主动与企业建立关系。

频繁营销规划的缺陷是：第一，竞争者容易模仿。频繁营销规划只具有先动优势，尤其是竞争者反应迟钝时；但如果多数竞争者加以仿效，就会成为所有实施者的负担。第二，顾客容易转移。由于只是单纯价格折扣的吸引，顾客易于受到竞争者类似促销方式的影响而转移购买。第三，可能降低服务水平。单纯价格竞争容易忽视顾客的其他需求。

**（二）二级关系营销**

二级关系营销是既增加目标顾客的财务利益，又增加他们的社会利益。在这种情况下,营销在建立关系方面优于价格刺激,公司人员可以通过了解单个顾客的需要和愿望,并使服务个性化和人格化,来增加公司与顾客的社会联系。因而,二级关系营销把人与人之间的营销和企业与人之间的营销结合起来。公司把顾客看作是客户。顾客是针对于一群人或一个大的细分市场的一部分而言的,客户则是针对个体而言的;顾客可由任何可能的人来提供服务,而客户是被那些指派给他们的专职人员服务和处理的。二级关系营销的主要表现形式是建立顾客组织。以某种方式将顾客纳入到企业的特定组织中,使企业与顾客保持更为紧密的联系,实现对顾客的有效控制。通过企业组织,企业可以给予长期顾客优惠和奖励,提供产品的最新信息,定期举办联谊活动,以加深顾客的情感信任,密切双方之间的关系。有形的客户组织包括正式和非正式的俱乐部组织、顾客协会等。无形的顾客组织是利用数据库建立顾客档案,并进行分类管理。

**(三) 三级关系营销**

三级关系营销是增加结构纽带,与此同时附加财务利益和社会利益。结构性联系要求提供这样的服务:它对关系客户有价值,但不能通过其他来源得到。这些服务通常以技术为基础,并被设计成一个传送系统,而不是仅仅依靠个人建立关系的行为,从而为客户提高效率和产出。建立良好的结构性关系将提高客户转向竞争者的机会成本,同时也将增加客户脱离竞争者而转向本企业的利益。特别是当面临激烈的价格竞争时,结构性联系能为扩大现在的社会联系提供非价格动力,因为无论是财务性联系还是社会性联系,都只能支撑价格的小额涨幅。当面对较大的价格差别时,交易双方难以维持低层次的销售关系,只有通过提供买方需要的技术服务和援助等深层次联系才能吸引客户。特别是在产业市场上,由于产业服务通常是技术性组合,成本高、困难大,很难由顾客自己解决,这些特点有利于建立关系双方的结构性合作。

**(四) 退出管理**

"退出"指客户不再购买企业的产品或服务,终止与企业的业务关

系。退出管理指分析客户退出原因,相应改进产品和服务以减少客户退出。退出管理可按照以下步骤进行:

(1) 测定客户流失率。客户流失率是最主要的客户指标之一,是客户动态变化的最直接反映。客户流失率=客户流失数÷客户总数×100%,与它对应的是客户保持率。

(2) 找出客户流失的原因。按照退出的原因可将退出者分为以下几类:价格退出者,指客户为了较低价格而转移购买;产品退出者,指客户找到了更好的产品而转移购买;服务退出者,指客户因不满意企业的服务而转移购买;市场退出者,指客户因离开该地区而退出购买;技术退出者,指客户转向购买技术更先进的替代产品;政治退出者,指客户因不满意企业的社会行为或认为企业未承担社会责任而退出购买,如抵制不关心公益事业的企业,抵制污染环境的企业等。企业可绘制客户流失率分布图,显示不同原因的退出比例。

(3) 测算流失客户造成的公司利润损失。流失单个客户造成的公司利润损失等于该客户的终身价值,即终身持续购买为公司带来的利润。流失一群客户造成的公司利润损失更应仔细计算。

(4) 确定降低流失率所需的费用。如果这笔费用低于所损失的利润,就值得支出。企业应经常性地测试各种关系营销策略的效果、营销规划的长处与缺陷、执行过程中的成绩与问题等等,持续不断地改进规划,在高度竞争的市场中建立和加强客户忠诚。

实施关系营销是一项系统工程,必须全面、正确理解关系营销所包含的内容;要实现企业与客户建立长期稳固关系的最终目标,离不开建立与关联企业及员工良好关系的支持。企业与客户的关系是关系营销中的核心,建立这种关系的基础是满足客户的真正需要,实现客户满意;离开了这一点,关系营销就成了无源之水,无本之木。要与关联企业建立长期合作关系,必须从互惠互利出发,并与关联企业在所追求的目标认识上取得一致。高福利并不一定能实现企业与员工的良好关系,真心关怀每个员工才能有效激发他们的工作热情和责任心,从而为实现企业的外部目标提供保证。

## 第二节　关系营销与客户关系管理之间的关系

客户关系管理作为一种以客户为中心的商业哲学、商业战略和企业文化，其重点是关注吸引、满足和保留高价值客户的运作和管理，使客户关系处于最佳状态。CRM 的实施，要求以“客户为中心”来构架企业，完善对客户需求的快速反应的组织形式，规范以客户服务为核心的工作流程，建立客户驱动的产品服务设计，进而培养客户的品牌忠诚度，扩大可盈利份额。

### 一、关系营销与客户关系管理的共同之处

#### (一) 客户关系管理是关系营销的理论发展

关系营销于 20 世纪 70 年代开始，是由北欧的学者提出来的。自 20 世纪 80 年代以来，关系营销理论得到了广泛的发展。业界是这样定义关系营销的：以系统论为基本思想，将企业置身于社会经济大环境中来考察企业的市场营销活动。认为企业营销是一个与消费者、竞争者、供应商、分销商、政府机构和社会组织发生互动作用的过程，正确处理与这些个人和组织的关系是企业营销的核心，是企业成败的关键。关系营销中企业与客户之间的长期关系是关系营销的核心的思想，首次强调了客户关系在企业战略和营销中的地位与作用，而不是单从交易利润的层次上考虑。

(1) 客户关系管理是关系营销的理论发展，延续了关系营销的核心思想。客户关系管理抛弃了以往营销观念中的企业与客户只关注交易的不足，利用 CRM 构建与客户的合作关系，使企业与消费者、内部员工、参与者、影响者、劳动力、供应者甚至竞争对手等一系列的利益相关者构建双赢、共赢的关系。

(2) CRM更加强调对现有客户关系的保持和提升,实现长期的客户满意,进而达到客户忠诚。企业的价值链环节延伸到客户,将客户纳入企业的长期资源优化配置的合作关系中,这将使企业在内外环境的变化中,可以对企业各个方面进行快速调整,以适应需求和竞争的变化。

(3) CRM还包括如何让营销策略通过卓有成效的方法作用于客户。实施CRM,可以观察和分析企业客户行为对企业收益的影响。对企业和客户的关系以及企业的营销策略和其他业务流程进行优化,从而可以采取有效的、有针对性的营销策略。

(4) CRM真正强调和实现了信息技术与营销、销售与服务活动的集成。CRM能够使企业跨越系统功能和不同的业务范围,把营销、服务活动的执行、评估、调整等与客户满意度、忠诚度和客户收益结合起来,提高企业的整体营销效率。

(5) CRM因为有技术支撑,极大地提高了管理中决策的科学性和准确性。CRM可以采用新技术手段如信息技术等提高业务流程的自动化程度,实现企业范围内的信息共享,对客户信息数据进行有效的分析,为企业的决策提供依据支持,在总体上保障企业能进行恰当的资源配置。

**(二) 关系营销与客户关系管理的关键理念**

(1) 客户占有率。企业除了将营销重点放在投入更多资金与精力于整个市场以期提升营业额外,还应考虑如何获得每一位客户,以增加企业的营业额。这不仅有助于提升公司的利润,而且有利于企业与客户建立一种更长远、更忠诚的主客关系。

(2) 客户的保有和开发。一般来说,开发一个新客户所花费的成本要比保有一个现有客户的成本高出5倍之多,大部分的企业每年平均有高达25%的客户会流失。

(3) 与消费者对话。对一对一企业来说,重要的不在于对所有的客户了解多少,而是在于对每一位客户了解的程度。因此,企业必须与客户进行沟通即对话,这种对话是双向的。通过双向沟通,使企业获得远比进行市场调查更多的信息。

(4) 学习型关系。要与客户维持坚固的关系，必须建立学习型关系，就是与客户每接触一次，企业对客户就多一份了解，企业根据客户提出的要求，改进产品或服务，这种周而复始的过程提高了企业产品或服务的能力，使客户变得更加忠诚。

**(三) 关系营销与客户关系管理的共同特征**

1. 以双向为原则的信息沟通

在关系营销中，沟通应该是双向而非单向的。只有广泛的信息交流和信息共享，才可能使企业赢得各个利益相关者的支持与合作。

2. 以协作为基础的战略过程

一般而言，关系有两种基本状态，即对立和合作。只有通过合作才能实现协同，因此合作是“双赢”的基础。

3. 以互惠互利为目标的服务

关系营销旨在通过合作增加关系各方的利益，而不是通过损害其中一方或多方的利益来增加其他各方的利益。关系能否得到稳定和发展，情感因素也起着重要作用。因此关系营销不只是要实现物质利益的互惠，还必须让参与各方能从关系中获得情感的需求满足。

4. 以反馈为职能的管理系统

关系营销要求建立专门的部门，用以跟踪顾客、分销商、供应商及营销系统中其他参与者的态度，由此了解关系的动态变化，及时采取措施消除关系中的不稳定因素和不利于关系各方利益共同增长因素。此外，通过有效的信息反馈，也有利于企业及时改进产品和服务，更好地满足市场的需求。

**(四) 关系营销与客户关系管理面临的首要问题——客户行为分析**

客户行为分析：结合客户信息对某一客户群的消费行为进行分析。针对不同的消费行为及其变化，制定个性化营销策略，并从中筛选出“黄金客户”。

客户分析过程包括以下三个阶段:客户行为分析、重点客户发现和效能评估。首先,将客户行为数据(反馈)和效能评估的结果集中起来进行客户行为分析,通过对重点客户的挖掘,为制定市场策略提供依据;其次,把对客户行为的分析结果以报表形式传递给市场专家,市场专家利用这些分析结果,制定准确、有效的市场策略;最后,以客户所提供的市场反馈为基础,再一次进行效能评估,为改进服务和CRM本身提供依据。

1. 客户行为分析

客户行为分析包括行为分组、客户理解和客户组间交叉分析三个步骤。行为分组是关键,行为分组的分析结果使后两个步骤更加容易。

行为分组:根据客户行为的不同划分为不同的群体,各个群体有着明显的行为特征。通过分组,可以更好地理解客户,发现群体客户的行为规律。分析过程中把一次市场活动后得到的客户反馈叫做"反应行为模式"。CRM采用的"分类反应行为模式",允许定义多种反应行为。定义反应行为的方法取决于企业所从事的商业领域。比如,企业主营业务是服装销售,一种反应行为可以定义为"从产品目录中选购了女式服装",也可定义为"从产品目录中选购了男式服装"。这些行为模式可以根据需要定义得非常具体(如购买了一件红色的男式马球牌衬衫)地加以描述。

客户理解:其目标是将客户在行为上的共性与已知资料结合起来,对客户进行具体分析:哪些客户具有这样的购买行为?客户分布在什么地区?此类客户给企业带来多少利润?忠诚度如何?客户拥有企业的哪些产品?什么时候是客户购买高峰期?完成了这些客户理解,将为企业在确定市场活动的时间、地点、对象等方面提供确凿的依据。

组间交叉分析:客户组间交叉分析对企业来说也很重要,许多客户同属于两个不同的行为分组,且这两个分组对企业的影响相差很大。如企业中有"购买新款商品"和"购买50元以下商品"这两个行为分组。企业会认为第一个分组对企业的收益影响大,因为希望通过新款商品来扩大市场，而第二分组对企业的收益影响小。此时，如果客户同属两组，我们就需要充分分析客户发生这种现象的原因。组间交叉分析为我们提供了解决方案，企业可以了解到：哪些客户能够从一个行为分组跃进到另一个行为分组中；行为分组之间的主要差别；客户从一个对企业价值较小的组上升到对企业有较大价值的组的条件是什么？这些分析可以帮助企业准确地制定市场策略，获得更多的利润。

2. 重点客户发现

CRM 理论经典的 20/80 原则，即企业的 80%利润来自 20%的客户，重点客户发现主要应考虑以下方面：潜在客户（有价值的新客户）；交叉销售（交叉销售指企业向老客户提供新产品、新服务的营销过程）；增量销售（更多地使用同一种产品或服务）；客户保持（保持客户的忠诚度）。

假设你是一个银行的市场经理，想向现有的客户推销房屋抵押贷款和信用金卡这两个新产品以进行交叉销售。采用 CRM 进行交叉销售时，需要进行三个步骤：

数据收集：从数据仓库中收集与客户有关的所有信息，包括客户个人信息（年龄、收入）、交易记录（最近的收支情况、消费次数和信用等级）……

进行建模：用一些算法（如统计回归、逻辑回归、决策数、神经网络等），对数据进行分析，产生一些数学公式，用来对客户将来的行为进行预测分析。

对数据进行评分：评分过程就是计算数学模型的结果。

3. 效能评估

根据客户行为分析，企业可以更准确地制定市场策略和策划市场活动。因此，CRM 必须对行为分析和市场策略进行评估。这些效能评估都是以客户所提供的市场反馈为基础的。针对每个市场目标设计一系列评估模板，从而使企业能够及时跟踪市场的变化。同时在这些报告中，给出一些统计指标来度量市场活动的效率，这些报告应该按月份更新,并根据市场活动而改变,在一定的时间范围内(3～6个月)给出行为分组的报告。

客户行为分析对客户进行管理首先必须了解客户的背景。不同的用户群对相关的资费价格会有不同的反应,这些关于用户的背景分析和分类分析对产品的设计和市场的发展计划是至关重要的因素。对不同层次的用户,提出不同的方案来满足各自的需求。现在这些客户给我们带来了多大的效益?在将来还会带来多大的效益?他们的商业生命周期有多长?谁又是我们的大客户?他们需要什么样的产品和服务?哪些客户需要特殊的产品和服务?客户为什么会选择其他公司的产品和服务?哪些客户在未来的一段时间内有放弃某种产品和服务的倾向?哪些主要因素会影响用户放弃某种产品和服务?找到这些因素以后,公司就可以针对性地采取一些预防措施,来保持那些对公司有价值的用户。

## 二、关系营销与 CRM 的典型形式"一对一营销"的比较

现代营销强调的是顾客的长期价值和个性化消费的特点。生产者和中间商以及顾客之间是一对一的沟通。"一对一营销"是关系营销概念系统内涵的发展,被麦肯锡戏称为"冒险的市场营销"。"一对一营销"汲取了关系营销理论中客户关系的价值,进一步根据特定消费者当前的个性需要为其提供商品或服务。同时对消费者"需要"的概念进行了新的定义:既包括当前需要,又包括未来发展变化的需要。在出售产品或提供服务时,强化互动,自动收集客户信息,分析、了解消费者的偏好和习惯,自动调整产品或服务功能,实时地适应消费者变化着的需要。企业采用一对一营销策略既关注了顾客当前需要,又能够在"一对一"的消费过程中追踪消费者需要、习惯和偏好的变化,自动调整功能以满足其未来需要。

1. "一对一营销"的定义

"一对一营销"这个术语是由哲学博士贝培思(Peppers)与马

莎·罗杰斯在他们的畅销书《一对一的未来:与客户逐一建立关系》中提出的。他们在书中指出:"一对一营销"发生在你与你的客户直接互动的时候,当客户告诉你他或她需要什么时,在互动的基础上你对这一对一客户改变的行为称为"一对一营销"。"一对一营销"的主要思想是把单个顾客看成一个细分市场,根据这一顾客的特定偏好和所需所求来提供相应的产品。就服务产品来说,同一类型的服务(如餐饮)可以根据顾客的偏好以不同的方式(不同餐饮种类、不同量、不同的服务员工等)向顾客提供。

著名营销学者菲利普·科特勒认为,一对一营销是建立在"顾客愿意通过自已购买的产品来表达自己个性"的假设之上,是"将顾客看作具有独特个性的个体来开展营销活动和进行营销管理"。他认为"一对一营销"观念的产生背景在于:大规模营销的普遍采用使营销者忽略了一个事实,即顾客其实一直是作为独立个体存在的。而目前的市场细分不再是粗略的,渐渐趋于终极化水平,呈现一个人构成一个细分市场的状态。同时计算机互联网、数据库、自动化生产等新技术的蓬勃发展,使企业可以采用定制化营销来迎合需求的个性化趋势,从而使"一对一营销"观念应运而生。

第一,"一对一营销"中的后一个"一"中不仅包括单个消费者,也应包括企业层次的单个客户。这种提法中的"一"并不是直观意义上的绝对量词。它所强调的是:每个顾客都是独立的、有着特定甚至独一无二需要的顾客,而非大规模市场群中的一个普通的、与别人无差异的组成部分。强调企业应充分关注顾客作为个性化的独有需要,并相应付之以营销上的切实行动。

第二,由于"一对一营销"观念产生和发展的时代背景是全球经济一体化,所以一定范围内各个不同的需求在更大市场范围内则可能找到与之相似或可以匹配的需求,从而形成一定的市场规模,在较低成本下实现"一对一营销"。但是,需要注意的是,"一对一营销"所面对的市场虽然也具有一定规模,但是从市场构成来看,它包含了具有千差万别需要的子市场，而非传统意义上的同质无差异市场。同时，各个子市场内部需要虽然相似，但是它的形成过程与传统营销不同。所以企业的营销运作也从强调生产上的大批的产品转向大规模进行个性化产品的生产营销。

第三，这种现代意义的"一对一营销"观念的产生和实现必须依赖于对国际互联网和数据库等先进信息技术的充分利用。因为网络等信息技术可以支持企业营销者与每个顾客进行持续的、一对一的对话，以便及时全面地了解顾客的偏好，乃至随时完成定制生产。

2. "一对一营销"的实施

根据客户的不同需求和特点提供产品和服务，最大限度地满足客户的个性化要求，从而为客户消费产品和服务创造更多的价值，并为客户服务的同时，创造较高的利润。

3. "一对一营销"的过程

"一对一营销"策略的真正技巧在于，理解顾客在各个方面是有区别的，而这种区别将影响到企业对待特定顾客个体的行为。"一对一营销"计划的实施是一个相当复杂的过程，它要求企业能识别、追踪、记录每位顾客的个性化需求，并与其保持长期的互动关系，从而能够提供个性化的产品或服务。实际上，通过实施"一对一营销"，每次连续的互相沟通和交易，会使你的产品对这位顾客而言越来越有价值，顾客会更加忠诚。

实行"一对一营销"计划有四个关键步骤：识别、区分、互动和定制，它们可被视作执行一个"一对一营销"计划的连续过程。

（1）识别企业顾客。启动"一对一营销"之前，企业必须与大量的客户进行直接接触，找出那些对企业最有价值的"金牌客户"，深入了解有关客户需求的详尽信息：不仅要知道顾客的名字、住址、电话号码，还必须掌握他们的消费习惯、个人偏好等诸如此类的信息，而且不是一次调查即告结束。企业必须通过每一次接触、每一种渠道、每一处地点及公司的每一个部门来收集这些信息，只要客户可能对你的任一产品或服务产生购买欲望。企业可建立一个顾客数据库，在每次与顾客接触时可识别顾客个体，并与每位顾客建立良好的关系，尽可能地提高每位顾客的服务价值。

(2) 企业顾客的差异化。"一对一营销"观念认为，每位顾客都是独特的，即使有两位顾客可能购买了完全一样的产品或服务，但促使他们购买的需求也常常不相同。因此，顾客是存在差异的。对企业来讲，有些顾客就是比另一些更有价值。在充分掌握顾客的信息资料并理解顾客不同价值的基础上，合理区分顾客之间的差异是非常必要的。不同顾客之间的差异主要体现在两点：一是对企业的价值不同，二是对产品或服务的需求不同。从这两个角度出发，对顾客进行有效的差异分析，可帮助企业更有效地配置资源，使得产品或服务的改进更有成效。

(3) 建立企业—顾客的双向沟通。互动、对话与信息交流是一对一客户关系的本质。互动沟通的主要目的在于能对客户偏好与需求有进一步的了解，这也是企业根据客户需求调整产品服务的参考基础。企业可通过与最有价值的顾客建立"学习型关系"，使他们对企业更加忠诚。企业要善于创造机会让顾客告诉你他的需要，而后为其定制产品或服务并及时获取其反馈信息。随着每次相互沟通和重新定制，你的产品对此特定顾客将越来越适用，也将越来越有价值。为降低与客户接触的成本，增加接触的有效性，企业应尽力以自动的、更具成本效益的方式进行。互联网就是目前成本最低、但能达到最大互动效益的主要途径。

(4) 企业的定制行为。这是"一对一营销"计划的最后一步，从企业角度看也是最关键的一步。它要求企业能根据顾客的需求来调整产品和服务内容。企业如能提供这种量身定制的弹性服务，将能塑造出产品与服务的独特性，成功地与竞争对手的产品和服务相区分，成为维护客户忠诚度的重要关键。然而，量身定制可能会带来成本问题。企业怎样才能在采用"一对一营销"方式的同时避免成本的大幅度增加呢？答案是批量定制。有不少企业最初是将批量定制当作降低生产成本的手段来接受的。实际的批量定制过程并非想像得那么复杂，企业可以用“模块化”方法来实现定制，即预先生产出几百种产品“模块”，然后根据每个客户的需要将合适的模块配置起来，就能生产出数千个甚至上百万个产品式样。

需要指出的是，要实现这一步，企业必须改变传统的运行模式，构建以客户为核心的业务流程，这意味着企业必须全面改革其组织结构和运作流程，这场改革将涉及企业的每个部门，不仅仅是销售部门，还影响到研发、采购、制造、财务和行政等各个部门，因此，要求企业各部门之间应通力合作。总之，一套真正的“一对一营销”计划必须与组织进行整合，否则无法得以贯彻实施。

**【应用案例】**

## 沃尔玛的营销策略

世界上最大的公司是哪家？是美国的超级零售商沃尔玛，它位于阿肯色州本顿维尔的中西部小镇，其销售额迅猛增长至2 000亿美元，员工超过100万人，已在全球建立了连锁超市。另一个问题难度较大：这家小型的农村商店是通过何种策略发展成世界级的巨人的？不管相信与否，沃尔玛所采用的大部分策略都可以在许多市场营销和管理类书籍中找到。它们包括市场细分、注重消费者服务、时刻关注消费者趋势、数据库管理以及全球营销。沃尔玛将这些理念实现于市场中，形成了自己的策略：理解消费者所需；比竞争者更好地满足消费者（以尽可能低的价格）；当消费者行为发生变化时，随之而动。

（续上）

沃尔玛建立在市场细分的策略基础上。在20世纪70年代与20世纪80年代，沃尔玛将自己定位在农村市场细分，而不是大型的都市市场细分上。它的对手是那些规模与之相当的小型五金商店或一般的商店。如果沃尔玛进入更大的、“更具吸引力的”的城市市场，它将陷入严峻的竞争环境中，对手包括科玛特和西尔斯百货。灵感来自军事知识，山姆·沃尔顿“将军”采取外围攻势，通过小型的外围地区来包围巨型竞争对手。到20世纪90年代，沃尔玛已经成为超级公司，即便是科玛特和西尔斯百货两家联合也已经不是沃尔玛的对手。为了实现对农村市场进行细分，沃尔玛还推出了山姆俱乐部，这是一种新的零售方式，如同今天的仓储式模式。山姆俱乐部在短短的5年中就获得了10亿美元的营业收入，它迎合了那些缺乏大型或强势零售店的城市及城郊消费者的需求。

沃尔玛的成功很大程度上归功于山姆·沃尔顿先生的远见卓识。他领导沃尔玛在数据仓储、数据挖掘和配送等方面处于领先地位。今天，它已经成为世界上最大的数据基地(比美国政府的数据基地的两倍还大)，该数据基地用来跟踪消费者的购买情况、成本削减、给消费者提供更低的价格以及提高消费者满意度。

当消费者在沃尔玛购买了一箱帮宝适婴儿尿布时，本顿维尔将接收到NCR收银台的喳喳声。快速而完善的EDI数据传输，将这些数据传送到容量为101万亿字节的数据仓库。此外，宝洁公司和帮宝适制造商也能接收到这些消息。合作通过供应链发生，沃尔玛通过数据共享可以更高效地规划制造和配送。这种过程不仅减少了库存和消费者的成本，还大大提高了消费者满意度和忠诚度。

（续上）

山姆·沃尔顿先生善于从任何地方获得很好的建议——员工、竞争对手、书籍，当然，很大程度上来自消费者。这个习惯持续到今天——沃尔玛成为全球性市场。它在各国设有近3 000家商店，包括加拿大、墨西哥、德国、英国、中国、印度尼西亚和巴西。

**评价** 在此案例中，沃尔玛成功地应用了关系营销，与消费者及关联企业建立了良好的关系，提供了有效的各种附加服务，从而增加了顾客的社会价值和让渡价值，充分发掘了顾客市场的潜力，提高了顾客的满意度。同时，通过先进的数据库系统，加强了同供应商市场之间的关联度。在竞争者市场上，采用了“外围攻势”的策略，赢得了绝对优势。

（**资料来源** 中国营销咨询网 www.51cmc,com）

# 复习思考题

1. 什么是关系营销？它有什么特点？
2. 简述关系营销与交易营销的区别与联系。
3. 为什么说关系营销要求企业在进行经营活动时，必须处理好三个层面的关系？
4. 如何衡量关系营销的价值？
5. 试析实施关系营销的策略。
6. 分析关系营销与CRM的关系。
7. 简析“一对一营销”的实施过程。

# 体验经济与旅游客户关系管理

## 第一节 体验经济概述

美国战略地平线 LLP 公司的共同创始人约瑟夫·派恩和詹姆斯·吉尔摩撰写的《体验经济》一书于 1999 年 4 月问世以来，在社会上引起了强烈的反响。它告诉人们，新经济体系中的一个重要内涵就是"体验经济"。体验经济是一种全新的经济形态，它的出现改变了企业的生产方式，更改变了消费者的消费方式。体验经济给人们带来更多的思考，给企业的经营活动带来更新的思路。

### 一、体验经济的定义

随着社会的进步，经济的发展，体验经济应运而生，给我们的经济注入了活力也带来了挑战。要想在体验经济上大有作为，首先我们要弄清什么是体验经济，它对我们的经济究竟会造成什么影响，以及它的缺陷有哪些。

体验经济界定为"以商品为道具、以服务为舞台，以提供体验作为主要经济提供品的经济形态"。① 要将"体验"作为商品来出售，即消费者必须为"体验"而出钱，才是真正的"体验经济"。如果仅是通过创造

① 摘自 1999 年 4 月，约瑟夫·派恩和詹姆斯·吉尔摩撰写的《体验经济》。

体验来吸引消费者购买商品或服务，则是不成熟的"体验经济"。

所谓体验经济，我们可以从三个方面去定义：一是消费者层面，更注重人的精神需求和精神满足。二是时代特点：顾客价值是包括经济的、功能的、心理的一组利益；精神需求将逐步超越物质需求而成为人们主导性需求。大部分消费者的消费需求已经从简单的获取"产品+服务"进步到获取"产品+服务+体验"的层次，更多的是体现出关注消费者的精神需求与精神满足，反映出社会经济的进步，也是产品极大满足消费者需求之后的一个必然转折，可以理解为整体市场由卖方市场向买方市场转变之后的必然发展。三是在企业层面，企业对客户体验需求的满足。体验经济即大部分的企业把自己在市场中的定位从"产品"提供商或"产品+服务"提供商进步到"产品+服务+体验"提供商，既强调企业对客户需求的体验，以客户体验为业务的基石，又强调为客户提供独特的"体验"，使客户能获得除了产品之外的更多心理上的满足，以此形成企业与众不同的核心竞争力。从这一层面上看，体验经济有点类似服务经济，也可以说是更高形态的服务经济。

## 二、体验经济的展现作用

体验经济的发展顺应了时代发展的要求，它的出现为消费者的消费活动提供了更为成熟的服务，体验经济大大地促进了经济的发展和社会的进步，当然我们也应该看到体验经济在我国发展的一些不成熟。

### (一) 体验经济的意义

1. 体验经济对社会经济产生深远影响

首先，体验消费和体验营销迅猛发展，与创造体验有关的产业，如休闲业、网络娱乐业、旅游业等在社会产业结构中所占的比例和产值不断增加。其次，体验经济作为一种新兴的、更加人性化和富有竞争力的经济形式，更能突出现今的以客户为中心的思想，这将促使社会按照市场经济的规则为"体验经济产业"配置更多的资源，从而又推动了体验经济的发展。再次,体验经济的发展使人们的参与意识和体验需求不断增强,这必将对社会政治、经济、文化、科学技术以及生产方式和生活方式产生深远的影响,从而进一步促进社会经济环境和消费环境的变化。

2. 体验经济可以为顾客创造特殊价值

体验经济的形成和发展给消费者的消费观念和消费方式带来了多方面深刻的变化,同时也从多方面为顾客创造价值。① 感官上的体验。这主要使顾客在感官上有一种完全不同的感觉和享受。例如,海底世界、动感电影及各种惊险过山车基本属于此类。② 信息和知识上的体验。这是一种通过向顾客提供新的信息和知识而产生的体验。如研讨会、专业展览及各种培训均属此类。③ 情感上的体验。流行歌曲演唱会、养宠物包括电子宠物都可以提供这样的体验。④ 心理上的满足。这种体验源于通过特殊服务而使顾客产生的被重视、被尊重、被保护、被依赖的感觉。⑤ 超越自我的体验。这种体验往往使人产生一种成就感或虚拟的自我实现的感觉。这样便形成了一个完整的、有层次的需求满足的过程。要想实现利益最大化,企业要想办法满足顾客的不同层次的需求,客户关系管理系统就可以帮助企业实现这样的一个满足过程,通过与顾客进行信息的收集和交流,以形成一种互动,使消费者感觉到其是受重视的,用情感的纽带来维系企业和客户的关系,这被证明是一种高效的客户管理方案。

3. 体验经济创造新的企业经营管理模式

首先,企业的经营管理将进一步推进和实现以顾客为中心的经营理念。其次,企业的经营重点将从关注产品和服务转向为顾客提供体验,这一转变意味着创新将成为企业经营管理的核心。再次,企业的经营管理将出现顾客参与的局面。在体验经济中,顾客将参与企业价值的形成过程,此时企业的主要工作是为顾客提供体验的舞台,真正的体验要靠顾客来实现。因此,在体验经济中吸引顾客参与企业管理将十分重要。

4. 体验经济全面提升企业品牌价值

一般认定，企业品牌价值是一种超越企业实体和产品与服务以外，并在企业的市场运行中予以收回的价值。它通过企业定位水准和定位理念得以提升，通过顾客满意和顾客效用的提升得以回报。体验经济条件下的企业品牌价值，从内涵上与一般认定的品牌价值毫无两样，问题在于如何寻求品牌价值运行的切入点，如何实现品牌价值的选择路径以及品牌价值的实现程度。

**（二）体验经济面临的问题**

体验经济对企业来说是一个新的广阔空间，传统经济学认为如果内需不足的话，经济就没法繁荣。但是在体验经济中，人类精神层次的需求几乎是没有极限的，所以根本不存在内需不足的问题。作为一种新生事物，体验经济的理论仍有待于事实的检验和进一步完善。现对体验经济提出几点疑点和难点：

第一，体验创造的价值是个人内在的反应，是真正的以消费者为中心的产销合一。正因如此，企业不得不面临这样一个难题：体验是内在的，是个人在形体、情绪、知识上参与的所得。

第二，只有在物质极大满足之后，人类才会把"自我实现"的精神需要作为日常消费的主体，今天提出的体验经济是否有普遍性还有待商榷。

第三，许多深受产品经济影响的制造型企业很难实现像麦当劳、耐克公司那样真正的通过销售体验来赚钱。对于今天中国的大多数企业而言，要首先建立服务的观念，用服务来赢得顾客。在企业由商品经济形态转变为服务经济形态之后，接下来为顾客提供定制化的服务，最后过渡到体验经济的阶段。

## 三、体验营销

体验经济的到来给传统的营销方式带来了新的挑战，为了在新的经济形态中更好地发挥营销的作用，便产生了体验营销这种新的营销形式。

### (一) 体验营销的内涵

伯德·施密特提出的体验营销概念就是:企业以商品为道具,以服务为舞台,围绕着顾客创造出值得回忆的活动。它站在消费者感官、情感、思考、行动和关联五个方面重新定义营销,设计营销。① 它关注顾客的所有消费行为以及他们在消费前、消费中、消费后的体验,它自始至终都把为顾客提供令其身在其中并且难以忘怀的体验作为主要目标。体验营销不把体验当作一种无定形的、可有可无的东西,而是将其作为一种真实的经济提供物,作为一种有别于产品和服务的价值载体。从功能上讲,产品和服务都是提供给顾客解决问题的手段,如顾客通过干洗服务,去掉了衣服上的污垢;通过运输服务,从一地到达了另一地。而体验没有解决顾客的任何问题,也没有给顾客留下任何有形的东西,它只是消费者的一种即时感受,但这种感受会作为美好记忆长存于消费者的心中,成为消费者心灵财富的一部分,这正是体验的价值之所在。体验营销既是营销重点的转移,又是营销视角的转换;既是一种营销策略,又是一种全新的营销模式。体验营销从传统的卖产品和卖服务转变为卖体验,从重视功能与质量转变为重视顾客的感性需求。一旦企业有意识地以服务为舞台、以商品为道具,用心经营使消费者融入其中的体验,它就从产品的制造者或服务的提供者,转化成为体验的策划者。随着体验经济的不断发展,体验营销的需求呈现新的发展趋势:① 在需求决策上:顾客是理性的感性动物。② 在需求层次上:不断提高,对休闲、情感等体验需求的比重加大。③ 在需求内容上:标准化的大众产品下降,个性化、人性化产品需求上升。④ 在需求方式上:顾客由被动接受产品转变为主动参与。

### (二) 体验营销的特点

与传统营销相比,体验营销具有以下特点。

---

① [美]伯德·施密特:《体验式营销》,机械工业出版社 1998 年版。

1. 体验营销关注的是顾客体验

传统营销关注产品的特点和利益,而体验营销关注的是顾客的体验,它重视与顾客的沟通,发掘他们内心的体验需求,以向顾客提供良好的体验为目标,审视自己的产品和服务。

2. 体验营销认为顾客既是理性的又是感性的

传统营销将顾客的消费行为看作一个理性的决策过程,顾客会非常理智地分析、评价,最终决定购买行为。体验营销认为顾客既是理性的,同时也是感性的。顾客因理智和追求乐趣、刺激等一时冲动而产生购买行为的概率是相同的。

3. 体验营销营造的消费情景是丰富多彩的

体验营销通过各种手段和途径,如娱乐、人员、店面、网络等来创造一种强烈的、综合的效应以加深消费体验,同时将当今社会文化、消费文化、价值观念加以吸收,以提升其内涵。相比之下,传统营销手段相对单一,营销人员只是孤立地思考一个产品,如产品质量、包装、功能等,带给顾客的感受非常单一。

4. 体验营销面对的是一对一的市场

与传统营销不同的是,体验营销面对的是大众定制化、一对一的市场。体验营销的任务就是搭建让消费者成为主角、尽显个性的舞台,令他们得到完全个性化的体验。在一对一的市场中,顾客向企业提供他们自身的信息越多,得到自身需要的恰当的商品和服务就会越多,同时竞争对手也就越难将这些顾客吸引走。体验营销是更人性化的,它体贴入微地为顾客着想,根据不同顾客的不同需求,使产品和服务完全个性化。

## 第二节　旅游客户关系管理中的体验经济

### 一、旅游体验

进入 21 世纪,中国的旅游消费者需求和行为呈现出新的特点:

①从消费结构看，情感需求的比重增加。从消费内容看，大众化的观光旅游产品日渐失势，对个性化旅游产品和服务的需求越来越高。人们越来越追求那些能够促成自己个性化形象形成、彰显自己与众不同的旅游产品或服务。休闲、度假旅游的比例开始上升。②从价值目标看，消费者从注重旅游产品本身转移到注重消费旅游产品时的感受。现代人消费似乎不仅仅关注得到怎样的产品，而是更加关注在哪里，如何得到这一产品。③从接受产品的方式看，人们已经不再满足于被动地接受企业的诱导和操纵，而是主动地参与到旅游活动之中。旅游体验营销就是为了满足消费者内在的体验需要而发生在消费者与企业之间的一种互动行为过程。旅游体验营销的关键是使消费者在旅游体验中得到满意，进而塑造企业在消费者心目中良好的品牌形象，建立品牌忠诚，构筑竞争优势。

### （一）旅游体验的定义

关于旅游体验（tourism experience）的内涵，20世纪60年代有人把它理解为一种时尚消费行为，一种人为的、预先构想的大众旅游体验。而70年代，有人则把旅游体验看成是对现代生活困难的积极响应。认为旅游者是寻求可信的体验以战胜困难。也有人认为不同的人需要不同的体验，这种体验对旅游者和他们的社会有着不同的意义。

人生来就对其居住的世界有着与生俱来的好奇心，迫切渴望了解其他地方的民族、文化、风土人情、野生动植物和地形、地貌等，旅游就是满足人的这种好奇心的重要过程之一。人在旅游的过程中满足了这种心底的需求，或者说，旅游作为一种体验，能够很好地满足人的真正需求。所以，我们有理由说，旅游即体验。通过身临其境的感受旅游产品，通过一系列的服务，获得心理的满足，从而把这段旅游经历形成一段美好的回忆加以珍藏。对于每一位旅游者而言，不论其旅游过程的互动客体多么相同，由于旅游者的文化背景等方面的差异，从旅游中所获得的感受也不会完全相同。也就是说，旅游过程对每一个旅游者来说都是独特的，都是那种带有很强主观性的心理活动。不管旅游给旅游者最后带来的是什么样的结果，都会在旅游者心中留下深刻的印象。在体验经济中，体验本身作为一种产品可以通过包装销售给消费者，进而满足消费者的心理需求。而现今所提供的旅游，严格地以体验的内涵和特征为依据，绝大多数称不上体验，至少还不是名副其实的体验。因此，我们有必要深入研究一下旅游体验，弄清楚旅游体验的内涵和特征，以便开发出更多的旅游体验产品，促进旅游业的发展。

**（二）旅游体验的特征**

旅游体验作为一种旅游商品，它具有以往旅游商品的特征，但由于它其中又包含有体验，因而它又具有以往的旅游商品所不具有的特征。

1. 高文化性

首先，旅游者出游主要是为了满足其精神需求，而了解各地的文化是人们出游的动机；其次，旅游资源都有着一定的文化内涵，并且在开发过程中以独特的文化吸引旅游者的到来，这便是我们非常强调的文化差异性；再次，旅游商品有着不同层次的文化内涵，可以满足不同层次的人的需求；最后，较高的文化素质是提供优质旅游商品的前提条件。在进行旅游产品开发的时候要注意文化的资本化运作，即把文化看成一种资本，针对不同层次的旅游者提供能够满足其需求的旅游产品，以产品为载体来表现文化的内涵，实现增值。

2. 预期的距离性

旅游活动是一项体验，只有在人们开始旅游活动的时候这项产品才开始生产，同时开始被消费。因此旅游者在购买旅游产品之前就会因对旅游产品的质量无法衡量而感到不安，这种忐忑不安的心情直至其消费到很好的旅游产品时才会消失。相反，如果旅游产品的质量低于他们的预期，这种不安就会转换成强烈的不满。针对旅游产品的这个特点，开展体验营销是一个很好的解决办法。在消费者购买一项旅游产品之前，利用一些技术手段给旅游者提供该产品的体验，这样消费者就会对其购买的产品有一个大体的印象，从而决定是否购买。这种营销方式会更有效，而且能提高消费者对产品进而对企业的信誉度。

3. 主观功能性

首先,旅游提供者提供的旅游体验必须是富有意义的,这不仅是体验和旅游体验的必要特征之一,也是提供给旅游者价值的根本所在。

其次,旅游体验不仅对于旅游者来说是富有意义的,对于服务人员来说也是富有意义的,这样才能保证旅游体验过程中服务的质量。

## 二、旅游行业中的体验营销

随着体验经济时代的到来,企业在进行体验营销时需要在综合能力上有高水平的提升。企业的综合能力可以归纳为"一项基本原则、三项基本能力"。一项基本原则即尊重客户原则;三项基本能力即感知客户需求的能力、满足客户需求的能力和引导客户需求的能力。旅游企业同其他的企业一样,需要在这几项能力方面下工夫并加以提高。

尊重客户原则强调处理的企业与客户的关系,这里涉及客户关系管理的内容,其中相关的论述很多,最常见的莫过于"顾客就是上帝"这一说法。这一说法要真正体现在企业的生产经营全过程,的确还存在一定的困难。很多企业口号喊得多,真正执行起来又做不好,究其原因,就是这一思维模式有悖企业与客户之间的真正关系。其实,客户也是一个个正常的人,而人感觉最好的时候,就是获得别人尊重的时候。因此,要让客户有良好的消费体验,企业与客户之间的关系就应该是尊重与被尊重的平等关系,而非强者与弱者的对立关系,无论强者是企业或者客户。尊重客户,才能用心设计满足客户切身需求的产品;尊重客户,才能创造出质量过硬的产品;尊重客户,才能提供"先客户之忧而忧"的满意服务。反过来讲,企业也只有尊重客户,才能够获得客户的尊重,而只有获得广泛的客户尊重,企业才能够获得长足的发展。

感知客户需求的能力是指企业通过市场调研、客户互动交流、换位思考等措施进行客户群体细分,发现细分客户群体共性的根本需求,特别是隐含的需求。而发现客户隐性需求的能力尤其关键,也是体现一个企业核心竞争能力的指标。因为显性的需求大家都能看到,自然竞争激烈,企业的价值难以得到体现。而隐性的需求所体现的增值效应会很突出,也更容易获得巨大收益,但相应的风险也会比较大,因为隐性需求的定位与程度都存在着不确定性。

如何才能感知客户的需求,尤其是隐性需求呢?首先,需要把市场调查工作踏踏实实地开展起来,把客户反馈信息充分利用起来,这是基础。CRM系统的应用使收集客户信息变得简化了,而且可以对信息进行分类。只有基础打牢固了,把客户的显性需求都明确无误地掌握了,才谈得上分析挖掘客户的隐性需求。其次,需要一定的方式方法。常规的市场调研,能发现显性的客户需求,但难以发现隐性需求。隐性需求的挖掘更多的是依赖企业的观察与分析。这就需要进行一些特殊的调研,如调查者进入既有客户的日常生活之中,通过观察客户日常使用某产品的习惯,从中发现一些隐性需求。最后,要学会利用现有的信息与数据,研究客户的抱怨,对这些抱怨,要学会多问几个"为什么"。发现客户抱怨的根本原因之所在,也许新的商业机会就在抱怨的解决过程中产生了,海尔公司针对客户抱怨开发新产品(如省水省电的小小神童洗衣机、能洗地瓜的洗衣机等)就很好地体现了这样的能力。

满足客户需求的能力是指客户的需求是多种多样的,有重要的,也有不重要的;有容易实现的,也有难以实现的。因此,对企业来说,发现需求并不等于就能满足客户的需求,满足客户需求并不等于就能获得收益。这就要求企业能够正确区分客户的要求,从中找出自己能够满足的关键需求,以此作为自己的主攻方向。这包含两层含义:一是要对企业自身能力有一个清醒的认识,知道什么是自己能做好的,什么是努力之后能做好的;二是要对客户的需求有一个清醒的认识,知道客户最关心的需求是什么,必须要满足的需求是什么,锦上添花的需求是什么,雪中送炭的需求是什么。结合这两个方面的认识自然会得出满足客户需求的解决方案。当然,要满足客户的需求,企业要具备良好的综合实力,包括技术研发能力、成本控制能力、综合管理能力、服务支持能力、业务规划能力、综合管理能力等。其中,技术研发能力与成本控制能力是最为关键的两个能力,一个决定了产品性能是否能够满足客户的需求,另一个决定了企业为客户提供的解决方案的价格是否能够被客户所接受。对于包装产品而言,满足客户需求的重点应从充分实现包装产品的功能来得以体现。

企业常常会面临这样一些难题:客户有需求(或者是隐性要求),企业的产品与服务也能满足客户的要求,可客户就是不选择购买该产品,这或者是客户受了竞争对手的"误导",或者是客户觉得自己没有这样的需求(经常在开发客户隐性需求市场的时候会遇到类似的困境)。主要考虑两个方面的问题。首先,考虑企业的产品与服务是否有足够的吸引力的问题,是否能真正满足客户的潜在需求,这涉及企业的技术研发能力。如果一项产品只考虑其前瞻性,是很难获得客户认可的。其次,考虑企业与客户的沟通是否到位的问题。这里的沟通,既包含了对消费者教育的任务,让客户发现自己的隐性需求,也包含了企业品牌与产品推广的任务,让客户接受企业的产品与服务。良好的沟通还能帮助企业及时发现问题,调整业务方向,跟上客户需求的变化。而要与客户达成良好的沟通,关键的前提是企业与客户之间能够维持一种尊重与被尊重的平等关系。只有这样,客户才可能信任企业,接受企业所希望传达的产品信息,并向企业反馈自己的需求信息。

旅行业作为当今蓬勃发展的第三产业,在体验经济的背景下开展体验营销活动可以从以下几个方面进行:

(1) 旅游企业实施体验营销,要突出以顾客为中心。体验营销不同于传统营销,它是大众定制化的、一对一的营销模式。因此,旅游企业应以顾客为中心来设计针对每一位顾客的个性化的体验。另外,旅游企业应在顾客消费前、消费中、消费后的全过程充分体现尊重人、爱护人、关心人的以人为本的思想,让顾客感觉到自己被尊重,被体贴,这将成为顾客体验的很重要的部分。对目标顾客进行分析的目的在于挖掘顾客的内心渴望,通过对他们的喜好、消费行为以及影响他们的社会文化或社会亚文化的分析研究,挖掘目标顾客的心理期望,如顾客心目中理想的消费环境是怎样的、理想的产品是怎样的、顾客渴望什么样的内心刺激等等。同时要注重对顾客心理需求的分析和体验的不断更新,不断研究和开发以顾客为导向的产品和服务是当今企业能够长盛不衰的源泉所在。企业应紧跟顾客需求变化发展的脚步,更新其提供给顾客的体验服务来满足顾客变化着的需求。这就需要企业注重对顾客心理需求的分析,掌握顾客的偏好、兴趣及其发展动态,而建立有效的客户关系管理系统可以帮助企业做到这一点。通过客户数据库,企业可以更加有针对性地为顾客提供体验价值,并保持灵活的应变机制。

(2) 旅游企业实施体验营销,在产品中附加体验。顾客体验不是自发的,而是诱发的,因此,企业提供给顾客的体验的好坏将直接影响到顾客是否购买这种体验。企业应精心设计和规划自己的体验产品,保证其具有个性和对顾客有价值。将好的体验附加到产品之中,能对产品起到"画龙点睛"的作用,增加产品的灵性,提高产品的感知质量。因此,实体产品制造商不仅要关注产品的技术或功能质量,更要重视顾客在使用其产品时的感觉和感受。他们一方面应尽力避免在产品外观或细节上留有小小缺憾,另一方面要有意为产品增添愉悦、美感、感官享受等成分,从而使产品"体验化"。在产品中附加体验,可以从以下几个方面着手:

第一,体验应该有一个主题。一个精练的主题是迈向通往体验之路的第一步,它能够给消费者留下深刻的印象,产生持久的记忆。感官刺激是人们最容易感知的一种刺激方式,它可以使顾客体验变得更加难以忘怀,印象深刻。旅游企业必须引入体现体验的本质的线索,同时必须向顾客介绍线索,每条线索都无一例外地体现主题。

第二,通过广告传播体验。体验营销者把广告看作传达体验的有力工具,强调广告文案的体验诉求。广告中的体验不仅能有效吸引目标受众的眼球,也为旅游产品的销售打下感性基础,即在产品被消费之前就增加了其体验价值。例如,提供纪念品是一种使体验不被顾客忘记的方法,而且还可以使体验社会化,因为人们往往通过它把体验的一部分与其他人分享。参与体验的人越多,就意味着被吸引的潜在顾客就越多。这是一种很好的宣传方式,并且可以增加旅游收入。要充分利用旅游纪念品,给游客创造一个值得回忆的体验。纪念品的价格虽然比不具纪念价值的相同产品高出很多,但由于其具有回忆体验的价值,所以消费者还是愿意购买。度假区的明信片会使人想起美丽的景色,绣着标志的运动帽会让人回忆起某一场球赛,印着时间和地点的热门演唱会运动衫则会让人回味观看演唱会的盛况。如果旅游企业经过制定明确主题、强调参与等过程,设计出精致的带有体验意味的产品,消费者肯定会愿意花钱买纪念品、回味体验。如果企业觉得不需要设计纪念品,那是因为尚未理解提供体验的重要性。

第三,创造全新的体验业务。体验业务既可以是体验性产品,也可以是体验性服务,但它不同于依附在产品或服务之中的体验。虽然体验业务的生产离不开产品或服务,但体验才是企业真正要出售的东西,产品或服务只不过是辅助性设施。前已述及,影视、艺术、体育、旅游等产业本质上都属于体验业务。因此旅游企业可以在此基础上充分发挥想像力,创造出全新的体验业务。例如,曾经热播的韩剧《大长今》就引起了国人赴韩的旅游热。《大长今》的主演每次来华宣传都会说:"欢迎您到韩国来!"如今韩国已经以影视业作为一种手段来促进旅游业的发展并取得了成功,这一点值得我们学习。

(3) 旅游企业实施体验营销,用服务传递体验。旅游企业服务生产和消费是不可分割的,服务是企业用以展示和传递体验的天然平台。在服务过程中,企业除了完成基本的服务提供外,完全可以有意识地向顾客传递他们所看重的体验。因此旅游企业应注重加强对营销人员的培训,使其更符合体验营销的要求。在体验营销中,旅游企业营销人员的角色发生了很大的变化。他们更像是演员,根据一定的要求或脚本进行表演。而顾客则变成了观众,营销人员表演的目的是让观众参与进来,也变成演员。因此,基于这样的需要,企业应注重对营销人员能力和素质的培训,使其更符合"演员"的角色,从而达到让顾客进行全面体验的目的。例如，顾客只要光临一次，服务员能记住顾客的名字，并在顾客过生日时出其不意地送去鲜花、小礼物、生日贺信等等；能随时注意到顾客的需求，并尽可能在顾客提出要求前，满足其需求等。例如，滑雪场的专业指导人员指导初学者滑雪，既增加了人们的安全感，又可以使其旅游活动更加顺利地进行。这些人性化的服务项目将完美人们的体验，提高消费者的满意度。一份美妙的体验可能将如此产生，最终形成顾客的重复购买。

（4）旅游企业进行体验行销，要让品牌凝聚体验。在旅游企业开展体验营销的过程中，品牌是不可或缺的，如今已经进入到品牌竞争的时期。品牌表面上是产品或服务的标志，代表着一定的功能和质量，在深层次上则是对人们心理和精神层面诉求的表达。一个能够被广泛接受并具有知名度的品牌将给企业带来无限的商机。所以，在体验营销者看来，品牌凝聚的是顾客对一种产品或服务的总体体验，品牌的价值在很大程度上是体验的价值。一位顾客这样描述曾给予他的一次体验："几年前，我乘坐大西洋航空公司的班机离开伦敦。当时我选择了由该公司派人来宾馆接我乘机的服务。来接我的人骑一辆名牌摩托车，全身着皮装，给我带来了一个头盔，车还配有专门为我装行李的挎斗。那天的天气异常的好，当我们一路驶出市区时，我有一种一生中从来没有过的美好感觉。那是一种真正的给人的体验。"如今在旅游行业中有很多具有影响力的企业，如中国国旅、青旅、锦江集团等等，这些品牌在某种程度上就代表着一次完美的体验，消费者更相信这些企业所提供的服务，这就是品牌的感召力。我们的旅游企业要利用 CRM 来塑造自己的品牌，增强市场竞争力。

目前，我国已加入 WTO，国内许多企业现在正面临被迫"与狼共舞"的局面。我国旅游企业如何在竞争中取胜？首先，我国旅游企业应该进一步强化和提高产品和服务在质量上及功能上的档次。其次，我国旅游企业应适应并接受新经济的考验，学习新的游戏规则，主动完成自身营销模式的转变。旅游企业应对所处的外部环境和内部环境进行分析，发现并找出企业的优势和劣势以及面临的机会和威胁。旅游企业可以分析的问题如当前的宏观经济运行态势，行业是否已超越了商品经济和服务经济并开始向体验经济过渡，行业内竞争程度以及企业内部资源如人、物以及信息等是否都为企业实施体验营销做好了准备等等。CRM 的广泛应用，给旅游企业的发展带来了契机，我们要学会如何正确地使用 CRM，使其发挥最大的效用。同样我们也应该注意到，CRM 本身就是一个体验，我们旅游企业在经营运作的时候要用 CRM 与消费者形成互动，来一次适应时代发展的体验。

## 三、旅游体验营销中应注意的问题

不管旅游企业是在其传统的产品和服务中附加体验，还是把体验当作核心提供物来经营，成功开展体验营销，需要注意以下几个问题。

1. 体验必须要有明确的主题

主题就如同一篇文章的中心思想，主题不明确，体验设计难以给顾客留下深刻印象，一支乐曲的主旋律，缺乏主题，东拼西凑，甚至会事与愿违地造成负面体验。因此，旅游企业应将精心挑选的主题作为体验设计与传递的指导性纲领，将旅游企业的产品和服务以及每个要素和细节有机地结合在一起，旅游企业的所有营销手段都必须支持体验的主题。

目前，我国不少旅游目的地(包括其组成要素旅游纪念品)缺乏个性与特色，或“翻版克隆”其他旅游目的地的模式，或张冠李戴、生搬硬套，给旅游者千篇一律的感觉。究其原因在于规划者、建设者、经营者的头脑中缺乏统一的、渗透各方、鲜明独特的主题，或主题定位不当。

主题的确定应根植于本地的地脉、史脉与文脉，应根据主导客源市场的需求，凸显个性、特色与新奇，避免与周边邻近地区同类旅游目的地的雷同；整合多种感官刺激，调动旅客的参与性。

不仅如此，体验又是个性化的，不同的人对同一景象、同一游程的体验是不同的。因此，一方面，旅游服务供给者应该设计和提供参与性强、兴奋感强的活动与项目；另一方面，要提倡深度的体验旅游，旅游者既要身游又要心游，游前要了解旅游地的历史与环境，游中要善于交流，游后要“回味”和“复习”，要动腿走、动嘴问、动脑想、动手记，把观察上升为心得，从经历中提炼体验，不断提高旅游素质。

2. 体验主题应与企业的商业性质和经营宗旨相一致

与企业的商业性质和产品特性不相符的体验主题，往往会使顾客感到不伦不类，因而很难产生感召力。另外，企业向顾客提供的体验必须与自身定位或经营宗旨相一致。只有这样，才能树立起一贯的企业形象，有力地吸引目标顾客。例如，美国西南航空公司，一直将自己定位于票价低廉和没有附加服务的航空公司，因此，它不会如大西洋航空公司那样在飞机上提供按摩服务，但这两家公司同样都很成功。这样的做法有利于企业树立自己的品牌形象，提高企业自身的信誉度，企业的品牌形象在客户关系管理中是一面旗帜，良好的品牌形象可以对消费者形成强大的吸引力，这是赢得客户的有效方法。

3. 外部体验须以内部营销为基础

内部营销是指要求企业像对待外部顾客一样对待自己的员工。在体验营销中，内部营销显得尤为重要，因为企业在很大程度上是依赖员工去进行体验的即时创造和传递的。体验主题再明确，体验设计再完美，如果因员工的一次疏漏，就会影响体验的效果，甚至将体验全盘破坏。在对顾客提供体验以求效益的同时，不能忽略企业内部体验价值的重要。在企业内，体验同样无所不在。针对企业内人员不同的追求来提升体验价值，不但可以提高他们的工作效率和创造性，还能有助于企业文化的建立以及整个管理水平的提高。

当然，除了上述几个方面外，还有一些问题也是要认真加以重视的，还须在理论和实践中不断加以完善，如体验评价指标体系的建立、体验营销模型的构建。体验经济时代的到来是随着经济的发展和人类需求不断提升的必然结果。与体验经济时代相对应的营销模式就是体验营销。体验营销是 21 世纪营销战中最有力的秘密武器，它与消费者的沟通和互动是最有效的。谁能牢牢地把握，谁就会讨得消费者的欢心。而旅游体验营销，是中国旅游业在未来的国际竞争中制胜的法宝之一，谁先认识到这一点，谁就能在国际、国内旅游市场营销中抢占先机，赢得市场和消费者。

【应用案例】

## 星巴克的客户体验管理

从1971年西雅图的一间小咖啡屋发展至今成为国际最著名的咖啡连锁店品牌，Starbucks Coffee的成长可称得上一个奇迹。星巴克的咖啡经济的确令人心动。全球连锁店达4 000多家的星巴克，1992年在美国上市，如今，其股票价值早已超过当初的10倍以上。

咖啡王国传奇的造就非一朝一夕之功，它源于其长期以来对人文特质与品质的坚持：采购全球最好的优质高原咖啡豆以提供消费者最佳的咖啡产品，有其深厚的文化底蕴；更源于不懈的品味追求，时时处处体贴入微，提供顾客最舒适最优雅的场所。这也是星巴克的独特魅力所在，同时也体现了体验营销的威力。星巴克正是以“体验式营销”的方式带领消费者体验其所塑造的文化。这些交流发生在零售环境中，在产品和服务的销售过程中，在售后服务的跟进中，在用户的社会交往以及活动中，也就是说，体验存在于企业与顾客接触的所有时刻。作为体验营销的经典应用者，星巴克将告诉你如何将这些要点发挥得淋漓尽致。

1. 优良的品质

星巴克的咖啡具有一流的纯正口味。为保证星巴克咖啡的质

（续上）

量，星巴克设有专门的采购系统。星巴克员工常年旅行在印尼、东非和拉丁美洲一带，与当地的咖啡种植者和出口商交流、沟通，为的是能够购买到世界上最好的咖啡豆。他们工作的最终目的是让所有热爱星巴克的人都能品到最纯正的咖啡。星巴克的咖啡品种也是繁多的，既有原味的，也有速溶的；既有意大利口味的，也有拉美口味的，顾客可凭自己的爱好随意选择。

2. 卓越的服务

所有在 Starbucks Coffee 的雇员都是经过一连串严格且完整的训练，对于咖啡知识及制作咖啡饮料的方法，都有一致的标准。星巴克使顾客除了能品尝绝对优雅的 Starbucks 咖啡之外，同时也可与雇员们产生良好的互动。

星巴克咖啡连锁店有一个很特别的做法：店里许多东西的包装像小礼品一样精致，从杯子、杯垫和袋袋咖啡豆，咖啡壶上的图案与包装，到每天用艺术字体展示的当日主推销产品等等，都可以看出构思精心与匠心独具，于是会有顾客对这些小杯子和杯垫爱不释手，并带回家留作纪念。这个不在市场销售的赠品便成了顾客特别喜爱星巴克的动力，也成了体验营销的经典应用。

星巴克吸引消费者的另一个重要因素就是其内部幽雅独特的人文环境。木质的桌椅，清雅的音乐，考究的咖啡制作器具，为消费者烘托出一种典雅、悠闲的氛围。同时高科技的应用也使星巴克与众不同，它成功地实施了微软 NET My Services 的商业模式。星巴克的顾客可以通过因特网预订想喝的咖啡，等踏入星巴克店门后不用等待，自己想喝的咖啡就会立即端上来。同时无线宽带网络技术已进入星巴克连锁店，你可以想像，顾客能够在饮用一杯星巴克咖啡的同时，悠闲地使用他们的具有无线功能的智能

（续上）

手机，掌上电脑和其他手提设备能够接入宽带，提供免费上网服务，让你在某个需要释放心情的日子里享受到真正意义上的轻松与愉悦，那时星巴克的形象中又会加入一种时尚、尖端的因素。它的目的是为顾客提供方便，而这也形成了星巴克不同于别处的特殊体验。

星巴克还将顾客服务做到了售后。幸运的是，星巴克迷们对星巴克所做的一切都满怀热情，他们不满意时，就会有所反馈。星巴克连锁店设有顾客意见卡，其顾客关系部每年都收到成千上万个电话，星巴克总是作出了让顾客满意的回答和服务。可以看出，在与顾客接触的任何时刻，星巴克都不忘将其独特的文化特色深入人心。

3. 共同体验

来过 Starbucks Coffee 的人都会产生一些独特的经验，我们称之为“starbucks experience”。这些心得和故事都是值得与其他人分享的共同经验。

当你坐在任何一家星巴克咖啡店里，品尝着手中的第一杯，或者是第一千杯星巴克咖啡时，会见到一位女子躲在手中的星巴克咖啡杯中向你微笑，她看上去天真无邪却又无比妩媚动人。“她是谁呢?”你不禁会想，“是来自哥伦比亚的咖啡公主，还是地中海里的美人鱼?”不管她来自哪里，都肯定带着一个五彩斑斓和充满浪漫气息的故事。星巴克从品牌名称到 LOGO 设计都让人产生联想，并充满好奇感，“星巴克”这一名字取自美国古典冒险小说《大白鲨》，主人公是一名叫 Starbucks 的船大副，他幽默坚定，爱喝咖啡，有丰富的航海经验。星巴克的 LOGO 形象设计来自多数人都熟悉的古老的海神故事。荷马在《奥德赛》中描述了海神如何将水

（续上）

手引诱到水中，让他们在销魂的声音中幸福快乐地死去。中世纪的艺术家们把这些生灵刻画成美人鱼，从此这些生灵传遍了整个欧洲，人们用它们装饰大教堂的屋顶和墙壁。星巴克徽标中那个年轻的双尾海神，便是由中世纪的传神故事演绎的。于是，星巴克充满传奇色彩的名称和徽标很容易在顾客头脑中形成一种印象，并由好奇而最终转变为好感，这种联想式的体验也是众多星巴克迷的钟爱之处。

同时星巴克强调它的自由的风格。首先它采用的是自助式的经营方式，你在柜台点完餐，你可以先去找位置稍加休息，不然也可以到旁边的等候区看店员调制咖啡，等你听到他喊你点的东西后，就可以满怀喜悦的心情，端取你的咖啡。再到用品区，那边有各式各样的调味料，如糖、奶精、肉桂粉以及一些餐具。由于是自助，所以也不用付服务费，店里的装潢并非经常更换，但让星巴克如此吸引人的正是这份自由的体验，星巴克就像一双CONVERSE的帆布鞋，自在、休闲、沾上水渍也一样轻舞飞扬。

4. 创造第三空间

在世界上有Starbucks Coffee的地方，星巴克是人们在工作、居家之外最喜爱停留的地方。在店里可以与其他的Starbucks爱好者产生视觉、听觉的互动；或是单纯地喝一杯咖啡，享受独处的悠闲。Starbucks是一个可以放松身心的地方。

在中国几十平方米的咖啡店里，常常可以看见衣着光鲜的白领手捧咖啡杯，或聊天，或摊开资料，打开手提电脑讨论工作。如果运气好的话，还可以看见一些身着棉布衬衫、留着IT寸头的网络精英，其中一位很可能就是已经缩水，但名气依旧不小的"数字富豪"。

（续上）

与星巴克在中国的定位不同。在美国，星巴克把自己定位为“您的邻居”，而绝非白领阶层的专属，但仍然是其家庭客厅的延伸、价廉物美的社交场所、工作和家庭之外的第三个最佳去处。在西装革履的金融区，在花花绿绿的黑人区，都可以看到它的踪影。在价格上，一杯咖啡最便宜的1.5美元左右，最贵的也只有4美元左右。除了最便宜的“星巴克当家咖啡”外，还有淡淡甜酸果味的女神天韵咖啡、口感厚重的哥伦比亚纳瑞诺咖啡、可配甜点的维罗娜咖啡等。

星巴克以为顾客创造“第三空间”为主题，营造了一个全新的体验，通过情景，星巴克来创造“体贴”。正是真正地了解了这些可以刺激顾客内心情感的细枝末节，星巴克才可以将体验式营销用到极致，并成为其中经典。

（**资料来源**　摘自品牌学习网 http://ppxxw.com）

# 复习思考题

1. 体验经济的概念、作用以及成因是什么？
2. 体验营销呈现什么样的特点？
3. 五种体验类型是什么？
4. 如何根据5Es组和策略进行体验营销？
5. 什么是旅游体验？其具有什么样的特征？
6. 如何在旅游行业中进行体验营销？在这个过程中应该注意哪些方面？
7. 体验经济对旅游业中的客户关系管理产生了什么样的影响？

# 第九章 旅游客户关系管理战略策划的理论基础

## 第一节 旅游客户关系的经济特征

旅游者与旅游企业之间存在着纷繁复杂的关系，作为通过为旅游者提供旅游产品及相关服务而创造利润的经济实体，旅游企业应当把自己与旅游者的关系作为其中的核心。旅游企业应与旅游者建立、保持并加强关系（通常指长期关系），通过互惠互利的交换以及共同履行交换诺言，使有关各方实现各自的目的。

### 一、漏桶理论

以往，传统营销的焦点是创造新的客户，这种“进攻性营销”策略除了包括获取新客户以外，还包括吸引对竞争对手不满意的客户，尤其是在竞争激烈的时期。相反，关系营销则认为，虽然客户的获取非常重要，但它只是整个过程的一个中间步骤。关系营销不仅重视客户获取而且也强调客户保留，即企业除了“进攻性策略”，还需要“防御性策略”，使客户的流失程度降到最低。

#### （一）漏桶理论的含义

美国学者丹尼尔·查密考尔（Daniel Charmichael）在教授市场营销时，曾在黑板上画了一只桶，然后在桶上画了许多洞，并给这些洞标上了名字：粗鲁、没有存货、劣质服务、未经训练的员工、质量低劣、选择性差等等。他把洞中流出的水比作客户。企业经营过程中既要有新客户的注入,也会有老客户的流失。教授指出:公司为了保住原有的营业额,必须从桶顶不断注入“新客户”来补充流失的客户,这是一个昂贵的、没有尽头的过程。而且吸引新客户的成本至少是保持老客户的成本的 5 倍,所以企业的目标就是维持或者增加客户的数量以减少成本,增加利润。

**(二) 双重点策略**

漏桶理论能清楚地解释企业应该采取的是获取和保留双管齐下的双重点策略,但更强调对客户的保留。它给我们的启示是:一个企业想要获得成功,既要获取新客户,又要防止现有客户的流失;承认获取客户是保留客户的基础,但更强调保留客户的重要性;保证现有客户的满意比投入大量营销努力去阻止客户流失更有意义;企业除了采用进攻性营销策略来获取客户外,还需要采用防御性营销策略来保留客户。企业为了盈利,双向(获取和保留客户)策略必须协同执行。

**(三) 客户保留的收益**

获取客户和保留客户均会给企业带来收益。企业希望吸收“新鲜血液”,即新的客户,增加市场份额为企业提供一个稳定的客户流,然而,竞争的加剧和日益饱和的市场使得客户获取有可能变得更加困难。客户总数的减少会影响盈利。企业即使想维持现状,也必须增加新的客户以补偿客户流失。

有人提出“企业从客户身上的获益是累积的,关系周期持续时间越长,企业获得的财务收益越大”。此观点旨在提出关系的持续同样也能带来额外的潜在收益,应进一步把重点放在客户保留上。因此,客户保留的收益主要表现在两个方面:第一,保留现有客户比吸收新客户的成本低;第二,客户的长期忠诚能够产生超额利润。

## 二、旅游客户关系的经济分析

旅游企业与旅游者构成主体性的主顾关系,旅游者对旅游企业的经营效益产生直接的影响，由此旅游企业往往通过关系营销来发展与客户长期、稳定的关系，获得长期收益。

**(一) 获取和保留客户的成本权衡**

一般认为，衡量客户保留收益的一个重要组成部分就是客户获取的成本要超过保留成本，比如，“吸引新客户的成本至少是保持老客户的成本的5倍”，这一概念已经成为一个被普遍接受的营销准则，而前期的客户获取成本成为了客户关系经济性的首要研究对象。

1. 获取成本

获取成本指前期获取成本，是企业为了获取新客户所发生的支出。那些成功实施客户保留策略的企业，如银行、信用卡和保险业，通常都有较高的前期客户获取成本。这些获取成本通常包括以下部分：

(1) 一般获取成本。

(a) 销售成本。大多数企业在一定程度上需要依靠人员销售，特别对于产品或服务复杂的行业，人员销售更为重要。大众营销媒介并不能很好地处理复杂性销售，而销售人员却有能力突出产品或服务的特征，并可就客户提出的任何问题给予回应。因此，人员推销是在销售复杂、高价值产品时的一个高价值的营销传播工具。

(b) 广告成本。如果使用广告来确保品牌在市场中的主导地位，那么，维持这种意识的成本也要相应地包含在客户获取成本之中。

(2) 其他获取成本。

(a) 佣金。以销售量为基础支付佣金会使得客户获取的可变成本增加，那么客户获取成本很可能高于客户保留成本。

(b) 数据收集成本。如果需要数据收集并涉及合同或其他昂贵的材料时，成本就会上升，在这种情况下，企业就不能在合同期的前一年或几年里，从产品或服务上盈利。

(c) 设备租用成本。这里是指有关长期设备租用或供应，如电视出租、数字电视接收的免费供应。企业产品成本是在合同期内分期摊销的。因此，如果合同的期限小于摊销的期限，企业会因此赔钱；相反，如果合同的期限大于摊销的期限，企业会有额外收益。在这种情况下，客户保留的收益就突现出来了。

2. 高低获取成本行业的划分

(1) 低获取成本行业。比如快速周转的消费品零售，并不需要大量的人员销售、佣金、零售信息收集和设备供应来吸引客户，因此客户获取成本很低。事实上，对于快速周转的消费品，客户只需要一个或几个驱动因素，如位置、预知的服务质量、价格竞争、产品范围、质量和促销赠品等，就可以刺激销售，这些因素也同样影响客户保留过程。

(2) 高获取成本的行业。在涉及人员销售、佣金、大量数据收集、高品牌意识投资或设备供应支出的行业中，获取新客户的成本通常会超过客户保留成本。因此，那些前期获取成本较大的行业应该通过延长摊销时间来逐步补偿成本，而最终获得收益。在这种情况下，关系保持越久，相对的成本就越低，可能获得的收益也就越大。

旅游业属于高前期获取成本的行业。旅游产品以无形服务为核心，其产品质量不能像有形实物那样可以在购买前加以判别，其价值、质量的鉴定只能由旅游者购买之后作出辨别，而旅游动机具有易变性、依附性、追求时尚性等特点，这一切都决定了旅游业为了吸引客户，先期必须投入高昂的广告费用，致使前期获取成本一直居高不下。

**(二) 客户保留策略的经济性**

对于快速周转的消费品零售等行业，如果实施客户保留策略，则需要大量的成本作支撑，这就会导致较高的价格，那么这种高定价行为就会在价格上不具有竞争优势。事实证明，那些前期投入成本较大的行业才会主动实施关系策略，即采用客户保留而不是客户获取。在获取成本很低，或获取成本和保留成本的差别不大的情况下，关系策略的实施则有可能成为负担。

但是在高客户获取行业如旅游业，客户保留策略的经济性就非常明显了，因为长期关系能够带来长期的竞争优势，能带来长期收益。"关系回报"(return on relations，简称 ROR)这一概念的定义就是"由于建立和维持一个组织的关系网络所产生的长期净财务收入”。

不难看出,客户保留策略体现经济性有两个前提:第一,获取成本与保留成本相差较大;第二,存在关系回报。

## 三、长期关系收益分析

采用客户保留策略的长期收益有三个关键的概念:“关系阶段”、“客户前景层次”和“客户终生价值”。

### (一)关系阶段

在关系营销中的不同关系阶段,其组织的收益也不同。即关系的阶段越高,对组织的盈利性越大,同样组织的收益也越高。

1987年,德怀尔等提出了一个五阶段的关系阶段模型,其中每一阶段都代表了双方关系的一次转换,它们是:

第一,意识。意识是指一方认识到另一方是一个“可行的交易伙伴”,尽管交易双方为加强他们的吸引力有一个“定位”和“摆态”的过程,但真正的交易还没有发生。

第二,考察。考察是交易过程中的“研究和试验阶段”。在这一阶段,潜在交易双方考虑交易中的责任、收益和负担,其中可能包括心理成本和行动成本。德怀尔等提出这一阶段可能包括诸如吸引对方、交流、议价、发展和实施权力、制定规则和明确预期等不同的亚阶段。

第三,发展。发展是双方的收益由于交易而不断增加,互相更加依赖的一个阶段。

第四,承诺。承诺是指交易双方在关系的持续内相互的、明确的和暗含的义务。

第五,解除。解除阶段提醒我们,交易双方的任何关系都有可能最终解除。

德怀尔等强调,尽管所有的交易都有关系的性质,但是把许多交易都看成是“独立的”非常重要。换句话说,刚才所描述的关系阶段并不是自动存在的,而是在双方都意识到建立关系的好处时才成立的。尽管这种紧密的、双边的关系在现实中是存在的和公认的，但是，一些交易关系不是很明显的消费者产品和服务市场，似乎不存在这种稳固的关系。

然后，1995 年，佩恩等运用很早就有的一个概念——"忠诚阶梯"，创造出了一个新词"关系阶梯"。用"阶梯"和向更高层次"攀登"的比喻含义非常明显。

1997 年，科特勒同样也提出了一个阶段模型和关系阶梯类似的模型。上面所提的三种模型的比较如图 9-1 所示。

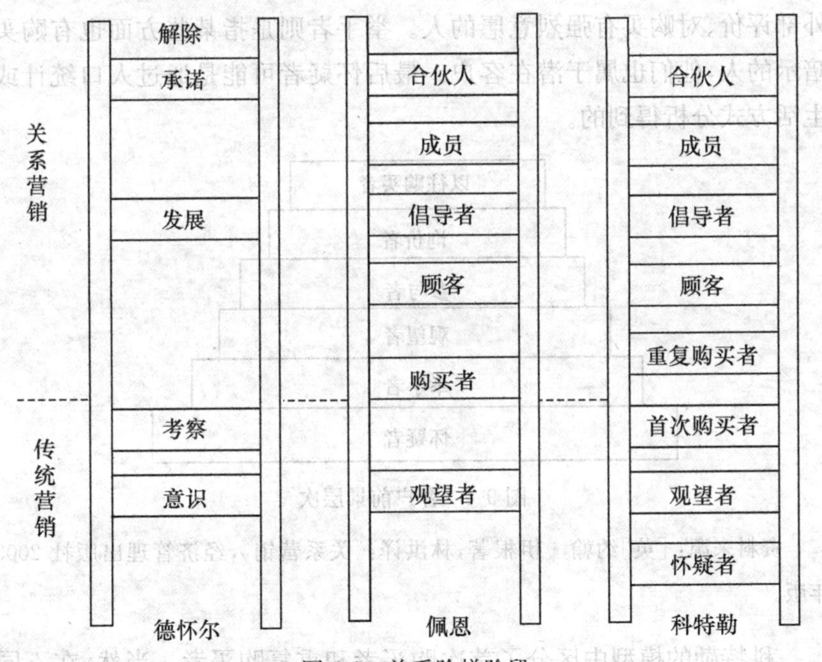


图 9-1 关系阶梯阶段

资料来源：[英]约翰·伊根著，林洪译：《关系营销》，经济管理出版社 2005 年版。

### (二) 客户前景层次

1. 三个模型的比较

从科特勒的模型中可以看到，观望者是比怀疑者更高的一个层次，可以表明,他们有可能购买供应商的产品和服务。并不是所有的观望者都有相同的购买潜力,这有一个预期等级,见图 9-2 所示,从怀疑者上升到举手者、观望者、参与者、询价者、继而成为以往购买者,在等级逐步上升的过程中,转化为积极客户的可能性在逐步增加。在这个等级中,以往购买者即已经有产品或服务的使用经验者最有可能转变为客户。其次是那些询价者即积极询问产品的客户。很有可能购买的参与者位于下一个等级,他们能够对大多数客户产生影响,同时他们也可能已收集了信息,在头脑中已形成购买的框架。观望者是指那些通过外部评价、对购买有强烈意愿的人。举手者则是指某些方面也有购买暗示的人,他们也属于潜在客户。最后怀疑者可能是通过人口统计或生活方式分析得到的。

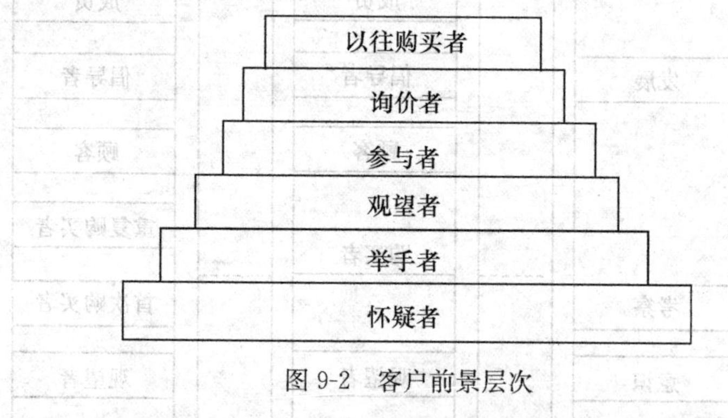


图 9-2 客户前景层次

资料来源:[英]约翰·伊根著,林洪译:《关系营销》,经济管理出版社 2005 年版。

科特勒的模型中区分了首次购买者和重复购买者。当然,在不同情况下购买决策过程也是不一样的。在重复购买中,客户已经有了以往的经验而不是听信广告和传闻。在这一点上,关系营销与传统营销存在分歧,传统营销把焦点放在单个的交易之上。关系营销的主要任务则是更有技巧地将客户推向关系的更高阶段,每一阶段都代表企业和客户关系的加强。与传统营销者对比,传统营销者并不鼓励客户攀登忠诚阶梯，传统营销将每次交易看成是独立的，而关系营销则将每一次交易放在它的过去及未来之中考虑。

科特勒阶段模型还提出，企业希望把重复客户转变成真正的客户，它暗含着一个更高的阶段以及交易双方之间存在一些“精神”层面的合同及“约束”。更高一个阶段即为“倡导者”，它意味着客户从对企业的反应转变为积极参与企业的营销活动，更普遍的行为就是口口相传。“成员”是指和企业有着更亲密的关系，而“合伙人”则意味着双方的关系达到了这么一个阶段：客户成为价值创造过程的一部分。

虽然三种模型的解释有稍许的差别，但是它们提出了一个共同的观点，就是推动客户从一个阶段向更高阶段迈进。它们也解释了相关概念：传统营销以销售为终止，而关系营销则强调客户关系的建立和加强。

2. 市场营销实践

在所有的关系概念中，“阶段”和“忠诚阶梯”对于把握住关系的实际发展情况非常重要。倡导者、成员或合伙人等术语都假设客户与他们每天打交道的企业或组织有一定深度的联系，但如果客户不这样认为的话，就不能说企业和客户有这样一种关系存在。即使供应商把这一过程当作他们的长期责任，最后还是要由客户来决定这种关系。

然而，一些企业极力宣传能够成功创造成员型关系或亲密型关系的策略。这并不包括所谓的“客户俱乐部”，因为它没有形成高水平关系所要求的互惠条件，大多数客户也只把其看作是登记或履行合约而已。旅游企业可能最提倡高水平的关系策略，许多企业尤其是航空企业已经建立了俱乐部，俱乐部成员可以享受到一般客户无法享受到的特权。一些组织，如英国航空公司已经领先一步，它根据客户对企业的贡献不同而区分不同的关系水平。俱乐部成员根据他们的地位会得到不同层次的特权。快速周转的消费品零售也想区分客户特权。也有一些组织有非常明显的更高水平关系，包括自愿成员组织，如政治团体、慈善机构等，同时也涉及成员的责任、费用或精神回报的努力水平。足球俱乐部或艺术团体也有着明确的较高的关系水平，通常是和成员的地位水平成正比的。政治团体的成员可能包括那些积极参与制定团体政策的成员，他们相当于其他非政治团体的“价值创造者”。这种类型的成员兼职甚至全职参与组织的管理。

“阶段”理论的另一问题是它暗含着一个地位从低到高的线性级数。也就是说，无论企业的努力程度如何，客户都有可能出于各种复杂原因降低关系的级别或者终止关系。例如，英国航空俱乐部的客户水平是由他们每年所积的点数所决定的，客户若将他的一部分或全部旅行放在其他企业，将会损失他们的俱乐部收益。在“全球”联盟活动中，与英国航空公司相关的航空公司也使用了这种差异性的关系评估。所以，客户地位的变化既能向上也能向下。

### （三）客户终生价值

客户终生价值是指一个新客户在未来所能给公司带来的直接成本和利润的期望净现值。由历史价值、当前价值和潜在价值构成。“客户终生价值”观念建议企业不应该只注重单个交易的短期利润，而是应该考虑企业长期与客户联系所产生的收入。例如，银行一直为年轻人提供富有吸引力的开放账户，虽然这么做会在短期内增加成本，但是银行仍准备继续实施下去，因为他们知道这部分客户很少能转换到竞争对手那里。

客户的终生价值理论推动了保留政策的实施。企业对关系策略的投资取决于假设的客户终生价值，尽管这些假设有可能是基于历史数据。企业要决定为维持或加强竞争优势而对产品或服务质量的投资，或是在竞争中防御性地减少客户流失。在后种情况下，企业可能积极建立“退出壁垒”来留住客户。

但是终生价值概念的缺陷是它不能保证客户会一如既往地支持本企业或始终与企业保持联系，这在那些低退出壁垒的行业和变化迅速、竞争激烈的市场更为明显，在使用大量促销手段的行业中也是如此。事实上，如果客户把不同企业在交易中为他们提供“诱惑”的大小作为购买决策的唯一区别，他们就会积极地寻求最高的诱惑以作为他们获得的唯一满足。在这种情况下，“终生价值”的优点与其他一些指标一样，都会引起质疑。在关系阶梯不同阶段的区分策略中，关系层次越高，成本也越高，所以，对于一个组织来说，以成本—收益为基础决定什么时候“值得进入下一个水平”是非常重要的。

1. 转换成本

转换成本是有效防止客户转移、离开企业的耗用。供应商、客户或关系本身都能产生转换成本。有一些成本或障碍被看作是在创建好的关系及满足客户要求过程中自然产生的障碍，是可接受的。然而，另一些成本或障碍则被看作是强制性的，很难被接受的。事实上的或心理上的“成本”并不是相互排斥的，可概括为以下几种：

第一，时间和精力。它包括搜寻成本和学习成本。搜寻成本是指那些为搜寻可替代的资源供应所花费的时间和精力。学习成本是指为学习如何有效地与新供应商打交道所花费的时间和精力。

第二，情感。关系存续一定时期就会在组织人员之间产生一种情感联系，这种情感很可能形成惯性行为，而不愿意转向新的供应商。

第三，风险。转向一个新的供应商带有一定程度的风险，即使风险并不是那么明显，人们还是倾向于留在现有供应商处，而不是冒险转向其他没有经验的新供应商。关系的破裂还可能意味着财务处罚或从关系持续中获得的收益及地位的损失。

然而普雷西和马修斯认为，关系营销应包含更多而不仅仅是“保留客户”，那些依赖于这种保留策略的企业是“一无所获”的。把关系营销看作为通过惩罚障碍“留住”客户的企业所建立的相对于双方自愿形成的关系来说，是一种低等的关系。这些惩罚障碍可能引起客户的不满，并最终导致客户终止合同。这种情况下的关系是一种单方维持客户或违背客户意愿的“假关系”，因为客户离开的成本太高。因此，当“加强和保留客户”被定义成“通过惩治行为的威胁来更有效地限制和劝阻客户的背叛”时，遭到了广泛的批评。这种观点否认关系营销已经脱离了敌意性竞争和相互利用的阶段。格梅森把这种“操纵营销”的类型比喻为：使用人工化肥和除虫剂虽然能增加短期收成，但这不仅造成了生长庄稼的土壤贫瘠，还损害了种子的质量。就像生态学一样，关系营销应该把眼光放得更远。

尽管供应商很想知道客户的潜在成本，但是，这些作为关系结果所产生的成本并不是直接由供应商来决定的。

2. 关系的维持

关系的存续直接影响客户的终生价值。有人提出，企业采用技巧留住客户能够增加收入、降低成本，并提高财务业绩。1996 年，美国贝恩公司的赖克赫尔德通过引用从客户“利润生命周期”所获得的一系列累计收益数据强调了这一论点，它涉及成本节约、收入增长、价格溢价等概念。

(1) 成本节约。超期分摊成本能为供应商带来收益。在这方面，不很老练的客户可能帮商家的大忙。赖克赫尔德提出，客户忠诚的经营成本优势在零售业尤为强大，因为“一家商店向一群不断转换的客户销售商品比年复一年向同一群客户销售商品需要更多的存货”。他提出，一群稳定的客户“能够精简存货管理，降低商品价格并简化库存预算”。

这种类型可能存在于零售存货相对稳定或客户与企业已建立了密切关系的情况下。在其他领域，特别是快速周转的消费品可能是另一种情况。当客户变得更加老练、职业化和挑剔时，为这些客户服务的成本就很可能上升而不是下降。在这种市场情况下，随着时间增长，客户学会操纵供应商，并向他的目标迈进。比如，客户会在大量商店中挑选减价商品，这样就导致了成本上升，而不是下降。如今，局面更加恶化，因为客户越来越容易到网上购买，也就方便对供应商作出价格上的比较和判断。

（2）收入增长。赖克赫尔德提出，在大多数企业中，客户的消费会随着时间增长而增长，这在客户低成交额和高退出壁垒的行业中更是如此。在这些行业中，我们很自然地假设收入将随着时间增加而增加。然而，这只是一个乐观的假设。在那些客户高成交额和低退出壁垒的行业，则有可能是客户增加收入被同一时期内减少购买或停止购买的客户相抵销，因此，最后的可能是没有净收入增长。

在大多数企业中，如果供应商相对竞争对手来说没有积极扩大自身产品的种类或价值，收入增长就不可能实现。赖克赫尔德承认客户零增长是存在的。一些其他产品或服务的水平可能根据外部因素的变化而起伏波动，但是，在一定时期内也会维持在零增长的水平上。这种类型的供应商通过产品或服务的延伸来克服这一问题。除此之外，在特定时期的促销活动也会增加短期使用量。然而，总的来说，我们很难验证关系的持续尤其是在当前竞争的环境下会自动产生更多的消费这一说法。

（3）价格溢价。赖克赫尔德还提出，企业能够从长期忠诚客户身上获得价格溢价。这种策略由客户的成熟程度及退出障碍水平决定。然而，在许多市场中，这种说法完全漠视了这样一种事实，即广泛使用的促销活动有助于创造"一群不断提升、有文化的客户"，他们能够"非常熟练地从一个供应商跳到另一个供应商"，找到最好的商品。在竞争市场中，对长期客户使用价格溢价不可能理想。另外，网络价格的可视性也使得价格溢价在未来并不可行。

3. 了解客户

任何有关于长期客户保留价值的讨论都必须承认，并不是所有的客户对企业利润的贡献都相同，也就是不同的客户会有不同的终生价值。事实上，正如我们以前所提及的，无论从短期或长期来说，企业的很大一部分的客户是给企业带来财务损失而不是利润。所以，流失一名盈利客户的后果可能是非常严重的，相反，流失一名非盈利客户实际上却是有利的。如果企业不注重实施关系营销，并且不了解每位客户的行为，那么企业将会忽视关键客户的流失。

所以，把关系营销作为在长期收益的过程中了解客户并区别对待每一位客户的环节是必不可少的。总而言之，我们不但需要明白如何建立，以什么方式建立关系等问题，而且还需要知道与谁建立关系这一问题。

### 四、旅游行业的特殊性决定客户保留的营销策略

与实物产品相比，旅游产品具有生产与消费同步、价值不可储存等特点。实物产品，如衣服、帽子等，今天没被卖出去，明天还可以通过价格形式得到价值补偿，但旅游产品，如客房服务、餐厅服务，今天没有销售出去，当天的服务价值就没有实现。而且，旅游产品的消费实现方式是人流（旅游者流向旅游产品生产场地）而不是物流（实物由生产地流向消费地）。因此，有没有足够的客源是旅游企业经营成败的关键，即有客源，服务价值可能实现，企业获利；无客源，服务价值无法实现，企业很难获利。

再者，由于消费实现方式的特殊性和产品的无形性，旅游企业很难像实物产品生产企业那样容易建立自己的直销网络，而是更多地依赖间接销售渠道来完成自己的销售任务。因而旅游企业比实物产品生产企业对关联群体的依赖程度要更强一些。所以，旅游企业应更加重视与关联企业的关系，积极构建牢固的以营造客户忠诚为目的的关系营销，使旅游企业与各种关联企业建立和保持密切的关系，保证旅游企业在市场竞争中立于不败之地。

## 第二节　旅游风险概述与危机管理

由于旅游业的特殊性：市场风险高于其他行业，所以它的成本构成包含着比其他行业高的风险成本。正因为旅游业的风险性特别大，所以客户关系管理就包含比其他行业更重要的风险管理。

## 一、风险和危机的含义

### (一) 风险与危机的概念界定

1. 风险的概念

风险(risk)一词具有多种含义,迄今为止,理论界和实业界对风险这一概念尚无统一的认识。自 1895 年美国学者海恩斯(Haynes)在其著作 Risk As An Economics Factor 中最早提出风险概念以来,不同专家学者从不同的角度对风险进行了界定,主要的观点如表 9-1 所示。

表 9-1

对于风险的不同认识

| 来　源 | 含　义 |
| --- | --- |
| 海恩斯 | 在经济学和其他学术领域中,风险一词并无任何技术上的内容,它意指损害的可能性。偶然性的因素是划分风险的本质特征,某种行为能否产生有害的后果应以其不确定性而定。如果某种行为具有不确定性,则该行为就承担了风险 |
| 罗素·布朗 | 风险是损失的不确定性 |
| 牛津字典 | 风险是伤害或损失的几率 |
| 威廉姆斯·海因斯 | 风险指在一定条件下和一定时期内可能产生的结果的变化。结果只有一种可能,不会发生任何变化,那么风险为零;如果可能产生的结果有几种,则存在风险 |
| 现代汉语词典 | 风险是可能发生的危险 |

从表中可以看出,不确定性与损失是风险概念中的两个基本要素。不确定性包括:事件是否发生无法确定、发生时间不确定、发生状况不确定、事件发生的后果或严重程度不确定等。但不是所有的不确定事件都是风险,对于那些可以带来收益,而收益的大小不确定的事件,不能认为是风险事件;只有会带来损失的事件才被认为是风险事件,这是人们对风险常见的、可接受的理解。

英国学者马丁·冯与彼得·杨从不确定性出发，综合了风险客观与主观的特性，提出了一个较为实用的定义：从客观上来说，风险是围绕相对于预期而可能出现的种种不同结果的变化；从主观上说，风险是我们对风险的态度和看法，这些态度和看法受不确定性、个人、社会以及文化因素的影响；风险还包括风险与（风险所处的）大的环境之间的关系等诸多因素的影响。这个定义提示我们，风险管理不仅要致力于对结果和概率的统计，还应加强对不确定性和对风险所持态度的管理；而且，对风险的管理包含着广泛的社会方面的因素，不是狭义的定量计算就可以完全涵盖的。

风险是一定条件下和一定时期内可能发生的各种结果变动程度的不确定性。它分为可控风险和不可控风险。可控风险一般是由人为因素造成的；不可控风险大多数是突发的、难以预测的自然风险和社会风险。

2. 危机的概念

突发事件是人们对出乎意料事件的总称。通常，突发事件包括各种自然灾害、严重事故、恐怖主义行为及重大群众性骚扰、重大政治、经济事件等。其实，突发事件这个概念，是人们的一种约定俗成的名词，并不规范，所涵盖的时间外延也过狭窄，因为突发事件对社会的影响不是转瞬即逝，而会持续一个过程。目前，国外更多地使用"危机"这个概念。关于危机的定义，美国学者罗森豪尔特认为，危机是指对一个社会系统的基本价值和行为准则架构产生严重威胁，并且在时间压力和不确定性极高的情况下必须对其作出关键决策的事件。韦氏字典的解释为："危机是转机与恶化的分水岭。"

美国波士顿大学公共关系教授奥陀·罗宾格（Otto Lerbinger，2001）将危机定义为：导致一企业组织陷入争议并危及未来获利、成长、甚至生存的事件。在其他学者所下的定义中，危机同时也会威胁组织的优先价值，认为信誉及主要成就目标，如获利、成长及生存等才是一个组织的中心价值。

为了完全了解危机的本质，并区分危机管理与日常管理的不同之处，必须对危机的定义加以延伸，全盘检视危机的特性。最早对此提出说明的是赫曼(Charles F. Hermann)，他在1963年指出，危机的发生必须具备三个条件：第一，管理阶层已经感受到威胁的存在，并意识到它会阻碍公司达成其优先目标；第二，管理阶层了解到，如果不采取行动，情况将会恶化，终致无法挽回；第三，管理阶层面对的是突发状况。

3. 风险与危机概念区分

危机是指事物由于量变的积累，导致事物内在矛盾的激化，事物即将发生质变或质变已经发生但未稳定的状态，这种质变给组织或个人带来严重的损害。从危机的定义来看，风险的定义要比危机的定义宽泛得多，风险概念中的两个基本要素(即损失和不确定性)同样适用于危机，但危机对这两个要素的要求更加严格。由此看来，危机是风险中的一种，风险包括危机。风险与危机的区别主要在于：

首先，风险不一定会造成严重的损失，只要有可能造成可感知的损失就可以认为存在风险，而危机必然造成严重的损失。

其次，风险不一定是事物质变的结果，它可以是事物量变过程中造成的损失，而危机一般是事物质变的结果。

然而，人们对风险与危机的反应是不一样的。现实生活中，当人们听到风险时会不以为然，即风险一般是可以接受的，而听到危机时就会作出强烈的反应，即危机是难以接受的。

再次，风险是无时不有、无处不在的，而危机是偶然的。

**(二) 风险的特性**

1. 不确定性

旅游活动主体的行为必然是在一种不确定的环境中进行的，这种不确定性往往非常复杂和多元化，使得各个行为主体无法准确预期自身的未来，也无法预知周围环境会出现如何变化和因素异动，从而有可能作出错误选择并在行为中不断产生失误，因此会产生风险可能。

2. 客观性

风险是由客观存在的自然现象和社会现象引起的，它本身是一种不以人的意志为转移的客观存在。风险无时不有、无处不在。地震、雷电、洪水、暴风等是自然界运动的表现形式，这种运动给人类造成生命和财产损失，形成各种自然灾害，对人类的生存和发展构成严重的威胁；人类社会自形成以来，战争、冲突、瘟疫、人为事故等接连不断地发生。自然运动、社会运动都受特定的规律支配，我们只能运用这些规律去预防意外事故，减少损失，但不可能彻底消除风险。伴随着现代科技的进步和社会的飞速发展，核原料泄漏、网络安全问题、大规模的恐怖活动、基因技术的滥用等新的风险不断产生。总之，风险将贯穿于整个人类社会的发展，不断向经济社会提出挑战，使经济社会充满刺激和活力。

3. 偶然性

风险的客观性是普遍的和必然的，但对个体而言，风险事故的发生是偶然的，具体表现为风险事故发生与否不确定、风险事故何时发生不确定、风险事故将如何发生、损失后果如何不确定等方面。风险的偶然性给风险采集、认知和度量带来很大的困难，在风险感知上常用统计学上的方差概念来代表并计算风险。

4. 可测性

在大量统计资料的前提下，风险是可以测量的。风险的衡量必须立足于可靠的统计基础，其基本思想是以统计频率代替未知的真实概率，以统计资料估计和推断风险损失的可能性。准确估计和衡量风险不仅受相关的风险资料影响，而且还与人的主观判断、采用的衡量方法有关。

5. 相对性

任何一种风险及其所产生的损失都是有条件的、暂时的、有限的，而且是相互比较而存在的，所以任何一种风险都是相对的。比如，某旅行社由于采用了新的电子商务技术系统，并改善了业余流程的设计，原来由于纸张资料的不易保存导致的信息延误及丢失风险就被大大降低。

6. 扩散性

风险不是孤立存在的，它存在于一定的系统中，并会扩散、辐射到系统的各个方面以及不同的系统内。

**(三) 危机的特性**

1. 突发性

尽管有的危机可能有很长的潜伏期，但它的表现形式必然是带有突然爆发的特点，其发生的具体时间、实际规模、具体态势、影响深度等，是难以预测的。例如，美国"九一一"恐怖事件是在公众毫无心理准备的情况下发生的，给社会带来极大的混乱和惊恐。

2. 危害性

由于其发生突然，罹及数众，损失巨大，具有公共危害性，严重影响社会经济秩序，因此其造成的社会危害相当严重。比如企业危机，来得突然，对企业的冲击与破坏力大，管理、控制不好往往会给企业造成重大损失，甚至导致企业破产；即使对突发性危机进行了有效的管理与控制，最多也只能减少企业损失，挽救企业"生命"。

3. 紧迫性

发生的事件留给人们思考的余地较小，它要求人们必须在极短的时间内作出分析、判断。因为事件很容易迅速蔓延，如果错过决策时机，对其不能进行及时、有效地控制，就可能使局面难以收拾。控制危机越早，一般来说，危机造成的危害越小。

4. 普遍性

它是指危机存在于每个社会、存在于社会活动的每时每刻。从苏丹红事件到高露洁事件，从波音事件到雀巢事件，无论是从危机事件爆发的地点，还是从危机事件爆发的时间，我们不能不意识到一点，危机存在的普遍性不容忽视。

5. 非常规性

由于危机的突发性和紧迫性，其典型的表现是对正常事物自然流程的干扰和中断，所以按照我们习惯的通常处理方法往往无法解决，因此必须非常了解，非常处理，尽早预防尤为重要。

6. 双重性

“祸兮福所倚，福兮祸所伏”，危机是相对的，现在的危机，可能是未来的机会；一个企业的危机，对于另外一个企业可能就是机会。塞翁失马，焉知非福，虽然危机可能是社会或企业日常管理不善的必然结果，外部环境不友好的表现，但坏事可能变成好事。在博鳌亚洲论坛上发表演说的新西兰前总理詹妮·希普利(Jenny Shipley)特别提及了我们中文对危机的解释：危机就是“有危有机”，或者说，“危险之后就是机会”。

## 二、风险和危机的管理

### (一) 风险和危机管理的含义

风险管理是指个人或组织通过对风险的识别与衡量，采用必要且可行的经济手段和技术措施对风险加以处理，以一定的成本实现最大的安全保障的一种管理活动。风险识别和风险衡量是风险管理的基础，合理的风险处理手段是风险管理成败的关键，风险管理的目标是在成本一定的情况下实现最大限度的安全保障。

危机管理是指个人或组织为了预防危机的发生，减轻危机发生所造成的损害，尽早从危机中恢复过来，或者为了某种目的在有控制的情况下让危机发生，针对危机和潜在危机而采取的管理活动(朱德武，2002)。相比之下，风险管理一般以维护个人或组织的业务活动以及生活安全为出发点；而危机管理影响的范围可直接关系到国家的命运和国际争端，关系到社会的安全和经济的稳定。

### (二) 风险管理的过程

风险管理由一系列行为构成，一般包括风险意识、风险识别、风险衡量、风险处理和风险管理评估五个阶段。如图 9-3 所示。

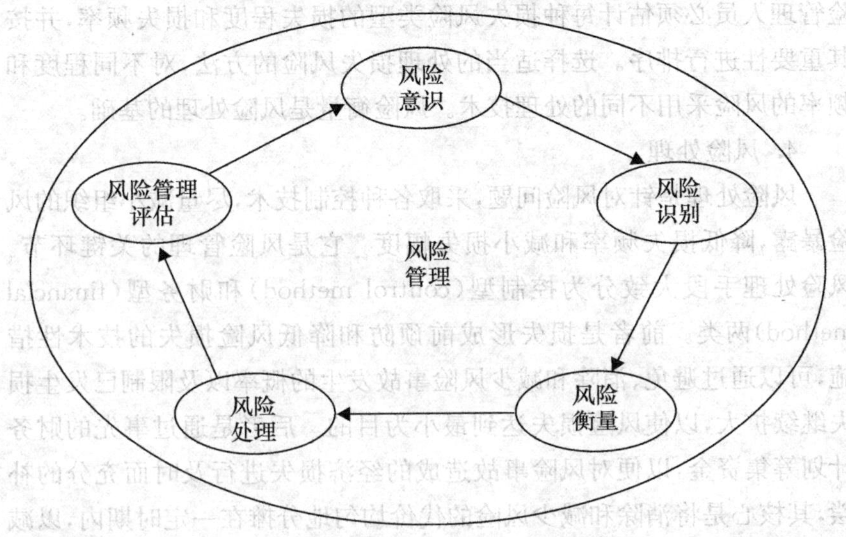


图 9-3　风险管理的一般过程

1. 风险意识

风险意识是进行风险管理的前提。旅游业部门或企业应注意本组织及相关类型组织在风险中的损失，评估来自实践和科学研究的各方面信息，寻找风险和损失的一般规律，建立组织的风险资料库，同时对照本组织的战略及业务实际做好分析和预案。

2. 风险识别

风险识别的目的是在风险意识的基础上系统地辨别组织内外的各种风险因素以及其起因和可能的后果。这是整个风险管理工作的基础。在这一过程中，风险管理人员通过对大量来源可靠的信息资源进行系统的定性和定量分析，分清本组织可能面临的各种风险因素，进而确定潜在的风险和性质，并把握其发展趋势。

3. 风险衡量

识别风险之后，下一步是衡量风险对组织的影响，测定特定风险事故发生的损失频率和损失程度。损失频率是指一定时期内损失可能发生的次数;损失程度是指每次损失的可能规模,即损失金额的大小。风险管理人员必须估计每种损失风险类型的损失程度和损失频率,并按其重要性进行排序。选择适当的处理损失风险的方法,对不同程度和频率的风险采用不同的处理技术。风险衡量是风险处理的基础。

4. 风险处理

风险处理是针对风险问题,采取各种控制技术,尽量减小组织的风险暴露,降低损失频率和减小损失幅度。它是风险管理的关键环节。风险处理手段大致分为控制型(control method)和财务型(financial method)两类。前者是损失形成前预防和降低风险损失的技术性措施,可以通过避免、消除和减少风险事故发生的概率以及限制已发生损失继续扩大,以使风险损失达到最小为目的。后者是通过事先的财务计划筹集资金,以便对风险事故造成的经济损失进行及时而充分的补偿,其核心是将消除和减少风险的代价均匀地分摊在一定时期内,以减少巨大灾害损失的冲击,稳定财务支出和盈利水平。

5. 风险管理评估

风险管理评估是对风险管理手段的适用性和效益性进行分析、检查、修正和评估,是风险管理连续的保证。其必要性在于:风险管理过程是一个动态过程,市场在不断变化,风险也在不断变化,原有风险会消失,但又会产生新的风险;风险管理决策未必总是正确的、合适的,经过实践检验后,能够发现不当的风险管理方法并加以调整。风险管理评估的另一目的是定期重复风险管理步骤,以使这一流程融入组织内部的运作。该环节的核心是建立起风险管理过程的反馈机制和信息循环。

## 第三节　旅游风险和危机管理分析

旅游行业本身的特殊性决定了旅游业属于高风险的行业。

第一,旅游市场是个十分敏感的市场,旅游经济的发展必然受到多种因素的影响和制约。旅游市场之所以敏感是因为影响它的因素复杂多变,这些因素包括自然的、政治的、经济的和社会的因素。

第二,旅游业是一个综合性的行业。单凭一个旅游企业是无法满足旅游者需求的,因此要求旅游企业联合起来,共同为旅游者提供综合性的服务。旅游业是关联性很强的产业,这一特点要求旅游业内部与其他行业间协调发展,不能忽视任何一个环节。只要旅游业其中的一个环节出现了问题,就必然会影响到整个旅游业的正常运作,因此旅游企业面临风险的可能性比其他的企业要高一些。

第三,旅游产品的需求价格弹性、需求收入弹性和交叉弹性都比较高,从而使旅游产品经营具有较大风险,同时竞争也很激烈。由于旅游是满足人们心理需求的高档消费,其需求收入弹性也较大。另外,由于旅游业是替代性较强的产业,交叉弹性也比较高。

## 一、旅游业风险管理

### (一) 旅游业风险的主要类型

2001 年的美国"九一一"恐怖事件影响美国旅游业和航空业很长一段时间。据统计,美国入境游客在 2001 年和 2002 年分别比前一年下降了 13.9%和 8.3%;2003 年情况也不乐观:美国两大航空公司——美联航和美洲航空已宣布破产,几大饭店集团的收入也大幅度减少。2000 年以来,旅游业的就业人口中已有 40 万人失业。

我国 2003 年的 SARS 对旅游业的打击是最直接、最大的,国家定义为"旅游业受到重创"。由于疫情的出现,人的流动受到了阻隔,旅游活动停止了;国内、国际市场全面"冻结",入境旅游、出境旅游和国内旅游三个市场同时被困;发生在一个最不该出事的时间——国际、国内旅游第一个大高潮到来的前夕,致使最重要的旅游的"黄金周"期间出现了景区零游客,饭店零接待,旅行社歇业放假;遭受打击的是旅游业最为活跃的东部和中部地区,直接影响全局;作为服务业的特殊性,由于旅游产品不可能储存,因此,旅游业的损失是永久性的,不可能得到补救。

在明确旅游业经营高风险性的基础上，我们首先从产业经济、社会文化以及生态环境三个方面分析旅游业发展过程中风险的主要类型。

1. 旅游业的产业经济风险

（1）产业地位风险。它主要是指一地区若对旅游业的依赖程度过高，则会在一定程度上削弱该地区经济发展的基础，并在动荡的世界政局中难以自持。

（2）产业模式风险。旅游产业的模式风险取决于旅游产业发展模式与区域经济的关联度和渗透力，即旅游产业是否科学合理地遵循混合经济的模式发展。未能整合区域经济的旅游产业发展模式，将由于过高的产业运行成本而容易形成规模不经济；并且这种高成本将会沿着旅游产业链按照某种乘数效应进行放大性波及。

（3）产业收益风险。它主要涉及的是国际发展中的机会风险与漏损问题。机会风险产生于将资源分配于生产满足旅游者需求的物品和劳务所带来的净收益与将这些资源用于他处所带来的净收益两者之间的比较。由于入境旅游者的支出总会诱发进口，从而在一定程度上抵减国际旅游的总收入；向旅游者出售的物品和劳务的进口数量以及生产中投入的资源量，依赖于目的地国家各种产业之间的渗透强度以及作为基础的农业和制造业的实力和复杂程度，于是影响到漏损水平。

2. 旅游业的社会文化风险

生活质量方面，旅游业的发展抬高了旅游地居民的生活成本，导致本地居民生活水平的相对下降；劳动力迁移方面，旅游业在大量吸引劳动力向旅游区流入的同时，也造成了旅游目的地居民一定程度的被迫流出，以及大型传染性疾病爆发的可能性增大；消极社会活动方面，犯罪、赌博、色情服务增加；价值观方面，文化交流的冲突，社会价值观的二元对立；文化方面，传统信仰衰退，旅游目的地居民怨怒和敌视态度的增加，部分当地居民奴性的发展。

3. 旅游业的生态环境风险

(1) 自然环境风险。自然资源方面，旅游活动可带来地下地表水的枯竭以及为旅游活动提供能量的矿物燃料的耗竭；污染方面，垃圾排放、油污泄漏会污染水质，交通工具排放导致空气污染，旅游活动产生的噪声污染以及光污染；生物种群方面，植被不同程度地被破坏，动物的迁徙以及生活繁殖习性的被迫改变，外来生物入侵，动植物数量与种群多样性的降低；自然侵蚀方面，土壤板结，损害地质特征，气候的改变；视觉效果方面，各种人造设施的"入侵"，垃圾等污染物的视觉影响。

(2) 人文环境风险。基础设施方面，旅游活动可能带来基础设施的超负荷运行，为适应旅游需要而进行的环境开发(如拦海坝、垦荒等)；旅游配套服务设施方面，该类设施的开发可能会导致新的生态风险隐患；城市环境方面，土地、水文特征发生改变；古迹文物方面，可能会导致古建筑、壁画、石雕等文物的流失与被侵蚀/破坏；视觉效果方面，建筑风格的改变、建筑密度的扩张等。

**(二) 我国旅游业风险管理适应性分析**

结合中国旅游业的发展阶段及其特点，我国旅游业风险管理具有以下优势和劣势。

1. 旅游业风险管理优势

应对旅游业所面临的各种风险，中国的旅游经济有着一个独特的优势——大国旅游。这具体表现在几个方面：一是中国有巨大的内部市场需求，在短期内可以形成新的扩张局面，这也是我国旅游业风险管理及危机后重建的根本基础；二是我国地域广阔，长线旅游受到较大程度的影响，但短线旅游和区域旅游可以获得发展，实现地区之间互补；三是可以发挥大国各行业之间的相互补充和推动，谋求实现综合的经济效益。另外，我国旅游业经过多年的发展，尤其是经受各种危机的考验，已经积累了相当丰富的抵御风险的经验，并且初步形成了具有一定规模的旅游生产力体系；而且由于我国经济的持续稳定发展所形成的强劲市场引力，使得中国的国际形象和各种国际间交流都得到不断改善;从长远来看,我国的国际地位和对世界各国人民的吸引力也将会逐步提升。这些都构成了我国旅游业应对各种风险和危机的有利条件。

2. 旅游业风险管理劣势

当前,我国旅游业的市场化程度相当高,但制度环境却相对滞后,无论是市场法规还是行业自律系统都不健全,致使行业内外一旦高速发展,行业的正常经营秩序即被打破,从合同的履行到最高、最低价格的限定,都缺少有效的监管机制,这是影响我国旅游业长期健康发展的重大问题。制度方面的另一劣势是现阶段我国旅游产业政策(如休假制度、旅游方式等方面的相关规定)造成了旅游业风险的过度集中。

结构方面的劣势主要表现在旅游企业与产品结构两个方面。我国旅游企业普遍存在"散、小、弱、差"的问题,抵抗风险能力弱,应通过旅游企业的购并重组以提升自身的竞争素质与抗风险能力;我国旅游业的产品结构也亟待升级,大部分旅游产品仍在低级的观光游览层次上操作,随着旅游者消费偏好和消费方式的逐步升级,我国应大力发展生态旅游、休闲度假、参与体验、文化享受等梯度化的产品结构体系,增加旅游者的消费选择,扩大旅游企业的获利空间。

### (三)旅游业风险管理的模型与基本策略

1. 旅游业风险管理内容

旅游业风险管理过程可以分为两个阶段:日常风险管理阶段与危机事件管理阶段。日常风险管理,是以预防为主的阶段,是旅游业组织部门日常工作的流程之一。危机事件管理阶段,是当危机即将发生或已经发生时,针对现实的危机进行管理,目的是阻止危机的发生、减轻危机的损害和更好地从危机中恢复过来,并抓住危机中的机遇。这个阶段是以处理实际存在的危机为主的阶段。

2. 旅游业风险管理的目标

第一,降低和消除旅游业风险带来的经济、社会和生态损失,维持旅游目的地生存,保证旅游目的地的稳定且可持续发展,避免因某一重大危机而出现不可挽回的衰退。

第二，树立安全的旅游目的地形象，避免和减少游客伤亡、利益受损等不良事件的发生。

第三，保证旅游目的地旅游业在经历风险后或危机后能迅速恢复正常。

3. 旅游业风险管理的保障

结合中国旅游业发展的实际，我国宏观上的旅游业风险管理体系应首先注意在以下三方面进行创建与完善。

(1) 建立旅游产业风险投资机制。风险投资是在复杂的自然和社会环境中进行的一种阶段性股权投资活动，是在承受巨大不确定性因素所造成的风险之后，获取高额投资报酬的特殊投资形式。

旅游业风险投资是将风险基金投入到具有高风险、高收益性的旅游业发展与建设中，并期望获得高额收益的一种投资。特别是在容易受外界多种因素影响的旅游业的基础设施中投资，就更加具有高风险性，可以说是一种典型的风险投资。其运行模式一般与中小型高科技公司的风险投资基本相同，即可以先由企业或个人出资成立一个风险投资公司，再由风险投资公司发起组织相当数量的包括养老基金、社会保险基金在内的风险基金，并主要以股权投资的形式将资金注入处在创业期或成长期的旅游公司。

(2) 发展旅游产业风险预警机制。风险预警及其控制实施是一种复杂的和综合性的管理活动，而作为风险预警机制的建设，则是将金融技术、投资技术、信息技术、控制技术、模拟技术等综合和提高后形成的一种新型应用技术。风险预警机制是旅游业风险管理体系中不可缺少的基本手段，是旅游业进行风险防范和管理的感知侧面。风险预警机制的一般程序可以如此表述：风险信号采集→风险信号处理→风险状态测评→风险类型识别→风险状态度量→风险等级评估→风险总体判断→风险管理决策。

(3) 完善旅游产业风险沟通管理。风险沟通已经成为基本的风险管理工具之一，它贯穿于风险管理的每一个阶段。风险沟通指的是所有风险信息在拥有者和接收者之间流通的过程。

风险沟通的对象主要包括内部员工、传播媒体、政府监管部门与社会公众。一般情况下，在旅游业日常风险管理中风险沟通是以内部沟通居多的。需要注意的是，政府机构不仅是风险信息的拥有者，同时也是风险信息的监管者。

成功的风险管理和危机后的恢复振兴，一定程度上要取决于风险沟通的有效性以及信息传播的实施策略。世界旅游组织(2003)在其发布的《旅游业危机管理指南》中更是反复强调了旅游业危机管理中诚信透明的重要与有效传播的意义，认为，基于诚信与透明原则的良好沟通是成功的危机管理的关键。

旅游业的有效风险沟通应做到：

(a) 建设高效率的和定期的信息交换、分析机制，关注社会大多数民众的利益，对现行的、未来的、可能的风险及危机处理策略进行客观的专业记录、研究、预测、沟通与发布。

(b) 风险事实信息的准备与沟通必须谨慎且通俗易懂。

(c) 风险沟通应尽可能与主要的利益相关者坦诚对话，建立联系；并且，风险评估与管理的规划，应能取得主要利益相关者的信赖。

(d) 分层次并依据社会公众群体的个体特点进行个性化传播；根据风险发展过程的阶段性，恰当把握信息沟通的时机、频度、密度和尺度。

(e) 识别真正的"舆论领袖"，与他们建立信任关系和热线联系；利用民间渠道与世界各地、各界的天然联系进行亲情化、友情化和个性化的沟通。

## 二、旅游企业风险管理

### (一) 统一风险管理是旅游企业风险管理的必要前提

进入 21 世纪，全球化、技术创新、电子商务、企业重组、旅游者需求和偏好的多变性已经成为旅游业发展的主要特色，在这样的背景下，旅游企业将面临更大的风险考验。树立风险意识，强化风险管理，已经成为旅游企业的一种必然选择。从20世纪90年代开始，一种新的风险管理思路——整合风险管理(integrated risk management)或企业风险管理(enterprise risk management)开始出现并逐渐显示其科学性。

与传统风险管理方式相比，整合风险管理，运用稳健的、整合的方法，评估和处理那些可能影响本企业战略目标、财务目标的所有风险；风险管理不仅仅涉及金融、保险和灾害事故，而且应关注如何理解企业面临的基本风险、如何有效经营业务等。

**(二) 风险管理的三大要素**

第一，避免风险。在旅游企业运营过程中，在可行性分析里需有对项目风险的详细研究，对于风险过大的活动方案，应该加以停止；另外，对于正在进行中的业务，如果风险因素发生了不利的变动，并且预测损失会较大，那么旅游企业也应该果断退出，以避免风险的发生。

第二，减少风险。当风险无法避免时，唯一的选择就是设法减少风险。它有两层含义：一是减少风险发生的频率；二是减少风险可能造成的损失。比如，通过全面质量管理系统，尽可能减少旅游企业产品质量事故的发生，从而减少因质量事故造成的损失。减少风险的方式有很多，如对风险因素进行预防、控制、集中和组合等。

第三，转移风险。转移风险是指将可能发生的风险采用各种方法转移给他人，避免自己承担风险的损失。根据风险对象所有权的归属，转移风险一般可分为两种：直接转移和间接转移。前者如在旅游企业经营中经常采用的转让、转包等方式；后者如租赁、担保等方式。保险也是间接转移风险的一种重要方法。旅游企业参加保险就是把企业可能遇到的一部分风险转移给保险公司。当然，并非所有的旅游企业风险都可以被转移。

**(三) 旅游企业的基本风险**

旅游企业的基本风险则可以包括以下三大类别。

1. 战略风险

战略风险涉及旅游企业高级管理人员和董事会的决策过程，是指因高级管理层的重大战略决策（如兼并与收购、产品定价、市场进入与退出、新产品开发等）失误而导致损失的风险。由于旅游业的敏感性，旅游企业的战略风险往往在很大程度上会受到宏观经济、政治气候、社会环境等基础性因素的影响。

2. 金融风险

旅游企业的金融风险主要包括价格风险、信用风险和流动性风险。

价格风险是指由于资产的市场价格（包括商品价格和金融资产价格）的波动导致企业现金流的不确定性。根据引发价格风险的因素不同，价格风险又可以再分为商品价格风险、汇率风险和利率风险。商品价格风险是指诸如石油、天然气、钢铁、煤炭、电力及农产品等商品的价格波动。因汇率的波动而使投资价值或收益发生变化，就构成汇率风险。旅游业具有天然的外向型产业特征，现阶段我国旅游企业的主要利润来源也在向国际旅游经营业务靠拢，所以，汇率风险应是旅游企业特别要引起注意的方面。利率风险是指旅游企业的原材料价格和成品价格随利率的升降而发生变化的风险。

信用风险又称违约风险，是指交易对手不能或不愿履行合同规定的义务而导致损失的可能性。比如，“三角债”现象一直困扰着我国旅行社企业的正常运营，而类似的信用风险的大量存在将大大损害旅游企业的现金流质量。

资产的流动性是指该资产按其实际价值或接近实际价值出售的难易程度。流动性风险包括产品销售的流动性及现金流与资金不匹配两种情况。前一种情况是指产品不能及时变现或由于市场效率低下而无法按正常的市场价格交易；后一种情况是指旅游企业的现金流不能及时满足支出的需求而导致旅游企业违约或发生财务损失的可能性。

3. 运作风险

(1) 旅游企业运作风险的主要类型。运作风险是指旅游企业在经营过程中可能遇到的任何中断或冲击；巴塞尔委员会在 1994 年风险管理准则（第 16 卷）中关于场外衍生工具（OTC derivatives）所作的很有影响力的定义认为："运作风险是因信息系统或内部控制不充分而导致意外损失的风险，该风险与员工失误、系统故障、程序和控制失当有关。"

旅游企业的运作风险可包括实物资产风险、人力资本风险、信息资讯风险、法律责任风险和道德商誉风险。

实物资产风险是指由于物理损毁、灭失、贬值、被政府征收/没收而导致的旅游企业价值减少的风险。人力资本风险是指因旅游企业员工死亡、生病、伤残而丧失工作能力和收入能力，根据旅游企业的员工福利制度，给予员工补偿的风险，也包括旅游企业员工的跳槽及突然流失造成的风险。尤其是掌握旅游企业核心客源、商业秘密的人员以及管理、营销方面的骨干突然流失，将会给旅游企业的经营活动带来很大的困难。信息资讯风险是指信息资讯系统的控制、运作与备援失当而导致旅游企业遭受损失的风险，比如由系统障碍、死机、资料丢失、安全防护或电脑病毒预防与处理等因素而导致的旅游企业损失。

随着旅游企业产品业务的复杂化、旅游者法律意识的普及化和法律法规的规范化，法律责任风险对旅游企业的发展和盈利的影响正在迅速扩大。这种风险不仅包括文件或合同是否具有法律依据、可否执行的问题，还包括旅游企业是否适当地履行了对游客的法律和法规要求的职责。具体来说，法律责任风险是指因侵权行为而产生的法律责任，使侵权行为人的现有或将来收入遭受损失的可能性。

道德商誉风险是旅游企业或其员工采取的任何行为对其外部市场地位产生的消极影响。现在旅游企业已经日益意识到这类风险的毁灭性冲击，它可以产生于旅游企业业务活动中的任何一部分的问题和任何程度的风险因素，但其对旅游企业品牌和业务的影响却大大超过了这些问题本身。

（2）导致旅游企业运作风险的特殊风险因素。引起旅游企业运作风险的因素可能是以较高概率发生的，对部分旅游企业或旅游企业的某一局部产生影响，并能相对有效地加以预测和防范的常规风险因素；也可能是以较小概率发生的、对旅游企业的各个方面都会产生重大影响的特殊风险因素。通常情况下，特殊风险因素事关旅游企业的兴衰成败，并相对难以有效地预测和防范。

导致旅游企业特殊运作风险的因素虽属于小概率事件，但也不是无迹可寻的。一是政治风险因素。当今世界，意识形态的矛盾依然存在，国家利益的明争暗夺将会引发具有不同冲击力的政治风波。二是战争风险因素。世界不太平，各种民族主义、极端主义和分裂势力活动此起彼伏，某些局部或地区战争的可能性仍然存在。三是恐怖风险因素。恐怖主义已成为世界的一大公害，类似美国"九一一"恐怖事件和发生在巴厘岛的爆炸事件等，使旅游业遭受了沉重的打击。四是自然风险因素。类似"非典"疫情的突发性，公共卫生事件仍然有可能再度发生。

**（四）旅游企业风险管理机制的构建**

1. 旅游企业风险管理基本制度

旅游企业应将自身的风险管理措施制度化，这一体系主要应包括：第一，完善旅游企业的风险管理战略规划。相对于国外著名企业，我国旅游企业往往精于经营而不善战略规划。风险管理战略缺失使多数旅行社缺乏对事态发展的应对预案，疲于应付此间的政策变动；也使偏离了网络化发展轨道的饭店集团承受着危机时期客流中断的高风险。

第二，建立风险监控或预警系统。通过预警系统判断计划与现实的差别，尽早察觉计划的偏离，以便有效地驾驭风险和预防风险。

第三，制定有效的应急方案。经过风险辨认和评价后，对那些较大风险或可以分类的风险制定应急方案。应急方案包括风险的描述、完成计划的假设、风险出现的可能性、风险的影响及适当的反映。

第四，采用系统的风险管理方法，包括内部与外部的风险管理。内部风险管理分为决策层的风险管理与执行层的风险管理。决策层的风险管理所关注的是投资和经营行为；执行层的风险管理所关注的是制度和规范。外部的风险管理分为游客需求偏好的风险管理和市场竞争的风险管理。游客需求偏好的风险管理所关注的是旅游产品供给的有效性问题；市场竞争的风险管理所关注的是核心竞争力的有效性问题。

第五，坚持改进过程。重点在于收集信息，明确变量，接受游客反馈，加强沟通与交流，不断提高工作质量；制定基准，把过程文件化，鼓励提出可以回避风险的更好做法；不断优化业务流程，减少执行中的复杂性和不确定性，防止和避免风险损失。

2. 旅游企业危机事件处理机制

(1) 建立危机预警机制。建立一套方案，提前识别各种危机，对危机的后果事先加以估计和准备。

(2) 建立危机应对机制。建立一整套危机管理制度，使危机管理制度化。主要是建立制度化、系统化的有关危机管理和灾难恢复方面的组织机构和业务流程。如设立由公司高层直接领导的危机处理小组，设立危机时期对外信息披露机构及发言人制度等。这些组织机构和业务流程在业务正常时不起作用，一旦危机发生则及时启动并有效运转，使各部门、机构、员工能立即知道做什么、说什么，而不必依靠某一个关键人物急中生智，力挽狂澜。

(3) 聘请公共关系常年顾问。委托一些类似咨询公司公关部门的中介机构，与传媒维持一个良好的合作关系，一旦旅游企业发生危机，可以迅速及时地组织和调动媒体，开展企业的宣传攻势，将可能蔓延开的损失减至最小。

**(五) 旅游企业风险管理的组织结构系统性**

旅游企业整合风险管理组织结构的建立有两个主要目的：一是使旅游企业风险管理得到有效的组织保障，即确保旅游企业内信息通道顺畅、信息能够得到及时反馈、各部门及人员责权清晰、有专门的风险反应机构和专门授权，从而当出现风险预警时旅游企业可以开展妥善的处理;在危机处理过程中,这种组织保障的有效性将更加明显。二是确认旅游企业高级管理层对风险管理的支持与重视。首先,要建立董事会直接领导下的风险管理委员会或小组;其次,董事会和旅游企业的高级管理者还要明确企业对风险承担的态度、对风险的偏好以及承担风险的责任配置。

对于旅游企业而言,为达到以上目的,必须提高风险管理这一职能部门在企业组织结构中的地位,采取自上而下的程序。与有效的自上而下的管理程序同样重要的是,风险管理职能必须从业务领域中独立出来,作为控制和监督职能来实行。而且风险管理职能必须具备向高级管理层独立报告的程序,其作用是向高级管理层保证企业准确评估风险,并遵守自己的风险管理标准。

整合风险管理委员会还要能够配合旅游企业的发展战略,制定风险管理战略和程序;结合本企业的实际情况,研究制定风险管理措施、分析和报告程序;与人力资源培训部门加强联系,促进员工的信息交流和共享,使全体员工,尤其是高层管理者,牢固树立风险防范意识。

**(六) 旅游企业风险管理决策的准确有效性**

旅游企业风险管理决策是指根据旅游企业风险管理的目标和宗旨,在科学的风险分析基础上,合理选择风险管理的方法与工具,从而制定出处理风险的总体方案的管理活动。风险管理决策的关键是如何从总体角度,根据旅游企业风险管理目标、风险程度,来综合选择各种风险管理技术。

决策环境的系统状态会影响决策后果,根据系统状态的特点,通常可以把决策分为不确定型决策、风险型决策(概率型决策)和确定型决策。对于旅游企业来讲,前两种类型更经常遇到。

任何决策不论其决策问题难易如何,都应遵循如下的流程:

其一,提出问题。提出问题应建立在对决策环境进行详细分析的基础上。比如,旅游企业由于其产品结构不合理而影响到企业的销售,因此,问题应该是如何确定旅游企业的产品结构而使企业获得较大的利润。

其二,制定解决这个问题的各种方案。方案尽可能多,但应能计算方案在给定系统状态下的后果值。

其三,选择进行决策的方法。决策者应根据决策问题的特点以及决策环境中系统状态的特点,选择最恰当的方法。

其四,对各种方案进行计算,根据计算结果确定最佳方案。

**【应用案例】**

## 旅游企业怎样在"非典"中安然躲过危机

**生意红火之时　危机悄然而至**

这是来自上海一家大型旅游企业处理"非典"危机的案例分析报告。当国内不少旅行社都遭受到了突如其来的"非典"重创时,这家旅游企业却能依靠完善的预警机制,"幸运"地躲过了这场"灭顶之灾",将损失降到了最低程度。

春秋国旅是一家大型综合性旅游企业,其境内游业务连续9年居全国首位。2003年初,和国内绝大多数同行一样,这家旅行社迎来了历史上最兴旺的"牛市"。但3月下旬公司经营出现的异动,让上海春秋国际旅行社总经理王正华隐隐感到一丝不祥:就在江浙旅游线路和外地市场十分火爆的时候,公司针对白领市场精心开发的一些高端旅游产品,如"自由人"、"纯玩团(只观光不购物)"等出现了滞销迹象。根据测算,整个3月份,这些高端旅游产品的销售量比2月份降低40%～50%。

高端产品卖不动,说明外国游客和外企白领游客减少了。猛然间,王正华想起了3月17日世界卫生组织宣布的有关"非典"疫

（续上）

情的消息。他心中一紧：这是一个不祥的先兆！通过连续几昼夜的数据收集和分析，春秋国旅终于得出了结论："非典"疫情会对当地旅游市场产生重大影响。

于是，当国内绝大多数旅游企业依旧因3月份、4月份旅游产品价格走高而坚决不肯降低销售利润时，春秋国旅已抢先在全国31家分社打响应对"非典"的紧急战役，为化解风险争取了时间。

**断然舍弃短期利益**

情况危急！4月1日，春秋国旅正式向国内各大航空公司递交报告，分析"非典"疫情的严重性；4月5日起，旅行社包机部所有工作人员被派往各家航空公司，商榷包机停飞以及可能形成损失的分担方案。

当时，"非典"疫情对国内旅游行业的影响尚未显现，旅游市场价格持续走高。此刻，春秋国旅停退包机的举动招来诸多非议，内部员工也颇有怨言："有生意不做，有钞票不赚……""不管别人说什么，包机坚决要退，而且只能快不能慢。"春秋国旅高层的态度十分鲜明，不仅如此，他们还紧急下达了第二道让同行费解的命令——全国各分社将包机销售流量尽量往前推，即使不赚钱，甚至赔点钱也要把机票尽早售出。

事实证明，春秋国旅的急救措施很奏效。4月24日，最后一家四川航空公司也同意停退包机；在所有航线停退之前，春秋国旅包下的多数航班都已卖掉99%的座位，损失被减少到最低程度。与此形成鲜明对比，许多旅行社直到4月下旬方才察觉手中的机票滞销，甚至完全卖不动，心急火燎地要求航空公司停飞，却为时已晚；有的包机旅行社，一个航班只卖出四五个座位，而一个航班一趟来回的成本高达20万元。

（续上）

春秋国旅总经理王正华说，停退包机、降价出票给旅行社造成600多万元的经济损失；但如果当时顾惜眼前利益，整个旅行社的潜在损失将超过1亿元，企业将被逼入死亡的边缘。

**48小时收款制度规避“三角债”**

“三角债”是国内旅游行业的顽疾，一家旅行社有几百万元乃至上千万元“三角债”的现象司空见惯。针对“三角债”，春秋国旅原本就制定了一项“48小时收款制度”：通过网络销售的旅游产品，要求入网48小时内收款；票务中心下属的业务部要求24小时内收款；春秋国旅的入境部、华东部都规定“先收款，后做团”。

春秋国旅总经理王正华说，在“非典”危机中，即使包机问题解决了，如果该收的钱收不回来，几千万元的“三角债”同样能将旅行社置于死地。此外，一旦形势恶化，部分中小旅行社还有可能恶意破产，逃避债务。

针对“48小时收款制度”平常执行中存在的一些漏洞，春秋国旅严查了这项制度的执行情况。之后，春秋国旅还严格规定，不执行“48小时收款制度”的人员，一经发现立即开除。由于发现及时，措施得力，春秋国旅不仅在关键时刻回笼了大笔资金，而且躲过了受“三角债”牵连导致破产的风险。

**案例启示：幸运常常光顾有准备的人**

由于应对及时，春秋国旅尽管业务受到损失，但保存了企业的实力，积蓄了发展的力量。从这一点来看，春秋国旅是幸运的。但“幸运”总是光顾有准备的人们。应对自然界的大灾大难，我们需要建立预警机制，在这方面我们需作多方面的努力。

首先，政府部门要下更多的工夫。在灾难面前，有关部门要及时地给予企业和个人预警信息。尤其是我国加入世贸组织的初

（续上）

期，企业需要一段时间学会适应与调整应对危机的手段和策略，在这种情况下，政府的角色就更为突出。其次，企业方面要形成自觉的风险意识，当灾难发生时，要采取多种手段弥补损失，努力实现自助自救。同时，要关注国际国内信息，注意变化动向，以便出了问题及时应对。此外，媒体方面也要肩负起及时预警的重任。这也正是这则来自企业处理“非典”危机案例给我们的启示。

（**资料来源** 新华网 2003-7-18）

# 复习思考题

1. 什么是漏桶理论？
2. 如何才能实现客户保留策略的经济性？
3. 影响客户保留策略的长期收益有哪些方面因素？
4. 简析客户保留策略中的各项成本。
5. 简述旅游业风险及其风险特点。
6. 试述旅游业风险管理的基本要素和基本策略。

第十章

# 旅游客户关系的价值链管理

## 第一节 价值链管理概述

价值链作为企业的一种战略管理分析工具,用以识别创造顾客价值的各种途径,是集合了后勤、设计、生产、销售、配送和服务等一系列活动的链条。其理论的基本含义是:企业的每项经营活动都可以创造价值,这些相互关联的价值活动便构成一个动态的过程。

价值链理论在实践应用过程中获得了迅速的发展,在此基础上挪威的斯塔贝尔提出价值店、价值网模型,诺曼将其上升到国家竞争力的层次,提出价值星座,汤姆·邓肯将单向线性价值链扩展成互动的"价值范畴"。此外,结合创新技术,学者们又提出了数字价值链、虚拟价值链等理论。

### 一、价值链管理的概念

在国内,张继焦第一个系统地阐述了价值链管理体系,将企业的业务过程描绘成一个价值链。具体地说,是将企业的生产、营销、财务、人力资源等方面有机地整合起来,做好计划、协调、监督和控制等各个环节的工作,使它们形成相互关联的整体,真正按照"链"的特征实施企业的业务流程,使得各个环节既相互关联,又具有处理资金流、物流和信息流的自组织与自适应能力,使企业的供、产、销形成一条价值链。可见，价值链管理是基于价值观念的一种管理思想，它把企业的经营活动作为一个整体去管理，或者说是对企业增值链条的管理。它是一条以客户不断变化的需求和竞争日趋激烈的市场为背景，以流程管理为主线，基于企业内部，面向客户与企业的价值链。

要成功地实施价值链管理，就必须改变传统的管理方式、业务流程和组织结构，把企业外部价值链与企业内部价值链有机地整合起来，形成一个集成化的价值链条，把上下游企业之间以及企业内部的各种业务及其流程看作是一个整体过程，形成一体化的价值链管理体系。

企业实施价值链管理的目标在于，通过优化核心业务、组织结构、业务流程和信息流等，由职能型向流程型转化，由此降低企业经营成本，控制经营风险，最终提高企业的效率与经济效益，增强企业的综合竞争优势。

## 二、价值链管理的内涵

价值链的关注焦点是最终客户所获取的价值。价值链管理以最终客户价值最大化为管理目标，而最终客户价值最大化则以有效满足客户需求为实现手段，即在合适的时间和地点，以合适的方式和价格，将合适的产品提供给合适的用户，这就要求价值链管理的前提必须是对最终客户需求的准确了解。具体体现为最终客户需求的准确预测。没有最终需求的预测管理就无所谓价值链管理。

### （一）产品个性化

今天的消费者已经成为一个充满个性的群体，他们会使自己无所拘束地分析产品间的微小差别，从而在琳琅满目的商品中找出能彰显真我本色的商品。用营销专家耶尼斯·盖普雷尔和蒂姆·兰格的话来说，新消费者会在商品之间的差别方面大做文章。他们会寻找这种细微的不同，记住并在心中认同这种差别。弗洛伊德用“对细小差别的沉迷”来描述人们寻求与众不同时所采用的各种方式，这种与众不同可以用来表现自我，展示自己的行为是品味高尚的方式之一。例如，以汽车时尚文化的发展为例，过去尊贵、气派、身份体现的诠释被迅速弱化，市民意识在轿车文化中得到加强；工具、实用性设计被弱化，造型等个性设计被夸张。车型也日益多样化、个性化，有针对性地满足不同消费者的审美情趣和文化品位。事实上，中国消费者在经历了“量”的消费时代和“质”的消费时代后，带有感性色彩的个性消费理念逐渐占了上风。如今具有高收入、高学历、高信息的消费者，不再把消费视为一种对商品或劳务的纯消费活动，也不再被动地接受企业经营者单方面的诱导，而是要求作为积极主动的参与者，与企业一起按照消费者新的生活意识和消费需求，开发能与他们产生共鸣的个性化商品。

今天，个性化既是消费者到达某一目的（保证购买的商品具备高价值）的一种手段，也是消费者本身的目的所在。

**（二）营销个性化**

越来越多的企业意识到，通过一对一极具针对性的营销，为重点客户提供个性化服务是非常重要的。对现代企业来说，重点客户是一个个鲜明的个体，他们与企业的关系是长期互动、不断成长，成为创新企业价值的核心。

个性化营销是指营销者与每位顾客一对一的沟通。它的营销特点主要表现在：① 由追求市场占有率变为追求顾客占有率。② 由注重产品差别化转向顾客差别化。③ 由强调规模经济转变为强调范围经济。④ 企业与顾客之间的联系由单向适应性沟通转变为双向互动性沟通。

实施个性化营销不仅要求企业和营销人员具备牢固的服务理念和可靠的专业技能，而且还必须具备良好的信息收集与处理能力、人际沟通能力和协调能力。即能识别、追踪、记录个体消费者的个性化需求，并与其保持长期的互动关系，最终能提供个性化的产品或服务，并运用针对性的营销策略组合去满足其需求。所以，个性化营销的基础和核心，是企业与客户建立起一种新型的关系，从而牢固树立客户的忠诚。

### （三）CRM的关键在于用客户影响客户

在客户之间的相互影响作用中，最明显的是“客户吸引客户”的现象。某个企业购入一种设备后，其他企业看着好，也想购入相同的设备；这些购买这种设备的企业成为活广告，招来了其他的客户，使客户越来越多，这就是“客户吸引客户”的现象。利用这种效果的战略要点是集中精力和资源赢得市场上活广告的客户，并且研究如何有效地利用这种由客户创造出来的波及效果。

在客户之间的相互影响中，另一种比较明显的现象是“需求吸引需求”，彼此吸引的现象不仅发生在客户之间，即使是同一个客户，也可能有需求吸引需求的情况。例如，一个人有了一台具有文字处理功能的电脑，接着又想有功能更全的电脑；新建了住宅后，自然有维修和改建的需求；打算买毛衣去了百货商店，看到流行时装的总体样式后，很想连裤子带鞋一起配套购买。总之，在满足客户的任何一种需求时，会派生出其他一些需求。

需求吸引需求的原因是若干需求在客观上连锁式地连在了一起。如果能够有效地利用这种可能性，抓住连锁式的需求总体，就能以较小的负担取得较大的效果，这可以说是一种杠杆作用。

## 三、价值链管理的内容

### （一）获得客户数据

1. 通过购买获得客户数据

通过购买的形式取得营销数据是企业收集数据最直接、最简便的方式。实际上，在某些情况下，借助外部数据库服务往往事半功倍，既节约了时间成本和资金成本，又能达到预期的目的。

2. 通过租赁获得客户数据

数据租赁是企业通过外部数据服务公司获取营销数据的另一种形式。数据租赁目前在我国应该说还是数据服务专业机构进行业务开拓的一个新兴的领域，行业发展还很不成熟。

3. 通过调查获得客户数据

数据购买和数据租赁都是通过借助外部数据服务来获取信息的方式，但是在通常情况下，对企业来说是不够的，所以有许多大企业，在条件具备的情况下，也往往倾向于利用自己的信息网络和人员进行数据调查，以确保数据的真实性和准确性。数据调查是数据获得最常用的方法，可以通过销售访问、产品展示、会议、直接邮寄、广告、过去的消费者、现在的消费者等渠道来获得。这也是针对性最强的一种数据获得的方式，但其缺点是所花费的成本较高，而且时间周期较长。

**(二) 计算购买的可能性**

随着市场竞争的加剧，对客户价值评估的监控与管理将会成为客户管理活动的重心。客户价值评估通过对客户按某些指标进行评估价值，以预定的价值标准与级别供分析人员分析，可以使企业按客户价值找出潜在的价值客户、价值客户的地域分布等，然后制定客户关系的建立与维护计划，销售人员和服务人员可以按照活动计划，随着生命周期持续推进客户活动，从而提升客户价值。

通过客户价值分析，判断客户是否符合公司战略规划、市场定位及产品和技术的经营方向；否则，须确定客户对公司未来发展方向或市场影响力的因素是否有相关性。

客户价值分析包括：

(1) 客户初次购买类型分析。

(2) 客户财务状况分析。

**(三) 推广产品**

(1) 在产品策略方面。企业要建立先进的顾客数据库，掌握顾客的姓名、住址、电话号码、购买数量、价格、采购条件、特定需求、购买偏好等，以便能更好地对用户具体细分，开发出满足顾客个性化需求的产品。企业可进行一对一生产，或是让消费者自己动手做，使用户参与产品设计，通过量身定制来作为吸引顾客的法宝。

(2) 在价格策略方面。为迎合越来越多个性独特的消费者，企业要改变传统的单一定价策略，以需求为导向，利用计算机技术和信息技术，根据不同的消费需求和价格弹性分别定价，定出适合消费者的价格。

(3) 在渠道策略方面。要实现顾客的高度满意就必须更快更方便地满足消费者的需求，使渠道更短更快捷。要充分利用互联网技术和网上交易的环境，让制造商和消费者互动，最大限度地使供需关系协调，在供货、配送等环节提高效率，对消费者的个性需求作出快速反应。

(4) 在促销策略方面。要充分利用电子商务的便捷性，实现商务活动的电子化，不断拓展 B2B(企业与企业)、B2C(企业与消费者)、B2G(企业与政府)等领域的销售业务，充分发挥广告、人员推销、公共关系、产品推广等促销手段的作用。要突出宣传企业生产的弹性化，并能满足不同的个性化需求；通过促销努力，不断地增加贸易机会，增强企业的市场拓展能力，赢得消费者。

**(四) 个性化的提供**

美国营销大师肯·罗伯曾经说过，企业在收集大量客户信息后达到对客户的深入理解，而最终需通过定制化方式生产出专属于特定客户的服务和产品，这样，企业才能提供给客户高于其他竞争者的价值和吸引力。精确行动可以是企业为客户提供更大的自由选择空间，客户借助互联网将个人信息、所需产品及其功能、交货方式、结算方式、指定服务等个性化资料告知企业；在对客户信息的有效性进行确认之后，企业通过定制生产、电子化分销体系、企业网站满足客户的个性化需求，从而提高客户让渡价值。

1. 定制化产品

以往，企业不是大规模生产标准化产品或针对该产品的服务，就是以高成本生产多样化产品；而现在它们发现完全可以采取结合这两种优点的新策略，即大规模定制产品和服务。

简单地说，大规模定制就是客户要求的个性化定制产品和服务的大规模生产。它的根本好处在于：产品既低成本又多样化。大规模定制的任务是以客户愿意支付的价格并以能获得一定利润的成本高效率地进行产品定制。

2. 个性化服务

个性化服务，就是按照客户的需要提供特定的服务。个性化服务可以归纳为服务时空、服务方式和服务内容的个性化三个方面。

第一，服务时空的个性化。互联网突破了传统的时间限制和空间限制。在时间上，互联网可以提供全天候的服务，客户可以根据自己的时间安排接受服务。即使你深夜想到异地旅行，也可以立即在网上查询并订票。在空间上，则可实现远程服务和移动服务。

第二，服务方式的个性化。企业可以通过互联网提供更具特色的服务。假如你想购买一台个人电脑，你可以通过企业网站自己设计，然后企业根据你的要求迅速组装，再按你的指示送到特定的地点。

第三，服务内容的个性化。可以利用一些智能软件技术为客户提供专门服务。客户可以根据自己的需求，选择自己需要的服务，如一些金融机构推出的"个人投资组合"服务，从而使得服务不再是千篇一律。

## 四、价值链管理的策略

### (一) 产品策略是价值链管理策略的主要内容

1. 产品集聚了各个阶段的投入

任何企业均处于一个相应的价值链中。其中产品必须通过相应的渠道和环节到达最终客户处。其生产所需要的各种原料和服务必须通过相应的渠道和环节才能为企业所用。所以对于最终客户而言，为其提供价值的不是某一个单独的企业，而是由为了提供这种共同价值(在物理上体现为某个特定的产品和服务)的众多企业有机组成的一个价值链。价值链的整体效率和价值创造能力才是决定最终客户所获价值大小的根本因素。价值链管理以整个价值链作为管理对象，其根本目的是通过协调，优化链上各个环节的共同努力，为最终客户创造价值，并享受最终客户提供的价值回报。最终客户通过价值链获取自己所需要的价值,同时也将自己的回报反馈给整个价值链。但这种价值回报并不是平均分配在价值链上的每一个环节,不同环节通过价值链管理而获得的收益并不相同,也不是一成不变的。

2. 客户从所购买的产品中获得价值

客户与企业的关系首先体现在产品细节上,从这个细节出发才有全面的客户满意;背离这个细节,就没有满意的基础。企业了解客户需求与适应客户需求的最终目的是为客户提供满意的产品。

(1) 产品功能满意。产品功能,也就是产品的使用价值,这是客户花钱购买的核心。

客户对产品功能的需求包括了三个方面:① 物理功能需求。② 生理功能需求。③ 心理功能需求。

(2) 产品品位满意。产品品位满意是产品在表现个人价值观上的满意状态。产品在多大程度上能满足客户的个人价值需求,不仅决定着产品的市场卖点,还决定着客户在产品消费过程中的满意级度,进而决定着消费忠诚。所以,根据客户对产品品位的要求来设计产品品位是实现产品品位满意的前提。

产品品位满意表现在三个方面:① 价格品位。价格品位是指产品价格水平的高低。② 艺术品位。艺术品位是指产品及其包装的艺术含量。③ 文化品位。文化品位是指产品及其包装的文化含量,是产品的文化附加值。

3. 产品的各个层次对价值形成有其特定的作用

价值链包括了所有需要计划、制造、分销和使用产品或服务的公司和经营活动。每个企业都适合于一条或更多的价值链,并且在这些价值链中发挥一定的作用。

(1) 价值链是增值链。在价值链上除资金流、物流、信息流外,最根本的是要有增值流。客户实质上是在购买商品或服务所带来的价值。各种物料从采购到制造到分销,也是一个不断增加其市场价值或附加值的增值过程。因此,价值链的本质是增值链。

(2) 价值链是协作链。价值链上任何一个节点的生产和库存决策都会影响链上其他企业的决策。一个企业的生产计划与库存优化控制不但要考虑其内部的业务流程和资源，更要从价值链的整体出发，进行全面的优化与控制。

**(三) 销售策略是价值链管理策略的成功指标**

1. 价值链管理的关键是提高企业核心竞争力

从对企业价值链分析研究中可知，在一个企业众多的“价值活动”中，并不是每一个环节都创造价值。企业所创造的价值，实际上来自企业价值链上的某些特定的价值活动，这些真正创造价值的经营活动，就是企业价值链的“战略环节”。企业可以从以下几个环节再造价值链：

(1) 客户终生价值。客户终生价值是指一个新客户在未来所能给公司带来的直接成本和利润的期望净现值。一个客户的价值由三部分构成：第一，历史价值。到目前为止已经实现了的客户价值。第二，当前价值。如果客户当前行为模式不发生改变的话，则将来会给公司带来的客户价值。第三，潜在价值。客户终生价值分析是 CRM 价值链的第一步，也是最重要的一步，它是以后其他步骤的基础。通过客户终生价值分析可以判定：值得花多少资源去赢得一个新客户，值得花多少资源去保持或激活已存在的客户，哪些客户是最有盈利能力的长期客户。

(2) 客户关怀。针对不同客户进行个性化服务是企业留住客户的有效手段。企业如果有一套良好的收集或累积客户知识的数据仓库或数据库，并且让这些知识在每次与客户接触时都能得到充分运用，那么就能更好地进行客户终生价值分析，对客户实施关怀，提高客户满意度。

(3) 关系网络发展。公司关系网络是公司巨大的竞争资源。关系网络中包括客户、员工、供应商、分销商、业主或投资者等合作伙伴。良好的网络能将企业的产品和信息及时、快捷地传递给客户，并将客户反馈信息传给企业。企业应该积极地与客户建立关系，让客户感受到这种关系的存在,并且从关系的存在中受益,从而达到企业和客户双赢的目的。

(4) 双赢价值观。传统观点认为产品是主要的价值来源,但随着产品的商品化,服务将提供越来越多的价值,有关客户的事情如何处理变得尤为重要。为此我们需要树立客户是企业的重要资产、企业生产的目的是创造价值的双赢价值观。

(5) 加强关系管理。根据以上确定的价值观念,改进组织、流程、评价方式和激励机制等,最终达到管理关系的目的。企业的业务流程要按照方便客户和便于流通的原则进行重新设计,还必须根据客户需要的变化和竞争对手的变化而进行调整。

CRM 价值链管理还可以根据具体情况将价值链分解成许许多多相对独立的、具有一定比较优势的增值环节,比如数据挖掘。几家甚至多家企业在一个完整的价值链中,各自选取能发挥最大比较优势的环节,以核心企业为龙头,将其有效地组织起来,优化整个价值链系统,以最低的成本、最快的速度生产最好的产品,有效地满足客户需求,以达到快速响应市场和客户需求的目的,实现更高的增值效益。

2. 维持客户是重复购买的前提

一些顾客不可避免地会停止购买或离开。公司必须通过赢回战略使得那些不满意的顾客再次变得主动。重新吸引失去的顾客要比寻找新的顾客来得容易,因为公司知道他们的姓名和经历。关键在于要通过对话和喜好来分析顾客改变主意的原因。重点目标是赢回那些有着强大利润潜力、可以发掘的顾客。

3. 不同的区域有不同的销售策略

进行区域市场营销是企业实现自身稳定发展的需要。一般来说,区域市场营销的作用主要有以下几个方面:

(1) 强化营销的针对性。

(2) 有效管理销售员。

(3) 降低营销费用。

(4) 提升服务质量，精耕区域市场。

(5) 提高销售队伍的士气。

(6) 简易评估与控制。

旅游领域的价值链管理主要表现在旅游产品的生产和销售上面。

## 第二节　旅游产品的生产

### 一、旅游产品概述

#### (一) 旅游产品的内涵

1. 产品的内涵

传统的观念认为，产品是一种有用物品的有形实体，也就是说，产品具有实体性或物质性。

现代的产品概念认为，产品不仅包括有形的物质实体，而且还包括各种无形的服务，如金融服务、信息服务、咨询服务、旅游服务、教育服务等等。也就是说，现代的产品是指企业以消费者的需求为中心而提供的能满足其需求的有形的物质产品和无形的服务的总和。

2. 现代旅游产品的内涵

现代旅游活动是一种综合性的社会、经济、文化活动。通过旅游活动，可以满足旅游者物质、精神等多方面的需要。由于旅游者在旅游活动中要涉及行、游、住、食、娱、购等多方面的活动，因此，旅游产品的内涵必然是丰富多样的，它是包括行、游、住、食、娱、购在内的综合性组合产品。我们可以从经营者和旅游者这两个角度来理解旅游产品的内涵。

从经营者角度看，旅游产品可以看作是：旅游经营者为了满足旅游者物质和精神的需要，凭借旅游资源和旅游设施向旅游者提供其在整个旅游活动过程中所消费的各种物质产品和服务的总和。在这里，旅游产品是一个整体的概念，它是由多种物质产品和服务组合而成的综合体。比如,甲旅行社在中国上海的旅游市场上推出到“泰国五日游(双飞)”这样的一种旅游产品。在这条线路中,除了向旅游者提供各类旅游吸引物以外,还包括沿线提供的交通、住宿、餐饮等保证旅游活动顺利进行的各种服务。再如,飞机上的一个座位、航空小姐的服务,游览景点内导游人员的一次讲解活动或翻译服务,旅馆里的一间客房、一顿美餐等,这些物质产品和服务产品的总和就构成了整体旅游产品,而其中每一项产品或服务,称单项旅游产品。每个单项旅游产品都是整体旅游产品的一个组成部分,这些单项旅游产品一般通过旅行社将它们组合起来,形成能满足旅游者各种需要的整体旅游产品。

从旅游者角度看,旅游产品是旅游者为了获得物质和精神上的满足,通过花费一定的时间、精力和财力所获得的一段旅游经历。这种经历包括旅游者在从离开常住地开始到旅游结束回到常住地为止的全过程中,对所经历的各种事物和所接受的各种服务的综合感受。它不是一件件具体的物品,而是由一系列不同的旅游服务和旅游商品所组成的综合体,加上旅游者的感受,最终获得一次完整地经历,得到一次体验。这种感受可能是愉快的,也可能是平淡的,甚至是不愉快的。从这里可以看出,构成整体旅游产品的诸多单项产品和服务,在质量上应当是同等重要的,如果任何某一项产品和服务的质量有问题或者较差,就会引起整个旅游产品的质量下降。

**(二) 旅游产品的特性**

旅游产品作为一种以服务为主的综合性产品,具有一般商品的基本属性(即使用价值和价值),但它又有自身的特殊性。

从总体来看,旅游产品具有整体性和组合性的特点。对旅游者而言,旅游产品是满足旅游者个体需要的一次完整经历、体验、过程,呈现整体性的特性;对旅游经营者而言,旅游产品就是满足旅游者不同的需要,而由不同的旅游吸引物、交通、设施设备和服务所组成的,呈现组合性的特性。整体性和组合性表现出的矛盾性,使得旅游经营者的经营难度不同于一般产品,经营的风险远高于一般商品;同时,其中也反映了旅游经营者在市场地位上，对旅游者的高度依赖性。

具体而言，旅游产品具有以下六个特性。

1. 旅游产品的无形性

这是旅游产品的本质属性。

第一，表现在旅游产品的主题内容是旅游服务，而服务是无形的。

第二，在一次旅游经历过程中，旅游者买到的主要是对一次经历、一次体验的感受和回忆。通俗地说，当一个人旅游归来，他是无法拿出与旅游费用等值的有形物品的，只能给人们讲述看不见、摸不着的旅游经历和感受，所以说旅游产品主要是无形的产品。

第三，从旅游供给的角度来看，虽然在旅游产品消费过程中要消耗一些有形的物质产品，但应该看到，即使同样的物质条件，由于提供的服务不同会产生截然不同的效果，直接影响到旅游产品的形象和销售。从这一层意义上来讲，旅游产品是以服务为主的无形产品。优良的服务可以补充硬件方面的某些不足，拙劣的服务也可以使良好的硬件逊色。

第四，旅游产品具有无形性还表现在它的价值和使用价值不是凝结在具体的实物上，而是凝结在无形的服务中。无形性要求旅游产品不仅注重硬件开发，更要注重软件开发。

2. 旅游产品的综合性

这是旅游产品的基本属性。首先，它是由多种旅游吸引物、旅游设施以及多项服务组成的综合性产品。其次，旅游产品的生产涉及的行业非常多。满足旅游者吃、住、行的需求，就要涉及饭店业、饮食服务业和旅游交通业，而这些行业还将延伸到农副业、商业、建筑业、制造业等部门。据美国工业标准分类(SIC)系统的一项调查表明，有30多种主要工业部门为旅游者服务，而涉及旅游的其他行业和部门多达200多个。其中既有物质资料生产部门，又有非物质资料生产部门；既有经济类部门，又包含非经济类的政府部门和行业性的组织等。这一特征表明，旅游产品作为一种综合性产品，其开发所涉及的因素较复杂，制约条件也较多。

3. 旅游产品的不可转移性

这是旅游产品的重要特性。不可转移性主要表现在以下两个方面：

第一，旅游产品形成的商流是由旅游者组成的人的流动，而不是由吸引物、设施、服务等组成的物的流动。空间位移的主体不是旅游产品，而是旅游者，即不是物品转移到消费者手中，而是消费者来到物品的所在地。

第二，旅游产品销售后，所有权并未易手，销售前后产品的所有权是不可转移的。旅游者购买到的仅仅是旅游产品的使用权，使用权必然与一定的时限相联系。旅游者消费旅游产品只能在特定的的时空中获得效用，除旅游购物品外，旅游者无法自由处置旅游产品。

4. 旅游产品的不可储存性

旅游产品因为无形性，一般不表现为具体的物品，而是通过服务直接满足旅游者的需要，只有当旅游者购买并在现场消费时，旅游资源、设施与服务的结合才表现为旅游产品，因此旅游产品不能储存。例如，商场里的一部手机、一台电脑今天如果没有卖出，可以储存起来明天再卖，其价值并没丧失。而旅游产品时间性很强，当某次航班临近起飞时，如果还有未卖出的座位，人们不可能将其储存起来待以后出售，因此其当天的价值就失去了。旅游产品的无形服务也是如此，服务是一种行为，只有当旅游者来到并消费时，服务可创造的价值才会实现，否则当天创造的服务价值也就失去，没有一件有形产品来补偿由此失去的价值。旅游经营者从此特点中能认识到“顾客是上帝”的真谛，在旅游经营过程中应努力加强旅游市场的调查研究与预测，选用灵活多变的经营方式，提供适销对路的旅游产品，增添富有吸引力的旅游服务项目，提高旅游设施设备的使用率。

5. 旅游产品的生产、消费的不可分割性

旅游产品的生产表现为旅游服务的提供，旅游产品的生产只有当旅游者到达目的地后才开始，旅游产品的消费伴随着旅游产品生产的整个过程。所以旅游产品的生产、消费在空间上都以旅游目的地为活动舞台，在时间上同时发生同时结束，这种现象表现出旅游产品生产、消费的同时性，即不可分割性。旅游产品只有进入消费过程才能实现其价值。由于旅游者在旅游活动时直接介入了旅游产品的生产、消费，亲身经历和感受旅游吸引物的吸引力大小、旅游设施舒适和方便程度以及旅游服务质量高低，当场作出自己的评价并对潜在旅游消费者产生宣传和示范效应。因此，旅游经营者应努力提高旅游服务水平，加强旅游产品的各要素的配套，保证旅游者在旅游活动中获得最佳感受，以期增强旅游目的地的吸引力。

6. 旅游产品的波动性

旅游产品的波动性亦称敏感性或脆弱性，它是由旅游产品的综合性和不可储存性引起的。旅游产品因为存在多种因素影响旅游产品的使用价值和价值实现，这些因素既包括旅游产品内部各组成部分之间的相互关系，又包括受外界环境不可控制因素的制约。

首先，旅游产品是涉及行、游、住、食、娱、购等方面需求的综合性服务产品，这六大要素之间存在一定的比例关系，其中任何一部分供给的脱节，都会导致某个旅游产品供给上的紊乱，从而影响整个旅游产品的价值实现。

其次，从影响旅游产品的外部条件来说，自然因素中的地震、恶劣的气候、瘟疫的流行，经济因素中的国际性金融危机，政治因素中的国家关系恶化、国内政局动荡等等，都会对旅游的发展产生极大的影响。例如，美国“九一一”恐怖事件，使美国的旅游、航空、旅馆等行业遭受沉重打击，各项经济指标比上年同期大幅下降。

从经济管理角度考虑，旅游产品呈现如下特性：

第一，旅游产品的整合性。旅游吸引物是旅游产品的核心部分，它的存在为旅游设施和旅游服务提供了载体，并进一步整合这些旅游资源，共同为旅游者服务。

第二，旅游产品价值的伸缩性。旅游吸引物是可持续性供给的，具有一定的可塑性，即我们日常所说的“小题大做”和“无中生有”；但是，旅游吸引物又具有易损性，这使其一旦被破坏就很难重生。

第三，旅游产品的倒向性。旅游者离开旅游居住地向旅游目的地移动，这使得旅游产品的商流呈现出倒向性。它主要表现在以下几个方面：

其一，旅游产品构成中的旅游吸引物和旅游设施无法从异地运输到另外一地供游客消费。只有游客亲自到目的地来才能对旅游产品进行消费。

其二，旅游产品具有产销倒向性。因为旅游产品的无形性，旅游产品的流通不能通过运输而只能以旅游产品信息的传递以及由此而引起的旅游者的流动表现出来，旅游者通过旅游信息而购买旅游产品进而消费，又因为生产消费的统一性，故形成了销售在前、生产在后的特殊情况，因此旅游产品的宣传促销工作显得比物质产品更重要，难度也更大。

**（三）旅游产品的层次**

旅游产品的层次可分为四种：核心性产品、配置性产品、支持性产品和扩展性产品。

1. 核心性产品

产品的最基本层次是核心性产品，它要回答的是这样的问题：购买者真正要买的是什么？每一种产品都是一个解决问题的服务包。西奥多·莱维特曾经指出：购买者“并不是要买 1/4 英寸的钻头，而是要买 1/4 英寸的钻孔”。正像所有的好牛排馆都知道的，“别卖牛排，卖嗞嗞声”。营销人员必须找到每一种产品给消费者带来的核心利益，并且出售这些利益，而不仅仅出售各种外部特征。

2. 配置性产品

配置性产品是那些在顾客使用核心性产品时必须存在的物品或服务。例如，一家顶级的商务饭店就必须配备入住和结账服务，电话、餐厅服务和男仆服务。在一个服务有限的经济型饭店里，所配置的服务也许仅限于入住和结账服务以及公用电话服务。在设计产品时，需要了解目标市场以及顾客对配置性服务的要求。

3. 支持性产品

核心性产品要有配置性产品与之相匹配，但并不要求必须有支持性产品。支持性产品是针对核心性产品所追加的代表额外利益的产品，它也起到与竞争产品相区别的作用。在商务饭店当中，商务中心或全服务温泉保健中心都是支持性产品，它们可以帮助饭店招徕客人。不过，配置性产品与支持性产品之间的区别并非总是非常清晰。对于一个市场而言是配置性产品，对另一个市场就可能是支持性产品。例如，入住饭店的家庭可能不需要餐厅和男仆服务，但商务旅行者却离不开这些。凯悦曾是提供各种支持性洗浴产品的一流饭店联号之一，这些产品包括洗发香波、定型剂和各种香皂。它们提供这些项目，就是在支持作为核心性产品的客房。今天，凯悦以及其他一些类似饭店的这种支持性产品都已经变成配置性产品，因为其他一些饭店已经开始仿效凯悦的做法，从而很快导致旅行者认为这个档次的饭店必须配置这些产品。希尔顿饭店在开发其组合产品之前，用了两年的时间研究消费趋势的变化，平均每晚耗资 22.5 万美元。

丽晶国际饭店的创始人鲍伯·本斯曾亲自挑选能提高联号的豪华形象并显得与众不同的产品。住在丽晶饭店的客人发现，在浴室里有各种规格的高质量洗发香波的瓶子。橘子汁是世界各地的饭店和餐馆里的一种普通饮料，所以鲍伯·本斯坚持要在丽晶饭店提供鲜榨橘子汁，以便与饭店的豪华服务相协调。

理想一点的话，企业应该选择那些不容易被竞争者抄袭的支持性产品。它们还应该善于以专业的手法提供这些支持性服务。例如，有些中档饭店提供客房送餐服务，原因是它们把这看作是吸引商务客人的竞争优势。但是，提供那种非专业性的支持产品，效果可能是弊多利少。许多提供客房送餐的中档价位饭店，根本不具备客房送餐的基本条件,没有足够宽敞的地方放置服务餐车,没有一位协调人员来接电话和开票,也没有单独的客房送餐服务员。必要的设备和人员都配备在订餐这一刻。结果,你可以想像,有时会是灾难性的。接电话的人没有受过训练,不知道该问些什么问题。比如,牛排应该做的老一些还是嫩一些、客人喜欢哪种类型的色拉调料、要哪种土豆等等。接了订餐之后,下一步还要四处找一个人把食物装车并送到客房。最有可能派上用场的人就是门童、司机或餐厅的服务员。前两种人虽然没有接受过这方面的训练,但接到这个任务会乐得蹦高,因为有了得小费的机会。但由于没有接受过专门的训练,他们很可能丢三落四,在装车时忘了带上盐、胡椒粉、糖、叉子和餐巾。更为难堪的是,客人用餐完毕之后,便将托盘放在过道里,直到第二天早晨客房服务员打扫卫生时才把它们收拾走。

总之,支持性产品如果计划不周和实施不力,就不能发挥竞争优势。它们必须满足甚至超过顾客的期望,才能收到积极的效果。

4. 扩展性产品

扩展性产品包括可进入性、氛围、顾客与服务机构的互动、顾客参与以及顾客之间的互动。这些因素连同核心性产品、配置性产品和支持性产品一起形成了扩展性产品。

从一个管理角度看,核心性产品是企业关注的焦点,它是企业存在的基础。配置性产品是向目标市场提供核心性产品时所必不可少的。根据营销专家克里斯蒂·格劳恩鲁斯的说法,核心性产品、配置性产品和支持性产品决定了顾客能得到什么,但不能决定顾客怎样得到它们。如何提供服务影响着顾客对服务的感知,扩展性服务将提供的产品与提供的途径联系到了一起。

## 二、旅游产品的创意与上市

### (一) 创意形成

新产品开发始于创意形成,即系统地捕捉新的创意。

公司要谨慎地界定新产品开发战略。该战略要明确所强调的产品和市场，还要明确公司要从新产品中得到什么，明确其现金流量、市场份额的大小，以及其他一些目标。例如，麦当劳为了抵御来自温迪连锁店色拉吧台的竞争威胁，避免减少市场份额，也增加了色拉项目。必胜客比萨增加了单位比萨，以吸引午餐顾客。最后，战略当中还要明确开发新产品、改良现有产品和仿制竞争者产品需要投入多少资源。为了得到源源不断的新产品的创意，公司必须选择几个好的创意来源。下面我们讨论几个主要的新产品创意的源泉。

1. 内部来源

一项研究显示，有超过 55%的新产品创意来自公司内部。公司可以通过正式的研究与开发过程来发现新的创意。公司的销售人员是另一个很好的创意来源，因为他们每天都与顾客接触。与顾客直接接触的雇员，由于处在一种能从顾客那里得到反馈信息的位置，所以能获得很好的产品创意来源。

在饭店业内部，新产品决策通常在公司和饭店两个层次上进行。公司层次的新产品决策人，既有中等级别的，也有最高级别的。在有些场合，一些不直接为公司所雇用但却与公司保持着紧密关系的人(如银行家、律师和咨询人员)也参与了这个过程。

在饭店层次上的新产品决策人，常常包括饭店的所有者——如果饭店不为联号所有。有时，所有者由某个人代表(如总裁)。参与决策过程的还有总经理、部门经理和各领域的总监。通常，来自联号的公司副总裁会参加饭店层次的新产品决策过程。

2. 顾客

几乎有 28%的新产品创意来自对顾客的观察和询问。

许多高档饭店每周都为一些特殊的客人举办接待鸡尾酒会，总经理和各部门经理亲自为客人服务。这给总经理提供了向客人征求建议的非正式机会，他们可以询问客人饭店如何继续提供出色的服务等问题。由于这些客人几乎走遍了世界各地的饭店，又往往是各自领域的佼佼者，因此，他们的意见和想法很有价值，值得重视。

3. 竞争者

大约27%的新产品创意来自对竞争对手的分析。

饭店管理人员通过在竞争对手的饭店里住宿，可以获得有关的竞争信息。从上市的公司年度报告当中，可以得到很好的竞争信息。饭店业本身规模不大，管理人员及所有者往往与竞争饭店的同行都熟悉并且有某种联系。从国际范围上看，各家饭店联号的总经理也相互认识，并且互通信息。这也就是说，饭店业是最透明的产业之一，管理人员能很容易地获得竞争信息。

4. 分销商与供应商

分销商与市场联系紧密，能接触有关消费者的问题和开发新产品的可能性诸方面的最新信息。供应商能告诉公司一些新概念、新技术和新材料，这些可以用于开发新产品。他们还能告诉你竞争餐馆正引进哪种食品、一些饭店都订购了什么新产品。

在一些行业展销会、研讨会和年度大会上，分销商和供应商往往要预订一些饭店的套房。因此，到他们预订的套房去看一看，可以掌握发展的趋势、了解竞争战略，并为签订一些重要的合同做准备。

5. 其他来源

其他创意来源包括行业杂志、展览和研讨会、政府机构、新产品咨询机构、广告代理机构、营销调研机构、大学和商业性实验室以及发明人等。

### （二）创意筛选

筛选的目的是尽可能快地抓住好的创意。如果不进行筛选，产品开发成本会大幅度增加。大多数公司都要求管理人员按照标准的格式描写各种新产品创意，以便新产品委员会加以审阅。管理人员要对产品、目标市场和竞争状况分别加以阐述，并对市场规模、产品价格、开发时间和成本、制造成本以及回报率作一些粗略的估计。此外，他们还要回答以下问题：这个创意对我们这个公司合适吗？它与公司的既定目标和战略吻合吗？我们有无人力、技术、设备和资金来确保该创意实现？许多公司都有设计得很好的系统来评定和筛选新产品创意。

**(三) 概念性开发**

这是一种产品创意。但顾客购买的并非产品创意，而是产品。营销人员的任务就是将这种创意发展成为各种产品概念，判断每一种概念的吸引力，并从中选择最佳的一个。

例如，在 20 世纪 70 年代中期，美国马里奥特饭店集团意识到，它目前的城市饭店产品市场已经趋于饱和。它们需要一种可以在第二类地区和郊区位置进行经营的饭店概念。该公司决定通过开发一种新产品将资源集中在公司的核心业务即住宿上。

**(四) 产品开发**

如果产品概念通过了业务分析这一关，就可以进入产品开发阶段。

开发一件成功的样品，可能要用上几天、几周、几个月甚至几年的时间。马里奥特饭店用活动墙建造了一个庭院客房模型。它们开发了三种类型的客房结构：标准客房、短式客房和窄式客房。消费者对整体概念都很欣赏，但他们不喜欢窄式客房，却接受短式客房，这使马里奥特的每家饭店大约节省了 10 万美元。

开发样品的一个问题是，样品往往限于核心产品。产品的许多无形成分，比如雇员的服务，就无法包含进去。营销人员必须记住，他们要努力让潜在顾客对产品的无形部分有一定的了解，包括支持性和配置性的产品和服务。

**(五) 正式上市**

是否将该产品都投入生产，市场测试为管理人员提供了在这方面作出最后决策所需的信息。

在推出一种新产品的时候，公司必须作出四项决策：何时、何地、向何人、以何种方式推出。

1. 何时推出

首先一个问题是引入新产品的时机是否合适。在马里奥特饭店的案例当中，用来做市场测试的饭店曾有过出租率达到90%的记录。

2. 在何地推出

公司必须决定新产品的引入是局限在单一的地点，还是在一个地区、几个地区或全国市场，甚至是世界市场。事实上，能够有充分的信心、资本和生产能力将新产品向全国推销的公司为数很少。一些小公司，通常会选择一个有吸引力的城市，并采用闪击战术，迅速进入市场。它们也可能一次一个地进入其他城市。而一些大公司却可能决定将产品先引入某个地区，然后再扩展到另一个地区。那些拥有全国性分销网络的公司，如汽车公司，常常会将新产品投入全国市场。

3. 向何人推出

在逐渐扩展的市场当中，公司必须将其分销和促销活动对准最有发展前景的群体。在此前的市场测试当中，管理人员应该已经对基本的前景有所把握。现在，他们必须重新识别市场，寻找早期使用者、经常使用者和观念领袖。

4. 以何种方式推出

公司必须制定一个把新产品引入所选定的市场的行动计划，并将营销预算投入营销组合之中。

## 第三节 旅游产品销售

### 一、亲和营销

任何人都无法否认人性化在营销中的特殊作用。人性化体现着人类文明、道德观念、民族精神，在深厚的文化土壤中散发出来的人性化具有无限的感召力。那种在家乡、祖国、人类和安全、信仰、时尚、保健等人性化因素牵引下的企业营销行为，得到了最优厚的回报。

加强塑造亲和力是企业确保营销过程顺利进行的一个重要因素，其实质就是依照人性来进行市场营销活动，通过充分满足人性的需求来达成企业经营的目的，因而，亲和营销也被称为“人本化经营”。

亲和力的塑造，是靠信念而非技巧。从广义上来说，我们每个人都在向他人进行自我营销，而每个组织乃至国家也都是营销的实体。改革开放30多年来，人性化营销的色彩越来越浓了。

强调亲和力的最大效果不是提高品牌的知名度，而是提高了消费者对品牌的忠诚度。品牌的忠诚度应包括两方面的内容：行为忠诚度和情感忠诚度。行为忠诚度是指消费者在实际行动上能够持续购买某一品牌的产品的。情感忠诚度是指某一品牌的个性与消费者的生活方式、价值观念相吻合，消费者对该品牌已产生了感情，并将此作为自己的精神寄托，进而表现出持续购买的欲望和行为。

正如一位美国报纸编辑说，可口可乐代表美国所有的精华，喝一瓶可口可乐就等于把美国精神灌注体内，因为可乐瓶中装的是美国人的梦。如果消费者持有这样的心理认同，不论其实际上购买与否，都说明它具有较高的情感忠诚度。消费者在较长时期内能否表现出持续的购买行为，很大程度上取决于情感忠诚度的高低。

1. 设计具有亲和力的产品

现在人们购买商品时，不再满足于吃饱穿暖等低层次的需求，人们还需要商品能够更多地符合自己的需要。这就要求生产企业必须迎合现代消费者的心理，多设计开发具有个性化、人性化的商品，增加商品的文化附加值。例如，海尔集团就提出了“您来设计我来实现”的新口号，由消费者向海尔提出自己对产品的需求模式，由海尔集团来实现。

情感产品之所以受到人们的青睐，其根本原因是企业站在用户的立场上，以消费者接不接受、喜不喜欢、满不满意作为产品设计和开发的准则，其中融入了企业对消费者的一片深情和爱心，充分体现了以消费者为核心的现代市场营销观念，进而赢得了消费者的信赖和忠诚。

深圳市运达公司专门定做各种礼品表，并在手表的背面刻上有个性、有人情味的赠言，一块普通手表，因为多了几个字，转眼就身价倍增了。例如，你想给远在他乡的爱人送一块礼品表，你就可以在手表的背面刻上爱人的名字,并写一行赠语:特别的爱给特别的你。可以想像,你的爱人带着这块表,每当寂寞孤独时,看看表上的赠语,心中就会充满温馨与幸福。

2. 设计亲切感人的广告

由于消费者的生活方式、文化水平、经济条件、兴趣爱好、感情意志、审美情趣等方面存在着不同程度的差异,消费者的心理需要和满足方式又有复杂多变的一面,因此,我们在创作广告时,必须准确地把握消费者的思想、情绪,找准其心理需求,通过情真意切、充满感情的语言、形象作用于消费者的需求兴奋点,引起其情感共鸣,以激发起需求动机,进而促进其实际购买行为。

感动和人性化共鸣能引发现实的或潜在的消费需求,经营者便在顾客的人性化体验和满足中达到了自己的目的。三鸣养生王的大广告词是:"圆月当空,该如何问候父母双亲?"小广告词是:"调节三高,让热血流畅,为生命护航。"拳拳孝心,溢于言表。

台湾振华开发公司投资兴建的华南花园别墅,其突出优点是整个住宅区的路径全部铺设红砖,并禁止车辆通行,其中北辰路设计为"安全绿街"。广告创作者针对这一特点,突出了消费者对住宅区最为企求的"安全、宁静、健康、富贵",努力以消费者的角度构想其优越性,通过"安全地带"、"宁静时间"、"健康环境"、"富贵人家"四则极富人情味的广告,在柔情似水的氛围中向消费者展开了营销的攻势,广告推出后便立即引起消费者的极大关注。

3. 制定人性化的价格

当你在酒家点菜吃饭时,酒店小姐适时地提醒你差不多了,多了可能超过消费时,你对小姐乃至这个酒家是一种什么样的感觉!从本质上来说,人性化营销并非一种策略,而是一种基本的态度。

人性化价格是指能满足消费者人性化需要的价格,注重价格与消费者自身的人性化需要相吻合。例如,为了表示尊师重教,1997 年各大航空公司推出暑假期间乘坐飞机凭教师证可以享受六折优惠,此举大受教师们的欢迎。平日里坐飞机对绝大多数教师来说是可望而不可即的，而航空公司实行此项价格优惠活动，既提高了飞机的上座率，又圆了教师的蓝天梦，增进了航空公司与教师之间的感情联络。

4. 充满人情味的公关容易引起共鸣

运用人情味十足的公关对树立良好的品牌形象非常重要。它要求企业设身处地地为顾客着想，加强与顾客的感情交流，通过调查问卷等形式，使消费者参与到企业的营销活动中来，让消费者对企业产品从认识阶段升华到人性化阶段，最后达到行动阶段。

例如，美国第一家制造履带式推土机的凯特皮勒公司，非常强调公关策略的亲和力，公司职工说："我们的产品不只是几种机械，而且还包括全套服务。"正是因为他们想顾客所想、对用户负责的态度，让顾客有一种可靠感、安全感，使企业与顾客之间保持一种融洽、和谐的关系，从而达到促销的目的。北京动物园内有几个小巧公益广告牌："小草正在休息，请勿打扰"，让人见了感觉就很人性化，比"请勿践踏草地"高明了100倍。

5. 使服务更温馨

当你在麦当劳或肯德基就餐时，那充满青春朝气的欢迎语可能让你精神为之一振，小朋友们更为那些五颜六色的玩具与卡通形象所着迷；当你在接受问卷调查时，除了有一份精致的礼物赠送外，你可能会惊奇地发现原来非常枯燥的"喜欢"、"不喜欢"等被生动易懂的图形所替代。

现在流行的"二次竞争"意思是说，如果第一次竞争的战场是在销售点，那么第二次竞争便是在售后服务。生产企业力图用最具诱惑力、竞争力的承诺来劝购，并通过及时兑现来塑造企业及品牌形象，提高消费者的忠诚度，使本企业与其竞争对手形成明显的服务差异，增强企业的营销效果，获得差异化竞争优势。

6. 创造舒心的环境

新加坡航空公司的服务质量是世界上最好的，新加坡航空公司的优越服务的根本是其所有员工所一贯秉持的理念:待顾客如亲人。这种理念深入内心、溢于言表,体现在员工的举手投足之中。其实,世界所有的航空公司都希望营造一个温馨的人性化环境。

营造舒适、优雅的营销环境,能给消费者带来愉悦的心情,感官的享受,让消费者产生一种无形的亲切感,消费者在微笑服务中,既购买了原来就想买的商品,又购买了一些进门前根本不打算买的商品。

7. 公益活动拉近和消费者的距离

公益营销不同于一般的促销活动,也不同于公关活动。促销活动单纯是为了提高产品市场占有率、树立产品形象,而公益营销是通过对消费者、对社会的关心来提升企业知名度,以企业形象的提升来带动产品形象的提升。公关活动偏重于技术性,以预防危机为主要出发点;公益营销则侧重于整体性,以塑造企业形象、勇于承担社会责任为诉求点。

超市巨人沃尔玛在中国通过“儿童的奇迹”、“关爱宝宝”、“儿童绘画比赛”、“快乐小天使”等项目实施公益行为,并让大众体会到沃尔玛帮助儿童的理由,即:儿童是我们的未来,为了让儿童生活得更健康、幸福。此外,沃尔玛还在中国实施“好邻居计划”,他们鼓励员工当义工,利用一些业余时间义务帮助当地社区。他们在每年的新年、中秋等节日都会和商店所在地的孤儿院、老人院的孩子、老人联欢,并进行慈善捐助。正如沃尔玛网站所言:“好邻居计划”是我们社区公益活动的核心。通过这项计划,我们将鼓励我们的商店和我们的员工在他们当地的社区建设中发挥重要的作用。

## 二、伙伴营销

伙伴营销是一种建立在互联网技术基础上的新型商业模式,这种模式克服了许多营销模式的缺陷。简单地说,这种模式在营销人员与顾客进行促销交谈时把消费者作为平等的合伙人来看待。

满足客户的需求已成为企业成功的关键，但如果每家企业都奉行此道，企业又如何开发新客户、提高市场占有率、确立竞争优势呢？答案是：帮助你的客户，与客户建立伙伴关系。

基于这种战略伙伴关系，企业帮助客户挖掘市场潜在机会，然后与客户共同策划、把握潜在机会，以此来提高客户的竞争实力，这对双方都是十分有利的。在国内，许多有识之士已经意识到了这一点，市场上常见的"助销"行为也体现了这种思想。在这方面成功的企业很多，如宝洁的成功很大程度上得益于其"助销"理念指导下的渠道运作综合管理体系。

宝洁公司提出的"经销商即办事处"口号，就是宝洁公司助销理念通俗化、形象化的解释。

全面"支持、管理、指导并掌控经销商"是宝洁公司"助销"理念的核心。宝洁每开发一个新的市场，原则上只物色一家经销商(大城市一般2～3家)，并派驻一名厂方代表。

厂方代表的办公场所一般设在经销商的营业处，它肩负着全面开发、管理该区域市场的重任，其核心职能是管理经销商及经销商下属的销售队伍。

宝洁要求经销商组建宝洁产品专营小组，由厂方代表负责该小组的日常管理。

为了提高专营小组的工作效率，一方面，宝洁公司不定期派专业销售培训师前来培训销售人员，具体内容涉及公司理念、产品特点、谈判技巧等各个方面，进行宝洁"洗脑式"培训。

为了改善"卖场陈列"，一方面，宝洁公司要求小组成员通过良好的"客情关系"来免费争取到最佳、最多的陈列位；另一方面，宝洁公司将"专项陈列费"、"买位费"及"进场费"提供给各"大卖场"，由此确保宝洁产品在"大卖场"能获得最佳的陈列效果。

在经销商专营小组管理和"大卖场"陈列费用支持的背后，是宝洁公司各管理部门之间严谨的分工合作。宝洁公司八个核心管理部门中有销售部、市场部、市场研究部、人力资源部等四个部门与经销商终端网络密切相关。特别是市场部,它是宝洁公司营销的灵魂。各种渠道推广方案的制定和陈列费、促销费的分配均由市场部负责。简单地说,由市场部制定各项市场政策,厂方代表通过全面控制经销商下属宝洁产品专营队伍来高效执行各种销售方案,实现最大的网络覆盖、最佳的销售陈列,这就是宝洁的助销模式。

其实,不单是宝洁,许多著名公司如联合利华、强生、高露洁、雀巢等,都在运用助销理念开发管理终端市场。

1. 伙伴营销的主要形式

(1) 联合促销。联合促销包括合作广告、样品、联合销售访问、回扣或返利等。

(2) 联合库存。联合库存包括联合加入 EDI 项目,联合加入准时生产库存管理计划,企业或批发商参加对分销商的紧急送货活动以及企业帮助批发商和零售商筹措库存资金等。

(3) 专门产品。提供专门产品既可以增强分销渠道凝聚力,也可以减少消费者购买时对价格的比较。

(4) 信息共享。信息共享包括企业、批发商、代理商和零售商共同加入 EDI 项目,分销渠道成员共享市场调查、竞争形势、分销渠道动态等方面的信息等。

(5) 培训。培训包括批发商和零售商参加企业的销售培训及产品培训活动。除了上述两种培训外,企业若能向其分销商提供管理和营销方面的培训,则能收到更好的效果。

(6) 经销区域保护。企业为批发商和零售商确定独家销售区域,可以在很大程度上加强分销渠道合作。

(7) 建立长期业务伙伴关系。对市场覆盖率、产品质量、市场开发与促销、技术指导与维修、市场信息等内容进行沟通,共同规划销售目标、存货水平、员工培训、广告宣传和促销计划等。企业以合同方式规定双方的权利和义务。

2. 企业如何进行伙伴营销

(1) 分析客户的业务活动是发现、建立伙伴关系的途径。客户往往十分愿意与公司建立良好关系，一方面他们能够得到高质量的服务，另一方面他们本人可以从这种长期、稳固的合作关系中，得到一般客户无法享受到的优惠。因此，企业应认真分析目前的经营状况和竞争能力，从企业现有的客户名单中寻找建立伙伴关系的机会。

(2) 增加财务利益是建立伙伴关系的有力工具。频繁营销计划和俱乐部营销计划是企业可以用来增加财务利益的两种方法。频繁营销计划就是向经常购买或大量购买的客户提供奖励。

一般来说，最先推出频繁营销计划的公司通常获利最多。尤其是当其竞争者反应较为迟钝时，在竞争者作出反应后，频繁营销计划就变为所有实施此类营销计划公司的一个财务负担。

许多公司为了与客户保持更紧密的联系而实施了俱乐部营销计划。俱乐部成员可以引起购买行为而自动成为该公司的会员，如飞机乘客，也可以通过购买一定数量的商品，或者付一定的会费成为会员。

摩托罗拉在它的网站上很早就开设了“摩托罗拉俱乐部”，只要是摩托罗拉的用户都可以随时加入，一旦加入，不仅意味着售后服务和购买配件是可以得到更周到的服务和更优惠的价格，而且还是享受优质的客户关怀的开始，陆续的各种活动和抽奖常常会令你有意外的惊喜。

限制式的会员资格俱乐部在长期的忠诚方面更加有利。费用和会员资格条件阻止了那些对公司产品只是暂时关心的人的加入。限制式客户俱乐部吸引并保留了那些对最大的一部分生意负责任的客户。

(3) 改善公司与客户之间以及与其他公司之间的伙伴关系。公司员工通过了解客户的需求和爱好，将公司的服务个性化、私人化，从而增加客户的社交利益。

3. 伙伴营销的策略

(1) 伙伴营销的分销决策。伙伴营销的首要特点是各种信息在买卖双方之间的对称流动，而且，伙伴营销中买卖双方具有相当高的责任和义务关系。

(2) 伙伴营销的价格决策。伙伴营销的特性是建立长期契约关系,而不是每笔交易都进行谈判;同时契约不是以交易为基础。对企业而言,在伙伴营销和交易营销中确定不同的定价水平很有必要。伙伴营销中定价水平反映附加服务的价值。

(3) 伙伴营销的促销决策。在伙伴营销中,人员推销比广告和其他方式的大众传播手段更重要。人员推销能建立起牢固的社会联系,能建立信任和解决问题。伙伴营销和交易营销的人员推销程序也有很大不同:在伙伴营销中,推销员是顾问和问题解决者;在交易营销中,推销员则被看作取得收入者和说客。与交易营销相比,伙伴营销中的推销员负责的客户更少,其作用更多是维系老客户而非开发新客户。

为了更好地履行销售人员的职责,需缩小每个推销员负责的区域。对企业而言,保持员工稳定也相当重要,这有利于与客户建立长期的社会联系。此外,销售人员的绩效评估应以顾客服务质量和顾客维系度为基础。例如某公司规定,销售人员通过与老客户续约获得的报酬与开发新客户一样多。

## 三、社区营销

作为"社会动物",我们都希望同其他人有一种个人的联系。这种联系传统上是建立在现实社区中、家里、邻居间、教堂或者以工作为中心的实践社区中。这些社区平衡了社会和经济的价值。

作为联系和互动的一种媒介,互联网为社区提供了一个全新的渠道。和现实中社区比起来,这些虚拟社区有着更广阔的地理范围(连接全世界各地的人们)以及更窄的聚焦点(连接那些有着非常特别兴趣的人们)。这些社区同时为它的会员和企业提供了好处。企业能得到的包括:降低寻找客户的调查费用、增加客户购买的倾向、提高设定目标的能力、扩大适应性以及增加现有产品和服务的价值。由于会员数量的急剧增长,通过低成本的虚拟互动,企业便有希望从与这些社区的动态互动中得到更多的回报。

虚拟社区和现实中的社区都有各自的强势和弱势，而这些通常是互补的。如表 10-1 所示，现实社区中一些潜在的面对面式的亲密关系会因为虚拟社区能提供的益处而得到增强。由于虚拟社区存在不匹配的地理范围和关注焦点，这就使得匿名的互动得以存在，正是因为这样，就使得信用和承诺方面的问题增多。另外，虽然参加一个现实社区有可能意味着增加承诺，但这并不能肯定那些同时参与虚拟和现实社区互动的人在网上的投入就一定会比在现实社区中投入得多。

表 10-1

**现实社区和虚拟社区比较**

| 对 比 项 目 | 现 实 社 区 | 虚 拟 社 区 |
|---|---|---|
| 地理范围 | 地理限制 | 无限制和全球的 |
| 时间范围 | 明确的聚会时间 | 任何时间 |
| 接触的可能性 | 昂贵且复杂 | 廉价且简单 |
| 沟通的速度 | 慢 | 即时的 |
| 改变的能力 | 难 | 易 |
| 结合的潜力 | 有些限制 | 很大 |
| 署名和匿名 | 更固定 | 更不固定和匿名 |
| 体验 | 面对面的 | 虚拟的 |

1. 将现实和虚拟社区聚合

(1) 联合散落的社区。将散落在各地现实的社区人员集合起来，并给他们在网上提供一个会面的地方。Sulekha 正是通过召集散落在世界各地的印度社区而执行了这个任务。在线伙伴(Oline Partners)的网站 Gay. com 和 Planet Out 建立在一个现实社区的基础上，这个社区在美国有 1 900 万名同性恋者，在欧洲有 3 000 万名同性恋者，每个月会有 350 万人访问该网站。在这个例子中，互联网是一个自然形成的中心，因为它在一个经常敌对的世界里，某种程度上为这些人提供了秘密的和安全的天堂。

(2) 建立现实社区和虚拟社区两个平行的世界。有时候，现实社区会成为虚拟社区的基础，虚拟社区也会成为现实社区的基石。在这种情况下，在每个社区中的实际成员是一样的。例如，《快速公司》杂志的订户根据不同的地域和兴趣将在当地的或网上的社区集合在一起。网下的社区派生出平行的网上的社区，反映了现实社区和虚拟社区两个不同的世界。通过 Sulekha 网站，在不同城市的成员可以建立社会性的俱乐部并在一起野餐或者分享阅读。

(3) 从事与交叉的方法。即使在平行的世界还没有建立的时候，现实社区中的互动仍有可能导致虚拟社区中的互动，反之亦然。Motley Fool 最初就是从一个财务网站开始的，通过出版图书和其他的现实产品把它网上的活动运用到网下。Sulekha 也把这些网上的内容运用到网下的书中，以及其他一些现实社区的互动中。

2. 企业在聚合社区中采取的战略

(1) 通过社区产生的内容激发社区的活力。Sulekha 网站成功的一个来源就是它委托社区的成员来创造内容。这样它不仅可以通过减少内容制作的成本来产生经济效益，而且可以给予它的成员一种主人翁的意识以及对网站的参与意识。正是社区成员们的兴趣和热情赋予了社区的活力。iVillage 使用的是由志愿者监督员维护的网站。这不仅仅减少了雇用成本，而且，可以通过那些对内容很有热情的人来保证强大的对等互动。

(2) 建立客户社区来促进客户服务和产品开发。客户社区可以替代企业传统的客户服务部门，在为客户提供更直接的建议的同时，还可以为企业节省开支。eBay 将这一模式发挥到了极致，由销售方通过社区直接处理购买、装运、财务等方面的事务。eBay 不必保留库存或处理和它的网站所销售的机器相关的客户投诉。通过培养客户社区来达到实质性的节约以及促进客户服务，这对于企业来说是一个非常好的机会。

社区还可以在新产品开发过程中扮演一个评论者的角色。例如，福特汽车公司在 iVillage 社区中邀请女士们来帮助他们设计专门满足她们需要的迷你型汽车。这样做不仅仅是满足了目标社区的需要，设计开发了一种新产品，而且在产品尚未开发的时候就开始寻找产品对象了。

(3) 建立一座通往现实社区的桥梁。许多社区已经在没有抱任何经济目的的情况下建立了，其目的仅仅是为了相互沟通。企业应该扪心自问，它怎样才能同这些社区取得联系呢？例如，强生公司通过与一个网上少女社区互动，为它的少女护肤品“可伶可俐”组织了一项成功的活动。强生在网上为这些青少年提供了免费的音乐卡，而随卡赠送的是免费的肤质测试和产品的试用装。这样的虚拟市场营销方式有很多的机会。

(4) 保持信用。由于社区的发展越来越以商业为核心，信用就被提到了核心的位置。在任何的互动中，信用都是至关重要的，特别是把一个社会性的社区变成更加商业化的社区时，这一点尤为重要。eBay 在所有的拍卖网站中有着最严格的保密政策，而这个基础正是它成功的因素。在早期，eBay 的领导层也曾经考虑过是否通过出售成员的信息来维持网站的强势。eBay 的助理总辩护律师布拉德·汉德勒曾经指出：我们从不会出卖 eBay 的用户信息。早在我们把我们的用户看作是一个社区的时候，我们就作了这个决定。我们的很多竞争对手作了另一种选择。他们选择把他们的用户当作“钱包”和“信用卡”。那些竞争对手现在已经不复存在了。

(5) 平衡、控制、有机的增长。为了使社区全面繁荣，特别是在经济方面繁荣，一些管理和引导是很有必要的。虽然这可以是一种自我调节，但是有必要在不施加太大压力的情况下找到一条路来保持网站的重点和方向。当社区的成员变得分散和有破坏性时，也就到了有一个机制来恢复秩序的时候了。另外，社区的增长是有机的。就像有机的实体一样，拔苗助长将使其遭到破坏。例如，The Well 是一个最早的网上社区,在被一家私人公司收购之后就摇摇欲坠了。

(6) 利用社区对客户进行反馈。这种有机增长的不利方面是那些被惹火的客户可以很轻易很自然地汇聚到社区中攻击企业。在 1996 年,麦吉尔大学的计算机工程教授杰瑞麦·库珀斯道克写了一封信投诉一家美联航飞机上的服务,在迟迟等不到对此事的答复之后,他就把抱怨带到了网上。他建立了一个叫做 United. com 的网站,把他与其他美联航客户一样的抱怨发表了出来。该网站汇集了超过 3 000 条对诸如无理、错误信息以及低水准等问题的抱怨。除了利用法律手段来对付图标和品牌的使用,企业对这些网站的控制是无力的,即使这样,这些网上的临时讲台实际上也可以成为客户反馈的有价值的资源。例如,沃尔玛监控了一些抱怨沃尔玛的网站,用来收集那些破坏性的投诉和谣言,并且对他们的抱怨作出反应。

3. 企业如何设计社区

企业的管理者需要注意在发展以社区为中心的战略时所出现的许多问题,因为这些战略需要平衡现实社区和虚拟社区、社会和经济的诸多方面。这些设计的方向有:

(1) 企业是应该建立一个新的社区,还是进入到现存的社区中去,答案既取决于那些现存的社区优势,又取决于企业目前与不同客户细分群体之间的关系。

(2) 如果企业进入一个现存的社区,它需要考虑社区对它的接受程度。对于社区成员来说,社区中有什么,企业怎样才能建立起一种双赢的局面;一方面为社区提供价值,另一方面也为企业自身创造财富。

(3) 如果企业建立了它自己的社区,它是否同样需要与其他组织合作,就像经营一家合资企业那样。例如,一家开发蜜月旅行线路的旅行社可能会同婚庆公司、影楼等合作,建立一个由新婚夫妇、准备庆祝结婚纪念日的夫妇以及对婚庆活动感兴趣的人组成的社区。

(4) 应该建立哪一种形式的社区?社区的那一部分应该是现实

的,又有哪一部分应该是虚拟的?一个社区越是能够集中在一个单独的地理区域,就越有可能以一个现实社区的方式活动;一个社区越是分布广泛,就越需要一个虚拟社区。对匿名性要求的约稿,一个虚拟社区就越有可能满足它。但是一旦要求面对面的互动或者参与到一个活动中去,那么现实的社区就会更有优势了。

(5) 这些社区的设计理念怎样才能涉及企业的商业和市场营销战略呢?对于企业来说,什么是直接的或间接的投入与产出呢?

## 【应用案例】

### 个性化服务提升客户价值

大山姆服装企业(Big Sam's Clothing)开发了一个网站来补充它的商品目录。当你访问这个网站时,你首先看到"Howdy Pardner"的欢迎词。然而,一旦你在该网站注册,Pardner 就会变成你的姓名。如果你已经有过 Big Sam's 的订单记录,它就会告诉你那些可能引起你的特殊兴趣的新商品。当你注意到一件特殊的商品如一件防水皮大衣时,Big Sam's 会建议在此购买中需要补充的其他条目。

在 Big Sam's 第一次将网站投放市场时,并没有什么个性化的内容,网站只是商品目录有效地在线翻版,但是却没有利用 Web 现存的销售机会。数据采集迅速提高了 Big Sam's 的网络销售。产品目录手册常常简单地按照用户挑选产品的类型对商品进行分组。然而在在线商店中商品分组可能是完全不同的,它常常以商品补充条目为基础。网站特别的地方还在于:它不仅考虑你看到的条目,而且还考虑你的"购物筐"中的商品,结果就会产生更

（续上）

加客户化的推荐。

首先，Big Sam's 使用聚类的方法来发现那些商品可以自然地分在一组。有时一些聚类是十分明显的，如衬衫和短裤；而另一些聚类则可能是令人惊奇的，如关于沙漠探险的书和医疗工具包。这些聚类用来在某人订购其中的一个产品时向他提出其他购买的建议。

接着，Big Sam's 建立客户配系来帮助识别那些会对新商品感兴趣的客户。Big Sam's 所作的指引，能使客户购买那些挑选出来的产品。这样，既为企业带来销售的增加，又巩固了客户关系。调查显示，Big Sam's 已被许多消费者看作是一个衣物和装饰品消费方面值得信赖的顾问。

个性化销售的努力为 Big Sam's 带来了盈利。它在重复销售、每一客户的平均销售量和销售的平均范围等方面产生了一个重大的突破，而且购物行为可测量也得到了提高。

（**资料来源** 摘自 www.chii.com.cn，2004-03-04）

# 复习思考题

1. 价值链管理的重点和策略是什么？
2. CRM 中旅游产品的生产要点是什么？
3. 简述亲和营销和伙伴营销策略。

# 第十一章 旅游客户价值店管理

## 第一节 旅游客户价值店管理概述

价值链框架不能充分说明各种企业是如何创造价值的。挪威学者斯德贝尔(C. B. Stabell)和菲尔德斯达德(D. Fieldstad)提出了价值店概念,价值店围绕客户个体调配资源,通过不断发现客户所要解决的问题,并相应地选择解决问题的方案,满足客户需要。不同于价值链是围绕提供产品通过交易创造价值,价值店是通过向客户提供解决问题的服务来创造价值。价值店不是零售商店,而是一个创作室。

### 一、价值店管理概述

#### (一) 价值店

客户关系管理中价值创造的一种方式,通过不断了解客户需求并向客户提供个性化的解决方案为客户创造价值,是一个动态创造价值的过程。从流程上来分解价值店的内涵,可以分为管理企业和客户知识→了解商机→各个商机的管理→管理各个客户→管理企业和客户知识(新的层面和水平上管理),形成一个封闭的回路环境,可见这种价值创造的方式需要以掌握客户知识作为前提。

#### (二) 客户知识

国内有学者认为,客户知识是“在客户关系方面投资的成果”。美国学者库珀(Alan Cooper)认为,客户知识是关于产品或服务满足客户需求的情况、客户的具体需求、客户与企业互动的难易程度甚至客户是如何应对人生的压力的知识。

可以认为"客户知识"是关于客户的经验、价值观、相关信息及洞察力的动态组合,它所构成的框架可以不断地评价和吸收新的经验和信息。它不仅存在于产品目录、宣传资料、客户服务等文件或档案中,还存在于营销管理的程序、过程、实践和惯例之中。

客户知识包括以下三种主要的类型:

(1) 客户需要的知识。这类知识指的是企业为满足客户的知识需要而准备的知识,包括企业的产品、服务及市场情况等。这类知识是由企业传递给客户,帮助客户更好地理解企业的产品和服务,从而使客户的需求与企业的产品有效地匹配。如何使这类知识既能被客户接受,又能有针对性地为每个客户提供相应的知识,即广泛性与精确性之间的平衡是管理这类知识的重点。

(2) 关于客户的知识。这类知识描述的是客户的基本情况,包括客户的人文统计信息、客户的历史购买信息等。这类知识是企业进行客户分析的重要基础,它能帮助企业准确地分析和定位客户资源,了解客户需求,并据此为客户制定相应的个性化营销策略。

(3) 来自客户的知识。这类知识描述的是客户对于企业或竞争对手的产品和服务使用情况的反馈信息。这类知识能够使企业及时反映客户需求的变化,并相应地调整营销策略。

这三类客户知识是客户知识管理的主要对象,它们也体现了客户关系管理的思想,即以客户知识为指导来制定企业的营销策略。在客户知识管理中,充分利用知识管理的方法来实现客户知识的获取、共享以及创新。

**(三) 价值店管理**

我们将"价值店管理"作了以下定义:为有效地运用足以获取、发展与维系有利客户组合的知识与经验,将"客户"、"知识"及"管理"三个相互依存的要素，置于一个封闭的回路环境。在这个能从正确的客户中获取正确客户知识的特殊环境，运用这些客户知识从客户关系中寻求获取最大价值的具体行动。

**(四) CRM的中的价值店**

CRM中的价值店管理是一种以客户知识为中心的管理方法，从外部讲，它的目的是提高客户的满意度，从而加强公司在市场中的竞争地位。从内部讲，它的目的是实现基于客户知识和客户反馈的企业灵敏运作，从而提高公司内部绩效。灵敏运作意味着根据不断变化的客户需求迅速地调整经营行为，并且提供符合客户需求的产品和服务。它要求公司把从客户那儿收集的信息转化成可再利用的知识，以拓展市场份额。

这种管理体现了了解客户的需求，满足客户的需求，也即把握了商机；通过有针对性地解决客户的具体问题，实现了对客户商机的管理；问题的圆满解决反映了企业为客户创造价位，客户从结果中获取价值，达到企业对各个客户的管理，实现价值共创。

我们将CRM的中的价值店管理定义为：充分运用客户知识资源，形成一个不断互动的价值创造的空间，并把这一过程变成培育企业成长的有效方式。

CRM中的价值店的特点是：结合企业了解客户知识及解决问题的所长，提供解决问题的服务来协调（建立、发展、维持）与客户的关系，实现价值共创。是运用客户知识从客户关系中寻求获取最大价值的形式。

为了实现以客户为中心的价值店管理，公司必须努力做到：第一，借助来自客户的信息和知识，使业务过程流程化；第二，重新组织获取的信息。需要树立从客户采集信息的观点，而不是通过其他途径。

## 二、价值店管理的内涵

### (一) 价值店形成基础

1. 客户、知识、管理之间的相互依存

客户、知识、管理这三个要素，是一种互相依存的关系。这是一个从正确客户中获取正确客户知识的特殊环境，没有足够的客户知识基础，却意图有效管理客户关系，将会限制企业为客户提供的价值；相同的，即使拥有完美的客户知识，却不能将其系统地分类并运用于整个企业组织，仍将错失许多机会；如果企业不能在有生产力的前提下运用客户知识，单纯地获取客户知识并没有太多的实质效果。大多数的情况下，客户知识管理的流程在现今高度功能化的企业组织中，都被区隔成数个部分，也因为如此，在客户关系管理上就有较多潜在性错误发生的关键点，所以对于公司来说，将内部管理流程与客户知识做正确的应用与配合是相当重要的。

2. 价值店管理中的客户

Customer，即客户，也可以翻译成顾客、客人、买主，等等。韦伯斯特(Webster)和温德(Wind)认为，所有本着共同的决策目标参与决策制定并共同承担决策风险的个人和团体都是企业的客户。一般认为，客户有狭义和广义之别。狭义的客户是指产品和服务的最终使用者或接受者。如果结合过程模型，用系统的观点来理解，任何一个过程输出的接受者都是客户。即广义的客户内涵进一步扩大，企业与中间商、消费者，公司内部上流程与下流程、上工序与下工序等都存在着现代的客户关系。客户可以从不同的角度进行分类：

(1) 按表现形式，客户可分为现实客户和潜在客户。

(2) 按产品流转状态，客户可以分为中间客户和最终客户。

(3) 根据认知价值的侧重点，可以把客户分为内在价值型客户、外在价值型客户和战略型价值客户等三类。

(a) 内在价值型客户。这类客户对产品已有很深的了解，清楚产品是否或在多大程度上能满足他们的需求。他们只希望自己购买时所花费的费用合理，采购过程快捷便利，而对各种建议和量身定做不感兴趣，低价格和便利的采购程序可以给他们带来最大价值和满足感。

(b) 外在价值型客户。除了产品本身的价值外，这类客户更注重企业为他们提供的建议和个性化订制方案的价值，相信销售代表的帮助和建议能为他们创造额外价值,并且也愿意为此支付额外费用。

(c) 战略型价值客户。这类客户希望与企业建立战略伙伴式的客户联盟关系,并要求企业能为他们投入大量人力、财力和物力,从而借助这种联盟关系实现企业发展目标。

(4) 按照客户与企业的关系,客户可分为一般客户、B2B 型客户、内部客户、渠道分销商和代销商。

内部客户,即企业自己的内部客户。这类客户是集团内部的个人或业务部门,经济上独立核算、自负盈亏。这类客户要求良好的企业关怀,光明的企业前景,但他们又是最具长期获利性的客户。企业雇员是企业最重要的内部客户之一。

3. 知识

所有的知识都可按照复杂程度分为显性知识和隐性知识。

显性知识是一种可以用规范语言清晰表达的,并且易于在个体之间同步和异步传播;隐性知识是嵌入在个人经历中,且与诸如个人信念、观点、本能和价值等无形因素相关联的一种知识。

一般显性知识被称为信息。隐性知识对一个组织具有很大的潜在价值,但其固有的特性决定了隐性知识极难捕获与传播。显性知识能够借助电子工具恰当地传播,而在一个组织中传播隐性知识最有效的方式是当面传授。实践表明,师徒关系、个别传授及知识管理实践社区是最有效的方法。

隐性知识在彰显公司特色,为公司成功做好准备方面起着关键作用。有鉴于此,通过组织内的先期知识共享,增强对隐性知识的获取能力,被认为是知识管理的核心目标之一,也被认为是最具挑战性的任务之一。

**(二) 价值店管理的要求**

1. 客户知识的获取:将信息转化成为有用的知识

信息只不过是建构知识的基本元素,片段的信息只有以一种有意义的方式下组合才能成为知识。信息是具体且可以被完整转换的,而知识却具有高度前后关联性的特色，也因此只有部分能被转换。

2. 客户知识的了解：正确把握客户的层级和深度

认清企业所必须确认客户知识的层级，这决定企业所需的客户知识的深度。当人们一味地谈论了解的重要性时，通常都忘了获取客户知识是需要付出代价的这一道理。把握的原则就是：只有在客户知识所带来的益处，等于或大于获取及管理这些客户知识所投入的成本时才投资。

如果企业的产品或服务对客户十分重要；在产品的整个生命周期中（包括预售、使用、售后服务与技术支持）与客户有实质上互动及信息交换的需要或机会；与客户的联结能提供一个具有成本效益的机会以建立客户知识的基础；有机会可以凭借在价值定位上拓宽范围扩展客户联结的价值；所得到的相关利润，能负担得起建立客户知识基础的成本。符合以上这些条件，才能把握客户的层级。

3. 客户知识的分析：努力发掘客户的真正需求

企业要关注客户和潜在客户需求的变化，及时与客户沟通，了解客户价值的构成和驱动因素；企业要发展有效获取客户价值知识的技能、工具和信息系统，从客户感知价值的视角了解客户的需求及其变化，通过系统和持续客户研究，准确认识客户价值知识。同时，还应让企业上下都能分享客户知识，并将其转化为企业战略与行动，从而使企业所有员工能够结合自己的本职工作，进行有效的知识获取和知识创新，以提供优异的客户价值。

企业在分析和识别客户需求时，还应注意到客户需求发展的动态性，敏锐捕捉客户需求的细微变化。

公司的客户询答中心的客服人员可以通过三种方式来增加客户关系价值：① 有效地回答客户询问的问题，增加与客户未来购买产品有关的特定信息及发展足以提升未来产品品质与服务的信息。② 凭借解决客户问题的情况，客服人员可以改变客户的满意度或是重购比率。③ 凭借累积客户的反馈，可以设计出问题更少、让客户更满意、重购率更高的产品。

## 三、管理内容

企业进行知识管理的第一步就是识别企业的知识缺口。

### (一) 知识缺口识别

知识缺口反映的是企业适应外部环境的知识需求与其自身条件形成的知识供给的不匹配程度。相对于适应外部环境的知识需求而言，企业现有的知识中，可能有一部分是很有用的，也有一部分对企业适应外部环境是无关紧要的，甚至是过时的或与价值创造相抵触的。因而，在分析知识缺口时，要注意的是，并不是所有的企业现有知识都有利于顾客价值的创造。

从另一个角度看，知识缺口也可称为资源差距，即企业缺少哪些能产生吸引力的用户价值的关键资源。关键资源大部分为无形资源，它们具有较强的内生性和隐含性，一经形成不易丧失，也不易被仿制，差异优势能持续较长的时间。由于企业的外部环境千差万别，内部人员的知识专业化也各不相同，人员之间相互作用的方式和过程差异很大，从而使每个企业都存在异质知识存量，无形资源也差异悬殊。

### (二) 知识获取和知识转化

针对企业的知识缺口，企业通过知识创新以获取所需知识是顾客价值创造的关键步骤。通过有针对性的知识获取和知识转化，使知识作用于特定的生产要素，并发展成为能创造卓越顾客价值的核心能力。

核心能力是某种独特知识运用的结果，它的发展是以企业的知识创新为基础的。核心竞争力能力是企业在一组特定的生产要素利用过程中持续表现出的独特能力。由于要素市场竞争机制的存在，企业要持续垄断某种独特的生产要素十分困难。因而，核心能力只能来自要素利用的独特方式以及要素利用的独特结果。

从竞争优势形成过程来说，知识的获取、共享、运用、转化的过程就是企业新的能力的产生过程。

### （三）知识的匹配

通过学习获取的新知识是否具有超越对手、吸引用户的感知价值，只有市场才能验证。利用内部化、私人性的知识向社会提供的产品或服务只有为外界所接受，这种产品或服务所包含的用户价值才可能得到实现。如果企业所获取的知识难以产生较大的用户价值，最终是不能吸引和保持顾客的。创新的知识和顾客价值的匹配程度越高，企业的竞争能力就越强。知识匹配实际上也可视为对企业知识创新有效性的一种检查和评估。

知识匹配程度从知识管理的角度反映出知识创新的绩效水平，从企业竞争的角度体现了是否具有核心竞争力能力。无论是知识管理还是企业竞争，最终都落实到顾客满意和为顾客创造价值上来，这也验证了知识管理和企业创建竞争优势本质上是一个硬币的两面。从知识管理过程来看，识别知识缺口、开展知识创新、评估知识匹配这三个阶段的依次进行和反复循环就是企业知识管理的运作过程，同时，这一过程也是了解企业资源差距、培育竞争能力、创造顾客价值的过程。企业竞争优势的创建完全可以从有效的企业知识管理角度得以实现。

### （四）创造坚实的客户联结关系

要创造坚实的客户联结，一般而言，最好的方式是从考量正确的客户组合开始，然后按照顺序从价值定位的范围，在价值链上所应扮演的角色，到报酬与风险的分项、逐项检视。这样的程序意味你必须确认生意往来的对象，定义你将提供的价值定位，决定在附加价值链上如何将你的专业能力做最好的运用，以及寻求在此项关系中最能激发出价值的创造、合作与相互依存的模式。

## 四、客户知识管理的实施步骤

如图 11-1 显示，企业在策略规划上可有效地运用所得的顾客知识，建立一套有效的封闭式回路程序。顺利地运用此程序相当不容易。

各程序的重点如下。

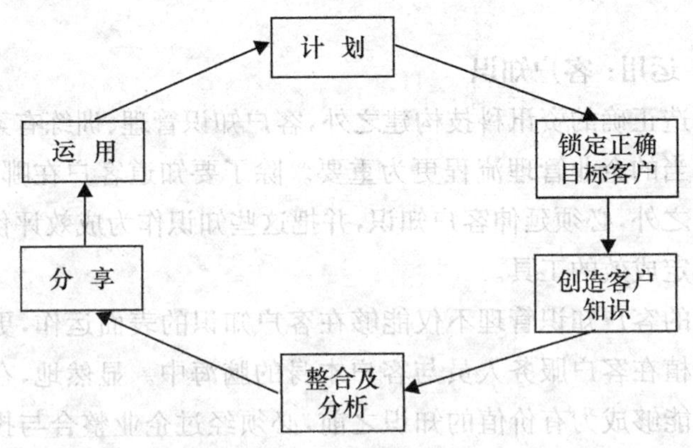


图 11-1　封闭式回路程序

**(一) 计划：累积客户知识**

必须明确地理清对市场与客户既有的认识，以作为例行性计划与营运的依据，同时要建立有关客户的推论性知识，以作为长期计划的依据。

**(二) 锁定目标：在正确的层级与深度上产生客户知识**

这是建立正确客户知识的焦点。第一步骤是确认客户知识的层级，决定在整体客户知识中哪一个层级对企业发展是最有价值且最具成本效益的层次；第二步骤是决定你所需要的客户知识深度，即以该客户层为企业所带来的价值作为依据。

**(三) 产生：正确的客户知识**

决定什么是公司所需的客户知识，主要将目标放在了解客户的欲求上。以下提出三项了解客户欲求的知识范畴：

(1) 对话性的客户知识。透过彼此正式或非正式谈话及关系互动来了解其欲求。

(2) 观察性的客户知识。透过观察客户使用产品或服务的状况以获得客户知识。

(3) 预测性的客户知识。即由特殊设计的分析模式以预测可能的结果。

**(四) 运用:客户知识**

在创造正确的资讯科技构建之外,客户知识管理、训练有素的经理人设计得当的企业管理流程更为重要。除了要知道客户在哪里、明白客户需求之外,必须延伸客户知识,并把这些知识作为成效评价的依据与达成一定成效的工具。

有效的客户知识管理不仅能够在客户知识的表面运作,更能使这些客户深植在客户服务人员与客户本身的脑海中。显然地,在客户与市场资讯能够成为有价值的知识之前,必须经过企业整合与投注相当的心力。但若能将有价值的知识有效地运用在企业的营运运作模式中,必定能为企业带来可观的收益。

## 第二节 旅游客户的需求

旅游客户的价值店管理中对旅游客户知识的管理,主要体现就是对旅游需求的把握以及根据需求的变化趋势开发出相应的旅游产品来。

### 一、旅游需求的概念

需求是指人们在一定条件下对某种事物渴求满足的欲望,是产生人类一切行为的原动力。当人们有了休闲、度假、游览、观光等旅游欲望时,则意味着人们将产生旅游需求。因此,旅游需求就是指人们为了满足对旅游活动的欲望,在一定时间和价格条件下,具有一定支付能力的可能购买的旅游产品数量。简言之,旅游需求就是旅游者对旅游产品的购买和消费需求。

**(一) 旅游需求产生的基本前提是旅游者对旅游产品的动机**

动机就是引发一个人为满足自身某种需要而决定采取某种行为的

内在动力，是一种主观意愿，也是形成旅游需求的首要的主观条件。内因是起决定作用的因素，如何了解和激发旅游者的动机对于充分认识旅游需求显得尤为重要，但这并不是旅游需求得以实现的决定性因素。

**(二) 旅游需求有效化的根本前提是旅游者对旅游产品的实际购买能力**

有了意愿(旅游动机)并不能保证旅游活动能够实现，关键在于旅游者的实际购买能力。购买能力是指人们在其收入中用于旅游消费支出的能力，即经济条件。旅游产品作为一种层次较高的精神消费品，其需求受到除满足个人生活需要之外的可自由支配收入的影响。因此，在其他条件不变的情况下，个人的可自由支配收入越多，人们对旅游产品的需求就越大。因此，旅游者的实际购买能力不仅表现为旅游者消费旅游产品的能力及水平，而且是旅游者的购买动机转化为有效需求的重要前提条件。

**(三) 足够的闲暇时间是旅游需求有效化必不可少的支撑条件**

旅游活动的一个重要特征是生产和消费的同一性，即消费空间的位移。这使得旅游消费具有不同于一般产品的消费异地性和时限性，这些特点使得旅游需求的实现除了要有旅游动机和实际购买能力之外，还必须有足够的闲暇时间作为支撑。

**(四) 旅游需求表现为市场中的一种有效旅游需求**

在旅游市场中，有效的旅游需求是指具有旅游动机、足够的闲暇时间和一定的支付能力的需求，三者缺一不可。它反映了旅游市场中的现实旅游需求状况，是分析和预测旅游市场变化和发展趋势的重要依据，也是旅游者制定经营策略的出发点。凡是缺乏三要素中的任何一个都称之为潜在旅游需求。

## 二、旅游客户需求的趋势

旅游客户需求具有多元性、变动性和个体差异性的特点。

随着旅游者阶层的扩大，旅游经验的增长，识别等级的提高，越来越多的人视旅游为丰富人生经历的一项活动，而不只是为了看看外面的世界。如今，越来越多的旅游者不会仅仅为了享受“3S”而去海滨度假地，也不会只满足于“走马看花”式的观光旅游，他们要求旅行生活能有文化的吸引、运动的内容乃至冒险的趣味，要求在目的地参与活动而不是在旁观赏。人们将这一代旅游者称之为“经历型的旅游者”。

消费群体越来越细分，每一个细分市场都其特殊的需求，细分市场的个性化带来总体市场的多样化。需求的个性化与多样化必然引出供给的个性化与多样化，越来越多的旅游产品应运而生，每一类旅游产品都有明确的目标群体，鲜明的专业特色。这正是未来旅游业竞争的焦点之一。

**(一) 全包式海滨度假**

全包式(all-in)海滨度假就是在旅行前一次性支付几乎所有的费用。全包式海滨度假起源于加勒比海滨，现在已经在全球范围内发展，墨西哥、马来西亚、保加利亚、赞比亚、土耳其、西班牙的海滨都在开发这种形式的度假。全包式海滨度假旅游是经营最成功、发展最快的一部分。全球有七大全包式度假旅游经营联号：Culb Med(地中海俱乐部)、Allegro Resorts(欢乐俱乐部)、Club Robinson(鲁滨逊俱乐部)、Super Club(超级俱乐部)、Club International(国际俱乐部)、Sandals(休闲俱乐部)和Club Aldiana(阿尔蒂娜俱乐部)，七强共经营了169个度假地。全包式度假酒店的规模应在150间客房以上，规模太小的酒店提供这样的服务在经济上得不偿失。

要开拓度假市场，关键是在市场细分的基础上确定目标群体。全包式海滨度假的目标群体主要是：年轻人、丁克家庭、家庭度假者，最主要的是家庭度假和夫妇度假型游客。全包式海滨度假要迎合消费者的心理需求，适应度假者的思维方式、行为方式及其感受，市场分得越细，产品越有针对性，越能够赢得市场；度假市场的营销要有创造性，大型度假地经营上首先是投入大量资金做广告，休闲俱乐部(Sandals)每年花费300万美元用于整页彩色广告、路牌广告和赞助广告；其次是重视口碑流传的作用，借助游客向亲朋好友宣传，扩大市场影响。

我国的海滨度假地集中在沿海的海南（三亚）、辽宁（大连）、山东（青岛、烟台）等地。从天然条件来看，中国北部和中部地带海水浴的时间受节令影响，每年大约2.5～5个月，海南岛南部海域几乎全年都可以进行海水浴。根据现有条件，海滨度假主要适应国内市场，海滩附近的无序开发建设、海水浴场的过于拥挤，以及海滨度假地的总体环境和海滨城市的旅游综合配套功能较差，经营与管理上也缺乏国际旅游度假地的经营理念与经营模式，这些都不利于吸引海外游客。

**（二）儿童旅游**

儿童现在已经成为旅游的消费者，一方面，儿童已经开始影响家庭的旅游目的地的决策；另一方面，旅游业已经设计儿童度假旅游，并且旅行中不包括他们的父母。

儿童市场已经在美国发展得相当成熟，主要通过暑期露营活动而建立起来的，并且有了自身的品牌，如美国露营。当然，度假旅游在欧洲市场也同样飞速发展，如在英国，经销商PGL开发的一系列度假旅游都是定位于青年人的；在法国，举办阿尔代什河的独木舟活动。

对于儿童和青年人来说，此类度假旅游的意义可能在于他们有机会结识新朋友，并且能够体验到独立和“成熟”的感觉。

随着儿童日益成为消费者，这块市场必然会不断扩大，并且在决策购买时，儿童自身所起的作用会越来越大，有时甚至超过他们的家长。

**（三）新婚蜜月旅行**

新婚蜜月旅行指因为结婚而进行的旅行，通常是婚礼与蜜月结合，也可以在国内举行婚礼，去海外度蜜月。新婚蜜月旅行的参加者主要是新婚夫妇，也有随同参加婚礼的亲朋好友。

新婚市场的主体产品是热带海滨度假式蜜月，如雨林探秘、徒步游览等。目标群体主要是新婚夫妇，多数在20～35岁，而35～55岁的再婚群体也越来越喜爱海外旅行结婚。90%的新郎和80%的新娘是在职人员,他们的可支配收入高于旅游者的平均水平,消费也高于一般旅游者。

目的地要赢得这个独特的市场,必须有独特的形象和产品,加勒比海域印度洋的度假地为新婚市场提供典型的热带海滨。另外有一些目的地则以完全不同的特色来吸引新婚夫妇,例如,佛罗里达的基拉戈可以举行海底婚礼(穿潜水服);拉普兰推出冰雕的酒店和教堂,室内温度在零下10℃,床也是冰制的,上面铺着驯鹿皮。其他可以举办婚礼的地方还有高山村庄、古堡、游船、热气球以及直升机。

新婚市场上的四大旅游经营商是:国际俱乐部(Club International)、伉俪俱乐部(Couples)、休闲俱乐部(Sandals)和超级俱乐部(Super Clubs),它们在加勒比的安提瓜、巴哈马群岛、巴巴多斯、牙买加和圣卢西亚经营了23个度假地。

我国的旅游市场上基本没有成熟的新婚旅游产品。新婚旅游产品的基础是海滨度假产品,新婚旅游产品与海滨度假产品的主要区别是,度假地刻意营造两人世界的氛围,提供一对一的服务。要开拓新婚蜜月旅游市场,先要从海滨度假旅游市场做起,但由于我国的海滨除了三亚外多数不属于热带海滨。因此,真正要开拓新婚蜜月旅行,就要在中国特色上做文章。

**(四) 夫妇旅游市场**

近年来,由于一些原因,夫妇旅游市场开始受到重视:一是越来越多的夫妇决定不要小孩;二是丁克夫妇有更多可以自由支配的收入,并且每年度假次数也会增多。

对于这块市场的主要吸引力在于浪漫情调和共同爱好,同时可以在不受孩子的打扰,完全是在成人环境内享受度假。一些旅游经销商为吸引夫妇旅游专门建立了品牌,或者在其旅游手册中特意宣传适合的饭店和景区。

需要引起注意的是,即使是为人父母的夫妇也可以暂时离开自己的子女,这时的他们也应当属于夫妇市场。

### （五）运动旅游

运动旅游一般指人们为了参加竞技型或娱乐性的体育活动或观看体育赛事而离开居住地的旅行。区别运动旅游与其他旅游的重要标准是：运动是旅行的主要动力，其他旅游活动，如观光，则是使人生经历更精彩。

运动旅游分为两类：硬运动与软运动。硬运动是指参加或观看竞技型体育赛事与活动，如奥运会、世界杯赛事；软运动则指参加娱乐性活动或休闲性运动，如滑雪、潜水、打高尔夫等。

随着人们热衷于大型国际赛事，如奥运会、各类运动的世界杯和锦标赛，人们越来越认识到体育锻炼有益于身体健康，政府也认识到体育赛事的经济效益和国际影响，运动旅游已经成为旅游市场的一个重要部分。

### （六）探险旅游

探险旅游一般是指到一个相对遥远相对原始的地方进行各种户外活动。探险旅游又分为硬探险与软探险，硬探险有一定的危险性，需要一定的技能，交通工具往往是非机动的，住帐篷或简陋的小屋，典型的活动是攀岩、登山、风筝式滑翔等。软探险的活动不那么艰险，使用机动交通工具，住宿设施比较舒适，如 B&B 客栈或度假地，典型的活动有观鸟、热气球、徒步、骑自行车等。

探险旅游的目标群体主要是：中青年、丁克家庭和空巢家庭，一般不涉及带孩子的家庭。典型的探险旅游者受过良好教育，有丰富旅行经验，40 岁左右，处于事业巅峰期，可支配收入丰厚。探险市场的两极化倾向表现为：一极是随着社会的老龄化，软探险旅游迅速增长，老年人更喜欢观鸟、徒步等；另一极是随着竞争压力增大，中青年更喜欢刺激性的极限活动，如登山、蹦极等。

旅游目的地要开发探险旅游市场，必须先做详尽的市场调研，确实了解消费者需求。特殊兴趣旅游者与一般旅游者有很大的区别，他们要圆梦，而不是从 A 地到 B 地旅游。促销应集中关注旅游者的激情，传递能够实现他们梦想的有关信息，尤其要先讲能够参与的活动，再讲有关的旅游信息。

我国有许多地方有条件开发探险旅游，尤其是西部地区，如素有“世纪屋脊”之称的西藏高原，四川的贡嘎山，四姑娘山，云南的玉龙雪山、点苍山，贵州的喀斯特地貌高原以及雅鲁藏布江、金沙江，湖北的神农架，新、甘、宁、青四省区内的大型盆地等。

探险旅游的进一步开拓需要认定目标市场与目标群体，度身定制式地提供专业服务，需要有一批专门经营探险旅游的旅行社；有一批熟悉业务的销售人员和接待员，如熟悉各种探险旅游的特殊要求与配备、野外生存能力强；有一个畅通的与国际对接的渠道，如每年一度的PATA生态/探险旅游交易会，与会的买卖双方都是探险旅游的专业户。

**（七）生态旅游**

生态旅游的基本含义：在一个未被破坏的区域内，以自然景色为主并能学到一些知识的旅游。

生态旅游的目标群体主要是：丁克家庭、空巢家庭及富裕的老年游客。他们富有、文化层次高、成熟、关注环境、爱好户外活动。自然旅游者比其他旅游者在外停留时间更长，消费水平至少高出10%以上。他们一般都是单个旅游，目的性很强。他们选择目的地的主要因素是当地有真正够水准的自然保护区。

我国地域辽阔，生态环境呈多样性，全国155个自然保护区分为：森林生态系统，如湖北神农架自然保护区；草原与草甸生态系统类型，如新疆巩乃斯草甸自然保护区；荒漠生态系统类型，如新疆阿尔金山自然保护区；内陆湿地和水域生态系统类型等等。生态旅游是个热门话题，也是个敏感话题。目的地要开发生态旅游市场，首先要切实树立环保意识，旅游开发要采用环保的3R理念：限制、再使用、再循环；其次要树立环保的形象，在开发旅游产品和不给环境造成破坏两者之间保持平衡，在推广生态旅游和保护生态环境两者之间保持平衡。

**（八）文化旅游**

文化旅游的范围很宽泛，可以细分成考古、建筑、艺术、教堂、历史、军事史、朝圣等，但这不是传统的游览文化古迹的观光式旅游。文化旅游产品的精髓是游客亲身参与当地的文化活动，深入了解当地居民有特点的生活方式，发现保存完好的地方文化、地方风情等。

文化旅游的目标群体主要是:空巢家庭、富裕的老年游客。这些旅游者的收入水准和文化水准都在平均值以上，有丰富的旅行经验，总是在寻找新的目的地，对目的地的社会文化有浓厚的兴趣，在外停留时间较长，下榻高档饭店(如果目的地确实很有文化品位，设施一般也能接受)，喜欢购物。除了老年游客，越来越多为求知而旅游的年轻人也钟情于文化旅游，他们多数在国内旅游，国际旅游的基数不大但增长很快。

目的地要开发文化旅游市场，关键是找出唯自己独有的吸引力或曰卖点，所有具有文化资源的目的地都有一个可以与旅游者共享的故事，要通过市场营销，通过组合相应的产品，让旅游者能实地了解和体验这种独特的传统与文化。更重要的是，目的地要随时让市场了解产品特点，树立产品形象。

中国是全球世界遗产最多的国家之一，截至 2003 年 7 月，中国有 29 处世界遗产，排在西班牙(37 个)和意大利(35 个)的后面，居第三位。中国的世界遗产中，21 项是文化遗产，占总量的 75%，4 项自然遗产，还有 4 项属文化与自然双重遗产。这从一个角度反映了中国旅游资源文化内涵的比重。

多年来，我国入境旅游市场的主体产品是文化观光，这是由中国旅游资源的特点和优势决定的。从长远的观点看，一方面，要适应国际市场需求个性化与多样化的趋势，发展更多的个性化产品，改变旅游市场产品结构比较单一的现状;另一方面，要深度开发传统的文化观光类产品，尤其是深度挖掘产品的文化内涵，让游客可亲身参与和体验地方文化、地方风情。北京的胡同旅游文化公司 1995 年开发了“胡同游”旅游项目，游客可乘坐三轮车，登鼓楼鸟瞰古城，游胡同访问四合院。该公司继续发展，又开发“做一天北京人”，胡同游的客人，到居民家里做客，一起包饺子、聊天。胡同游再发展延伸到晚间娱乐——“夏夜乘船游后海”，客人乘坐乌篷船游什刹海等。胡同游自进入市场即深受外国游客的欢迎，美国、德国、英国的旅行商都将胡同游列入北京旅游的日程。

**(九) 巡游**

多年以来，旅游一直被认为是一小部分成功人士所特有的休闲方式，然而，在20世纪90年代，旅游经营商开始提供预算价格，这使得旅游行业有了很大的改观。英国的经销商的“空中旅行”和“汤姆森”公司在欧洲市场，率先开始提供价格在350英镑左右的地中海一周旅游这个创新产品，为旅游市场揭开了新的一页，可以说为整个旅游市场注入了活力。旅游公司还利用船上休闲设施和主题旅游来吸引新一代年轻人。

不仅是旅游公司尝试开发旅游计划，而且很多长途轮渡公司也努力效仿旅游产品，设立一些船上设备和娱乐设施，从而推广其轮渡业务，在淡季还会推出两日或者四日的小型旅游。旅游的发展使得高端市场的经销商重新考虑其价格并会给予更多折扣优惠。

**(十) 健康旅游**

保持个人身体健康一直以来都是旅游的一个重要主题，但是如今，健康旅游产品的范畴要比以往大得多，健康旅游覆盖了很多类型的需要，如增强旅游者的身体素质；在疗养地或健康农场度假，目的是为了缓解压力，并且从每日繁忙的生活中得到调整；海水治疗等。

准确地把握旅游客户需求的趋势是进行旅游客户价值店管理的基础。

## 第三节　以旅游客户需求为导向的系统管理

### 一、潜在客户的概念

潜在客户是指存在于消费者中可能需要企业产品或接受企业服务的购买者。也就是说，潜在客户是企业产品或服务的可能购买者。

潜在客户具有“尚未发现”的双向特点：一是企业尚未发现可能购

买产品或服务的客户，二是客户尚未发现能提供其需要的产品或服务的企业。正是这个特性导致了诸如“卖家找不到买家，买家找不到卖家”的现象。

卖方市场的不复存在，买方市场的波涛汹涌，使得旅游企业的经营导向也由过去的产品导向转为现在的客户导向。在客户导向的经营模式中，必须深入研究客户的消费行为及其喜好，以顺应和满足客户的消费需求。

成功的企业无不是从研究潜在客户开始，发现潜在客户的真正需求，并识别市场机会而奠定胜局的。比尔·盖茨如果没有发现有更多的电脑使用者并不真正或完全懂得 DOS 语言，并熟练操作电脑，而急需一个使用方便、界面友好的操作系统需求的话，那么微软公司就不会取得今天的辉煌成就。

## 二、寻找潜在客户

### (一) 寻找潜在客户的步骤

(1) 通过一组的数据进行潜在客户特征的搜寻，尽可能多地了解有关潜在客户的信息。

(2) 运用定量和定性的衡量标准进行客户选择与评估。

(3) 塑造产品形象，对产品加以市场定位，并对潜在客户施加影响，形成他们对产品的购买欲望和偏好。

(4) 运用促销来激发潜在客户的购买意向，把客户的模糊购买意图转化为一种可度量的行动。

(5) 在开发客户的过程中，为前来的咨询客户提供更多的信息，他们是极具价值的潜在客户。

(6) 一再重复潜在客户的挖掘与引导过程。

### (二) 营销过程的共同特征

(1) 所有营销活动都必须以客户为导向，即把潜在客户的兴趣转化为购买意图和行动。

(2) 无论熟练与否，营销活动都必须足以达到满足潜在客户的需求和愿望。

(3) 经过首次销售之后，几乎所有营销活动都应当设法继续发展与客户的持久关系，并且采取促成客户的额外购买或者是持久忠诚的相应手段。

**(三) 获得潜在客户名单**

(1) 根据数据库已有的数据，提炼出理想顾客的共同特征，并且制成表格。

(2) 运用积累数据，对于从事过较长时间经营的企业，应该有这方面的数据积累。另外，还可以去图书馆查找标准行业分类的代码作为理想潜在顾客的企业。

(3) 弄清出版物是否出售订阅者的名单。如果出版物的读者与你的潜在顾客形象相吻合，那么，这份名单便很值得去买。

(4) 查一下出售名录的公司发行的标准等级和数据服务名录。根据这些公司提供各种标准，管理者就可制成一份上乘的潜在顾客名单。

**(四) 掌握寻找潜在客户的方法**

潜在客户的开发是有方法可循的，不同的企业都有相关的开发经验，而且一些相关的资料中还记录了许多成功企业开发客户的方法模式，都值得企业借鉴。不过，在借鉴的过程中，要发挥数据库的强大功能，把两者的优势结合起来，才能达到最佳效果。

1. 查阅数据库资料

利用数据库中已经储存的相关资料来寻找潜在顾客是一种十分有效的方法，它的前提是数据库的建设必须完备。如果从数据库中无法获得有关资料，营销人员可以到图书馆、大学及有关机构查阅。这些常用的资料包括：

(1) 工商企业名录。

(2) 统计资料。

(3) 工商管理公告。

(4) 产品目录。

(5) 书报杂志。

(6) 各种名册。有全国性、地方性的专业团体名册，如中国企业家协会、中国青年企业家协会；也有各种兴趣协会，如足球协会、气功协会，还有电话簿、邮政编码册以及各类毕业纪念册等。许多优秀营销人员就是借此找到自己的准顾客名称的。

(7) 各类企业广告和公告。

除了这些来自企业外部的资料外，数据库中还应该有一些来自企业内部的资料，同样能在开发潜在客户中发挥重要作用。这些资料大致包括销售部门的资料、财务部门的资料、维修服务部门的资料等。

如果数据库资料齐全的话，这种方法便是十分合适的，不仅可以迅速找到相关资料，而且还可以节约成本。

2. 连锁介绍法

这是一些直销人员在业务推广中常用的一种方法，在数据库营销中，也不妨试用。下面便以例子的形式来说明：

乔吉拉德是世界上汽车销售最多的一位超级销售代表，他平均每天都要销售五辆汽车，他是怎么做到的呢？

连锁介绍法是他使用的一个方法，只要任何人介绍客户向他买车，成交后，他会付给每个介绍人 25 美金。25 美金在当时虽然不是一笔庞大金额，但举手之劳即能赚到 25 美金，也足够吸引一些人了。

哪些人能当介绍人呢？当然每个人都能当介绍人，可是有些人更容易接触到大量的客户。乔吉拉德指出银行的贷款员、汽车厂的修理人员、处理车辆赔损的保险公司职员，这些人几乎天天都能接触到想购买新车的客户。

在企业的营销推广中，我们也可以借鉴这位顶级推销员所采用的方法，不同的是，为了提高效率和扩大规模，可以通过数据库来寻找介绍人。这主要是通过搜寻数据库资料，找出具有相关潜质的顾客，如那些性格外向、交际面广、对企业有较好的忠诚度并且业余时间充裕的顾客，就是充当介绍人的绝佳人选。

3. 电视行销法

电视行销是指利用有线电视与无线电视频道直接销售产品或服务给客户的一种营销方式。其中，电视行销有三种不同的形式：

(1) 直接反应广告。即在电视上播出具有说服力的产品广告，并提供免费订购电话号码给消费者；这种广告适用于销售杂志、书籍、小件日常用品、磁带、VCD、收藏品及许多其他产品。

(2) 居家购物频道。有些购物频道播出的时间很长，如中国台湾地区的电视购物频道每天现场直播 12 小时，美国品质价值频道和居家购物网更是每天 24 小时连续播放购物节目。这类频道都是完全用来销售货品与服务的，它们类似于一种虚拟的百货公司。

(3) 影像产品目录和互动电视。利用电话线路将消费者的电视机和销售者的产品目录相连接，消费者可通过与系统相连接的特殊键盘装置下订单。

这些似乎和企业营销数据库关联不大，但实际上，这些购物广告的设计都是与数据库所储存的信息密切相关的，只有在掌握了充实数据的基础上，设计出来的节目才能打动消费者。

4. 咨询法

如果数据库处在初建时期，数据不太齐全，就需要边收集数据，边寻找其他途径来开拓潜在客户资源。其中咨询法是值得一试的方法。

所谓咨询法，它是一种营销人员通过支付少量的费用向咨询公司或有关部门寻找准顾客的方法。从市场经济角度讲，利用市场咨询服务法寻找客户，是一个很有前途的方法。利用市场咨询法寻找客户的优点很多：第一，集合了一批熟悉市场的信息人员研究市场供求情况，并且热心为供求双方搭桥，竭力促成交易，客观上帮助了供求双方；第二，运用市场咨询服务公司提供的信息，准确性高，而且费用较低。

在应用咨询法寻找客户时，要具体地进行分析，避免盲目性。另外，正因是第二手材料，营销人员拿到的材料，有一个时效问题。对时效性较强的营销活动，在应用这些材料时，应该注意时效。因为利用市场咨询寻找客户，主要是靠市场咨询服务单位提供信息，这些信息不是营销人员本人的第一手材料，而是间接材料，是市场咨询人员的看法，对某个具体的企业有一定的指导意义，因此，难免有与具体企业的特性不相适用的一面。

5. 发送传真

利用传真技术可在客户有需求时马上给予回复，甚至在客户还不知道自己是否需要之前，也可传送，这也是寻找潜在客户的一种有效方法，并且还可以同时收集许多有用的数据。在客户考虑是否购买之际，即抓住潜在客户。如果我们能以传真提供询问率较高的问题答案，便能增加客户对产品的满意度，从而购买的产品。这种方法还有一个优点，就是可以节约时间成本和资金成本。利用传真机的速度及经济性，可轻而易举提高销售额。

6. 代理人法

代理人法即通过代理人寻找潜在顾客的办法。代理人可以像我们在前面所说的连锁介绍法那样，通过企业数据库里的资料来筛选。在西方发达国家，一些为集中精力从事实际营销活动的高级营销人员时常雇用一些低级营销人员，或者一些营销人员雇用本企业以外的有关人员来协助自己寻找准顾客，一旦找准便立即通知营销人员进行实际营销。

在国外，这种方法是指营销人员自己出钱聘请一些有关人士作为代理人，请其寻找与推荐顾客，给代理人的佣金数目由营销人员自己确定。在我国，大多数由营销人员所在单位出面，采取聘请信息员与兼职营销人员的形式，其佣金一般均由企业确定并支付。实际上这种方法是以一定的经济利益换取代理人的关系资源。

由于现代营销信息的来源多、扩散快、时效短，以及我国地域辽阔、市场分散、信息不灵，再加上受到营销人员自身能力和精力的限制，委托营销助手来寻找准顾客，拓展市场，就成为一条行之有效的方法。例如可招聘业余或专职营销信息员，特别是不要放弃那些市场上专家、学者、记者、其他公司的采购人员、销售人员等。

这种寻找顾客的方法，可以使营销人员节省大量的时间、精力与费用，提高营销工作的效益；可以使营销人员掌握更多及时可使用的营销信息，开拓新的市场。

## 第四节 旅游服务补救

旅游业的风险较大，产生在管理中的经营风险也很大，解决旅游客户的投诉等问题显得很重要。

### 一、管理旅游客户的不满意

经调查发现：服务不能令客户满意会造成90%的客户离去，客户问题得不到解决会造成89%的客户流失。由此可见，企业只有重视客户满意，实施客户满意，处理好客户满意，才能创造更多的客户价值，获得立足市场的资本。

**（一）正视客户不满意**

客户是企业生存之本，利润之源，他们表现不满，给了企业与客户深入沟通、建立客户忠诚的机会。同时，企业通过对客户的牢骚、投诉、退货等不满意举动的分析来发现新的需求。

1. 不满之中包含商机

某商场老板偶然听到了两位客户抱怨卫生纸卷太大，他感到很奇怪："卷大量多不好吗?"问过之后才明白，原来这两位客户是一个低档宾馆的采购人员，由于客人素质较低，每天放到卫生间里可用几天的卫生纸，往往当天就没了，造成了宾馆管理成本的上升。这位商场老板了解情况后，立即从造纸厂订购了大量小卷卫生纸，并派人到各个低档宾馆去推销，结果受到普遍的欢迎。因此，客户对产品的不满往往蕴含着巨大的商机，正确地分析客户的不满可以使商家抓住商机，提高业绩。

2. 客户的不满是创新的源泉

创新营销是发现客户并没有提出要求的但会热情响应的需求。索尼公司是创新营销的范例，因为它成功地导入了客户不满意创新和咨询系统，这样很多新产品如随身听、录像机、摄像机、CD机等就在该系统的支持下迅速面市。索尼的创始人盛田昭夫宣布：他不是服务于市场，而是创造市场。另外，海尔可以洗地瓜的洗衣机、诺基亚运动型手机，这些新产品的开发也都与客户的不满紧密相连。正是客户提出用洗衣机洗地瓜这一"无理"要求，客户反映手机在运动时携带不方便，这才促使了新产品的诞生，客户的不满成为企业创新的源泉。

3. 客户的不满使企业的服务更完善

客户是越来越难"伺候"了，看报纸要送到门口、买袋米要送到家、买个空调要安装妥当、买斤肉要剁成馅儿、买台电脑你要教会他上网……一步没有做到都会引起客户的不满，但回头来看一看，这些当初无理的要求，如今都已成了商家争夺客户的法宝。客户对商家服务的不满意，然后提出的看似"无理"的要求，往往正是商家服务的漏洞，而其"无理"仅仅是我们服务观念僵化的证明。企业要想完善服务，就必须依靠客户的"无理取闹"来打破"有理的现实"。

**（二）恰当处理客户不满**

对于客户提出的不满处理不当就有可能小事变大，甚至殃及企业的生存；处理得当，客户的不满则会变成好事，客户的忠诚度也会得到进一步提升。

(1) 及时了解客户的不满。

(2) 选择处理不满的最佳时机。在什么时候处理客户的不满才能起到最佳效果呢？处理过快，客户正在生气，难以进行良好沟通；过慢，事态扩大，造成客户流失。例如，"三株喝死人"的事件虽然最后查明不是三株的原因，但由于三株公司对事件处理过慢，加上策略使用不当，使得三株的形象受到极大的损害，加速了自己的死亡。因此，工作人员要根据客户的具体情况选择合适的处理时机。

(3) 灵活妥善地处理不满。一客户在商场买了一台冰箱，回去后发现不能使用，于是就气愤地给商场经理打电话。电话中他刚说完买了一台冰箱不能使用，商场经理已经高兴地大叫起来："恭喜您，您中了我们商场的万元大奖了。我们专门在 2 000 台冰箱中放了一台坏冰箱，如果哪位客户买到这台冰箱就可拿到我们的万元大奖，这么幸运让您碰上了！"客户一听大喜过望，商场也借机大肆宣扬：本店讲信誉，万元大奖立即兑现。商品质量敢保证，2 000 台冰箱除去故意放的，其余全是好的。结果商场的生意马上火爆起来。

坏冰箱是商场故意放的吗？不是，一切全是经理当时灵机一动的发挥。把"中奖"放在顾客的不满之前说了出来，使得顾客在惊喜之余再也无暇去考虑不满了，而商场也乘机作了一番宣传，先发制人，企业将主动权牢牢抓在手中，变"坏"为"好"。

(4) 提供更多的附加值平息不满。张小姐在某商场买鞋，经过仔细挑选之后，她终于选到了一双自己中意的鞋子。谁知道回家后发现盒子里装的不是自己原先挑的鞋，于是生气地回到商场。商场经理听到这件事情，马上给予更换鞋子，并向张小姐道歉，最后还送给她一瓶进口鞋油，使张小姐"满载而归"。

当客户的不满意是因为自己工作失误造成的时候，企业要迅速解决客户的问题，并提供更多的附加值，最大限度地平息客户的不满。

## 二、旅游客户投诉管理

### (一) 客户投诉的意义

将顾客投诉转变为经营性组织机构收益的前提是正确看待客户的投诉，并从中挖掘对经营性组织机构的价值。

1. 客户投诉可使经营性组织机构及时发现并修正产品或服务中的失误，开创新的商机

苦于缺乏支持决策的信息而花钱雇用咨询公司的经营性组织机

构，却常常忽视了一个非常有价值且免费的信息来源——客户投诉。

前来投诉的客户多数是因为经营性组织机构的产品或服务中的失误，给他们造成了某种物质或精神上的损失，所以他们反映的信息具有很强的针对性。对此，经营性组织机构可以从中发现并修正自己的失误，消除使更多客户遭受损失的潜在危险，不断提升产品和服务的质量。

客户投诉还可能反映经营性组织机构的产品和服务所不能满足的客户需要，仔细研究这些需要，可以帮助经营性组织机构开拓新的商机。

2. 客户投诉可使企业获得再次赢得客户的机会

向经营性组织机构投诉的客户，一方面要寻求公平的解决方案，另一方面也说明他们并没有对经营性组织机构绝望，而是再给经营性组织机构一次机会。许多投诉案例说明，只要处理得当，客户大都会比失误发生之前具有更高的忠诚度。因此，经营性组织机构不仅要注重客户的某一次交易，更应该计算每位客户的终身价值，重视建立和保持客户忠诚度的每一细节，与客户建立长期的关系。从这个意义上讲，经营性组织机构不应惧怕客户投诉，应该是欢迎客户投诉的。

3. 客户投诉可为企业提供建立和巩固良好企业形象的素材

客户投诉如果能够得到快速、真诚地解决，客户的满意度就会大幅度提高。他们会自觉、不自觉地充当经营性组织机构的宣传员。客户的这些正面口碑，不仅可增强客户对经营性组织机构的信心和忠诚度，还可对潜在顾客产生良好的影响，有助于经营性组织机构在社会公众中建立起将客户利益置于首位、真心实意为顾客及客户着想的良好形象。

**（二）阻碍客户投诉的因素**

虽然客户投诉是司空见惯的事情，但并非所有不满意的客户都会向经营性组织机构投诉，研究表明，通常情况下，70％～95％的不满意客户不会向经营性组织机构投诉。具体而言，有如下情况：对服务不满的客户，96%会静静地离开，91%永远不会再回来，80%的此类客户将不满意的服务活动向8～10位朋友诉说，20%的此类客户更会向20个友人讲述。

那么为什么客户会选择沉默呢？

顾客在遭受损失后，不愿向企业投诉的原因是多方面的，据调查：3%因搬迁而离开，5%因建立新的友谊关系，9%因更好更优的选择，83%因管理者的服务不专业或恶劣的待人态度。造成83%的客户不愿投诉的原因，可以归纳为以下两个方面。

1. 企业没有为顾客提供适当的投诉渠道

例如，经营性组织机构没有向客户明晰经营性组织机构的义务和客户的权益，造成客户在问题发生后，不知道损失该由谁承担；或没有清楚告知客户如果发生问题，应该通过何种渠道，向经营性组织机构的哪个部门反映，使受到损失的客户束手无策；或者提供的渠道使客户觉得不方便，如经常无人接听电话等。

2. 顾客心理上存在障碍

例如，客户认为经营性组织机构不会理睬他的投诉，更不会公正处理他的投诉，所以投诉也是徒劳；再如，客户害怕由于投诉而遭到报复，如病人对护士的恶劣服务，不敢投诉，是害怕投诉换来更加恶劣的服务。另外，还有一些客户由于不愿意浪费时间、精力和金钱而选择沉默。

为了打破客户的沉默并将客户评价与投诉转变为经营性组织机构的收益，经营性组织机构必须扫除这些障碍，使客户乐开金口。

**（三）扫除客户投诉的障碍**

调查表明，对于想离开的客户，如果他们的投诉问题被妥善解决后，有95%的客户会留下。如果他们的投诉问题即刻得到解决，平均每一位投诉者将会对其5位朋友讲述自己的投诉及事情最终的解决办法。

1. 鼓励客户评价与投诉

在经营性组织机构内部建立尊重每一位顾客及客户的企业文化，并通过各种渠道告知顾客及客户，经营性组织机构尊重他的权利。在此基础上，更重要的是让全体员工认识到顾客及客户的投诉可为经营性组织机构提供取得竞争优势的重要线索。那些直接向经营性组织机构投诉的顾客及客户是经营性组织机构的朋友，那些对经营性组织机构"沉默"的顾客及客户会给经营性组织机构造成更大的损失，因为他们最容易转向与经营性组织机构的竞争对手交易，而且还会散布对经营性组织机构不利的信息。

为鼓励客户直接向经营性组织机构反映情况，经营性组织机构应该制定明确的产品和服务标准及补偿措施，清楚地告诉顾客及客户如何进行投诉及可能获得什么结果。

另外，为了让员工都能够真诚、友善地面对顾客投诉，经营性组织机构应该使每一个员工都详细了解本经营性组织机构的产品或服务，在条件允许的情况下，还应该鼓励员工使用本经营性组织机构的产品或服务，这样他们才能更加设身处地地处理顾客及客户评价与投诉。

2. 培训客户投诉

在鼓励客户投诉的基础上，经营性组织机构还要采用各种方式培训顾客及客户如何投诉。例如，通过促销材料、产品包装、文具、名片等顾客或客户能够接触到的媒介，告知顾客及客户，经营性组织机构接受顾客及客户投诉部门的联系方式和工作程序。

3. 方便客户投诉

经营性组织机构应尽可能降低顾客及客户投诉的成本，减少其花在投诉上的时间、精力、金钱等。方便、省时、省力的信息接收渠道使顾客投诉变得容易。

例如，一些经营性组织机构在产品销售地点等能够最大限度接触目标顾客的地方设立意见箱，越来越多的经营性组织机构，通过设立免费电话 800 以及呼叫中心等接受顾客及客户意见。事实证明，这是一种非常有效的方式。

一些经营性组织机构利用计算机和 Internet 技术建立产品和顾客数据库，在接到顾客及客户投诉的同时，将该客户的购买记录迅速调出，传送到解决此投诉所涉及的每个部门，提高了处理客户投诉的效率。

4. 客户投诉处理的程序

客户投诉处理流程包括以下几个步骤：

（1）记录投诉内容。利用客户投诉登记表详细地记录客户投诉的主要内容，如投诉人、投诉对象、投诉要求等。

（2）判断投诉是否成立。了解客户投诉的主要内容后，要制定客户投诉的理由是否充分，投诉要求是否合理。如果投诉不能成立，可以用婉转的方式答复客户，取得客户的谅解，消除误会。

（3）确定投诉处理部门。根据客户投诉的内容，确定相关的具体受理单位和受理负责人。如属运输问题，交储运部处理；属质量问题，则交质量管理部处理。

（4）投诉处理部门分析投诉原因。要查明客户投诉的具体原因及造成客户投诉的具体负责人。

（5）提出处理方案。根据实际情况，参照客户的处理要求，提出解决投诉的具体方案，如退货、换货、维修和赔偿等。

（6）提交主管领导批示。对于客户投诉问题，领导应予以高度重视。主管领导应对投诉的处理方案一一过目，及时作出批示，根据实际情况，采取一切可能的措施，换回已经出现的损失。

（7）实施处理方案。处理直接责任人，通知客户，并尽快地收集客户的反馈意见。对直接责任人和部门主管要按照有关规定进行处罚，依据投诉所造成的损失大小，扣罚责任人一定比例的绩效工资或奖金；同时对不及时处理问题造成延误的责任人也要进行追究。

（8）总结评价。对投诉处理过程进行总结与综合评价，吸取经验教训，提出改善对策，不断完善企业的经营管理和业务运作，以提高客户服务质量和服务水平，降低投诉率。

从某种意义上说，恰当地处理投诉是最重要的售后服务。一个企业不应该一方面花费数百万元用在广告和促销活动上以达成交易和建立客户忠诚度，另一方面却对客户的合理投诉置之不理。有效处理投诉的重要方法是设计合理的投诉表格，并且拥有一个有效的投诉处理制度。

在客户投诉处理过程中，需要设计、填制、整理一系列的投诉管理表格，以帮助问题得以有序处理。

## 【应用案例】

### 客户投诉

为了提供快速准确的服务、减少顾客在门店的等候时间，Presto 洗衣公司安装并起用一套新的电脑系统。但是时隔不久，公司总裁赛维克立（J. W. Sewickley）先生就收到了一封由老客户乔治·谢尔顿（George Shelton）先生寄来的投诉信。该客户一直对 Presto 的服务十分满意，尤其是对该公司门店便捷的交通位置、比较长的营业时间和还算说得过去的客户服务感到满意，但 Presto 洗衣机新运行的计算机系统却给他带来了非常不愉快的经历。

谢尔顿先生投诉说，因为 Presto 弄丢了他送去洗的多件衣服，所以他不得不购买 4 件新的衬衣以用来替换被丢失的衣服。可是，6 个多星期后，丢失的衣物又被找到了，但是他还必须再付 1 次钱！之后，谢尔顿先生曾多次致电客户服务部门登

（续上）

记投诉，并希望获得衬衣和清理费用的赔偿，但过了很久，他才收到公司总部的答复——总算是收到了。在信件结尾处，该客户要求公司全部赔偿丢失订单清理费，以及4件新衬衣的费用，并作出令人满意的道歉，否则将转向别的洗衣公司，并将他在Presto公司的经历告诉自己的亲朋好友，而且永远不再和Presto公司打交道。

为了进一步了解该事件，赛维克立先生找到了客户服务部经理霍夫纳。霍夫纳先生表示，公司的确出了差错，这是因为员工还没有完全掌握新信息系统的操作，这在所难免。但他们已经竭尽所能让该客户满意，其中包括在工厂内开展了两次搜寻工作。霍夫纳先生声称，该客户不停地打电话，以至于他还没来得及回复上一个电话，下一个电话又到了。而且，他认为该客户的要求太过分了。最后，他提出，Presto是否有必要维持所有客户关系。

但事实的情况是这样：Presto公司员工由于不熟悉新的信息系统，因而发生操作失误，致使在起用新系统的首日就将经常光顾，每年向Presto公司贡献1 000美元营业额的老客户谢尔顿先生的衣物错误地放入其他顾客的衣物之中，而后者又因为种种原因未能及时将谢尔顿先生的衣物送还至Presto公司门店，可见新的信息系统的运行的确发生了问题。在此期间，Presto公司的门店接待员工虽然非常热情、礼貌地接待了客户，但是由于未能充分认识与客户及时沟通的重要性，没有向顾客及时、诚实地说明问题的处理进程，导致业务运行缺乏足够的透明度。此外，由于公司没有客户服务热线，导致客户在公司在对营业时间之外无法与公司取得联系，了解问题的处理进程，从而进一步降低了客户对Presto公司客户服务的满意度。

（续上）

而让事态发展更加严重起来的是，客户服务经理霍夫纳先生只是采取鸵鸟政策，一味地躲避客户，等两周多时间过后才接谢尔顿先生的投诉电话；该部门虽努力寻找失踪衣物的下落，但是由于公司各部门、各门店缺乏有效的沟通与交流，未能及时将信息传递给其他门店，只是坐等其他部门和门店来查询，从而进一步延误了客户衣物的退回以及问题的处理。

这样谢尔顿先生向Presto公司门店投诉后，因为没有得到满意的答复，而继续向客户服务经理霍夫纳先生反映问题，但是过了两周时间才接洽到后者，后者却没有充分考虑到顾客的感受，只是敷衍了事，未能将事情处理的情况向谢尔顿先生说明，而且霍夫纳先生认为客户不断进行电话查询是给公司制造麻烦，认为公司在处理问题方面已经尽力了，如果客户是这样的话，则不应该费力去维护这样的客户关系。

（资料来源　中国视频教材网 www.cutn.bet）

# 复习思考题

1. 什么是客户知识？
2. 价值店管理的内容和要求是什么？
3. 为什么旅游客户的价值店管理中首先就是把握旅游客户的需求？
4. 现代旅游市场中哪些产品顺应了旅游的发展需求的变化趋势？
5. 为什么必须坚持以旅游客户需求为导向进行管理？
6. 价值店与价值链的区别有哪些？
7. 旅游服务补救的内容和意义是什么？

# 第十二章 旅游客户关系的价值网管理

## 第一节 价值网管理的基本分析

价值网是一种新的业务模式，它采用数字化供应链概念，达成高水平的顾客满意和超常的公司利润率；它是一种与新的顾客选择装置相连接，并受其驱动的快速系统。

价值网不是供应链的翻版。价值网不只是关注供应，而是关注在顾客、公司、供应上创造价值。价值网不是一种按照顺序连接的固定链，而是一种包含顾客与供应商合作、信息交流活动的强有力的高业绩网络。价值网由顾客开始，允许顾客自己设计产品，然后满足顾客的实际需要而进行生产；价值网及时捕捉客户的真实需求，并将其用数字化的方式传递给其他的网络伙伴；信息与材料流的路径是适用不同的顾客群的服务需求的。公司创建以客户为核心的价值网，通过顾客信息、培养关系、服务与支持的数字一体化保持顾客满意；同时也管理供应商网络，确保快速、低成本执行运作。

### 一、价值网管理

#### (一) 价值网管理的含义

价值网综合考虑如何提供连接，提供什么样的连接，如何吸引合意的客户到网络中来进行运作，价值网管理运作的关键是价值网集成。

价值网集成就是在客户、企业、供应商以及其他的业务伙伴之间实现业务流程和信息系统的融合，以达到经营运作一体化。

当企业与其业务伙伴实现价值网集成，成功构建了网络化的价值网之后，客户将在线提交订单，并且当订单以电子化的方式传送到一家企业，企业价值网内的所有的供应商和业务伙伴将得到电子化的通知，以提供部件、配件产品及相关服务，配件紧接着按计划以分阶段方式直接送到企业的生产线上，代替了原有模式下的库存。企业与其供应商及其他合作伙伴协同展开生产作业，就好像是一个企业一样。对于客户来说，无论白天还是晚上，都可以随时检查订单的执行情况，并确定自己得到的信息是否完全正确。

成功地集成了价值网的企业可以为客户提供更高水平的服务，这成为企业切实的竞争优势。企业通过因特网接受订单、销售产品，并且把订单信息直接无缝地传递到各个制造系统，提高了整个价值网的运行效率。在客户价值实现流程的整个过程中，核心信息的可见性（可访性）及业务伙伴间有效共享业务信息是关键。

### （二）价值网管理的实质与内容

互联网技术的交互性、实时性很适合旅行社的业务特点，现代旅游是在信息流基础上的人流，旅游产品的无形性和异地性决定了信息流在旅游中的重要作用。通过互联网，旅游者获得信息的方式和途径越来越多。在网络平台上，旅游者可以选择自己感兴趣的景点，查询价格，完成预订和交易。

通过基于互联网的 CRM 技术，旅行社不仅可以为旅游者提供大量的分类旅游信息，方便旅游者对信息的查询，而且可以发挥自己批量采购和信息优势，通过网站设计和预订，为旅游者做好个性化的旅游服务。另外，旅行社还可以通过网络收集客户信息，实现市场的细分和跟踪服务，建立基于网络和数据库的忠诚顾客识别系统、顾客流失预警系统以及顾客购买行为参考系统等顾客关系数据库，方便旅行社对旅游者购买行为的分析和管理。

### （三）价值网管理的特征

价值网管理具有如下五个重要特征：

(1) 与客户保持一致。客户需求引发网络中的采购、生产与交货活动。不同的客户群接受不同的定制化解决方案，是客户指挥价值网，而不是被动接受者。

(2) 合作与系统化。供应商、客户及其他业务伙伴构成一个客户价值网络，在这个网络中，每一种活动都被委派给能最有效地完成它的合作伙伴，运营中的很多重要部分被委派给专业提供商，因为合作、广泛地交流与信息管理，使得整个网络能完美无缺地交付产品。

(3) 敏捷与可伸缩性。通过敏捷生产、分享和信息流设计，使得整个价值网对需求变化、新产品上市、快速增长或供应商网络再造的响应都是敏捷的。此外价值网受实体闲置的束缚被减少或消除，具有可伸缩性。

(4) 快速流动。在价值网内，订单—交货循环迅速，各个企业在整个多元价值关系网中，从辅助客户进行产品设计或是产品买卖，到与供应商在生产和交付过程中实时商业信息传递都是通过网络进行的，加之高效的生产、分销系统设计，使得整个价值网的循环时间很短。

(5) 信息技术的支撑。网络技术、计算机技术是整个价值网的数字神经系统，支撑着价值网的运行。

### （四）价值网管理与价值链管理的比较

1. 战略性与技巧性

供应链和价值网的区别在于供应链是“技巧性的”，它是在原有的经营模式下，降低成本，提高效率，其根本使命是在变量范围内以有效的成本提供客户可接受的服务。而价值网是一种新的业务模式，它是战略性的根本改变，它是从识别客户需求到满足客户需求过程中的一系列端到端的步骤。

2. 关注顾客与关注供应

供应链是首先制造产品，然后由分销渠道将产品推向市场，希望有人购买这些产品。供应链集成只是提高了这一过程的效率。价值网集成由顾客开始,允许顾客自己设计产品,然后为满足顾客实际需要而进行生产。虽然需求拉动也是供应链管理的思想,但在供应链集成阶段,它只是从供应的角度强调的需求拉动,不是从客户真正需求的角度。

3. 动态性、敏捷性、可伸缩性与相对固定

传统的供应链是相对稳定的网链,它用固定的生产线生产一定固定品种的商品,然后通过固定的渠道送到市场上去。而价值网根据不同顾客的需求,选择相应的供应商和合作伙伴,因此更具有动态性、敏捷性和可伸缩性。

4. 更广泛和深入的业务流程及信息系统的集成

供应链管理阶段,只有供应链补充、采购及物流等接口环节上的信息共享;在价值网管理阶段,对业务流程和信息系统实行深度管理,包括产品协作开发、协同计划、采购、物流、供应链补充等等。

## 二、数据库营销

客户关系管理系统的基础就是一个数据完备、功能完善的客户数据库在营销中的整体功能发挥。数据库营销是信息网络时代的新营销概念。

### (一) 数据库营销的定义

现代传统的单向沟通的营销方式已经力不从心,需要新的双向沟通的营销方式取而代之,建立起顾客与企业之间的长期稳定的互动关系。网络信息技术的发展为这种双向沟通的方式提供了强有力的支持,信息共享使企业的各个部门、顾客以及各种环境因素融为一体,这就使得能够与顾客对话的数据库营销应运而生。

所谓数据库营销,就是企业通过收集和积累消费者的大量信息,经过处理后预测消费者有多大可能去购买某种产品,以及利用这些信息给产品以精确定位,有针对性地制作营销信息,以达到说服消费者去购买产品的目的的一种营销方式。通过数据库的建立和分析,各个部门

都对顾客的资料有详细全面的了解，可以给予顾客更加个性化的服务支持和营销设计，使企业促销工作具有针对性，从而提高企业营销效率。数据库营销是一个“信息双向交流”的体系，它为每一位目标顾客提供了及时作出反馈的机会，并且这种反馈是可以测定和可度量的。没有数据库营销，企业的营销工作仅仅停留在理论上，而不是根植于客观实际，因为没有数据库，企业对市场的了解往往是经验，而不是实际。

**（二）数据库营销的作用**

1. 准确确定顾客

数据库可以针对过去的顾客资料加以分析，充分把握其特性与需求动态，在此基础上才能较为准确地确定企业经营的目标对象，并借此有针对性地设计产品与提供服务，从而提高顾客的满意度与企业营销的成功率，达到保持老顾客和不断开发新顾客的双重目的。而数据库营销使得一个单独的顾客成为一个微细分市场，在不同的情形下保持与不同顾客的接触和持续的控制能力，从而为企业准确地选定目标顾客，实行目标市场营销奠定了基础。

2. 降低营销成本

数据库营销不需要经过代理商、批发商和零售商等中间环节的各种营销形式，数据库营销能帮助企业在最合适的时机以最合适的产品满足顾客需求，可以降低成本，提高效率。数据库营销还减少了不恰当的寄送带来的无谓浪费，提高了企业的形象。顾客会有种感觉：这家公司理解我，知道我喜欢什么并且知道我在什么时候对什么感兴趣。据有关资料统计，没有动用数据库技术进行筛选而发送邮寄宣传品，其反馈率只有2%～4%，而用数据库进行筛选，其反馈率可以高达25%～30%。

3. 开展有针对性的一对一服务

随着社会专业化分工的发展，大市场大流通格局的形成拉大了企业与顾客之间的距离，使得企业了解顾客的需求、动机与行为变得越来越困难。建立消费者数据库可以以消费者个人资料库为基础，分析研究世界各个角落消费者的消费习惯与消费动态，使企业按照顾客的需求形态来设计与制造产品，开展有针对性的一对一服务，并根据顾客的意见不断加以改进，使企业提供的产品与服务更能符合顾客的需求，进而增加顾客购后的满意感，进一步强化顾客对企业及产品的忠诚度。

4. 培养长期的顾客关系

建立与运用消费者数据库，可以保持企业与消费者之间的紧密关系，使消费者成为企业长期、忠实的用户，从而稳定与扩大产品的销售市场，巩固与提高产品的市场占有率。目前，世界上越来越多的企业投巨资建立数据库，运用现代通讯技术、计算机技术和数据库技术，采用"自动化拥抱"的方式主动接近和了解消费者，与之建立和保持良好的关系。例如，美国航空公司设有一个旅行者数据库，内存 80 万人的资料，公司每年以这部分顾客为主要对象开展促销活动，极力改进服务，与之建立良好关系，使他们成为公司的稳定客户。据统计，这部分顾客平均每人每年要搭乘该公司航班达 12 次之多，占公司营业额的 65%。

5. 与竞争对手进行区别竞争

拥有一个忠诚的消费者与寻求新顾客相比，当然保留老顾客更便宜，更经济。因此，运用邮件库经常地与消费者保持双向沟通联系，可以维持和增强与消费者的感情纽带，从而增强抵抗外部竞争的干扰能力。另外，传统营销中，运用大众传媒的大规模促销活动容易引起竞争者的对抗行为，削弱促销的效果。运用数据库营销无须借助大众传媒，比较隐秘，一般不会引起竞争对手的注意，容易达到预期的促销效果。

6. 为客户增值

数据库的建立能帮助营销者发现新的市场机会，为消费者提供一系列相关新产品、新服务的设想。营销者可以调查和观察特定的顾客，追踪各个层次上的顾客需要和欲望，并从已有的有关顾客的数据中发现新的机会，从而增加客户的价值。例如，美国加州某连锁超市通过数据发掘技术，从记录着每天营销和顾客基本情况的数据库发现：在下班后光顾购买婴儿尿布的顾客多数是男性，他们往往也同时购买啤酒。于是超市经理决定调整货架摆放，将啤酒类商品布置在婴儿尿布货架附近，并在两者之间放上土豆片之类的佐酒小食品，同时就近布置男士们需要的日用品。这样一来，给消费者的购买带来极大的便利，而超市上述几种商品销量也马上成倍增长。

7. 开展交叉销售，提高营销效率

交叉销售是建立在双赢原则的基础上的，是指向一位客户销售多种相关的服务和产品，但这位客户必须是能够追踪并了解的单位客户。由于现在企业和客户的关系经常变动，使得交叉销售在传统营销中很难实现，而利用数据库能有效追踪目标客户并与之建立一对一的服务方式，提供更多更好的、符合其需求的相关产品或服务，从而大大提高营销的效率。例如，一个高尔夫俱乐部会员卡的购买者可能也是一个轿车购买者，并且是一个健康服务购买者。了解到这个客户的消费属性和兴趣爱好，我们就可以有更多的客观参考因素来判断这样一个事实，通过数据库来对这些参考因素进行存储和分类，从而成功地实现交叉销售。

## 三、旅游客户关系的数据库营销

### （一）数据库营销的目标

1. 数据库营销的目的是长期销售和精确销售

毫无疑问，进行客户管理，培养客户忠诚，建立长期稳定的关系，是任何一个企业要获得持久发展的根本。数据库营销通过收集和积累消费者的大量信息，经过处理，能够准确掌握客户需求，确定目标消费者群，将市场细分到消费者个体，根据其消费习惯和需求特点提供个性化服务。企业实施数据库营销，可以从多方面帮助企业获取巨大的市场竞争优势。数据库营销的着眼点在于实现长期销售和精确销售，要做到这些可以观察以下具体案例：

某些旅行社的工作人员在与目标消费者进行初期交流的活动中鼓励他们对自己进行描述，通常也会询问一些问题，如你希望什么时候去旅行？你以前有过旅游的经历吗？去过哪些地方？然后将这些信息汇编，以此为基础，为自己选定了一个竞争力强的定位。

美国运通公司根据持卡人数据库开展了一个新促销活动，运通卡的持有人购车时，在运通公司所列的5家国内汽车制造商处可以不用现付，可以使用信用卡。然后，运通公司发出一份有关购车习惯的消费者个人新年问卷，回馈率很高，共收回了10万份有效问卷。这一活动市场效果非常好，客户在家中就可以了解更多的购车信息，而且享受到优惠。

例如，国外的一些目录公司设一个ID电话号码，根据客户资料卡判断哪些客户有重复购买相同商品的需要，把这个电话号码寄给他们，客户只需轻轻一按，订购服务代表就将订货信息输入记录，不必客户重复回答相同问题。

2. 长期客户的特点及其培养

客户关系就是品牌，有一个良好和持久的客户关系就意味着你有一群忠诚于品牌的客户群体，他们不仅在心理上认可和喜欢你的品牌，而且在实际购买行为中表现得不折不扣，始终如一。长期客户往往扮演着企业忠诚品牌的角色，他们被视作企业的生存之本、发展之源，就是因为他们同品牌建立起了一种长久信赖的关系。品牌和客户之间不仅是一种商业关系，发展到一定阶段两者已经演化为一种情感关系，客户视品牌为自己可信赖的朋友，愿意长时间地购买同一个牌子的产品，就等于消费者愿意为这个品牌投资，企业从他们身上也获得了很高的利润回报。

数据库营销在长期客户的培养上有着先天优势，通过完善的客户数据库在企业和客户之间建立起直接联系，了解每一位客户的偏好和购买习惯，更有针对性地开展营销活动，努力创造一个稳定的、经常购买的消费者群，培养长期客户。如果企业客户数据库里能存储十分详尽的客户资料，数据库营销人员就能更好地满足某一特定客户或某一特定客户群体的需求，使营销手段更富有人情味，也使客户感觉到自己很受公司的重视，从而产生一种内心的满足感和优越感。

建立和维护客户关系、提高客户忠诚度并使之最大化，已经成为世界领先企业最为关注的问题。因为在今天，仅通过广告、新闻通讯、专题节目、电子邮件、资助服务和问候卡片、促销活动已经不足以让客户满意或保持客户忠诚，客户更关注服务质量和体会服务时的心理感受。要培养长期客户，你就得思考，什么能使客户忠诚地、长期地站到你这边？他们究竟需要什么？用什么方法可以使他们更长久地成为你的客户？以下是一些如何培养长期客户的建议：

(1) 确保实际提供与承诺的一致性。你所说的和所做的都将影响客户的忠诚度，但你所承诺的一定要是你所能提供的。客户最反感的是商家没能提供承诺的质量和服务，并因此产生被欺骗的感觉。为此，几年前，有的公司采用少承诺，然后提供更多服务的方式保证履行对客户的承诺，实现客户的期望管理。直到今天，仍有一些公司采用这种方法。但更重要的是：承诺你所能提供的，并准确提供你已承诺的。如果承诺和实际提供之间存在较大差异，客户会觉得你企图操纵他们。因此，应从全局管理的角度来考虑这件事，在争取客户时确保实际提供与承诺的一致性。诚实地对待客户，尊重对方的感受，他们将以忠诚回报你。

(2) 创造以客户为中心的文化：要让客户知道公司以他们为重。你所关注的是如何做到对客户最好，如何博得他们的忠诚。如果你能做到以上两点，客户会更加经常地、更多地购买或使用你的产品和服务，你将从他们身上获得更多的利润。

在公司内部积极提倡“以客户为中心”的文化和“内部服务营销”的理念。如果客户长期以来可以在你公司得到同一位员工的服务，他一定会对服务满意并对你公司心怀感激。例如，保险公司每个客户都有一个长期固定的保险业务员为其服务；在平安保险公司电话中心的数据库里可以随时查到每位客户的相关资料。所有这些都是围绕着客户进行的，保险公司得到的是客户留存率和忠诚度的提高、客户的更多购买和向他人推荐产生的口碑效应。其实,向客户提供服务的最低标准就是让他们感到你的关心。

(3) 设计个性化的褒奖计划。许多公司在经历和回馈忠诚客户时采用的是长期不变的标准化计划或方式。这种无特色的标准化计划可能在某地、某人设计用来促进客户更多地购买,在当时可能会取得了良好的效果。但是机械化的褒奖计划只对当时的某些人起作用,而起作用的原因也只是该计划恰巧满足了他们当时的要求。这个计划或方法对其他人无效或是不能长期有效。因为这种僵化的奖励计划或方案与他们的真正需求相去甚远,他们经常将这种计划看成商家操纵和影响他们行为的手段。

公司应对客户按一定的标准进行分类,确保将各种数据信息及时输入客户关系管理系统,一边对不同客户制定和实施适当的褒奖计划。偶尔的商品折扣或是优惠促销并不能长久留住客户,公司需要在如何设计个性化和特色化的褒奖计划上多下工夫。

(4) 服务升级计划。许多公司认同为员工提供职业发展计划和生涯规划十分重要,同样,对客户也需要有一个客户生命周期内的“生涯规划”,可称之为“客户服务升级规划”。根据客户消费特点和公司相应的边际利润,将公司为客户提供的服务分为若干等级,可以设立若干指标或指标体系确定达到每个等级的客户需要具备的条件。随着客户登记的升级,客户可以获得更多、更好的服务。这种服务升级规划,可以吸引客户努力达到所需具备的条件以获得更好服务,从而提高客户获得率、忠诚度和满意度。其实,在一些公司的报价体系中根据不同销量和客户关系建立时间的长短来确定价格优惠的方法就有这种思想的火花。东方航空公司的“金燕俱乐部”的分层次服务就很好地体现了这种理念。

**(二) 数据库营销的手段**

现代营销活动的成败不能单纯依赖销售技巧和方法,更多的时候取决于我们能否与市场、客户、消费者进行有效沟通。具体来说就是,我们的各类营销活动(如广告、促销活动等)应针对哪些消费者展开,这些活动应该如何策划、实施和控制,执行效果又如何评估等等,都依赖于有效的营销沟通策略。

1. 所有信息沟通方式都可以成为数据库营销的沟通工具

营销沟通是指企业通过打电话、寄邮件与实地调查等方式与顾客进行双向交流,从中了解顾客的需求与欲望、顾客对产品或服务的意见与建议等的一种营销方式。

从信息沟通方式上看,信息传递技术发展到今天,产生了名目众多的信息沟通方式,包括电视、电话、电台、印刷媒介、直接邮件、电子商务、人员媒介等。从信息传递的效果和成本方面考虑,各种沟通媒介具有不同的特点,数据库营销并不是一种单纯的、僵化不变的营销方式,它可以大胆利用传统营销方法,并与之相结合,创造出各具特色的营销方式。所有信息沟通方式都可以成为数据库营销沟通工具。

2. 数据库沟通的专业化

数据库营销有很多专业化的沟通手段,包括直接邮件、电子邮件、电话营销、客户服务中心、呼叫中心、实名制杂志派发、专用软件等。通过这种专业化的沟通方式,数据库营销沟通可以确保与消费者沟通的协调性。对于那些向个体消费者推销许多产品的大公司而言,客户数据库可以用来确保接近消费者的各种通道间的协调一致性。

数据库营销专业化的沟通方式会给企业带来许多方面的益处,集中体现在以下几个方面:

(1) 可以及时把握客户的需求。现在是多媒体的时代,多媒体的一个关键字是交互式,即双方能够相互进行沟通。数据库营销广泛地利用了能够与对方进行双向沟通的通信工具。

(2) 有利于增加收益。交互式的、双向的沟通方式可以扩大企业营业额,如宾馆、饭店的预约中心,不必只是单纯地等待客户打电话来预约。如果积极主动给客户打电话,就有可能取得更多的预约,从而增加收益。又因为数据库营销是一种交互式的沟通,在接听客户电话时,不仅仅局限于满足客户预约请求，同时也可以考虑进行交叉销售和增值销售，这样可以扩大营业额，增加企业效益。

(3) 方便保持与客户的关系。通过数据库营销可以建立并维持客户关系营销体系，但在尽力维持与客户的关系时，不可能立刻见效，应有长期的构想，制定严谨的计划，不断追求客户服务水平的提高。比如在回访客户时，应细心收集客户对已购产品，抑或服务的意见，对客户服务中心业务员的反应以及对购买商店服务员的反应等。记录下这些数据，会为将来的营销活动提供莫大的帮助。

## 四、数据库营销在客户关系管理中的运用

### (一) 客户关系管理中数据库的运用

数据库营销是一个“信息双向交流”的体系，它为每一位目标客户提供了及时做出反馈的机会，并且这种反馈是时刻测定和度量的。毫无疑问，这一过程包含了关系营销、目标营销、一对一营销的观念，着重于给客户提供全方位的持续的服务，从而和市场建立长期稳定的关系；同时和现代信息技术、网络技术相结合，利用计算机信息管理系统来充分建设和利用客户数据库。

从全球来看，数据库营销作为客户关系管理的基础，正越来越受到企业管理者的青睐，公司客户数据库管理系统在维系客户、提高销售额中正扮演越来越重要的角色。

1. 市场预测和实施反应

客户数据库的各种原始数据，可以利用“数据挖掘技术”和“智能分析”在潜在的数据中发现盈利机会。基于客户年龄、性别、人口统计数据和其他类似因素，可对客户购买某一具体产品的可能性做出预测；能够根据数据库中客户信息特征，有针对性地制定营销策略、促销手段，提高营销效率，帮助公司决定制造适销对路的产品以及为产品制定合适的价格；可以以所有可能的方式研究数据，按地区、国家、客户、产品、销售人员甚至按邮政编码进行分析，从而比较不同市场的销售业绩，找

出数字背后的原因，挖掘市场潜力。

2. 分析每位客户的盈利率

利用企业数据库中的详细资料和统计技术，可以计算每位客户的盈利率，然后去争取竞争者的最佳客户，保护好自己的最佳客户，培养自己极具潜力的客户，去除自己最差的客户。

客户关系管理系统主要包括销售自动化、营销管理、客户服务和客户支持、客户呼叫中心、网络功能及模块，其实质是充分发挥市场、销售、服务三大部门的作用。在企业客户关系管理系统背后，其实就是一个功能强大的客户服务数据库，它存储了客户的各种资料及交易行为，并能利用各种数字分析模型，对这些数据进行深层次挖掘，对客户的价值和盈利率进行分析。可见，在实施客户关系管理过程中，将企业原有客户历史数据进行有序化整理，输入数据库，搭建好一个完整的数据库是基础。

**(二) 利用数据库改善客户关系**

对客户资源实行数据库管理。是实现和提升企业价值的有效手段之一。一个较为完整的客户数据库的主要内容包括:客户的基本情况表、客户投诉统计表、维修记录表、本公司主要竞争对手及其情况表等。客户数据中的资料为企业了解客户的情况、改善服务的水平、培育客户的忠诚、提升客户资源的价值提供了诸多方便。一个较为完整的客户数据库可以同时输出以下表格:潜在客户汇总明细表、现有客户汇总及明细表、客户分级管理表、客户访问管理表、客户贷款及应收账款汇总及明细表、客户行业及区域分布表、客户信息来源分析表等。一个企业建立一个客户资源数据并不难，关键是如何不断地更新数据中的信息，并用好该数据所提供的有用信息，以便从客户手中赢得更多的现金流入，从而提升客户资源的价值和整个企业在市场中的地位。

一个企业的主要收入和利润大都来自老客户。因此，提升客户资源的价值，主要是针对老客户。根据自身的特点，企业可以分别采取不同的策略提升其客户的价值，为企业创造更大的现金流入。一般来讲，企业提升客户资源价值的主要手段有以下几种。

1. 对客户实行分类管理,重点关注核心客户

对于每个企业来讲,首要的是要对所有的客户进行分类,对主要的客户实行重点管理,在他们身上投入更多的人力、物力和财力,以便通过销售商品或提供劳务,从他们身上创造更多的现金流入。当然,对于那些未能纳入重点管理类别的客户,也不能轻易放弃,只是管理的频率与幅度不同罢了。例如,海尔公司对于"海尔家庭"的管理,其内容就要比一般的用户丰富得多;但同时,海尔公司对于一般的用户,也没有放弃必要的管理和服务。

2. 对客户实行动态跟踪管理

企业的客户始终处于流动之中,即使是同一客户,其对产品和服务的需求也是不断变化的,因此,企业要随时根据情况的变化,调整重点管理的客户对象,僵化或者一成不变的管理方式是难以收到好效果的。实行会员制组建使用某种产品之家等,都是行之有效的管理方法。但是,对客户实施动态跟踪管理的关键是不断地、及时地更新客户数据库中的信息,并根据这些信息对客户作出评估,以便随时调整客户的类别。

3. 定期与客户进行双向沟通

这是提升客户资源价值的重要环节。企业要主动与客户进行沟通,让客户感觉到企业与用户之间不仅仅是一种买卖关系,更多地体现为朋友关系。通过与客户的沟通,使所有的用户自觉成为企业的产品推销员、市场调查员、信息反馈员。

4. 衍生对客户的服务,为企业创造更多的现金流入

这是提高客户资源价值、增加企业现金流入的重要手段。当一个企业开拓了一个新的客户之后,就意味着有可能创造一个源源不断的现金流入的机会,要将第一次交易当成与客户往来的开始,而不是结束。比如电信行业通过增加服务的内容,在提供电话服务的基础上,开通来电显示、留言、上网服务等,对客户提供一揽子通信解决方案,增加电话线路的使用频率,提高话费收入,这样企业就能从客

户身上获得更多地现金流入量。当我们在为客户提供这些服务的同时，就会让客户感到使用你的产品有了坚实的后盾，消除了客户购买和使用商品的后顾之忧。这样，当客户有了新的需求时，你的产品自然就成了首选。这不就增加了客户对企业的价值吗？因此，为客户提供终身服务，使客户成为企业的终身客户，正是我们将客户当作资产管理，提升客户资源价值的根本途径。企业应该明确，它们出售服务的效益一般会好于出售商品的效益。这就是所谓的"卖产品不如卖服务"。

## 第二节　旅游企业中的价值网运营

### 一、价值网在旅游企业中的实际应用

#### （一）旅游信息网络系统

旅游业是典型的信息依赖性产业，信息传播渠道的畅通与否极大地影响旅游业的发展。建立旅游信息网络系统，就是要为旅游信息管理者提供信息发布平台，为游客提供及时获取旅游信息的渠道，在旅游信息管理者与游客之间架起沟通的桥梁。

1. 旅游信息网络系统建设的意义

旅游信息网络系统是旅游企业价值网建设的重要组成部分，其建设的意义在于：

（1）为旅游管理部门提供旅游信息发布平台。方便旅游管理部门管理与维护旅游信息数据，将国家和地方旅游管理部门掌握的旅游信息，及时在网上发布，灵活指定系统的功能与风格，使游客能够快速获取各个旅游目的地最新的旅游信息；根据最近的旅游动向，对未来几天的旅游动向做出科学地分析与预报，使游客掌握最新的旅游动态，合理安排自己的出行计划，同时对旅游市场起到宏观导向作用。

(2) 加快数据汇总速度，提高工作效率，降低劳动强度。为下级旅游管理部门向上级上报当地旅游信息提供新的渠道，加快信息与数据的上报速度，改变传统的手工数据汇总模式，实现上报信息与数据自动汇总与发布，提高数据统计准确性，让上级旅游管理部门工作人员从繁重的数据统计分析中解脱出来；实现分布地理信息及各相关旅游新的网络一体化管理，扩大信息传播范围。

(3) 为旅游目的地提供宣传平台。将旅游目的地的信息以文字、图片、音频与视频等多种方式全方位地向游客展示，通过多媒体提高宣传质量，使游客更直观地了解旅游目的地地的风光与独特的魅力，增加目的地知名度，吸引客源，提高效益。

(4) 地图导航为游客提供便捷的服务。充分利用网络地理信息系统空间数据发布功能，为游客提供方便便捷的电子地图，提供不同级别旅游的导航服务，使游客只需轻松点击鼠标，即可尽览天下旅游信息。

2. 旅游信息网络系统设计

(1) 系统组建模式。以数字地图为导航，按全国、省(直辖市)、城市与景区四级组建旅游信息网络发布系统。从全国到景区，随着地域范围的缩小，旅游信息由全面概括变得具体详细。

全国：提供全国重点游览信息分类查询、咨询与检索，旅游计划线路虚拟展示以及推荐游程线路虚拟展示。

省(直辖市、自治区)：提供省内重点游览信息分类查询、咨询与检索，旅游计划线路虚拟展示以及推荐游程线路虚拟展示。

城市：提供游览、购物、娱乐、饮食、住宿、出行等相关信息的分类查询、咨询及快速检索，旅游计划线路虚拟展示以及精品旅游线路虚拟展示。

景区：提供游览信息查询、咨询及快速检索，推荐游程虚拟展示。

(2) 信息检索链接方式。系统提供由高到低向下兼容的信息检索链接方式。

A. 全国旅游信息网络发布系统信息检索链接方式

(a) 全国——省(直辖市、自治区)——城市——景区/景点。

(b) 全国——城市——景区/景点。

(c) 全国——景区/景点。

B. 省级旅游信息网络发布系统信息检索链接方式

(a) 省(直辖市、自治区)——城市——景区/景点。

(b) 省(直辖市、自治区)——景区/景点。

C. 城市及旅游信息网络发布系统信息检索链接方式

城市——景区/景点。

D. 景区及旅游信息网络发布系统信息检索链接方式

景区——景点。

(3) 系统功能设计。

A. 旅游空间信息发布

系统可以电子地图的形式,给予广域网发布各级、各类的空间信息。将旅游空间信息以图形的形式表达出来,使旅游信息表达得更准确、直观、生动、具体,有利于游客及旅游资源开发、管理人员快速而宏观地认识和把握旅游地的信息。系统在客户端提供电子地图显示与调控的基本功能。

(a) 分图显示地图工程。一个地图工程由多个要素图层组成,如全国旅游城市工程,可由行政区划、公路、铁路、旅游城市、主要景点等多个图层叠加而成。图层的显示或隐藏可由用户根据需要自行控制。

(b) 地图显示控制。用户可以控制地图的显示比例,依据实际需要对地图进行放大、缩小和复原。初始状态的地图展示研究区域的整体特征,现实的要素较为概略。如果用户需要了解区域内某一部分的具体细节,可对地图进行放大处理。放大时,地图将呈现出更多的细节要素。

(c) 地图漫游。用户可用鼠标拖曳地图。此外,系统提供了地图游览的鹰眼功能。用户可在地图左上角的一张相对较小的全区概略途中选择要在地图主窗口显示的区域，从而帮助用户从宏观角度定位微观信息。

B. 空间——属性信息双向查询

建立基于地图模式的信息搜索引擎。按上述检索策略，以空间数据核心进行空间、属性信息的双向查询。

(a) 从空间信息到属性信息的查询。在电子地图上依据上述信息检索链接模式逐级查找，并最终定位到目标城市、景区或景点。同时，系统显示已查找到的要素的相关属性信息。

(b) 从属性信息到空间信息的查询。根据城市、景区或景点等目的地的名称等属性信息，通过精确查询或模糊查询两种方式在地图上寻找空间位置。在地图上定位后，用户可以获得更多的相关属性信息，也可依据上述信息链接模式继续查找其下一级信息。

(c) 从属性信息到属性信息的查询。从属性信息到属性信息的查询是传统的网络搜索模式。这一查询不涉及图形数据，只依据属性数据的内在关系提供查询服务。

C. 多媒体数据的网络发布

系统存储了丰富的城市、景区或景点介绍信息，并以音频、视频、全景图、静态图片、文本等多媒体方式全方位地展示给用户。展示效果生动直观，游客能轻松而愉快地感受旅游艺术的魅力。

D. 旅游专业服务功能

对已有的旅游数据进行统计分析，对近期的旅游形势作出科学的预测，供游客参考，合理安排旅游计划，同时对旅游市场起到指导性作用。

(a) 旅游信息分析。根据用户输入的城市（或景区）、日期信息进行统计分析，统计城市（或景区）的日接待人数，历史同期数据对比情况，占核定最佳日接待量的百分比，占核定最大日接待量的百分比，当日饭店、宾馆利用率等信息。分析的结果以折线图、饼图或柱状图等统计图或表格的形式展现给用户。

(b) 旅游信息预报。根据数据库中的历史数据分析并预测指定日期城市或景区的旅游相关信息，以辅助用户决策。预报的内容包括指定城市或景区在未来10天中的旅行社接待情况，饭店与宾馆的预定率，民航机票预定已超过90%的航线，铁路车票已售完的主要干线等，城市或景区游客量、住宿量的预测情况。

(c) 旅游计划推荐。向用户推荐专业旅游机构为用户设计的精品线路和特色旅游信息。对于这些信息用户既可在地图上定位，也可查阅线路中涉及的具体景区及景点信息。

**(二) 旅游咨询网络系统**

1. 旅游咨询网络系统建设的意义

(1) 为游客提供方便快捷的全面的旅游信息咨询服务。在没有网络的年代，人们经常为信息渠道的不畅而苦恼，在旅游这个对信息咨询服务依赖性非常强的领域，游客们对此体会尤为深刻。基于信息高速公路建立的城市旅游信息系统将为广大游客提供全面的旅游目的地信息咨询服务，实现将旅游目的地游览、购物、娱乐、餐饮、住宿、出行等旅游相关信息一"网"打尽的目标。

(2) 为服务部门提供方便高效的旅游资源信息管理与发布方式。信息渠道的不畅在阻碍游客及时获取有效旅游信息的同时，也导致了旅游资源信息服务部门信息发布的困难。城市旅游咨询系统将为旅游资源信息服务部门提供旅游资源信息快速发布平台，提高信息发布速度，从而提高信息的时效性，同时降低服务人员的劳动强度，提高信息的利用率，增加服务的社会效益与经济效益。当然，信息的快速发布离不开信息的有效管理，系统提供的旅游信息管理功能将提高信息管理工作的效率与质量。

2. 旅游咨询网络系统的功能

(1) 旅游空间信息集成与管理。旅游数据管理部门收集、编辑、管理旅游空间信息，从而辅助各类旅游业课题研究、产品设计与规划以及旅游信息发布。

(2)旅游空间信息网络发布。旅游管理者通过网络发布旅游信息,展开研究成果,增强对旅游目的地宣传的力度。游客通过触手可及的网络环境获得对基于图形的旅游目的地各类旅游资源信息及其他辅助信息的直观认识。

(a) 目的地旅游资源图形信息与属性信息多种方式的查询功能。如统计研究区域旅游资源的数量、承载力、分布密度等,并以各类专题图形式展示统计分析结果。

(b) 空间分析功能。如缓冲区分析、路经分析等。

(c) 企业用户信息远程提交。企业用户通过网络在线提交企业的旅游资源信息。

3. 旅游咨询网络系统的主要内容

(a) 旅游资源六要素信息图形、属性信息双向查询。

(b) 周边环境查询:查询从指定地点最近的旅游资源、公共服务设施及企事业单位。

(c) 最近查找:查询离指定地点最近的旅游资源、公共服务设施及企事业单位。

(d) 公交信息:查询公交线路、公交车站信息以及公交换乘方案。

(e) 最佳路径分析:查询指定起点和终点间的最佳路径。

(f) 地图信息量测算。

(g) 企业远程标注、修改、删除本单位信息。

(h) 专题图远程动态制作。

(i) 区域信息综合统计:统计某一地区某一类或某几类旅游资源的数量和分布密度。

## 二、旅游企业价值网运营机制分析

### (一) 以旅游客户为中心,基于信息沟通和共享的需求管理

企业价值网的根本目标是满足客户需求,提高顾客满意度。因

此，旅游企业价值网络运作的前提是识别旅游客户的需要及其价值，从而产生一个驱动所有成员协同运作的、真实的需求信号。

通过网络化的客户关系管理系统，可以获得旅游企业价值网络“需求端”的信息，如旅游客户定单、过去参加旅游的统计记录、零售商销售情况及预测、旅游产品需求演进趋势、旅游产品生命周期等市场信息等。将这些“需求端”的信息与整个旅游企业价值网络进行畅通的流动和实施共享，驱动整个价值网络的运行。

根据旅游产品以及旅游客户需求的不同特点，旅游企业将采用不同的方式满足消费者的需求。

1. 按订单组装

对于个性化程度很高，可以通过对现有景区、景点的搭配生产出来的旅游产品来说，仅仅需要进行互动式的订单确认过程，将订单内容与旅游企业价值网络的资源和能力进行匹配，也就是在旅游产品设计、策划阶段，判断将订单任务转化为生产指令的技术可行性和经济性，并且在同旅游客户进行多轮沟通和反馈基础上形成正是的生产指令。一般来说，订单确认过程是基于 CRM 界面的以产品定型为主要内容的多轮沟通过程。技术可行性的判断主要集中对旅游产品的可进入性、危险性等等的判断。在经济方面，主要是在初步形成的订单执行方案基础上，预算成本，进行差别定价。

2. 合作性开发

对于个性化程度很高，很难通过现有景区、景点组装的产品，可以在同旅游客户充分沟通的基础上，在企业价值网络范围内，结合旅游客户各种具体要求。启动旅游企业价值网的合作性产品功能的开发，完成订单确认过程。

3. 感觉和回应

网络化客户关系管理作为企业价值网络直接面对客户和市场的窗口，可以通过旅游客户需求情况及其变化等市场信息，引发企业价值网络产品策略的调整，从而把新产品开发设计及其市场推介的时间提上日程。在这种情况下,旅游客户的大力参与是成功的关键。需求管理的根本对策是以 CRM 为沟通界面,通过对消费者的调查、测试、意见反馈等信息的收集、分析和处理,用以指导企业价值网络范围内的产品开发和设计。

**(二) 利用价值网管理,生产和提供消费者需要的产品**

1. 旅游企业价值网络的价值"等式"

企业价值网络是以客户为中心的价值系统的整合为运作基础。企业价值网络内的每一个企业是一个个基本的价值创造单元,根据客户价值,组合建立企业价值网络的价值"等式",即企业内每个企业作为价值单元的价值相加之为客户价值。也就是说,整个价值系统以贯穿不同组织的价值单元的组合相加形式,通过每一个价值单元的价值创造活动,将客户价值落实到具体的、具有一定资源和核心竞争力的承接主体上。

2. 虚拟企业价值网络管理系统

为了实现客户价值,必须制定和实施企业价值网络范围内的合作性行动方案,不但要提供高质量的产品,同时还要有效减少订单执行的时间,具有较高的整体运作效率和效益。因此,需要构建全新的以客户为中心的虚拟的企业价值网络管理系统,这一系统包括多个不同经济实体的活动识别、任务分解和资源调配以及超越组织界限合作的内容。

综合采用技术、组织和管理工具和方法,在信息实时交流和共享基础上整合数据资源。也就是说,在整个企业价值网络中形成一个封闭的、信息双向流动的信息环,保持信息的完整性、准确性和时效性,使得企业价值网络的数据资源具有完善的"质"和充分的"量",为各种行动对策提供充分的信息条件。

良好高效的企业价值网络信息沟通环境,一方面需要信息技术手段的支撑,另一方面也是更为重要的,是通过对信息生产、收集、存储、分发和利用等信息过程的有效组织和管理创造。因此,应当针对企业价值网络不同节点的地位和职责，统一安排数据的来源、内容和质量。在获得多渠道和多形式的数据基础上，对数据资源进行统一汇总、整合和共同处理，是企业价值网络采取正确的回应行动的最基本也是最重要的前提条件。不同形式的数据结构，只有经过企业价值网络范围内的统一总和，才能实现信息共享，最大限度地减少或根除企业价值网络中信息扭曲的可能性，为所有成员的业务开展提供统一、清晰和真实的行动指南，以取得企业价值网络合作的共同目标。

## 三、价值网的系统模型

### （一）企业价值网的系统模型

企业价值网络运作的系统模型分战略、战术、操作三个层次。

1. 战略级

战略规划与管理主要是解决企业价值网络的战略问题，如企业价值网络的长期目标和发展战略、企业价值网络的网络设计、合作机制和行为准则的设定、运营过程的绩效评价、利益分配机制等，为企业价值网络运营提供了战略框架和行动指南。

2. 战术级

战术级主要包括合作性需求计划、合作性生产计划、合作性能力计划以及旅游产品设计和开发等。它们一方面是根据企业价值网络战略计划对运作过程的一种总体安排，另一方面能够为企业价值网络战略管理提供综合而全面的观点。

(1) 合作性需求和供应计划。合作性需求计划的根本目的是对企业价值网络所面对市场需求进行共同预测和决策，达成对市场机会认识和利用的共识。因此，需求计划结果是在多方参与下，集体合作和协商的产物，可以被所有企业价值网络成员访问、共享。而需求计划则是通过整合企业价值网络每一环节所贡献的实时信息，然后进行观点的协调和统一的基础上作出的。

(2) 合作性能力计划。虽然实时信息共享，使得企业价值网络的实时调整能力大大增强，但是这种适应性调整能力归根到底要受到资源和能力的限制和约束。所以，需要在企业价值网络运营过程中对景区、饭店等接待能力和人员工时能力进行协作性计划和安排，通过能力平衡保证供需平衡。

"合作性能力计划"是在"合作性需求计划"和"合作性供给计划"基础上，企业价值网络成员通过实时信息交流和信息共享，把外部资源和能力纳入企业运营系统，突破企业界限进行相互之间资源的统一运用和协同优化而实现的。

在电子商务下，企业价值网络成员企业之间进行合作，可以实现彼此间生产计划的良好衔接，更好地促进各自运营的相互配合。同时，它是一种有效的风险防范措施。例如，能够主动地避免旅游客户需求在未来时间内发生剧烈波动所引起的无法应付的隐患，能动性地预防和消除消费者需求和提供能力的缺口，提高企业价值网络的长期运营绩效。

(3) 旅游产品生产计划。在生产计划制定过程中，所面对的信息、环境主要表现为生产计划信息同需求计划、能力计划以及战略计划信息的实时连通性和融合性，并形成一个网络式信息反馈过程。

(4) 旅游产品设计与开发。这主要是结合旅游产品数据库管理，与企业价值网络中的合作伙伴分享产品的设计信息，对与产品的工程设计有关的资源和活动进行安排和优化。

3. 操作级

企业价值网络操作层次的活动是战术计划的细化和具体化。在执行和实施的过程中，通过动态性优化，将战略计划和战术计划的目标加以落实。在价值网管理下，是完全直接面对市场和客户的，由客户需求驱动、指导进行的。

**(二) 价值网管理下企业价值网络的同步运作过程的特点**

1. 涵盖了所有企业价值网络内有关的价值单元

同步合作性企业价值网络通过信息网络技术，把分销商、制造商、供应商、所有业务合作伙伴和客户纳入一个紧密的合作体系,并吸引和充分发挥客户的大力参与和广泛合作,真正形成以客户为服务对象和工作重心的企业价值网络合作关系,有利于企业价值网络整体运营过程的导向性和针对性,从而系统地实现对整个企业价值网络运营的管理。

同时,同步合作性企业价值网络凭借先进的信息网络技术可以实现所有成员之间进行充分良好的沟通和互动,有助于企业价值网络成员之间建立健康的信任机制,并在此基础上发展和完善利益共享、风险共担的良好合作关系,有利于快速而高效地利用分散的资源,从而形成以整体形式表现出来的市场竞争力,适应电子商务时代市场所提出的快速反应能力、灵活性等客观要求。

2. 贯穿于产品全部生命周期的活动和过程

价值网管理使得产品生命周期的全部活动如研究开发、营销、销售、顾客服务等一系列过程能够包容全部企业价值网络成员的广泛参与,实现全过程支持和统筹管理,同时,克服了传统的以过程为中心运营模式的不足,建立起以产品为中心的活动模式,使得企业价值网络的整体运营焕然一新,并且能够根据产品所处不同生命周期阶段,随机应变,适时调整,在运营过程中相应建立和发展网络环境下所有成员之间的创新工作方式、互动模式和协作机制。

3. 统筹规划,详细安排,实时优化

由于信息的开放性、丰富性、时效性、准确性持续提高,使得在开放式的企业价值网络形成和运作过程中,可以从综合全面的视角,根据决策信息的量与质的实时变动情况,动态设计、优化和调整企业价值网络的战略问题,如企业价值网络的长期目标和发展战略,企业价值网络的网络设计,合作机制和行为准则的设定,运营过程的绩效评价,利益分配机制等。

**（三）价值网管理下，企业价值网络同步运作的关键要素**

在企业价值网络化时代，企业组织界限变得模糊，以资产划定的企业经营系统仅仅是更广泛的企业价值网络管理系统的一个子集。所以，企业管理面临的根本任务是增进企业价值网络成员的合作，提高企业价值网络整体运作绩效。其中的关键就是对企业价值网络的互操作性的支撑，也就是将企业价值网络成员企业日渐的独立系统通过实时的信息共享予以无缝管理。

要实现企业价值网络企业间的无缝管理，需要两个关键要素，首先，企业必须把合作关系看成是一种战略性资产，合作者之间的紧密集成和信任加速了供应和生产。其次，是对信息可见性的管理。

## 四、价值网管理的意义

无论使用什么样的配送渠道，都会发生“交叉销售”的情况，而使用价值网的企业则更容易促进交叉销售的发生，原因有两点：

第一，价值网给企业提供了一种更加便利的方式，使零售商可以更容易在现有商品中增加一种新商品。与从事实体经营的公司不同，通过价值网管理的企业不会受到物理空间的限制。举例来说，为了在网上销售更多产品，亚马逊积极与其他公司达成合作关系。亚马逊一方面通过与最新合作伙伴的合作来利用他们的品牌和客户忠诚度，另一方面又通过向自己的客户提供更多的产品而增加了利润。

第二，众所周知，通过电子价值网来购物是有风险的。为了减少这些风险，客户只会从他们信得过的网站上购物。一般情况下，客户信得过的网站也就是那些他们曾有过购物经历并建立起信任的网站。一旦客户的信任被建立起来，客户将来就会在该网站上购买更多的产品，并且购买量也会更大。研究表明，在电子价值网的销售中，在客户第一次购买行为发生两年后，其购买量通常会翻一番。因此,通过价值网管理的企业如果希望获取这些利益,首先就应该设法赢得客户信任并使这种信任关系能够长期维持下去。而企业可以赢得客户信任的一种方法是,通过与其他公司进行合作,利用他们已有的客户信任关系,并促进这些公司产品的网上交叉销售。

【应用案例】

## "动感地带"的分众数据库营销

"动感地带"(M-zone)是由中国移动通信推出的、面向年轻人的全新 GSM 数字移动电话客户品牌,客户入网采取预付费签约方式,2003 年 3 月份正式推出,定位在"新奇","时尚、好玩、探索"是其主要的品牌属性。

"动感地带"是中国移动通信市场营销历史上第一个客户品牌,即根据客户需求,将需求类似的客户划为一个群体,针对这个群体设计最适合他们需求的业务和资费。

"动感地带"的短信套餐,分别为每月支付 20 元,可发 300 条短信,或者每月支付 30 元,可发 500 条短信。同时为配合这项业务的推广,中国移动通信特地在"动感地带"中采用了 STK 卡,使其拥有更大的存储空间。除了短信包月的优惠以外,还在此基础上提供了"动感消息"、"动感密语"、"动感乐园"、"动感休闲"等相关增值服务。

### 一、"动感地带"的推出目的

(1) 对现有用户:建立并保护中国移动通信"高端细分用户市场";提高定价弹性,防止低端用户群定价策略的干扰。

（续上）

(2) 新增用户：以更低的成本吸收更高质量的新用户(例如有一定教育程度并对移动数据业务有兴趣的新用户)；锁定目前的年轻成长性客户群。

(3) 总的目的：使品牌成为引导客户对非价格因素感兴趣的关键工具；获得品牌忠诚度和溢价，走出价格战泥潭；形成更有效的品牌结构和管理机制。

**二、“动感地带”的品牌定位**

时尚、好玩、探索。

**三、“动感地带”的目标市场定位**

“动感地带”的目标市场定位是中低端年轻用户群，他们具有以下特征：

(1) 每用户平均收入(average revenue per user，简称 ARPU)值中低，但消费量比重高。

(2) 年龄集中在 15～25 岁。

(3) 追求时尚，对新鲜事物感兴趣，崇尚个性，思维活跃。

(4) 在移动通信需求中，娱乐、休闲、社交所占比重较高。

(5) 有强烈的品牌意识，对品牌的忠诚度较低。

(6) 是容易互相影响的消费群体。

**四、“动感地带”的品牌内涵**

“动感地带”不仅仅是代表通信服务，它是一种流行文化：时尚、创新、有活力；它是一种生活方式：增长见闻，更易与人沟通，更充实快乐。

**五、“动感地带”大事记**

2003 年 3 月，中国移动通信市场上第一个客户品牌“动感地带”正式推出。

（续上）

2003 年 3 月，“动感地带”客户服务专刊《动感地带》出版，杂志并不以“动感地带”业务介绍为主，而是以时尚杂志的面貌出现，塑造“新奇、时尚、探索”的品牌形象。

2003 年 4 月 15 日，台湾歌手周杰伦代言“动感地带”。

2003 年 8 月 12 日，“动感地带”赞助音乐盛典，并专门设立“动感地带”特别幸运大奖，在所有参与者中现场抽取幸运者，并由周杰伦亲自颁发奖品。

2003 年 9 月，举办“2003‘动感地带’中国大学生街舞挑战赛”。

2003 年 9 月，“动感地带”网上活动作品最后获得亚洲直效行销大会(DM Asia)授予的最高荣誉——“最佳互动行销活动”金奖，同时囊括了“最佳美术指导”银奖及最佳活动奖。

2003 年 11 月，“动感地带”与麦当劳签订合作协议，“动感地带”用户手机可以选麦当劳套餐。

2003 年 11 月，“动感地带”推出“话费节约权、业务任选权、手机常新权、联盟优惠权”四大特权，提出“新奇时尚有特权”的概念。

2003 年 12 月，“动感地带”与全球华语榜中榜合作，“动感地带”用户手机通过发送短信就有机会参加明星见面会。

## 六、“动感地带”的效果

截至 2003 年年底，“动感地带”不到 1 年的营销已经取得了非常好的效果。用户已经接近 1 000 万户，基于“动感地带”的客户平台所开展的活动也赢得了客户的喜爱，目前这类营销活动已经在向各类相关产品延伸，如杂志、服装等。广东甚至已经出现了“动感地带”连锁店。

（**资料来源**　管理资料网 www.gLzLw.com）

# 复习思考题

1. 简析价值网原理。
2. 为什么说价值网管理具有一种普遍的特征？
3. 简析数据库营销的作用和目标。
4. 试分析旅游信息、咨询网络系统。
5. 旅游企业价值网运营的机制是什么？

# 第十三章 旅游客户关系的容量管理

## 第一节 容量管理概述

### 一、容量管理的含义

容量管理又称收益管理，是价值创造方式中的价值池方式，形象地说，就是在容量有限的池塘中积聚所有可用资源，通过管理对资源进行调配，目标是从有限的资源中获取最大的收益。顾名思义，容量管理就是对有限的资源进行管理，在确定的资源容量下，通过提高固定资源的利用率和尽可能高的价格获得最大收益，进行价值创造获取目标容量的一种方式。容量管理来自于航空业，所以最初的关于容量管理定义的探讨是针对航空业的；但是，随着时代的进步和实践发展，不同的学者和专家对容量管理提出了自己的观点。Cater(1998)提出容量管理并不是指用减少航班来剔除那些低价值旅客的方法，而是考虑历史的需求规律并有效识别那些过去比较难卖的座位。这些座位经常是可以通过打折促销以确保提前出售，而离航班起飞之前剩余的座位则可能以全价出售。容量管理还包括根据不同的预订时间给予不同的折扣，即弹性定价做法。预订时间越早，折扣越多。Larsen(1988)提出在航空业中，容量管理已经被分为两个特别的功能：超额预订和管理折扣。

周广鹏(2002)将容量管理的定义作了以下总结：

Dr. Warren Lieberman 认为,容量管理就是通过销售供给能力或多或少固定、生产容量能力随时间而减少的产品或服务,使容量最大化的系统和程序。

Robert G. Cross,Author 指出,容量管理是在微观市场水平上,预测顾客现实需求,并优化生产能力和价格的艺术和科学。

Paul Davis(1994)认为,容量管理脱去华丽的外衣,简单地说,就是引诱或者说强迫顾客向企业支付尽可能高的价格。

Kims(1998)指出,容量管理就是将适当的能力或存货以合理的价格分配给适当的顾客从而使收益或收入最大化的过程。

周广鹏认为,以上四种定义的侧重点不同:第一种定义概括了适用容量管理的行业特点和收益管理的性质以及要得到的结果;第二种定义描述了容量管理的作用原理;第三种定义指出了容量管理的实质;第四种定义可以说是广义容量管理的概念,它力图全面、准确地描述容量管理的内容和本质。其中第四种定义应用最为广泛。关于容量管理的定义很难做到全面而又准确,因为容量管理既是涉及众多领域的一种商业哲学,也是包含了众多方法的方法论。

与前面三种价值构造方式的不同之处在于,价值链、价值店和价值网三种方式的资源投入都是动态变量,价值创造来源于企业和客户的互动之中,而价值池的价值增值来源于管理,通过合理调配定量的资源实现收益的增值。

## 二、容量管理的特征

根据 Kimes(1989)的研究,一个行业有效应用容量管理必须具有以下六个特征。

### (一) 公司的能力相对稳定

像饭店和航空公司这样的需要投入大量资金购置设施设备的服务企业,是受供给容量约束的企业,这基本上是一个给定的量。如不论当天对酒店客房的需求是高还是低,酒店的供给量很难改变。

**(二)用户的需求可清楚地分类**

有些顾客有支付高价格的能力,但是由于他的时间不确定性很强,有可能明天要住了,今天才确定。而有些顾客支付能力比较有限或者不愿意也不需要支付很高的价格,因为他的行程比较稳定,所以选择面比较广。这只是对于顾客的一个很简单的分类,其他的比如可以分团体顾客和散客,对于团体顾客又可以以他们组团的原因进行分类。

所以用户需求可以清楚地分类是一个行业应用容量管理的很重要的条件,如果用户需求不清楚,那么很难进行定价决策。

**(三)产品或服务具有时效性**

许多服务企业的产品或者服务有很强的时效性,一旦时间过去它的价值将失去。

**(四)产品或服务可以预销售**

为了对波动性的需求进行有效控制,服务企业需要在产品实际消费和使用之前通过预订系统提前预售产品。如果实际累计预订数量高于预期水平,折扣房价将停止出售,酒店只报出标准房价;相反,如果累计预订数量低于预期的正常水平,折扣价预订就可以接受了。这就为收益管理做文章提供了舞台,如果可以有效地预测需求,则可以将客房或者航班的座位卖给最有支付能力而且愿意出高价的顾客。

**(五)用户需求波动较大**

由于服务性产品不可存储,服务必须在需求产生的同时予以提供;而对服务产品的需求受生活模式和文化等因素的影响,通常具有较大的周期性波动,如大部分人都在相同的季节度假旅行。通过对市场需求的预测,容量管理可以在需求疲软的时期提高对设施设备的使用率,在需求高峰期最大限度地增加收入,使有限的供给容量获得最大的收益。

**(六)产品销售成本低,而公司的变动成本高**

受供给容量约束的服务企业通常具有很高的固定成本,但多销售一单位产品所增加的边际成本却往往很低,如酒店多安排一位住客的边际成本(主要是提供宾客补给品、清扫客房的成本)和航空公司多运送一位乘客的边际成本(为乘客提供的航空食品)都远远低于增加销售所带来的收入。另外,这类企业的生产能力是一个定量,要增加产量,就意味着改变企业的供给容量;同时,由于这类企业在固定资产上具有一次性大额投资的特点,如酒店可能需要新建一栋大楼而不是一间客房,航空公司要添加一架飞机而不是一个座位,所以其边际生产成本往往是高昂的。

所以在一定的时期内,供给量是一个常数,公司的经理只能在现有的这么多的客房或者航班的座位上做文章,想方设法提高每间客房的价格,提高每个座位的价格,而不是一味地提高入住率。

# 第二节　航空业的收益管理

## 一、航空业收益管理概述

航空公司收益管理的概念早在20世纪五六十年代就已经有人提出来了,但是直至70年代末,伴随着美国航空业放松管制政策的推行,航空市场的竞争日益激烈,收益管理作为一种管理手段才在实际中真正得到运用。概括起来说,航空公司收益管理就是将机票差异价格管理与航班座位盘存管理相结合,旨在短期内将航空公司的总收益最大化,从而达到提高航空公司利润的最终目的。收益管理在西方的航空公司经营中已经取得了巨大的成功,各航空公司每年因此可以增加2%~6%的收入,经营效率和竞争能力均有大幅度的提高。

### (一) 航空公司运营特点

航空公司的运营特点为复杂而有效的收益管理提供了应用条件,为了更好地理解收益管理的概念,首先我们有必要了解一下航空公司运营的特点。

(1) 航空运输产品的不可存性。

(2) 航空运输产品的预售性。

(3) 相对固定的生产能力。

(4) 市场需求的多样性。

(5) 同一航班中不同的旅客需求性。

(6) 航空运输市场需求的不稳定性。

(7) 航空运输产品的高固定成本,低边际变动成本性。

**(二) 航空公司收益管理的组成部分**

航空公司收益管理实际上包括机票差异价格管理及航班座位盘存管理两大部分。差异价格管理是航空公司根据其每个市场的不同特性,确定机运价格的种类与数量的过程,即决定“价格产品”的不同价格及其适用条件。座位盘存管理的目的则在于决定每个航班中不同的“价格等级”可利用的座位数量,其过程主要是通过座位超售、折扣舱位的数额分配以及旅客的行程管理来完成的。

航空公司收益管理的真正目标在于通过控制不同舱位的座位可用数量,并且根据市场分割制定不同的运价等级,使每个航班的总收入达到最大化。总而言之,收益管理就是要决定把航班座位在最佳的时候以尽可能高的运价售给最适当的旅客,从而得到最大的总收益。在多数情况下,通过有效而合理的座位盘存管理,每一个航班平均客公里收入将会随着航班总收入的增加而大幅度地增加。但是需要指出的是,航班总收入的最大化并不完全等于平均客公里收入的最大化。在航班座位管理过程中,过分地强调平均客公里收入,一味限制低运价旅客订座会造成航班载运比及总收入的下降;反之,如过分地强调提高客座利用率则势必需要销售大量的折扣机票,平均客公里收入将因此而降低,进而同样会减少航班的总收入。航空公司收益管理则是强调平均客公里收入与航班载运比的平衡,而不是片面地强调其中的某一项,其目的在于将航班总收益最大化。正因为如此航空公司收益管理的确切英文名称应当为“revenue management”,而不是“yield management”。

航空公司收益管理的理论涵盖了运筹学、决策理论、管理经济学、统计规划以及市场营销学等多门学科。随着基础理论研究的不断深入,除航空公司外,收益管理已经在旅馆、饭店、旅游以及其他运输领域得到了推广和运用,目前正在向通讯、金融服务、电力供应和制造业等行业发展。随着应用范围的不断扩大,收益管理的理论也在不断完善之中。

## 二、航空业收益管理的基本方法

### (一) 季节性管理

季节性管理除了对淡季和旺季进行价格调节之外,最主要的是对节假日等旅游高峰季节的管理。除了像印度等少数 3 天一大节、5 天一小节的国家外,一般国家的节假日只占每年的 1/12 左右。但是,如果管理恰当,节假日可为航空公司多带来 20%以上的年收入。在与节假日相同的某些特殊事件时期,如国际会议或国内重要会议,客运量与平时大不一样,旅客的订票方式也可能与平时不同。收益管理就是要综合地运用所有的历史数据,对这些时期航班的座位需求作出预测。同时,还要根据订票情况、市场竞争变化、公司政策和价格变化等因素,随时调整这些时期航班的座位安排,甚至考虑临时增加航班。

### (二) 超售

超售比较复杂,而且要冒售过头的风险。有些国家,如日本干脆禁止超售。国内以前和日本一样,现在也正在改变。其实,合理的超售可以减少空位损失,同时还可以让更多的旅客坐上飞机。但要确定准确的超售数额,不是件容易事,因为要考虑的因素较多,既要考虑起飞前取消订座者,还要考虑 no-show(购票不登机者)等。不过,超售要考虑的两个主要的因素是:持票者拒绝登机给航空公司造成的损失和空位损失。目前进行收益管理的航空公司是通过电脑系统来计算和确定超售额。系统会根据一定的参数和预测,算出每超售一个座位可能造成的拒登机损失以及此超售额时可能出现的空位损失,从而找出一个既可以最有效地利用座位,又可以将拒登机损失压到最小的最佳平衡点。目前,航空公司普遍采用多舱位管理,这为超售带来了一定的方便。一般说来,高等舱位的需求量较低,经济舱的需求较高。如果公司允许升舱,那么,可以适当地在经济舱多超售些,登机时,给一部分经济舱的旅客免费升舱。

**(三) 航段优化**

另一种收益管理手段是航段优化。航段在英语中有两个词,一个是"leg",另一个是"segment"。"leg"指的是班机航段,"segment",指的是旅客航段。比如,飞机的航线是 A—B—C。班机航段是有两个:AB 和 BC。但旅客航段有三个:AB、BC 和 AC,因为有些旅客从 A 飞到 B。有些从 B 飞到 C,也有从 A 直接飞到 C 的。航段优化就是要确定,当某一航班的某一航段爆满时,应该把票卖给哪类旅客,卖什么价格。

如以北京—上海—旧金山航班为例,假如某一天这一航班的各航段都求大于供(注意,只有当乘客多于座位时才有必要采用航段管理),航空公司得决定,出售哪些航段的票才能获得最大收益。显然,北京—上海的票要少卖或不卖,北京—旧金山的票要保障供给。但是,北京—旧金山的公务舱和上海—旧金山的头等舱相比,票价的差别就不那么明显了。如果不是北京—上海—旧金山,而是北京—上海—广州,票价的差别则更不易确定。再加上单程票和回程票,以及同一舱中各子等级票价的区别,问题就复杂了。

处理这一复杂问题可用影子价格理论。所谓影子价格,指的是某个航段中每增加一个座位给整个网络所带来的额外收入。显然,影子价格越大,利润越大。通过数学中的线性规划,我们可以算出每个航段中每张票的影子价格。从理论上说,在求大于供的情况下,某航段中每增加一个座位意味着另一个航段将减少一个座位。所以,航段管理实际上还要考虑这两个影子价格之差。如果 AC 段上的一个位子挤掉了 AB 段的一个位子,我们要考虑 AC 段这张票的实际价格是否大于 AB 段票的价格。

**(四) 团体管理**

团体管理是收益管理的另一个重要部分。团体旅客不同于散客,他们通常在预订之后会取消部分或全部订座，有时还会在离起飞时间比较近时取消订座，使航空公司蒙受经济损失。即使不取消订座，团体中no-show（购票不登机者）的比率也会比较高。另外，航空公司接受团体订票之后，可能需要重新安排部分已经订票的散客。由于这些原因，对团体客不能像散客那样处理。有些进行收益管理的航空公司，如德国汉莎航空公司，派专人管理团体客，而他们的团体管理人员又把团体细分为临时团、系列团、体育代表团、学生旅游团等来进行管理。从收益管理的角度看，在决定是否接受团体时，绝不能根据当时有无空位来决定，而应该先预测该团体的座位使用率，找出各条可供该团体旅行的路线（一般说来，团体对票价很在乎，但对路线和时间则不太在乎，除非是赶比赛的体育代表团），算出团体的票价（团体通常要求享受折扣），然后再作决定。团体票价不能凭空而定，它取决于该团体可能挤掉的散客价，或称替换散客费。如果有多条不同的航线可以送走团体，每条路线的最低可接受票价会不一样。航空公司应根据预测，尽量把团体旅客安排到航班起飞日最空的航班上，以降低移置散客费。在接受了团体订票之后，还需要对订票团体进行监测和追踪，一旦出现人数变化，要马上重新调整相应航班。

**（五）网络化全航程收益管理**

收益管理的最高境界是网络化全航程收益管理（也称始点—终点管理）。全航程管理只适合具有放射型网络航线的航空公司。它要求航空公司的订座系统和各分销系统之间要达到无缝隙连接，所以暂时还不适应国内及世界上大多数航空公司。目前只有汉莎航和大陆航在实行全航程管理。据美利坚航的负责人宣称，他们明年也准备进行全航程管理，估计每年可以给他们带来5 000万美元至2亿美元的额外收入。

在国内称各航线单独管理的形式为航线管理。航线管理有不少优点，欧洲有些航空公司做得很不错。但航线管理毕竟是每条航线各自为战，缺乏网络化观念。有时，即使每条航线收益都不错，全网络的收益也未必理想。全航程收益管理着眼于整个网络,它考虑的是每位旅客对全网络的实际价值。举个例子:假如北京—上海—广州的某航程只剩最后一张票,有一位旅客要从北京去广州;但同时有一位旅客要从北京去上海,另一位要从上海去广州,而且都要坐同一航班。全航程管理就得考虑该把票卖给谁。换句话说,全航程管理要确定一个多航段旅客的价值是否高于同一航线上多个单航段旅客的价值,并据此决定应该接受谁的订座。更重要的是,它还要决定每张票的最低可售价,也就是说它得从网络着眼,确定每张票至少该卖多少钱。

要做全航程管理,首先要有始点—终点票价(又称全航程票价),当然,始点—终点票价不能依靠人下来计算,因为哪怕是很小的网络,也有很多种不同的始点—终点票价。一个连接五城市的网络就会有48种不同的始行终点票价。现在有一种网络化票价结构分析系统,它运用特定的数学模型,根据现有的票价结构,可以准确地算出每一张始点—终点票的影子价格,并据该价格的高低进行座位排列。根据这一排列,航空公司能确定每一航段上每位旅客的实际价值。这样,航空公司在分配和控制座位时就胸有成竹了。

## 三、航空业收益管理的系统结构

### (一)航空业收益管理的系统构成

因国内收益管理系统还处于起步阶段,它的实施不仅需要一套完善的计算机应用系统予以支持,同时还要求有一套相应的管理机制,因此一开始只能按初级模式运行,也就是以脱机(off-line)的形式定期向管理者和决策者提供各类分析报告和优化销售策略。这个阶段的收益管理系统一般是运行在一个开放平台上,定期从订座系统下载数据,然后对该数据进行分析处理,得出针对某一航班、某一航段的报告和优化策略。该系统实现的基本功能是:① 支持未来的on-line系统。② 旅客量的预测。③ 票价的预测。④ 盈亏平衡点票价的确定。⑤ 对团体票的管理。⑥ 对候补票的处理等。

应当指出，收益管理系统要有效运作，必须制定出合理的多级票价以适应各种类型的旅客需要，每一种票价要有与之相应的子等级，事先必须要有合理的预测，还要有合理的组织结构，如根据收益管理系统的分析结果，会在不同的销售阶段，建议采用不同的票价以吸引客户。

在具备一定条件时，航空公司可以实施更高层次的收益管理的模式，这就是全航程管理(O&D)模式的收益管理。O&D模式的收益管理系统的运行要有以下几个系统的联结和支持，它们分别是：① 旅客订座系统。② 离港控制系统。③ 代理分销/全球分销系统。④ 运价系统。⑤ 财务系统。⑥ 信息管理系统。⑦ 其他信息系统。

O&D模式的逻辑结构如图 13-1 所示。一般说来，它是由两套开放平台支持，即 off-line 系统平台和 on-line 系统平台。on-line 系统是通过 off-line 系统的支持，实时与订座系统交换数据，决定是否接收某一订位，这时的决策是针对每个订座的。

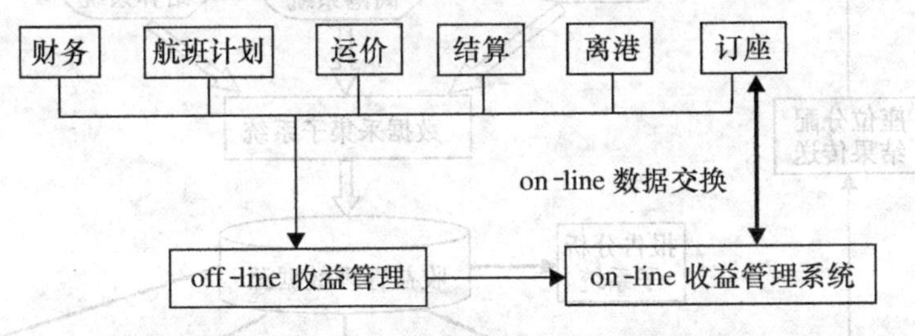


图 13-1 O&D模式的收益管理系统的逻辑结构

该系统的基本功能有：计算期望变动利润，只接受期望变动利润为正值的订座，实施计算和更新底价。

### (二) 航空业收益管理的系统工作原理

on-line 是通过对期望变动利润 $p$ 的计算，决定是否接受某一订座申请。如果 $p>0$，则系统接受这个订座申请，如果 $P\leqslant 0$，那么这个订座申请将被该系统拒绝。期望变动利润 $p$ 按下列公式计算：

$$P=1-Cp$$

其中：$I$ 为净边际收益，$I=[Co(1-b)(1-S)-Cc](1-k)$；$Cp$ 为机会成本，它是指接受此订座申请后可能导致将来失去的收益；$Co$ 为净价；$b$ 为佣金率；$S$ 为分配率；$Cc$ 为承运成本；$k$ 为被拒绝的订座再次在本公司订座的比例。

期望变动利润 $P$ 是净边际收益与机会成本的差值。净边际收益是增加一个订位带来的利润贡献，在此基础上减去因为接收此订位而可能导致的损失，就得到了 $P$ 值。净边际收益的概念和计算公式也不难理解，它是去掉所有发生成本后的净收益。

## 四、航空业收益管理的支持系统

航空业收益管理的运行依赖于它的数据库系统，该系统的结构框架和运行逻辑如图 13-2 所示。

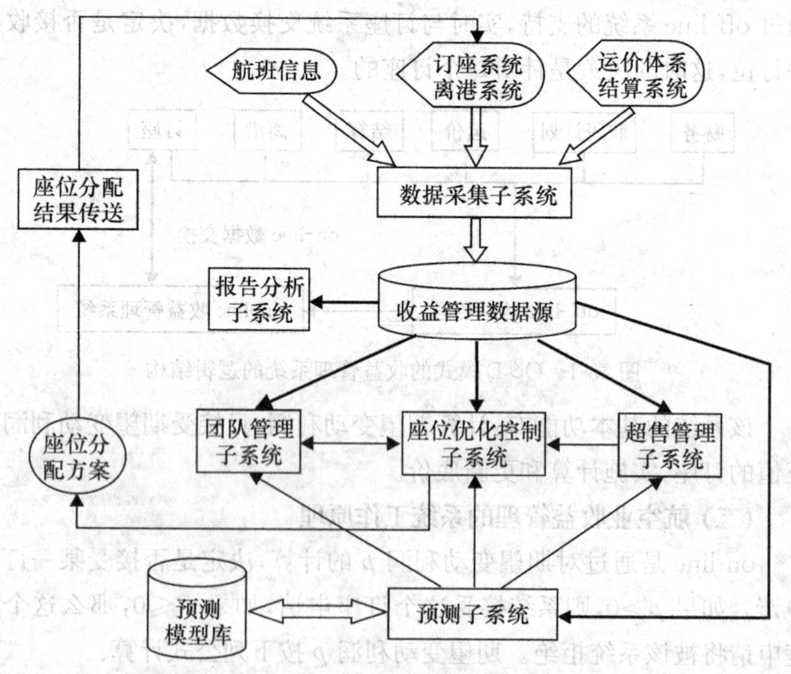


图 13-2　航空业收益管理运行系统结构

航空业收益管理运行系统结构包括以下六个子系统。

**(一) 数据采集子系统**

数据采集子系统是整个收益管理系统的基础性子系统,是收益管理系统和其他外部系统的数据接口系统。它主要解决系统的数据输入输出问题,负责从订座系统和其他外部系统采集收益管理系统所需的外部数据,并对数据进行组织与管理,最后将系统的优化结果输出到订座系统。

由于我国民航使用的订座系统由总局统一管理,各航空公司并没有自己独立的订座系统,加上现有系统的数据格式较为独特,与现行的网络通信协议不兼容,因此必须开发专门的子系统来负责收益管理系统与订座系统之间的数据交换问题。数据交换过程中从订座系统采集数据是其工作的主要内容,因此称其为数据采集子系统。

**(二) 预测子系统**

预测子系统是收益管理系统的数据处理系统。通过对数据采集系统的各类数据进行预测,为收益管理系统的各个业务子系统提供管理决策支持信息。

(1) 为超售管理子系统提供 no-show 率、go-show 率和订座取消率等相关数据的预测。

(2) 为座位优化分配子系统提供旅客需求量预测。

(3) 为团队管理提供团队成行率、意向航线或航班旅客需求等数据的预测。

(4) 为报告分析子系统提供必要的预测服务。

**(三) 超售管理子系统**

超售管理是通过接受超过航班座位数订座来减少空座损失,来增加航空公司收益的一种收益管理方法,是销售控制的主要手段之一。

(1) 自动升舱。航空公司的许多航班上的头等舱和公务舱经常出现需求不足,如果不进行处理就会出现空座损失。收益管理系统能够根据旅客需求预测在高舱位预计将有空位而低舱位供不应求的情况下,及时扩大低舱位的座位数，以满足低舱位旅客的需求，避免空座损失。

(2) 确定超订数。根据 no-show 率、go-show 率、旅客平均票价、DB 损失预测数和订座取消率，确定实行超售管理的航线上的每个航班不同舱位不同时间段超订数并最终确定最大可接受订座数，尽可能减少虚假订座、重复订座造成的拒绝订座损失和 no-show 造成的空座损失。

**(四) 座位优化分配**

座位优化分配子系统是收益管理系统的核心子系统。它根据航班信息、超订比率、定价数据、旅客需求预测数据进行优化，确定每个航班每个等级可接受的订座数，实现“阶”与“位”的最佳组合。

(1) 单航段航班座位优化分配。综合考虑团队和散客需求，为每个航班的每个等级分配最佳的可接受订座数，并在预计高等级有机会出售时及时关闭低等级，实现航班收益的优化。

(2) 多航段航班座位优化分配。综合考虑多航段的团队和散客需求，确定每个航段、每个等级可接受订座数，即自动作出应该把客票销售给哪些航段哪些运价等级旅客的决策，实现航班整体收益的优化。

(3) 订座异常情况的报警功能。订座数据出现异常变动时进行提醒，要求管理人员进行分析处理。

(4) 节假日和特殊事件管理。节假日和特殊事件发生期间，对航班采取特殊的控制措施。

(5) 根据航班的重要程度采用不同的优化算法和优化频率。系统能够根据航班的离港提前期、客座率、实际订座曲线特征等信息确定航班的重要程度等级，对不同重要程度等级的航班分别采取不同的优化控制方法和刷新频率。能根据价格或需求变化及时调整座位分配方案，避免出现收益机会的遗失。能够很方便地在手工控制和自动控制之间进行转换。

**(五) 团队管理子系统**

团队管理子系统根据申请团队的性质、申请代理人的业绩和资信状况、意向航线航班座位优化分配结果等信息向团队管理人员提出航线航班建议和该团队的最低报价，为团队管理人员决定是否接受团队申请提供决策支持。

在对团队需求进行分析预测评估的基础上，按照座位优化分配的结果，对团体的报价和航线、航班安排提供建议，达到航线收益的优化。

(1) 根据历史数据对团体使用率和团体旅客 no-show 率作出预测。

(2) 对团体旅客的各种可行路线、航班作出分析。即对团体旅客的各种可行路线、航班的选择提供决策信息，对各种方案进行评估，使航班集合的收益最优。

(3) 计算出所有可能航班团体应付的最低票价。

(4) 对团体的订座、订座取消、出票、成行率等等进行追踪管理。

**(六) 报告分析子系统**

报告分析子系统用清晰明了的图表、数据为市场营销、定价、代理人管理、航班调整等管理活动提供决策支持信息，并为高层管理人员提供反映公司航线、航班经营状况和市场竞争态势等相关信息的分析报告。包括市场需求分析报告、销售状况分析报告、代理人业绩分析报告、定价效果评估报告和航空公司实际管理中所需要的其他报告。

## 第三节 饭店的收益管理

### 一、饭店收益管理概述

**(一) 饭店收益管理的要点**

1. 收益管理是关系到住房率的房价策略

收益管理是经济学原理在房价制定与客房供应管理方面的应用。它在决策制定的经常性和涉及范围上与传统的价格策略是有着较大区别的。收益管理虽然与传统的饭店经营同样销售客房，但它有一个更复杂的程序。

2. 收益管理使收入最大化

Nykiel认为，将客房出售给愿意出最高价的客人以获得最高收入。

Kimes认为，客房平均收益（revenue per available room，简称RVPAR）是饭店收益管理更好的计算方法。收益管理的目标就是使RVPAR最大化。

Lieberman则认为，之前的收益管理定义并无新意，因为它与过去饭店业所作的定义并无不同。他指出收益管理既不是计算机系统，也不是一系列数学计算，它是通过信息系统、科技、概率、统计、组织理论和专业实践与专业知识的结合来实现增加收入和宾客服务能力的一种工具。强调收益管理是通过控制不可储存产品的售价和供应量来实现利润最大化的实践。

Schmidgall在1995年提出，收益管理更注重的是通过销售客房以带来客房收入最大化，而不仅仅是将所有客房销售出去。

Vallen最新的理论认为，收益管理是一种用于控制房价和住房率以使总收入最大化的房价策略系统。

3. 收益管理使利润最大化

Saloman认为，收益管理是一种通过把现有客房以最合适的价格分配给已确定的细分市场来提高利润的销售额最大化技巧。

Griffin认为，收益管理是一种试图增加收益率，增加营业利润的程序。因为饭店是高资本投资和低可变成本的行业，增加收入对增加营业利润是至关重要的。

Donaghy、McMahon和McDowell指出，收益管理的目标是利润最大化。他们认为，收益统计中应包括成本考虑，收益管理不应是一种收入工具，而是一种产生利润的工具。

以上概念从不同的角度对饭店收益管理进行了界定，但它们对于饭店收益管理内涵的理解是相同的。饭店收益管理就是使饭店在最佳的时机以最好的价格卖最正确的客房给最合适的客人的方法,以创造最大的收益。

**(二) 饭店业的经营特点**

饭店业为复杂而有效的收益管理提供了应用条件。饭店业的经营具有以下六个方面的特点:

(1) 产品价值的不可储存性。

(2) 容量固定。

(3) 需求可细分。

(4) 可提前出售。

(5) 销售边际成本低且生产边际成本高。

(6) 需求波动性大。

饭店业以上的特点使饭店的管理和经营面临许多其他行业所没有的问题。

(a) 饭店的需求随时间而变化,时高时低。当客房需求较低时,大量的客房无法销售出去;当客房需求高涨时,又由于生产能力的固定无法满足全部的需求,潜在的收益又失去了。

(b) 饭店高固定成本、低可变成本的成本结构让饭店经营者在淡季时有了降价的余地。

(c) 饭店的预订工作使饭店可以更有效地控制和分配客房资源。

(d) 可以细分的市场为经营者提供了差异定价的基础。

从以上的分析可以看出饭店业是十分适合使用收益管理的,这也是国外饭店普遍使用收益管理,并取得较大成功的原因。饭店业具备了应用收益管理的必要条件,同时饭店业也需要收益管理。

**(三) 饭店业实施收益管理的理论依据**

收益管理理论适用饭店业的经营管理,并已在实践中取得了很好的效果。总结以上饭店经营的特点,从营销的角度看,实施饭店收益管理的理论依据如下:

(1) 客人的订房曲线具有统计规律。饭店产品具有季节性的特点,1年中的某些季节,如春天和夏天,订房人数高于其他季节,而在春节、元旦、黄金周等节期间,订房人数更是明显高于平时。在不同时间段内订房情况相近,并不因年度不同而产生明显差异。这种统计规律都是我们实施收益管理预测所依据的准则。

(2) 整个市场可以被分割成若干个细分市场。整个市场的客人可以分成不同的类别。市场细分是实施定价策略的基础,每个细分市场的内部有共同的性质或偏好。细分市场内部的共性和偏好是进行市场分割的基础。只有了解细分市场的偏好才能够制定限制条件来分割市场。不同的细分市场对价格变化的反应程度不同,即价格弹性不同。对于收益管理来说,客人最主要的差别就是对价格的敏感度的差别,分割市场的目的就是为了利用细分市场间不同的价格弹性来设定不同的价格,对价格不敏感的客人收高价,对价格敏感的客人收低价,从而获取更多的收入。

(3) 在一定的价格范围内,价格与客人数量的函数关系是弹性相关的,这是实施定价策略的依据。

(4) 客源状况与宏观经济存在关联。在收益管理中我们可参照宏观经济的发展状况对年度客源的预测值进行修正。

**(四) 实施步骤**

饭店收益管理的实施需要做大量的全面的准备工作。具体实施过程可以分为以下四个阶段。

1. 准备阶段

(1) 设立专门机构,指派专人负责。

(2) 系统软件的购买和安装调试。

(3) 员工培训。

(4) 颁布新的业绩评估标准。

(5) 细分市场。

(6) 整理历史数据。

(7) 预测需求。

(8) 制定计划。

2. 执行阶段

按照计划严格执行。

3. 评估阶段

(1) 观察需求和收益的变化情况。

(2) 分析成败的原因。

4. 调整阶段

(1) 调整策略。

(2) 员工再培训。

(3) 修正业绩评估标准。

(4) 制定新的计划。

以上四个阶段并不是独立的，而是一个连续的、循环的过程。

**(五) 饭店收益管理的指标分析**

饭店需要运用一些指标来衡量饭店的经营状况和管理人员的工作业绩。目前大多数饭店经营者评价经营业绩时所用的指标是客房出租率或者平均房价，这两个指标都存在缺陷。而运用收益率来衡量饭店收益可以更加有效地反映实际经营效果。

1. 客房出租率

客房出租率是饭店常用的衡量经营效果的重要指标之一。其计算公式是：

客房出租率=(客房出租数÷客房总数)×100%

2. 平均房价

平均房价也是常用的指标，计算公式是：

平均房价=客房总收入÷实际售出客房数

平均房价的局限性在于，追求较高房价会使到销售量降低。

运用客房出租率或者平均房价来衡量饭店收益有明显的缺陷：既

没有考虑房价和出租率的关系，也没有考虑两者的不同结合点所造成的营业收入的不同，即房价与出租率的乘积不同。表 13-1 就说明了这一点。

表 13-1

**不同的房价和出租率组合收入的变化情况**

| 组　别 | 客房销售量（间） | 客房出租率（%） | 平均房价（元） | 客房收入（元） |
|---|---|---|---|---|
| A | 450 | 90 | 200 | 90 000 |
| B | 250 | 50 | 300 | 75 000 |
| C | 400 | 80 | 250 | 100 000 |

注：该饭店总客房数 500 间。

表中的三种组合，如果以客房出租率为标准，则 A 组为最佳；如果以平均房价为标准，则 B 组最佳。然而实际上 C 组的组合为饭店创造的收入最多，但不论采用以上哪一种标准，都没有人会选择 C 组。

如果采用以上两个评价指标，都会影响管理者的行为进而影响饭店的收入。

（1）以客房出租率作为评价标准，销售人员就会尽量多地接受团队客人的预订，而对那些付费较高但预订较晚的客人不屑一顾。

（2）以平均房价作为标准，销售人员只会对那些高价客人青睐有加，宁愿让客房闲置也不愿降低房价销售给价格弹性大的客人。

这两种做法所产生的直接后果就是饭店的收入减少。

3. 收益率

收益管理理论有效地避免了上述缺陷，它关注的焦点是如何寻找到房价和出租率的最佳结合点。收益管理为我们提供了一个新的指标——收益率。其计算方法是：

$$收益率=(实际收入\div潜在收入)\times100\%$$

潜在收入是指将所有的客房以最高价，即标价或门市价销售出去时得到的收入。假设表13-1中饭店的平均标价是300元，按此算法则上表中三组的收益率分别为：A，60％；B，50％；C，67％。可见以收益率为指标，C组变成了最佳选择。

为什么不直接用收入作为指标而要利用收益率将收入最大的组合选择出来呢？

收益率的概念中将潜在收入，即可能实现的最大收入列入了考虑范围。我们假设以前的经营者只实现了30 000元的收入，而现在的经营者选择了B组合，即实现了75 000元的收入。后者较前者的收入增加了1倍以上，如果以收入作为衡量指标，这一结果令人满意。然而实际上其收益率只有50％，仅仅实现了最大可能收入的一半。可见收益率这一指标可以更加有效地反映实际经营效果。

4. 收益率与客房出租率和平均房价的关系

三者之间的关系可以由收益率的计算公式得出：

$$实际收入=实际平均房价\times实际售出客房数$$

$$潜在收入=标价\times客房总数$$

$$收益率=\frac{实际收入}{潜在收入}=\frac{实际平均房价\times实际售出客房数}{标价\times客房总数}$$

$$=\frac{实际平均房价}{标价}\times\frac{实际售出客房数}{客房总数}$$

$$=房价实现率\times客房出租率$$

其中，房价实现率＝实际平均房价和标价的比值，即房价实现率＝1－折扣率。通过对房价实现率的计算，管理者可以掌握实际房价偏离标价或门市价的程度，这是做好折扣管理的保证。

收益率是衡量饭店经营情况的简单而有效的指标。但这一指标也有一个明显的缺点——没有考虑经营成本和非客房收入。

收益率等于房价实现率和客房出租率的乘积，同样的收益率可能是不同房价实现率和客房出租率的组合。如表13-2所示。

表 13-2

**收益率相同时的不同组合**

| 组　别 | 客房销售量（间） | 客房出租率（%） | 平均房价（元） | 收益率（%） | 客房收入（元） |
|---|---|---|---|---|---|
| A | 450 | 90 | 200 | 60 | 90 000 |
| B | 300 | 60 | 300 | 60 | 90 000 |
| C | 400 | 80 | 225 | 60 | 90 000 |

注：该饭店总客房数 500 间，平均标价 300 元。

表中三种不同的出租率和房价组合的收益率均为 60%。对哪种组合最好有以下不同见解：

(1) A 组合最好。因为 A 的出租率最高，入住客人最多，由此所带来的餐饮等其他收入也就会最多。

(2) B 组合最好。因为 B 组合的房价最高而且售出的客房数最少，进而成本最低利润也最高。

(3) C 组合最好。因为 C 组合兼顾了其他部门的收入以及成本和利润水平。

以上三种组合都有各自的合理性，这也说明了收益率没有考虑经营成本和非客房收入的缺点。

希尔顿饭店集团的市场总监说："收益是'希尔顿'的生命，平均房价和客房出租率已经被收益率和总收入取代。""收益管理最基本的两个策略也是与决定收益率的两个指标——客房出租率和平均房价有紧密的联系。"

## 二、饭店收益管理的系统构成

### (一) 收益管理系统在美国饭店的应用发展

美国的饭店是继航空客运业之后，首先开发使用收益管理的行业。

客人过去常常通过电话预约或临时登记入住饭店。随着网络的普及,许多饭店先后建立了各自的网站以方便客人上网预订客房。饭店的经营管理者们随时通过计算机系统查询有关客人预订及客房分配情况,并相应地作出各种不同的决策。例如,经理们每天须制定客房价格,考虑是否拒绝或接受某个客人或团体的预订等决策,这些决策的好坏往往直接影响着饭店的盈利。近年来许多饭店先后开发使用了各自的收益管理系统。

饭店业最先开发使用收益管理系统的是玛丽奥特国际饭店(Mariott International Hotels),此后,该饭店还推出"双人共进早餐"(two for breakfast)计划:把周末房价降至平时一半的优惠,来吸引当地的客人到旅馆度周末,成功地提高了客房出租率和饭店的经济收益。玛丽奥特国际饭店董事长兼首席执行官比尔·玛丽奥特曾说:"收益管理不仅为我们增加了数百万美元的收益,同时也教育了我们如何更有效地管理。"

收益管理系统的开发使用,不仅帮助饭店经营管理者们迅速、准确地作出各种决策,同时也使饭店的总收益获得提高。因此,近年来美国许多中高档饭店如大家熟悉的假日饭店、希尔顿饭店、凯悦饭店、威斯汀饭店等饭店集团,均先后开发了各自的收益管理系统。据报道,自从收益管理系统建立以来,美国凯悦摄政俱乐部客房的预订率上升了20%,各个预订中心平均房价也有所上调。希尔顿饭店公司已经创造了空前收入的记录。此外,凯悦和希尔顿都声称,销售和预订之间的沟通有了显著的加强。

**(二) 饭店收益管理系统的构成**

饭店收益管理系统应该包括以下几个方面的主要内容。

1. 价格管理

饭店一般希望能以最高价位销售所有客房,但由于需求的不确定性和行业竞争的激烈,这种情况很难出现。饭店通常会设定不同的折扣价位,希望在需求不足时,通过打折来吸引更多的客人,提高饭店的住房率和收入。因此,饭店必须有一套适当的价格制定与控制体系和与之匹配的销售策略，使得饭店既能拉住高价位客人，又能通过打折促销吸引低价位客人，以保证整个饭店的住房率。

饭店业的其他服务也需要被纳入收益管理系统，并统一协调其他服务项目定价与客房定价。其他服务项目收入作为饭店收入的重要来源，也有其自身的特点。

首先，这些服务也具有明显的时效性，而且固定成本远远高于可变成本。

其次，其营业量的大小部分取决于饭店住房率的大小，因此将这部分业务作为收益管理的一个部分是合理且必要的。

在饭店管理中十分流行的套票管理方法就是专门协调客房与服务项目之间的销售关系，饭店用提供服务套票来进行变相的打折促销，但目前国内饭店还没有能通过统计等科学的方式来系统完成套票的设计和定价的，因此制定一套合理的套票定价方式和管理方法也应该成为饭店业收益管理的重要组成部分。

2. 接纳能力管理

在制定一套适当的价格体系之后，一个好的收益管理体系应该能够正确决定不同价位客房的销售数量。理想的状况应是愿意出不同价位入住饭店的客人数量正好与预留给这一价位段的客房数量相匹配。科学的收益管理系统借助决策模型来计算能为企业带来最大收益的不同价位的客房分配数量，既保证有足够的客房留给愿意以高价位租用客房的后来者，又保证饭店的高住房率。

饭店接待能力管理还涉及预订管理，由于各种各样的原因，有的客人可能会临时取消预约的客房，或者预约的客房却没有能够及时入住，因此有时饭店可以允许预订的客房数量超过自身拥有的客房数量。这就是所谓的超额预订，是收益管理方法的一种技术。

在制定超额预订策略时，需要管理者对两种风险进行管理和权衡：一是如果超额预订数量过大，有可能实际到达的客人会超过饭店的接待能力，无法提供实现承诺的服务会给公司的名誉和长期收益带来不利影响。

二是如果超额预订数量过少，当部分预订客人取消预订或因其他原因不能按时入住时，就会出现客房空闲，损失了收益的机会。而由于在饭店预订客房通常不需预付定金，预订客房而不入住的情况会经常发生。

因此饭店的收益管理系统还应根据客人取消预订、预订而不入住，或提前离店的各种历史统计数据来决定超额预订的最合理数量。

3. 入住期限管理

客人向饭店支付的费用与其停留时间成正比，客人停留时间越长，饭店获得的收益越多。长期客人还能够减少市场变化的风险。因此，客人入住期限管理也是饭店收益管理中不可忽视的一部分。

有了入住期限的管理，饭店在受理客人对客房的预订时会同时考虑客人要求的入住期限和饭店预期的住房率，以保证饭店能获得更大的收益。例如，有时候即使在某一天有少量空闲客房，饭店也可能会拒绝客人短期入住的预订，因为如果接受短期客人入住，就有可能不得不拒绝后面需要较长期入住客人的预订。

成功的收益管理依赖于完善的收益管理系统。价格管理体系、接纳能力的管理体系、入住期限管理体系的协调运作是饭店收益管理系统实现的基础。

不同的饭店由于其各自的市场定位、目标客源市场、管理理念及组织机构的不同，开发使用的收益管理系统也各有差异。没有最好的系统，只有最适合的系统。

## 三、饭店收益管理的实际应用

### (一) 需求预测

客人需求预测是收益管理的基础部分。准确而及时的需求预测是收益管理的基础。收益管理的所有策略和方法都离不开预测技术的支持，超额预订、容量控制、差异定价都只有在准确预测的基础上才能发挥应有的作用。

在实施收益管理的过程中，预测技术主要用于需求水平的预测。所谓需求包括两个部分，即预订客人的需求和未预订客人的需求。准确预测预订数量可以为超额预订、客房分配提供科学依据；相对而言，对未预订客人需求的预测更为重要。

假设一家饭店只有 2 间客房，未预订客人房价为 3 元，预订客人的房价为 2 元；假设有足够的预订客人，并且他们一定会信守自己的预订。不同的预订客人和未预订客人组合，饭店可能获得的收入如表 13-3 所示。

表 13-3

**不同组合饭店收益情况**

| 可以获得的收入 | | 可能购买客房的未预订客人人数 | | |
|---|---|---|---|---|
| | | 0 | 1 | 2 |
| 接受预订数 | 0 | 0 | 3 | 6 |
| | 1 | 2 | 5 | — |
| | 2 | 4 | — | — |

以上例子中，饭店可能获得的收入从 0～6，看起来是预订客人和未预订客人的不同组合。但是我们假设有足够的预订客人，也就是说，饭店可以决定接受多少预订，但是饭店无法决定有多少未预订客人出现。即饭店能否获得最大的收入取决于未预订客人的人数，只要饭店预测出会有多少未预订客人出现，就一定可以获得最大的收入，否则就只能冒险，或者采取保守的策略放弃潜在的收入。从这个角度上讲，对未预订客人需求的预测更为重要。

这种预测不仅要在大的尺度上做到准确，如一个饭店的总客人数，而且还要能够更精确地预测不同目的客人的需求量各有多少以及他们订房的时间和对价格的敏感程度。

准确的预测基于以下几个条件。

1. 运作良好的模式

这种预测模式一般是来自对历史数据的定量分析和对一些普通行为的定性观察。如分析 1 年中淡季旺季的交替变化,1 周内每天需求的分布,以及 1 年与 1 年之间的增长趋势等。

2. 总需求量的把握

从预测的内容来说,总需求量是许多因素的总和。对于饭店业,一些主要的因素包括如订房、订房后取消、订房不入住、不预订临时入住等。

3. 订房速率的确定

预测不可或缺的因素是订房速率。所谓订房速率,是指距离某天还剩下一定天数时,已订房的客人占总订房数的比例。一般来说,不同目的的客人往往有不同的订房速率。

实际操作中,上述各项内容还需要分为有限制预测和无限制预测。有限制预测是受到可用资源限制时,实际需求的大小。

无限制预测则是假定可用资源无限大时,总的需求可达到多少。无限制需求反映了该饭店在市场总需求中所占的份额。预测无限制需求的目的是为了把所有潜在的需求都加以考虑,然后由收益管理系统来决定一个最佳的控制方案,以决定接受或拒绝哪些需求。

**(二) 超额预订**

1. 超额预订的定义

超额预订就是在订房已满的情况下,再适当增加订房数量,以弥补因订房人不到或临时取消订房而可能出现的客房闲置,避免不必要的经济损失。超额预订可以有效地减少客房的"虚耗",增加饭店的收益。虚耗是指本来有需求,但却没卖出去的产品。

饭店客房是一种脆弱商品,在饭店客房全部订满的情况下,下列因素仍可影响"客满":

一是客人提前退房。

二是订房者因受气候、航班、或车次更改影响而"无到"。

三是订房者因受朋友、亲戚或同事的影响，临时改变计划而到别的饭店住宿等等。

“无到”不仅影响饭店的出租率，而且处理不当，往往会给前厅的服务工作带来不必要的麻烦。例如，饭店在预订客人逾时不到的情况下，把该客房租给没有预订客房的客人。但原预订客房的客人却在晚一点的时候匆匆赶到了，其纠纷可想而知。因此饭店必须采取措施，尽量减少“无到”的发生。

对于饭店而言，如果事先预订的客人在抵达之前突然取消了预订，或者比预订的时间晚了几天才抵达、甚至根本就没有出现，以上任何一种情况都会减少饭店的收入。事实上，这样的事情在饭店中每天都有发生。降低客人抵达的不确定性，可以从以下几个方面入手：

(1) 核对预订。有些客人提前很长时间就预订了客房，在入住前的这段时间内，会有一些客人因为种种原因而无法按期抵达或者取消了旅行。然而不是所有的客人都会将变更主动地通知饭店，在客人抵达之前通过电话或者书信与客人进行多次核对，一旦变更迅速作出调整，并通知各个相关部门将闲置的客房重新预订或者销售给未预订客人。

(2) 增加保证类预订。预收保证金或要求信用卡担保。这样就将风险转嫁给了客人，可以有效防止饭店收益的减少。

(a) 预付定金。要求预订客房的客人预付一天的房租的金额作为定金，如果客人“无到”，定金则要没收作为饭店收入。对人数较多的旅行社团订房，要求旅行社以 1 天全数的房租提前 30 天预付。某些公司、旅行社由于业务关系，常住在某饭店，饭店与这些公司往往相互默契，有的签有合同，公司往往在合同上担保，如果出现“无到”，当晚房租由该公司负责。在供大于求的情况下，有些饭店则采取灵活的方法来处理定金的问题。例如，因为客房饭店临时取消的不可控因素，虽然“无到”，也不没收定金等。

(b) 时间限制。对抵店(当天下午 6 点)没有到达的客人则认为，主动取消订房的方法来限制那些没有预交定金的客人，或没有准确饭店和车次的客人。原则上，接受这类客人订房时，应事先向客人说明，并在订房预订上注明。

但是以上两种方法依然无法完全保证所有预订客人都信守自己的预订，实际上也无法做到这一点。根据饭店业的经验，订房不到者占总预订数的5%，临时取消预订者占8%～10%，正因为如此才有了超额预订。

2. 超额预订数的确定

超额预订有一定的风险。一旦预订客人全部抵店，饭店将面临尴尬的局面，因而确定超额预订的幅度十分关键。幅度过大，已经订房的客人无房可住，引起纠纷，降低饭店信誉；幅度太小，出现虚耗，饭店又将蒙受损失。

从理论上讲，最优的超额预订数是当接受一个额外预订的边际收入等于边际成本时的预订总数超出实际客房数的数量。边际收入是指每多销售一单位产品所带来的收入的增加量，它随着销售量的增加而呈递减趋势；边际成本是指多销售一单位产品所带来的成本的增加量，它一开始随着销售量的增加而呈递减趋势，但当达到一定销售规模后则会随着销售量的增加而呈增加趋势。当边际成本增加到大于边际收入的水平，企业销售产品就无利可图，利润会随之减少。

在计算超额预订的成本时，除了可见的一些经济成本以外，还要充分考虑到一些无形的成本，如饭店的声誉等。

一般认为超额预订数可由以下公式确定：

$$\text{超额预订数}=\text{预计临时取消预订数}+\text{预计预订而未到的客人房数}+\text{预计提前退房数}-\text{预计延期离店房数}$$

在公式中可以发现每一个决定超额预订数的因素都有预计的字样，要想计算准确，首先要保证对各项指标的预测准确。要解决这一问题的最好方法是建立一种准确的预测模型，通过该模型可以准确预测出最佳超额预订数。目前国际上流行的饭店收益管理系统，都提供了强大的预测功能和专门的超额预订模型。

做好超额订房的关键，在于掌握超订数量和幅度，按国际上饭店的管理经验，通常控制在可预订数的5%左右，其最合适的百分比应在详细分析影响"客满"的各种因素后才能得到。同时还应该考虑下列因素：

(1) 饭店类型。一般来说，连锁店凭借完善的统一预订系统和庞大的分店数量，可以适当提高超订率以提高利润；独立经营的饭店则只能保守一点。

(2) 预订形式。饭店通常采用三种预订方式：临时性预订、确认性预订和保证性预订。临时性预订的客人如在当天"取消预订时限"（下午6点）还没抵达饭店，该预订即被取消，故超额预订的弹性也大。确认性预订有充分的时间给以书面确认，向他们收取欠款的风险较小，同时饭店在失诺时的责任也相对较大，故超额预订的弹性就小。保证性预订确保饭店在出现预订宾客不入住的情况下仍有客房收益。因此，对待保证性预订的那些房间，饭店不应该再超订。相反，饭店应保留比预订数量稍多的空房间以确保这种预订的宾客来到时有房可住，这可称为"减额预订"。

(3) 宾客类型。团体预订房间，如果团体不在抵达前的某一合适时间确认所留的全部房间，多数饭店会将预留房取消。但是散客预订可以将预订与确定同步进行。很显然，他们的超订率亦不会相同。

(4) 天气情况。恶劣的天气常造成航班被取消、轮渡停驶，如果这种天气出现在预订到达当天，那么"已经预订的客人到期不出现率"（以下简称"不出现率"）肯定会大幅提高，对天气情况的预测便成为超订率制定的重要依据。

(5) 特发性事件。倘若在客人预订到达期前两三天，其所在地发生不利的特发性事件，肯定会影响客人的行程，但往往由于事发突然，客人来不及取消。对饭店来说，适当增加到达当天的预订量，无疑是明智的。

### (三) 客房短缺的处理

超额预订对于顾客而言意味着客房短缺的风险。根据我国《合同法》的规定,即便是口头承诺,也视为合同成立。因而当饭店接受了顾客的预订,就意味着在饭店与顾客之间确立了关于客房出租的某种合同关系。一旦饭店无法使某个顾客按预订入住,这就相当于饭店单方面撕毁合同,客人有权利进行起诉。对这一点饭店经营者要有清醒的认识,对于因超额预订而不能入住的顾客,要妥善处理,做好安抚工作。

如果因超额预订而不能使顾客入住,按照国际惯例,饭店应该做到以下几点:

(1) 诚恳地向客人道歉,请求客人谅解。如果客人原订的是中等客房,但饭店当时只有高级客房,可以采取"升格"的方法,即为客人分配比原订客房高级的客房,但价格维持原订的房价;如果有比原订客房级别低的客房,在征得客人同意的情况下,可以采取"降格"的方法,即为客人分配级别较低的客房,按低级房价收费,甚至对低级房价再打折扣等。

(2) 如果客人不接受第一条处理办法,饭店应设法帮助客人在附近找一家饭店,并负责客人到该饭店的交通费用。如果找不到同等级的饭店可安排入住级别稍高一点的饭店,高出的房费由饭店承担。

(3) 在客人愿意的情况下,可以在第二天优先安排客房,把客人接回来,并按 VIP 接待,对其表示欢迎。可由大堂副理出面迎接,或在客房内摆放鲜花等。

(4) 饭店要设专门的记录表格注明已订房客人住不上饭店的原因、处理办法以及该客人详细的个人资料。该记录直接由前厅部经理处理。

对于保证类预订,则除了以上措施以外,还应视具体情况,为客人提供以下帮助:

(1) 支付其在其他饭店住宿期间的第一夜房费,或客人搬回饭店后可享受 1 天免费房的待遇。

(2) 免费为客人提供一次 3 分钟的长途电话费或传真费，以便客人能够将临时改变地址的情况通知有关方面。

(3) 客人的信件、电话等，均应及时无误地转递。

饭店需要运用超额预订的方法来避免由于客人“无到”而造成的客房“虚耗”，保障收益。但同时要考虑由于超额预订引起的客房短缺对饭店的声誉产生的负面影响。因此，确定科学合理的超额预订数就成为做好预订工作的关键。

**(四) 客房分配**

客房分配的关键是将最正确的客房分配给最合适的客人。有效的客房管理可以使客房产品的价值得到最大限度的实现。客房分配的目的是确保把客房留给后订房的高收益客人，限制低价客房的数量。

为了进行客房分配，保证高收益客人的订房要求，首先要根据历史数据，预测各客房等级的客人需求，然后再结合特定日期和特定饭店的容量、当前的订房状况、客人购买客房产品的行为方式以及竞争对手的价格策略等因素，从高到低依次确定高价的客房保护水平。

保护水平过高，就有可能出现过多的空客房，降低饭店的收入水平；保护水平过低，就有可能拒绝高收益客人的需求，同样也会造成收入损失。因此，饭店必须运用恰当的方法，确定适当的高收益客人的客房保护水平。

1. 停留时间控制

停留多日的客人为饭店带来的收益显然远远高于只停留一天的客人。因此，为提高饭店收益，在接受一项预订时往往有最短停留时间的要求。这意味着在收益管理中，只停留一天的预订要求可能被拒绝，即使有空房可供使用。

例如，假设某家饭店星期三客房的需求量较大，而星期二、星期四的需求量较小。饭店在考虑是否接受某项星期三的预订时会要求客人停留 3 天(即周二、周三、周四)，甚至可以以降价为代价。如果这家饭店周二、周三、周四的客房需求量都很大，就不能接受只预订 3 日内任何一天的预订要求，因为这会使本来计划住 3 天的客人转投他店。

减少走客房（离店客人的房间）的整理时间，加快客房的周转速度，意味着在同一时间内可以有更多的客人享受服务，可以为饭店带来更多的收益。许多饭店将走客房放在房间整理的第一位，及时打扫可以使走客房在最短时间内成为"OK"房（整理好的客房），做好接待新客人的准备。如果打扫不及时就有可能浪费销售的机会，减少饭店的收益，在旺季时这一点尤为重要。虽然减少走客房的整理时间一般不被认为是收益管理的工具，但是它可以有效地提高单位客房产品的收益。

2. 容量控制

对饭店而言，容量控制就是如何更好地把现有客房资源合理分配，达到收益最大化的目标。

因为预订客人的房价要高于提前预订客人，晚预订的客人的房价高于早预订的客人。如果把所有的客房都以较低的价格预订出去，既减少了饭店的收益，也无法满足未预订客人的需要。因而饭店需要预测预订客人和未预订客人的不同的需求水平，根据预测结果决定多少客房通过预订销售，多少客房留给未预订客人。超额预订超过的也不是饭店的客房总数，而是饭店决定通过预订进行销售的客房总数。

这一措施可以有效地提高饭店的收益，同时又可以满足未预订客人的需要。尽量限制打折客房的数量，并缩短付折扣价客人的停留时间。其目的是，在将那些不打折就无法售出的客房销售出去的同时，使其余客房维持较高价格。这一措施的关键在于需求预测是否准确，管理人员不能只考虑今后某一天的销售量，而应认真分析这一天的销售量对今后某一段时间销售量的影响。

例如，为接待一个大型团队，饭店必须在团队到达之前就预留大批客房。因而在其抵达前就会有客人必须转店；团队离店后，短时间内不一定能有足够的新客人，又会有客房闲置。这些情况不但会减少饭店的收入，还会招致客人的不满。因此，在收益管理工作中，管理人员应特别重视对商务旅游者需求量的预测工作，并为那些较晚购买客房，但愿意支付高价的客人预留适量的客房。如果预测结果显示未来一段时间商务旅游者的需求量较低，就应以折扣价刺激休闲旅游者的需求。

3. 升档销售

升档销售也是客房分配常用的一种提高收益的方法。升档销售就是尽量引导客人购买饭店中价格较高的高档客房。例如，只对低价客房实行超额预订，一旦客房数量不够时，可动员客人改住价位较高的高档客房；或者直接鼓励前台预订员尽量推销高价客房。但要注意这一方法主要针对那些价格弹性较低的商务旅游者。可以在客人入住时运用销售技巧向客人推荐较高等级的客房。如采取由高到低的报价方式，在客人可接受的价格范围内尽量推销高价客房。

## 四、饭店收益管理的支持系统

饭店收益管理的应用需要软件系统、管理系统和信息系统的支持。饭店在选择软件系统时应考虑自身的条件和预期的目标。但是，软件只是收益管理的工具和手段，饭店收益管理的实施最终还要依靠全体员工的共同努力和饭店各部门的协调工作。组织结构、业绩评估、员工培训等方面都会对饭店收益管理的效果产生影响。实施收益管理还需要准确全面的数据信息，包括客房使用和客源市场的信息。

### (一) 管理系统

有了策略和方法，也有了实施的工具和手段，并不意味着就万事俱备了。任何策略的实施最终都要靠人来完成，需要协调饭店各个部门工作，调动全体员工的积极性。要达到这一目的，饭店至少要做好以下几方面的工作。

1. 建立组织机构

要设立专门负责收益管理的机构，并由高层管理人员负责。各个部门能否协调一致直接关系到收益管理成败。例如，营销部门预测到下一段时间需求旺盛，根据收益管理的原则应减少和限制低价客房的预订，然而预订部门却并没有这样做，最终导致饭店失去了很多潜在收入。又如，营销部门在淡季为了刺激需求，通过广告推出低价客房，可是当客人打电话到预订部门时，却被预订人员告知没有低价客房，这时饭店不仅仅会失去潜在的收入，还会引起客人的不满。因而将所有与收益管理有关的部门如营销部、前厅部、预订处等部门，由同一机构或者由同一高级经理负责管理、协调就显得十分必要了。

2. 业绩评估

通常并不是计算机系统使收益管理的全面实施受到影响，而是业绩评估的方法。现有的业绩评估方法有明显的缺点，例如：

(1) 销售部经理的业绩通常根据预订客房的数目来衡量。这种业绩评估的方法没有考虑价格的差异，因此是不恰当的。

(2) 很多饭店改进了第一种方法，转而观察销售经理每月销售的客房总数和平均价格，虽然这种方法提供了更多的数据，但却忽视了销售经理的预订所带来的真正影响。表 13-4 将帮助大家分析这个问题。

表 13-4

**销售业绩比较**

| | | 接受预订的时期 | | | |
|---|---|---|---|---|---|
| | | 需求高峰 | 需求一般 | 需求低谷 | 总数/平均值 |
| 销售经理A | 客房天数 | 200 | 200 | 200 | 600 |
| | 预订价格(美元) | 100 | 100 | 100 | 100 |
| 销售经理B | 客房天数 | 300 | 200 | 100 | 600 |
| | 预订价格(美元) | 110 | 100 | 70 | 100 |
| 销售经理C | 客房天数 | | | 600 | 600 |
| | 预订价格(美元) | | | 100 | 100 |

表中 3 位销售经理都以平均 100 美元的价格接受了 600 间客房的预订，这是否意味着他们为饭店所作的贡献一样多呢。

用收益管理的观点来衡量，很明显经理 C 对饭店的贡献最大，因为他所销售的客房全部在淡季；而经理 B 的业绩是最差的，他在旺季销售的客房最多，而淡季时最少。然而传统的评估方法就不能用数据反映这种差别。几乎没有动力能使这些销售经理改变他们的工作方法，争取更大的成绩。

饭店对员工业绩评估的方法要与收益最大化的目标相一致。如美国凯悦饭店正在对一种激励机制进行评估，根据市场需求的实际情况，饭店给予推销员不同的分数，在低谷期时赢得预订的得分要比在高峰时高一些。

坚持"收益第一"的饭店需要用跨部门的综合评估标准取代传统的业绩评估法，减少部门之间的冲突，使管理层的决策和员工的行为都朝向一个目标——收益最大化。

3. 员工培训

有了机构的保证和适宜的评估方法，然而如果员工不能很好地执行饭店的意图，最后的效果还会打折扣。

培训工作主要包括两个方面的培训：

(1) 关于收益管理策略方法的培训，要让员工了解收益管理的原理及遵循的原则。

(2) 关于收益管理系统软件使用的培训，有关员工需要熟练掌握操作方法。同时，还要培养既精通收益管理系统又熟悉收益管理理论的专家。

收益管理的实际活动、政策、系统有一个共同的倾向——用少量的资源（饭店的客房）换取最大的利润。同样的方法也被应用到多功能厅、餐饮设施的经营中，以寻求最大的利润。

**(二) 信息系统**

从具体经营上说，收益管理是饭店在大量数据信息收集整理的基础上，利用相关软件进行分析，最终决定超额预订、多级房价控制的具体限额，尽可能多地以全价销售客房，以实现饭店收入最大化的目的。

拥有相应的数据信息，是实施收益管理的先决条件。20 世纪 90 年代饭店房价盲目打折，营销决策及饭店客房控制人员，将"客房多就放低价,客房少就放高价"的简单的销售方式当成经营原则,导致行业内经营失控的局面,就是因为营销人员缺乏相关的数据信息,无法对市场作出及时、准确的判断。

收益管理是一种营销方式的变化,它是在客房销售方面,从消费者的角度考虑问题。这就要求实施收益管理的单位必须进行大量的市场调查,收集消费者的诸多信息,在市场细分的基础上决定如何运用超额预订、多级房价控制和团体客人控制等手段开展销售工作。所以,收益管理使用的数据信息,主要应来源于饭店业的消费者——客人,这与我国现有的统计资料有很大的差别。现有的数据信息,符合以往国内饭店发展的特点,侧重反映住宿任务完成量的情况,主要统计客房出租率、客房利用率。这些指标虽然也反映了客人需求量的大小,但指标的平均化在一定程度上弱化了对市场情况的指示性能。客人构成、客房销售变化情况这一部分实施收益管理至关重要的数据信息,在我国基本上还是空白。我国饭店业在现有数据信息的基础上,应从以下三方面考虑。

1. 基础数据

饭店现有的收益管理的基础数据主要包括订房数据、入住数据和结算数据。这些数据的完整性和准确性是实施收益管理的保证。

(1) 订房数据。收益管理需要饭店不同时间点的各种订房数据,一般从饭店计算机信息中心的订房系统得到。采集的方式和技术方案如下:

(a) 批量采集:采用由饭店计算机信息中心在订房系统中处理成文件传送的方式。

(b) 随时采集:采用微机仿真终端下载方式。

(2) 入住数据。收益管理系统需要饭店的各种入住信息:订房不入住的人数、不预订临时入住的人数、升档人数等,需要的入住数据与订房数据一样按照批量和随时两种方式取得,因此在采集该数据时候的各种条件与订房数据相似。不同的是,还有一个数据源的问题需要解决。收益管理需要的入住数据应该来自订房系统内经过饭店发送的修正后的那部分信息。

(3) 结算数据。收益管理系统需要按收入计算出来的各个等级的房价信息。该数据来自收入结算系统,需要收入系统每个月提供上一个月的所有饭店的各等级的实际收入数据,而这些数据是来自各个销售点在收据上填写的数据。

订房数据、入住数据和收入结算数据是收益管理系统的数据基础,没有这些数据的支持,收益管理系统是无法运行的。在这些数据的使用时要注意以下几个问题:

(a) 不正确的数据被收益系统放大后可能造成更大的错误,因此这些数据的准确性是收益管理系统输出结果正确的保证。在实施收益管理系统的时候,需要深入分析确保收益管理系统所必需的数据能够按照要求获得,并且保证相应的准确性。

(b) 要区别在分析这些数据过程中发现的问题:

第一,技术问题。在理论上有解决的方案,这取决于人力、资金和设备的投入,必须确定获得比较满意解决的时间。

第二,业务和管理问题。这需要在管理上制定一定的规章制度,甚至是业务重组和结构改革,并且从最高层领导开始重视,各级领导督促,必须花费足够的时间和精力来纠正和完善。

第三,外部环境的问题。这需要其他单位的管理和技术配合,以及外部条件逐步改善。

2. 客源构成数据

收益管理是从消费者的角度考虑客房的销售策略,所以反映客人需求的数据信息应是该系统主要的处理对象。

例如,国内客人中,公务客人的比例大于自费客人,这是业内的一种共识。但是,公务与自费客人各自所占比例究竟是多少,饭店一直很笼统地大致定为8:2。这一比例关系是否正确,能不能真实的反映各饭店的客人构成情况,答案显然是否定的。1998 年年末至

1999年年初，中国饭店协会对国内客人构成情况进行了一次比较全面的调查工作，这表明我们已开始注重系统而规范地收集市场数据信息。此次调查收集到的数据信息澄清了饭店以往许多对市场的模糊认识。其中一部分客人情况数据信息可以直接为收益管理系统所用。例如，根据调查反映，海南和新疆乌鲁木齐的饭店接待的客人自费比例最高，这就表明在经营海南省和乌鲁木齐饭店时，执行适当的多级房价控制一定能够取得明显的效果。还有，客人因公务抵达哈尔滨比例最高，那么在这一问题上，就不适合采取多级房价的管理方法。

我们必须明确，只有在详细掌握客人情况的基础上，才能谈及收益管理系统中多等级客房管理、团体客人控制的具体经营。从收益管理的角度出发，对客人构成情况数据信息的收集工作中，重点应放在客人选择客房时主要考虑的因素方面（考虑因素包括房价、入住时间、房型、服务等），各饭店可以根据本饭店具体情况制定相应的指标，分淡、旺季或不定期抽查的方法，收集客人信息。

3. 其他相关数据

收益管理对数据信息的要求是多方面的，单靠一家饭店，往往无法得到更为全面的数据信息。超额预订的关键在于客房超额预订量的确定，饭店对于超额预订限度的确定，必须依据饭店取消订房的客人、无到客人、候补客人等数据信息。取消订房客人的数据饭店可以在电脑预订系统中统计汇总，“无到”和候补客人数量，饭店在预订系统却无法进行统计。

国内各饭店为了提高服务质量，都要求在日常的工作记录中，对“无到”和候补客人大都进行专项统计。但饭店在此项工作中存在着统计数据不统一，统计工作不规范的特点，这主要是由于饭店对这部分客人数据信息使用效率不大造成的。如果饭店主动将这一部分工作按收益管理的要求统一规范，定期对这些数据信息进行统计汇总分析，那么饭店超额预订方法的实施与监控也就有了直接的依据。

# 第四节　景点收益管理

从成本结构方面进行观察，人们很容易发现所有各类商业性旅游景点，特别是其中的人造旅游景点，其成本结构一般都有固定成本高、变动成本低的特点。固定成本主要由景点初建时的初始资本投资以及日后经营过程中新增开发项目的追加资本投资所构成的情况相比较。由于景点产品的固定成本所占比重大，而变动成本相对较低，从而必然会导致景点经营的损益分界点上升。也就是说，其游客接待量必须增大到一定程度，才能实现保本。关于其中的原理，可通过图 13-3 加以说明。

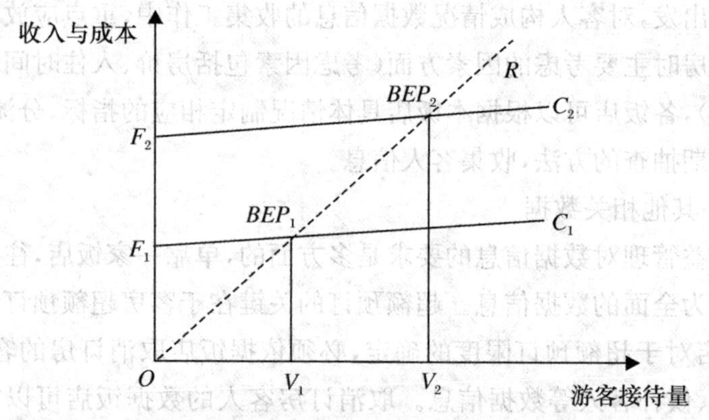


图 13-3　固定成本与保本点关系

图 13-3 中的 $R$ 线为收入线，表示某一特定时期内因接待来访游客而实现的门票收入；$C$ 线为总成本线，分别表示不同固定成本情况下的总成本。总成本的斜率是由平均变动成本决定的，因而图 13-3 中总成本线的斜率反映出平均变动成本较低。这两条总成本线与表示收入/成本的纵轴分别相交于 $F_1$ 和 $F_2$，分别表示两种情况各自的固定成本水平。从图 13-3 中我们可以看到，在固定成本为 $F_1$ 即固定成本较低的情况下，收入线 $R$ 与总成本线 $G$ 的相交之处为保本点 $BEP_1$，相应的

保本接待量为 $V_1$。也就是说,该景点只要争取到这一数量的游客来访,便可实现损益平衡。但是如果固定成本为 $F_2$,实现保本经营所需实现的游客接待量便要增大至 $V_2$。这意味着一个景点的固定成本越高,在实现成功经营方面所面临的风险度也就会越大。

需要说明的是,图 13-3 旨在说明高固定成本对保本接待量的影响,因此图中收入线 $R$ 的斜率是以假定价格不变为前提的。在现实实践中,该线的斜率不仅取决于游客接待量,而且还取决于所实施的价格。也就是说,该线可能的变化位置实际上取决于需求价格弹性。

如果某一产品的固定成本较低,那么在销售这一产品时,所需实现的毛利也会较低。在这种情况下,每增加销售单位产品所发生的边际成本在单位产品总成本中所占的比重必然相对较高。这意味着,只要在单位产品变动成本的基础上附加目标比例的毛利,便能确定出该产品的价格。也就是说,在这种情况下,单位产品的变动成本便可成为制定该产品价格的有效依据。成本加成定价法的原理和应用原则便在于此。但是,由于景点产品的固定成本很高,所以它的门票价格必须大大高于单位产品的变动成本,才能通过所实现的较高毛利,去补偿沉淀在景点产品中所占比重很高但又不易确切计算的固定成本。在这种情况下,单位产品的变动成本已无法成为指导景点产品定价的有效依据。因此,对于景点经营者来说,其门票价格的制定不再能够采用以成本为中心的定价方法,而只能采用以市场为中心的定价方法。

在旅游景点的经营中,每接待一名游客所需付出的变动成本通常很低。正因为如此,旅游景点可控制的定价自由度范围也就比较大。所谓定价自由度范围,是指门票价格扣除单位产品变动成本之后的毛利区间。这意味着景点经营者可在这一区间范围之内,根据情况变化的需要,自由地调定其门票价格。也就是说,从短期看,比如在需求淡季时期,门票价格所实现的毛利能够偿付有关的营业成本即可;从长远上看,门票价格所实现的毛利除了能够偿付营业成本之外,还必须能够偿付固定成本。因此,虽然很多旅游景点往往习惯于采用无差异目标市场策略，但实际上景点经营者完全可以通过市场细分，针对不同的目标市场实行差别定价，如团体折扣价、长期合同价等，从而使其收益得以优化。换言之，景点经营者有必要考虑和实施收益管理策略。当然，一个旅游景点扩大收益的能力往往会受到市场环境中多方面因素的制约，如消费者对其产品物有所值程度的感知，即消费者愿意接受的价格、消费者的收入水平（特别是可随意支配收入的水平）、市场竞争的程度等。所有这些也都是旅游景点在考虑实施收益管理时的依据因素。

【应用案例】

## 新疆航的航空收益管理

2000 年 10 月，由于南疆铁路的提速，新疆航乌鲁木齐至喀什航线旅客运输量当月跌幅即达 30%，喀什线出现有史以来最大危机。为了提高该航线客座率，2000 年 12 月 1 日，新疆航在喀什线首次试行收益管理，3 个月后，不仅遏制住了下滑趋势，且客座率逐步回升。

2002 年第一季度，新疆航乌鲁木齐至喀什航线客座率与上年同期相比增长了 24%，旅客运输量增长了 69%，收入增长 31%，喀什航线收益管理走上正轨。

从 2002 年 4 月开始，新疆航借助乌鲁木齐至喀什、广州航线收益管理积累的经验，乘势而行，进一步将“一种票价，多种折扣”的多舱位管理办法扩大到了乌鲁木齐至伊宁、上海、郑州、西安、成都等 18 条疆内外航线。

据最新统计数据，2005 年 1～6 月，新疆航实行收益管理的航线，旅客运输量与去年同期相比平均增长了 18%，收入增长 10%。收益管理，对淡旺季旅客流量分明的新疆航空公司来说，等于是打开了一扇希望之门。

（续上）

那么，何谓收益管理呢？“收益管理”就是将机票差异价格管理与航班座位盘存管理相结合，旨在短期内将航空公司的总收益最大化，从而达到提高航空公司利润的最终目的。简言之，即“在最恰当的时机，以最准确的价位，将最合适的座位销售给最需要的旅客，以实现航班收入最大化，从而得到最大的总收益”。

“只有加速民航体制改革，引入竞争机制，才能使民航进入普通消费、大众化消费时代，这才是加速我国民航业发展的根本出路。”一位资深经济学家在献策民航改革中曾说过这样一段话。随着航空市场的开放，机票价格已成为中国百姓最为关注的话题，而盲目削价带来的恶性竞争最直接的受害者是航空公司。有没有一种既能满足不同层次旅客需求，又不违反有关航空规则的办法来取代盲目削价呢？收益管理无疑是最好的一种管理系统。

仅以新疆航乌鲁木齐至喀什航线为例，新疆航从1986年4月16日开始执行乌鲁木齐至喀什线，由于喀什地区特殊的历史地位和自然环境，喀什线自开通以来一直都是新疆航疆内支线运输的“黄金线”。但是，从2000年10月下旬开始，随着南疆铁路的提速，乌鲁木齐至喀什航线订座率骤跌，几乎1/3的旅客流失至铁路。原因有二：其一，由于喀什地区经济发展滞后，为了节省开支，喀什地委下发了关于因公出差人员乘机限制的规定。以南疆军区为例，每人差旅费限额为750元/年，乌鲁木齐至喀什空中距离1 380公里，一张单程机票票价为980元，机票价格过高造成了部分公务客的直接流失。其二，火车提速大大缩短了乌鲁木齐至喀什的行程时间，夕发朝至、豪华专列、航空式的服务标准，软硬件的改善，让铁路在500～1 000公里左右的客运市场上出尽了风头，加之乌鲁木齐至喀什一张卧铺票仅售300元左右，对于年人均可

（续上）

支配收入只有5 800元的新疆城镇居民来说，选择乘飞机还是乘火车，结论应是很明确的了。

面对“黄金线”的“失宠”，新疆航人表现出的更多的是沉着与冷静。打造一个更加合理的新疆支线航空运输网络是新疆民航“十五”发展重点之一，而喀什线是这个网络中极其重要的一环，保住了喀什线，就等于保住了疆内支线航空运输网络的半壁江山。“收益管理”这个全新的经营理念就在这时被新疆航市场经营者们大胆锁定在乌鲁木齐至喀什航线上，试行收益管理，细分市场，实行多舱位票价管理办法。

可以说，正是这一板斧为身处逆境中的喀什航线辟出了一方湛蓝的天空。2000年年底，原平均客座率仅为30%左右的喀什航线，在实行收益管理几个月后，航班客座率即提高12个百分点，平均日增收2万多元。今年1～6月，喀什航线旅客运输量与去年同期相比增加了64%，收入增加60%。创出一种“动态营销”。其实，收益管理从本质上说是一种营销方式的变化，它的灵魂就在于“动态”。采访中新疆航市场营销部总经理郭志强这样告诉记者。

基于一切从消费者出发这一观点，实施收益管理的航空公司必须进行大量的市场调查，收集消费者的诸多信息，然后在市场细分的基础上决策如何运作多舱位管理、流量流向控制和团体旅客控制等。

新疆航在实施收益管理工作中，为了加快市场反应速度，他们从市场营销部抽调精兵强将，专门成立了由十几人组成的收益管理办公室，结合前一年市场情况，一人管理2～3条航线，每周、每月统计出公司各航班的航班收及数据分析报告，对航班运输情况

（续上）

进行相应分析，并以此对航班舱位进行及时调整。

实行收益管理，重要的是监控。运价是一方面，运价的制定一般都是根据市场情况提前制定的，它的调整要保持必要的灵活性和弹性，就需要有一定的规章制度来制约，为此新疆出台了《新疆航空公司收益管理规定》，目的是加强收益管理的科学性。与此同时，新疆市场营销部还专门成立了收益管理检查小组，由各相关部门抽人，每月不定期检查工作，主要检查内容是：票价与定舱位是否相符，是否符合规定天数出票，是否存在B屏打印，是否存在违规办理值机手续的行为等等，使收益管理切实做到了有据可依。

代理人的管理是收益管理中重要的一环，前几年，各航空公司由于急功近利，为争夺市场的扩大，过分依赖代理人而最终导致恶性竞争的发展。因为，没有限制的多等级舱位设置，是航空公司收益流失的最大缺口，航空公司之间的“鹬蚌相争”，最终得利的“渔翁”不是旅客而是代理人。为了把好代理人这一关，新疆航在收益管理航线推出以后，及时出台了《代理人管理办法》，并有针对性地选择了一批信誉好、出票量大的代理人来销售公司多等级舱位的座位，同时要求代理人交付一定数额押金，一经发现代理人有违规现象，即对其进行相应的经济处罚。

由于采取的是一种闭环式的管理办法，新疆航收益管理自推行以来，一直处于良性运作状态。在2005年上半年的淡季运营中，新疆航运输收入同比增长了8.7%，可以说，收益管理功不可没！

谈到收益管理，新疆航总经理赵留安告诉记者：20世纪80年代初，美国国内航空市场的价格大战为收益管理技术带来了大发

（续上）

展，虽然我们比别人晚了20年，但并不代表永远会落后，随着改革的深入，在各航空公司自律意识的提高和航空市场逐步规范的基础上，收益管理必须会为各航空公司带来更大利益。

（**资料来源** 中国收益管理论坛航空收益管理，www.mesor.com/bbs）

# 复习思考题

1. 容量管理与其他价值管理相比有什么独特性？
2. 航空业运营有什么特点？
3. 航空容量管理有哪些基本方法？
4. 饭店业实施收益管理的理论依据是什么？
5. 饭店收益管理的系统由哪几部分构成？
6. 超额预定和客房分配是如何创造收益的？
7. 如何处理客房短缺？

# 第十四章

# 旅游客户关系管理的实施目标与步骤

## 第一节　旅游客户关系管理的实施目标

旅游客户关系管理的实施在一定程度上改变了旅游企业对旅游市场以及旅游客户的看法。过去，旅游企业把发展新客户看作是扩大旅游市场的关键因素。现在，旅游企业不但要重视新客户的发展，更要注重对原有客户的保持和潜力发掘。通过对旅游客户交往的全面记录与分析，不断加深对旅游客户需要的认识，能发现有客户存在的购买潜力，达到进一步提高销售额，降低成本，增加利润率，提高客户满意程度的目标，即实现旅游企业和旅游客户的双赢。一般而言，可以从以下几个方面把握旅游客户关系管理的实施目标。

**(一) 提高销售额**

旅游企业利用旅游客户关系管理系统提供的多渠道的旅游客户信息，确切了解旅游客户的需求，并针对旅游客户的需求进行旅游产品的设计及开发，以更好地满足旅游客户的个性化的需求，提高旅游客户的满意度，培育客户忠诚。在这种情况下，就会大大增加旅游企业销售的成功几率，才能更好地实现旅游企业的收益管理，进而提高销售收入。

**(二) 增加利润率**

旅游客户关系管理促使旅游企业对旅游客户有了更多了解，旅游企业能够有效地抓住旅游客户的兴趣点，明确其需求，有针对性地进行有效的营销活动。这样,旅游企业就避免了以往盲目地以价格让利取得交易成功,从而维护了企业的声誉,获得了客户的信任,促使旅游客户购买行为的发生,在很大程度上会提高企业的销售利润。

**(三) 提高客户满意程度**

旅游客户关系管理系统提供给客户多种形式的沟通渠道,同时又确保各类沟通方式中数据的一致性与连贯性,利用这些数据,旅游企业的销售部门可以对旅游客户要求作出迅速而正确的反应,让用户在对购买产品和服务满意的同时也认可并愿意保持与旅游企业的有效沟通关系,从而保证了客户价值的实现。

**(四) 降低市场销售成本**

由于对旅游客户进行了具体甄别和群组分类,并对其特性进行分析,使旅游企业的市场推广和销售策略的制定与执行避免了盲目性,节省时间和资金,这样就降低了旅游企业的市场销售成本,从而保证了旅游企业利润的获得,促使了旅游企业的收益得到保障。

## 第二节　旅游客户关系管理的实施战略

旅游客户关系管理不仅仅是一套系统,一套软件,还是涉及旅游企业经营战略、业务流程、绩效考核、人员组织等方面的一项商业策略。

旅游客户关系管理的实施战略与旅游企业的期望目标紧密相关,它取决于旅游客户需求及旅游企业可利用的资源等因素。但总的来说,旅游客户关系管理的实施战略是:总体规划,分步实施;抓住重点,解决关键。

**(一) 总体规划,分步实施**

总体规划,就是对旅游企业的现状进行诊断,分析问题,明确需求,寻找商业机会,在这个基础上进行总的规划。分步实施,就是总体规划中所涉及旅游企业相关业务单位或者单位的部门按照业务实施步骤进行部署。

对集团式旅游企业的大规模实施或者跨区域的多点实施，采用滚动实施战略的项目还是比较适合总体规划分步实施的策略。所谓滚动实施，指的是在企业的某个部分或单元进行试点，实施部分或者全部模块，然后利用复制等技术推广到其他部门、地区或子公司。位于纽约的领先旅游公司(Advanced Travel Management)，根据CRM战略目标和其客户的特点，有针对的设定网络、呼叫中心、营业网点和众多代理商的渠道定位，并正确地整合其CRM业务需求。经过分阶段的实施和不断优化，通过其固化的CRM营运模式，领先旅游公司目前科学地管理着为大量的客户和代理商，该公司的市场份额也得到了很大的提升。

对规模不是很大、业务不是很复杂的中小型旅游企业，实施总体规划分步实施的策略是没有必要的，可以进行革命性实施，一次到位，避免旅游企业内部的协作和数据交换问题。所谓革命性实施，指的是在企业所有单元同时实施整个系统的多个模块，此方法有很大的风险，流程适应、技术、培训及对改革管理的支持等问题均需考虑。

**(二)抓住重点，解决关键**

旅游客户关系管理实施最关键的是抓住重点，这样能够确保其方向和资源能够在统一的重点目标下部署。旅游客户关系管理实施同时存在很多问题或者多个重点的情况比较普遍，但是旅游企业一定要分析出关键问题，有些时候一些关键问题是跟随一些普通问题出现的，只有抓住重点、解决关键问题，才能够确保整个旅游客户关系管理的部署方向。牵一发而动全身，这就是重点和关键的所在。它可以刺激和推动整个旅游客户关系管理保持活力，不断地有兴奋点来支撑持续化的项目。

## 第三节　旅游客户关系管理的实施流程

旅游客户关系管理要求旅游企业不但要重视新客户的发展，更要注重对原有客户的保持和潜力发掘。通过对旅游客户交往的全面记录与分析，不断加深对旅游客户需要的认识，挖掘现有客户的购买潜力，来达到旅游企业的目标。在一定程度上，旅游客户关系管理的实施过程中，所围绕的中心主要就是旅游客户。下面，我们就主要以旅游客户为中心来阐述旅游企业如何来实施旅游客户关系管理的。如图 14-1 所示。

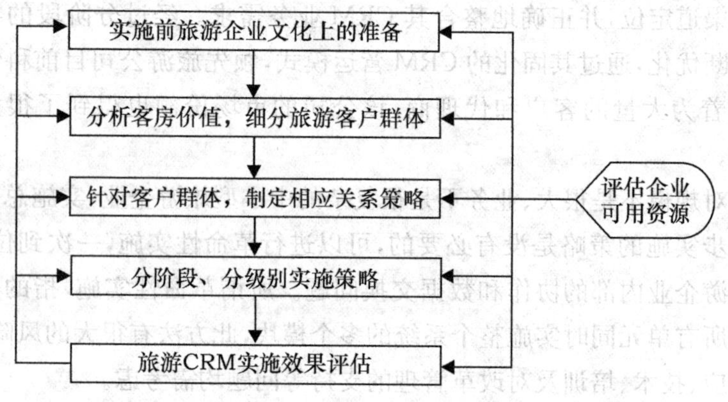


图 14-1　旅游 CRM 实施流程

### (一) 评估旅游企业的内外部可用资源

正确评估企业可用资源实际上处于旅游客户关系管理实施的中心位置，几乎影响着每一个旅游客户关系管理实施的具体步骤。企业要做任何一件事情，总有一定的约束，这些约束条件都在一定程度上影响着企业的“变化能力”，即做某一件事情的实际能力。旅游企业在实施旅游客户关系管理的过程中，要充分考虑企业目前所拥有的技术、资金、人员素质及外部环境等因素，对每一个实施过程都要事先分析一下企业的可用资源，看看能不能做到这一步，做到什么程度，如果可用资源不足，那就应该暂时降低甚至放弃这个实施目标，或等到时机成熟时再重新从事这个实施目标。总之，旅游企业要充分审视、评估和优化旅游企业的可用资源，以实现在给定资源条件下旅游客户关系管理实施效果最大化的目的。

### (二) 旅游 CRM 实施前企业文化上的准备

旅游客户关系管理作为一个专门管理旅游企业前台的管理思想和管理技术，提供了一个利用各种方式收集和分析客户资源的系统，也提供了一种全新的商业战略思维。它可以帮助旅游企业充分利用以旅游客户为主的外部商业关系资源，扩展新的市场和业务渠道，提高旅游客户的满意度和企业的盈利能力。旅游客户关系管理作为一种全新的战略思维和工作方法，正在逐渐变革传统旅游企业已经形成的企业文化机制。旅游企业文化的这些变革主要由重视旅游企业内部价值和能力，变革为重视旅游客户资源为主的旅游企业外部资源的利用能力，以及因此而带来的由重视旅游企业与员工、员工与员工之间的关系变革为重视旅游企业与旅游客户、员工与旅游客户的关系；由重视旅游企业利润变革为重视旅游客户利益；由关注旅游客户群体需求变革为关注旅游客户个性需求；由面向理性消费的经营思路变革为面向情感消费的经营思路等诸多文化因素的变革。从本质上说，旅游企业应该在实施旅游客户关系管理前从以下几个主要方面入手，改造目前的企业文化来实现旅游客户关系管理的目的，实现“以旅游客户为导向，以旅游客户为中心”这一目的。

1. 定义旅游企业经营理念时，要从旅游客户利益出发

由于“以旅游客户为中心”的商业模式迅速来临，对许多旅游企业而言，渐进式的变革已不足以适应市场需要，而需要的是对旅游企业的经营理念进行变革式再造，根本改变旅游企业原有文化体制，构思一个“从旅游客户利益出发”的企业文化体系。

2. 建立旅游客户导向的经营组织

传统旅游企业以“市场导向”型为主，这有利于合理利用企业内部资源，但在执行管理指令时，往往忽略了旅游客户的需求；“以旅游客户为中心”，建立“旅游客户导向”的经营组织，将焦点关注于以旅游客户为主的企业外部资源，才能使旅游企业的每一位员工和组织部门都围绕着旅游客户来协调运作。唯有将旅游客户置于旅游企业组织的中

心，以最大限度地满足旅游客户作为旅游企业运营最大的目标，才能使旅游企业面临新经济时代而立于不败之地。

3. 转变相应的制度

观念再造，根本保证是制度创新。制度是组织运行方式的原则规定，包括产权制度、经营制度和管理制度三个方面。只有制度创新，观念才能转变。光靠教育和培训，是无法真正实现观念再造的。观念问题虽然有个人素质因素，但实质上是制度问题。有什么样的制度，就一定有什么样观念的人。观念决定了行动，行动决定了命运，而好的运行机制则来自于制度创新。

4. 培训

建立"从旅游客户利益出发"的企业理念和"旅游客户导向"的经营组织，需要旅游企业每一位员工的配合。只有让每一位员工都理解了新的企业理念，才能使理念得以贯彻。只有让每一位员工都能在新的经营组织中运作自如，才能使经营组织产生最大效益。培训是让企业员工避免理念冲突，迅速在新经营组织中产生效益的有效途径。培训工作应主要集中在：理念讲解、新组织的运作方法、旅游客户沟通技巧等方面。经过文化改造后的旅游企业，为实施旅游客户关系管理铺平了道路，使其实施与应用水到渠成。同时它作为支持新型旅游企业文化的有力工具，为旅游企业文化的贯彻和执行提供了保障。

**(三) 分析旅游客户对旅游企业的价值大小，细分旅游客户群体**

既然旅游客户关系管理是以旅游客户为中心，通过提高旅游客户的满意度和忠诚度来实现旅游企业的目的，那么，首先要想办法找出旅游企业的客户，并根据他们对旅游企业价值的贡献能力进行细分。当然，旅游企业的客户的价值大小是各不相同的。有些旅游客户的价值大一些，而有些旅游客户的价值就小一些；有些旅游客户目前就可以给企业带来利润，而有些旅游客户可能在未来一段时间内才能显示出他们的价值。很显然，要准确地将旅游客户进行细分是很不容易的。但即使再不容易，旅游企业也要努力去做，至于做到什么程度和准确度，那可能就要考虑旅游企业的可用资源的约束，使有限的资源办成最大、最重要的事情。因此，旅游企业首先要找出旅游客户对其价值的贡献大小。假如你都不知道你的客户对你来说有多么重要的话，旅游企业又如何有足够的兴趣、耐心和精力去管理、关注旅游客户呢？那样的话，以旅游客户为中心也将成为旅游企业的一句空话，变得毫无意义。

根据帕累托 20/80 法则，企业 80％的利润来自最重要的 20％的客户，并且根据统计，企业 50％的客户对企业利润的贡献能力是微乎其微的，甚至并不给企业创造利润。可见，对旅游客户的价值大小进行分析，进而细分旅游客户群体的重要性。旅游客户关系管理就是要将这 20％旅游客户找出来，并尽可能地提高准确率。如果我们还按照以前的做法，将旅游客户视为无差异的客户群体来对待，结局可能是“两头不讨好”。对于旅游企业来说，理想的状况是将企业有限的可用资源主要利用在这 20％的重要旅游客户上，这样，有限的资源将发挥最大的价值。只有对旅游企业的客户进行价值大小的分析，我们才能更准确地找出这 20％的旅游客户，当然，可能是现实的旅游客户，也可能是潜在的。

旅游企业进行客户分析之后，就可以较清楚地分析出哪些客户具有现实购买能力，哪些客户未来某段时间内将可能成为企业重要的客户，即现实旅游客户和潜在旅游客户，并进一步可以区分出他们对旅游企业价值的大小。

**（四）针对客户的特征，制定出相应的关系策略**

旅游企业在分析出旅游客户对旅游企业的价值大小，明确了旅游企业的客户群体后，就需要针对所划分的旅游客户群体设计出相应的旅游客户关系策略。也就是说，旅游企业需要根据旅游客户的价值大小以及旅游客户的行为特征制定出相应的最佳关系发展、维持和加强的策略和手段。下面我们针对现实旅游客户和潜在旅游客户以及他们对旅游企业的价值大小确立了一个关系策略图。如图 14-2 所示。

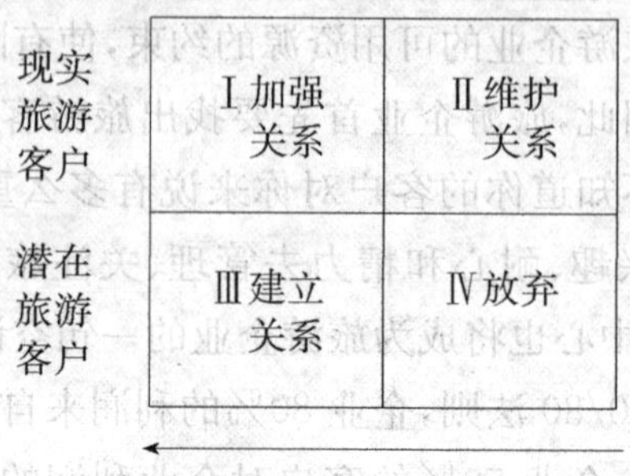


图 14-2　旅游客户与旅游企业关系策略

图中：

“Ⅰ”表示客户价值大，对企业利润贡献能力强的现实旅游客户。这些旅游客户是旅游企业最重要的客户资源，是旅游企业实现其利润的主要来源。旅游企业应该加强与他们的关系，尽可能使这些旅游客户变成企业的忠诚客户。

“Ⅱ”表示客户价值小，对企业利润贡献能力弱的现实旅游客户。这些客户目前对旅游企业的贡献能力不是很大。旅游企业应该维护与他们的关系，并尽可能开发他们的购买潜力，使之转化为Ⅰ区旅游客户；如果其购买潜力不断减弱，那应当及时放弃，以便使资源有效利用。

“Ⅲ”表示客户价值大，对企业利润贡献能力强的潜在旅游客户。这部分旅游客户可能是企业未来的购买主力，对旅游企业的长远利益有较大影响。旅游企业应该积极建立与他们的关系，以尽可能使其未来转化成Ⅰ区客户。

“Ⅳ”表示客户价值小，对企业利润贡献能力弱的潜在旅游客户。这类旅游客户对企业来说，未来几乎没有什么利润贡献，企业应当放弃与他们建立关系的打算，以节约企业资源。

**（五）分阶段、分级别实施策略**

对于旅游企业来说，实施旅游客户关系管理是一个复杂的过程，它受许多因素的影响，因此，在实施过程中要分阶段、分级别加以实施。

旅游企业要充分考虑实施策略的重要性、时间紧迫性、实施难易程度以及企业可用资源的限制，有重点、有目标地分阶段实施。旅游客户关系管理的实施涉及旅游企业的各个部门，我们必须对其实施可能对旅游企业的正常运转所带来的影响有一个充分的估计。比如说，酒店企业在实施旅游客户关系管理过程中，要充分考虑餐饮部门与客房部门间的联系，旅游客户在入住后，一系列的消费活动可能都在酒店内部进行，这两个部门联系非常密切。在实施过程中，要保证它们的正常沟通。同时，分阶段、分级别实施旅游客户关系管理，能够使旅游企业更好地控制实施进度，使旅游客户关系管理的实施按照企业的目标更好地运转。

**（六）旅游客户关系管理实施效果评估**

旅游客户关系管理是一个管理项目，它的效果是通过不断改进而体现出来的。很多旅游客户关系管理实施失败就在于缺乏实施后的持续改进。旅游企业持续发挥旅游客户关系管理的功效，主要体现在其能够持续地提高客户服务质量。如果缺乏一种变革的机制，它将会迅速失去它的效力，客户服务质量难以得到提高。因此，对每一次旅游客户关系管理实施流程都要想办法进行评估，评估本身也是一个重要的活动之一，它的作用是为了给下一次实施或正在实施的活动提供经验性的反馈，以便对各个步骤作出必要的修正。没有评估的旅游客户关系管理是盲目的。只有进行不断的评估，使旅游客户关系管理实施真正融合于旅游企业，旅游企业才能上一个层次进一步提升企业的旅游客户关系管理能力。

总之，随着居民生活水平的不断提高，人们用于旅游消费的支出也越来越大。旅游企业间的竞争也不断加剧，旅游客户作为旅游企业最宝贵的资产，今后会越来越受到企业的关注。旅游客户关系管理是在一般客户关系管理的基础上产生的，而旅游客户是旅游客户关系管理的基石，这也决定了本书中研究旅游客户的重要性和必要性，提高旅游客户满意度、培育旅游客户忠诚度也就成为当前旅游企业亟待关注的问题。旅游企业主要通过为客户创造价值而实现自身的企业价值，而价值链管理、价值店管理、价值网管理和价值池管理的旅游客户关系的价值构造(value configuration)管理很好地解释了旅游企业如何为客户创造价值的。随着体验经济的到来，客户开始强调旅游体验，这会极大地丰富旅游客户关系管理的思想。

## 【应用案例】

### 摩根斯坦利运用数据库管理客户

**客户关系管理**

在客户关系管理方面，摩根斯坦利(Morgan Stanley)的实践与应用经验值得我们借鉴。摩根斯坦利的行政主管及客户关系管理(CRM)专家 Tony LoFrumento 先生从业务面临的挑战、系统建设的设想、系统解决问题以及公司获得的收益几个方面进行了介绍。

摩根斯坦利为近 260 万户的客户和家庭管理者 5 170 亿美元资产，在过去以产品为导向的市场营销战略，由于缺乏对客户需求的深入了解，摩根斯坦利采取按交易收费，按个人账户来计价和营销产品。但是随着 IRA、互助基金、托管账户等新服务的不断推出，公司必须考虑如何找到最具盈利性的客户，并根据每一个客户的特殊需求制定有针对性的营销策略。然而"在缺乏事实的情况下，公司只能凭感觉来制定决策——对于企业运营业务来说，这是很危险的。"Tony LoFrumento 这样说。

为此，摩根斯坦利需要将深藏在各式各样平台和数据进行抽样、清洗加工、分析和挖掘，并将其转换成易于与行政主管和财务

（续上）

顾问共享和访问的信息，而且这个过程需要尽可能地自动化。“市场上有大量的数据挖掘、行为分析和绩效管理应用软件。”LoFrumento说，“我们需要可以无缝集成，以节省我们的时间、降低成本和减少问题的应用系统。”在进行了一系列的评估和选型之后，摩根斯坦利选择了SAS的数据仓库和数据挖掘产品，以及营销自动化和战略绩效管理解决方案，因为只有SAS能够提供最为全面的、可以满足每项需要的解决方案。此外，公司还选用了SAS子公司DataFlux提供的数据清理软件。

**关注最重要的客户**

基于SAS公司的产品、技术和应用解决方案，摩根斯坦利部署了一个CRM数据集市，整合了所有客户信息，从而提供了对每位客户的全面描述，这在精确度和详细程度方面都是前所未有的。在此之上，LoFrumento领导的CRM小组可以为摩根斯坦利业务的各个方面提供更精确的分析。

以拥有多个账户（IRA、定期经纪人账户等）的客户为例，在使用SAS之前，摩根斯坦利无法将客户各式各样的账户关联到一个集成的客户视图中，从而造成公司对其最具盈利性的客户进行多重收费——客户并没有享受到真正的VIP待遇。

使用SAS，LoFrumento的小组建立了一种“家庭”模型，来观察每个客户的全部账户中的业务活动。利用该模型，可以从分析角度来全面支持计价、分级福利产品、客户分群、营销活动和客户盈利性等各种计划。

在LoFrumento的CRM小组进入摩根斯坦利之前，财务顾问通过推荐、电话访问和批量邮件来寻找客户。

最近两年来情况发生了显著变化，现在摩根斯坦利可以得到

（续上）

单个客户的级别并预测其行为，如为财务顾问提供有可能对某些产品或服务有所影响的客户清单，从而真正做到了了解客户，他们的客户现在会说："我的财务顾问真正了解我的需要。"

最近 IRA 的营销活动就是一个例子，与过去向整个客户群发送邮件不同的是，摩根斯坦利使用预测性模型来选择适当的客户。结果是与去年同期相比，开立账户的数量增加了 40%。

"借助 SAS，我们获得了前所未有的有力武器，"LoFrumento 说，"现在每当获得新的营销活动请求时，我们可以迅速描述和建立最有可能响应的客户的模型，开展该项活动，然后评测结果以帮助我们了解已经完成的工作、没有完成的工作和下一次如何开展更智能的活动。"

摩根斯坦利认为，自动化和信息管理也是 SAS 的重要优势。以前手工跟踪一个涉及 10 份以上客户清单的营销活动是一件令人头痛的事。但将它们全部集中到 SAS 营销活动管理工具中，就可以随时查找所需要的任何结果。

**面向未来**

目前摩根斯坦利已经实现了数据挖掘、客户分群、预测性建模和商业智能分析等关键功能。LoFrumento 正在实施 SAS 的战略绩效管理来跟踪、评测和执行公司战略。

"我们开始关注企业的绩效管理，"LoFrumento 说，"通过分析得到的数据和信息使我们可以向管理层展现我们是否实现了公司目标和策略上的关键指标。我们可以全面彻底地贯彻这些指标，上至最高管理层，下至分支机构甚至个人财务顾问。尤其令人兴奋的是由于结果是基于 Web 的，公司中的每个人都将能访问这些信息、了解被评测的领域及它们扮演的角色。如果没有 SAS 的

（续上）

分析功能，我们根本不可能做到这一点。"

在这个竞争激烈的经纪人行业，SAS为摩根斯坦利提供了独特的优势。"这种价值是无法比拟的，"LoFrumento说，"没有SAS提供的分析智能，企业的发展根本上是盲目的。"

（**资料来源**　客户世界 www.ccmw.net）

# 复习思考题

1. 旅游客户关系管理实施流程由哪几个步骤构成？
2. 实施流程前为什么要进行企业文化上的准备？

## 21 世纪高等院校旅游管理专业系列教材

| | |
|---|---|
| 《旅游学导论》 | 王晓云 |
| 《旅游经济学》 | 孙厚琴 |
| 《旅行社经营管理》 | 楼嘉军 |
| 《新编饭店管理》 | 赵星铁　胡　平 |
| 《旅游资源开发与规划》 | 冯学钢 |
| 《旅游心理学》 | 邱扶东 |
| 《会展旅游概论》 | 胡　平 |
| 《旅游服务营销》 | 张文建 |
| 《旅游经济文化研究》 | 庄志民 |
| 《旅游客户关系管理》 | 孙厚琴 |

# 教学课件索取单

敬爱的老师：

感谢您使用孙厚琴编著的《旅游客户关系管理》。为了方便教学，本书配有相关教学课件。如果您需要，请您填写下面表格中的相关信息，并以电子邮件的形式发到我社，我们在核对您的信息后，即免费向您提供教学课件。

我们的联系方式：

地址：上海市中山西路 2230 号 1 号楼 1505 室

邮编：200235

立信会计出版社　　电话：(021) 64411197

电子邮件：xiaoxia602@163. com

| 姓　名 | | 性别 | | 身份证号 | | |
|---|---|---|---|---|---|---|
| 学　校 | | | 院系 | | 教研室 | |
| 学校地址 | | | | | 邮　编 | |
| 职　务 | | | 职称 | | 办公电话 | |
| E-mail | | | 手机 | | 宅　电 | |
| 通信地址 | | | | | 邮　编 | |
| 教材用量 | 册 | | 委托订购单位 | | | |

您对本书的意见和建议是：

# 教学课件索取单

敬爱的老师：

感谢您使用孙厚琴编著的《旅游客户关系管理》。为了方便教学，本书配有相关教学课件。如果您需要，请您填写下面表格中的相关信息，并以电子邮件的形式发到我社，我们将核对您的信息后，即免费向您提供教学课件。

我们的联系方式：

地址：上海市中山西路2230号1号楼150室

邮编：200235

立信会计出版社　电话：(021) 64411197

电子邮件：xiaoxia602@163.com

| 姓　名 | | 性别 | | 身份证号 | | |
|---|---|---|---|---|---|---|
| 学　校 | | | 院系 | | 教研室 | |
| 学校地址 | | | | | 邮　编 | |
| 职　务 | | | 职称 | | 办公电话 | |
| E-mail | | | 手机 | | 宅　电 | |
| 通信地址 | | | | | 邮　编 | |
| 教材用量 | | 册 | 委托订购单位 | | | |

您对本书的意见和建议：